廬陽年鑒

LUYANG NIANJIAN

2014

庐阳区人民政府主办

方志出版社
Publishing House of Local Records

图书在版编目（CIP）数据

庐阳年鉴.2014 / 庐阳区地方志办公室编纂

-- 北京；方志出版社.2014.12

ISBN 978-7-5144-1472-1

Ⅰ.①庐…Ⅱ.①庐…Ⅲ.①庐阳区 -2014- 年鉴Ⅳ.① Z525.44

中国版本图书馆 CIP 数据核字（2014）第 282460 号

庐阳年鉴（2014）

编　　者：庐阳区地方志办公室

出 版 人：冀祥德

出 版 者：方志出版社

地　址　北京市朝阳区潘家园东里 9 号（国家方志馆 4 层）

邮　编　10021

网　址　http://www.fzph.org

发　　行：方志出版社发行中心

电话（010）67110500

经　　销：各地新华书店

设计制作：安徽大愿和谐文化研究院

印　　刷：合肥精艺印刷有限公司

开　　本：889 × 1194　　1 /16

印　　张：23

字　　数：440 千字

版　　次：2014 年 12 月第 1 版　　2014 年 12 月第 1 次印刷

印　　数：0001~1000 册

ISEN　978-7-5144-1555-1　　定价：180 元

庐阳年鉴（2014）编纂委员会

庐阳年鉴（2014）编辑部

序

中共庐阳区区委书记　吴　劲

2013年，在市委、市政府的正确领导下，面对一系列新情况、新挑战，庐阳区紧紧围绕“全省首善之区和辐射源”建设，以“责任建设年”为抓手，以“一线为民工作法”为平台，抓转型促升级，抓改造拓空间，抓民生保和谐，抓管理提效能，大力实施“产业、环境、民生、管理”四大提升工程，全区经济社会取得可喜成绩。一年来，全区经济建设蒸蒸日上，综合实力明显增强；城乡建管稳步推进，区容区貌焕然一新；一线为民工作法开辟群众工作新途径，社会治理取得新成效。

全区广大干部群众只争朝夕、无私奉献的生动实践，展示了时代的“精、气、神”，我们有责任忠实地记录下这一绚丽多姿、气势磅礴奋斗历程。

鉴于此，《庐阳年鉴》创刊发行了。它全面真实地记录2013年度，全区政治、经济、社会事业发展的基本情况，是区委、区政府主管的公报性综合资料工具书，具有“资政、存史、教化”作用。同时，它也为外界认识了解庐阳区，投资建设庐阳区提供了有益的帮助。

“不忘历史才能开辟未来，善于继承才能善于创新。只有坚持从历史走向未来，从延续民族血脉中开拓前进，我们才能做好今天的事业。”（2014年9月，习近平总书记在纪念孔子诞辰2565周年国际学术研讨会上的讲话）编纂年鉴，记录史实，即为弘扬成就、鼓舞人民，也为存史立档、传承后人，更为善谋利弊、服务当今。正可谓功在千秋、利在当代。希望《庐阳年鉴》编纂人员秉承崇高信念、饱满热情、求真存实的责任，认真做好年鉴的编纂工作，为弘扬优秀文化，服务我区经济社会发展做出最大的努力。

希望全区各单位、各部门依此为镜，了解过去、检阅得失、吸取经验；指导现在、革故鼎新、开创未来；抢抓新机遇，勇担新责任，全面开创国际化都市中心城区建设新局面！

领导关怀

2008年1月13日，时任中共中央总书记胡锦涛（前）到合肥市庐阳区义仓社区视察

2011年4月9日，时任中共中央政治局常委、国家副主席习近平（右）到庐阳区亳州路街道财富广场，了解加强和改进党的建设情况

2014年3月27日，中共中央政治局常委、中央书记处书记刘云山（前）到庐阳区三十岗乡东瞿村了解发展农家乐和“美好乡村”建设情况

2013年7月12日，省委书记张宝顺（中）到庐阳区调研

2014年5月14日，省长王学军（中），中共安徽省委常委、合肥市委书记吴存荣（右二），市长张庆军（左二），到庐阳区四里河片区城中村改造现场调研

2014年4月15日，省委常委、市委书记吴存荣到庐阳区调研

2013年4月15日，“合肥市暨庐阳区社会工作宣传周”启动仪式在杏花公园举行，市领导到现场观摩、指导

2013年9月5日，区委书记吴劲（中）督查城隍庙市场消防安全工作

2013年2月17日，区长邓真晓（左四）调研节后复工情况

2014年11月1日，代区长黄卫东（中）在亳州路街道畅园社区活动中心调研民政工作

2014年3月15日，区人大主任虞基浩（二排中）看望慰问三孝口街道孤寡老人

2014年10月16日，区政协主席谭峰(前排左三）开展调研活动

2014年9月15日，区委副书记张家祥（右一）到杏花村街道金都社区调研社区工作

生态庐阳

雪霁逍遥津（局部）

三十岗西瓜大又甜

东瞿湿地自行车慢道

2013年12月14日，“庐阳杯”全国钓鲫精英赛在三十岗乡开杆

滁河风光（局部）

桃蹊藕塘（局部）

植树造林代代传

自然课堂

三十岗湿地

义井路花市

东瞿村（局部）

大杨镇向日葵园地

董铺水库湿地

创新庐阳

庐阳工业区全景

2013年8月20日，庐阳区举办总部经济招商推介会

2014年3月17日，庐阳中科大企业家联合会项目签约仪式

北一环财富广场（外景）

百盛商业中心

濉溪路商办街

新天地广场

合肥人民广场夜景

淮河路步行街夜景（局部）

长江路银泰中心（外景）

百大CBD

志邦厨柜公司（外景）

品质庐阳

中铁国际城小区全景

2013年7月，庐阳区大建设复建点项目集中开工典礼

女人街新貌(局部)

杏花村街道第二社区卫生服务中心(外景)

新建成的七桂塘菜市场

2013年，老旧小区整治可苑小区道路整治环境前后对比

荣事达小区健身场地整治前后对比

幸福庐阳

民生工程设施

2012年12月24日，庐阳区首届“体育、艺术2+1”特色项目演示活动

2012年12月4日，庐阳区群众文化团队登上中央电视台

2014年5月29日，淮河路步行街旗袍秀

2013年9月30日，庐阳区“美食文化节”民俗表演

2013年2月3日，淮河路步行街文化展示

2013年5月20日，志愿者服务——文化志愿者给留守儿童讲故事

2013年11月20日，安徽首场婚礼式结婚证颁证仪式

幸福美满

四世同堂乐

我为父亲修指甲

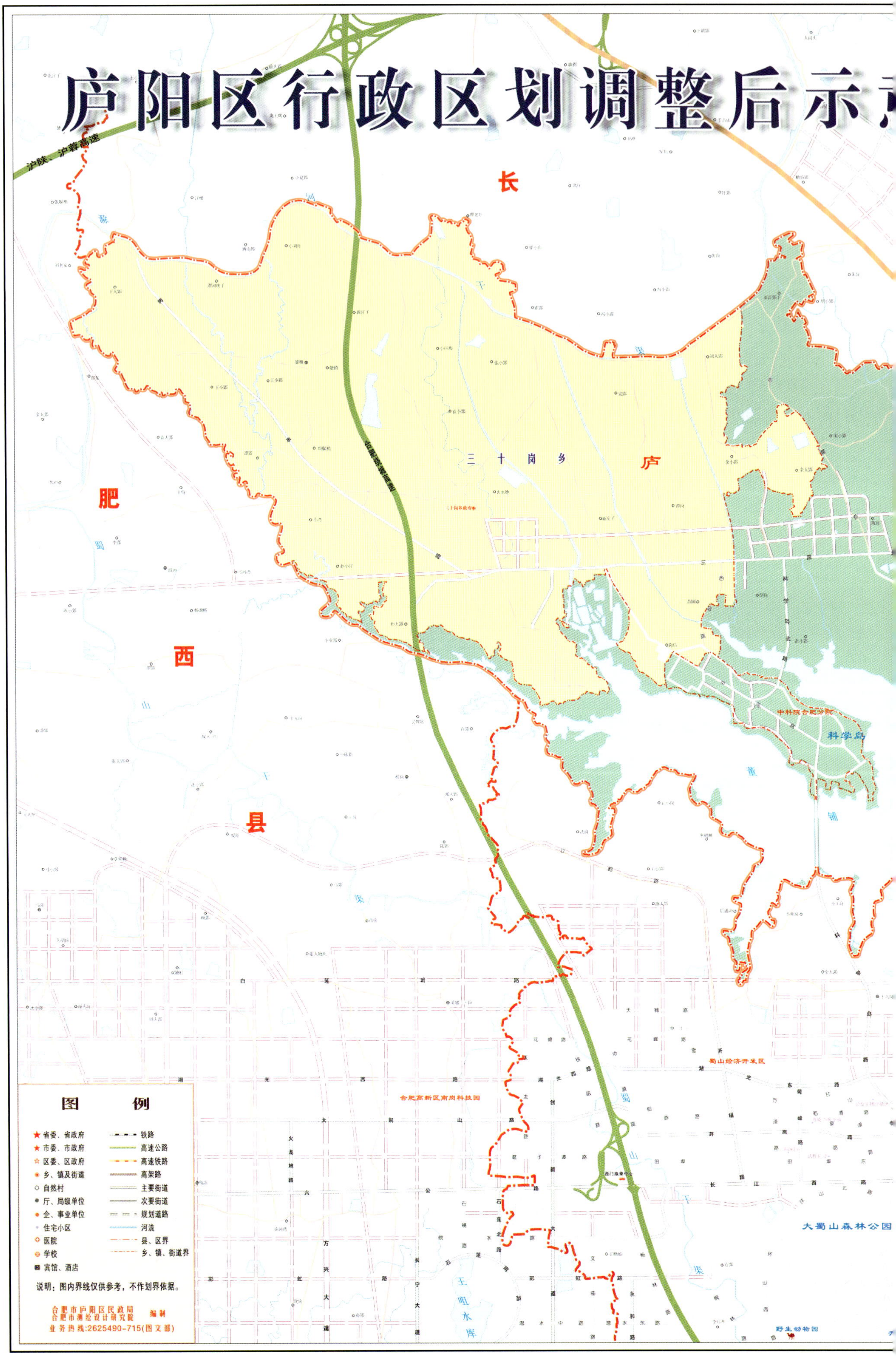
庐阳区行政区划调整后示意
长
三　十　岗　乡
庐
肥
西
县
沪陕、沪蓉高速
中科院合肥分院
科学岛
蜀山经济开发区
合肥高新区南岗科技园
大蜀山森林公园
野生动物园
王咀水库
图　例
省委、省政府
市委、市政府
区委、区政府
乡、镇及街道
自然村
厅、局级单位
企、事业单位
住宅小区
医院
学校
宾馆、酒店
铁路
高速公路
高速铁路
高架路
主要街道
次要街道
规划道路
河流
县、区界
乡、镇、街道界
说明：图内界线仅供参考，不作划界依据。
合肥市庐阳区民政局
合肥市测绘设计研究院
编制
业务热线:2625490-715(图文部)

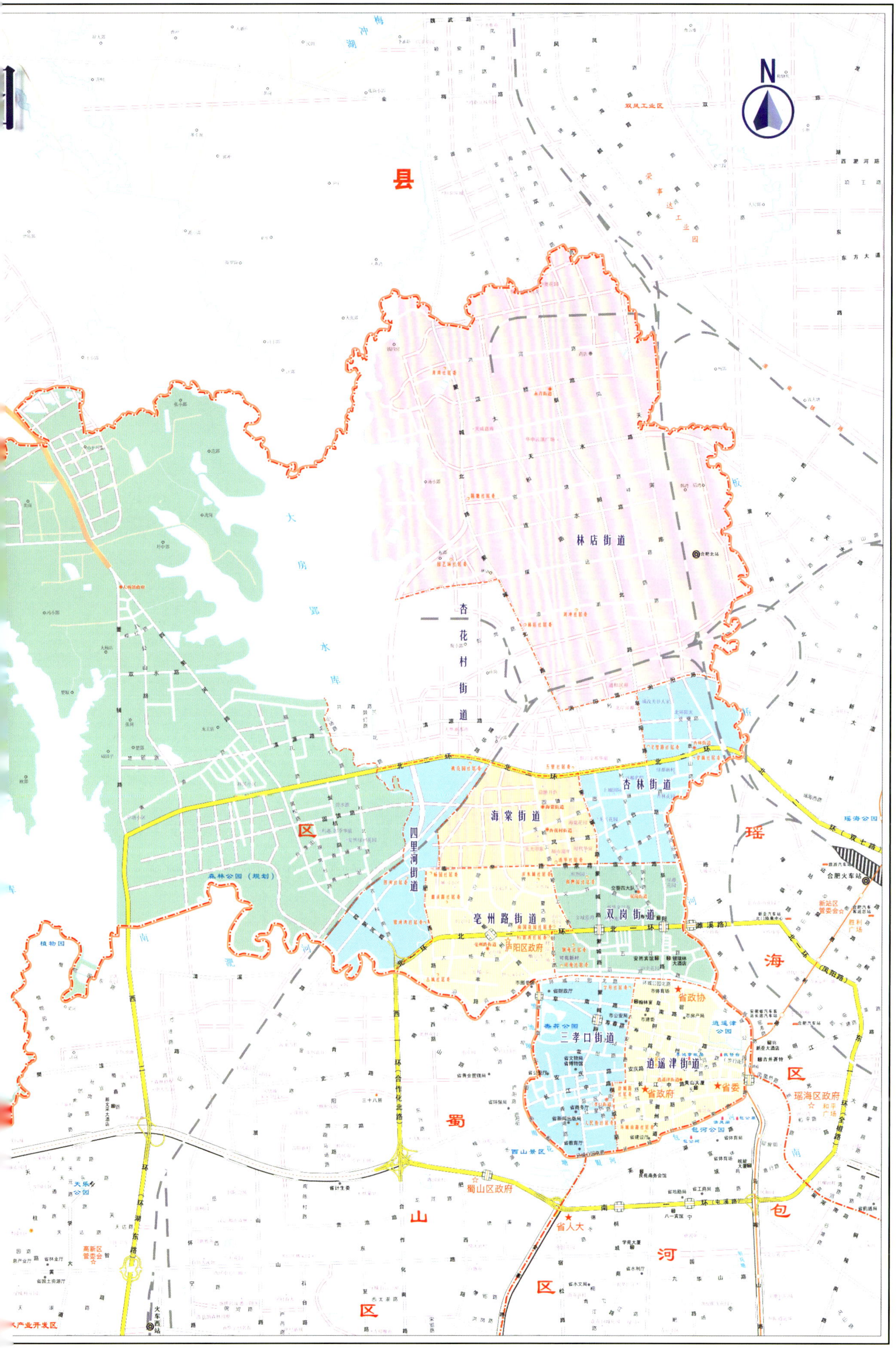

N
县
双凤工业区
荣事达工业园
大房郢水库
林店街道
合肥北站
杏花村街道
区
杏林街道
海棠街道
四里河街道
森林公园（规划）
瑶海区
瑶海公园
合肥火车站
新站区管委会
胜利广场
亳州路街道
双岗街道
庐阳区政府
植物园
省政协
杏花公园
三孝口街道
逍遥津公园
逍遥津街道
省政府
省委
瑶海区政府
和平广场
包河公园
西山景区
蜀山区政府
省人大
蜀山区
包河区
天乐公园
高新区管委会
火车西站

编辑说明

一、《庐阳年鉴》是全面记述庐阳区自然、政治、经济、文化、社会等方面情况年度资料公报，是在区委领导下，由区政府主办，区地方志办公室组织编纂。《庐阳年鉴》2014年卷是创刊号，以后逐年编纂。

二、本卷年鉴坚持以中国特色社会主义理论为指导，系统记述2013年全区经济社会发展情况和发展特点，具有权威性、综合性、信息性、实用性，为外界认识了解庐阳、投资建设庐阳提供基础资料。

三、本卷年鉴内容记述时限原则上为2013年1月1日至12月31日。为承接下限为2005年的《合肥市庐阳区志》，卷中《大事记》从2006年记述。卷中少数内容适当上溯和下延，其中部分图片截至2014年6月30日。

四、《庐阳年鉴》2014年卷采用分类编辑方法，主体内容分为类目、分目、条目三个层次，少数分目下设子分目。设有特载、专记、综述、大事记、政治、经济、民生、乡镇街道等21个类目，有98个分目、652个条目，彩图插页图片168幅。书中内容全面展现区委、区政府主要发展举措，取得的重大发展成果，反映全区各个领域主要成就，突出区域特色和年度特点。

五、本卷采用文稿资料由全区乡镇、街道、区直机关和相关部门提供，经《庐阳年鉴》编辑部整理编辑，各供稿单位和区委办、区政府办、区发统局审核而成，具有权威性。书中对各类目、分目、条目间交叉重复资料，在分清主次和互相协调的基础上，采取详此略彼方式记载。

六、本卷年鉴编纂出版得到全区相关单位和部门大力支持，尤其是广大编撰人员付出了艰辛劳动，借此表示衷心感谢。由于成书仓促，水平有限，多有疏漏或不足之处，敬请广大读者批评指正。

编　者

目　录

庐阳区人民代表大会

庐阳区人民政府

政协庐阳区委员会

人民团体·工商联

法治·武装

经济管理

农村经济

工业经济

商贸·旅游

建设·环保

财政·税务

教育·科技·卫生·体育

人事　人口　民政

乡镇·街道

大事记

附 录

索 引

Main Contents

PERSONNEL MATTERS POPULATION CIVIL ADMINISTRATION

COUNTRY AND TOWN

CHRONOLOGICAL EVENTS

APPENDIX

INDEX

特　载

- □中共庐阳区委三届四次全会报告（节选）
- □政府工作报告（节选）

中共庐阳区委三届四次全会报告（节选）

改革创新促发展　攻坚克难勇争先
不断开创庐阳现代化建设新局面

（2013 年 12 月 16 日）

中共庐阳区委书记　吴　劲

区委三届四次全会的主要任务是：学习贯彻党的十八大、十八届三中全会和省、市有关会议精神，总结 2013 年工作，部署 2014 年目标任务，进一步动员全区广大党员干部群众，统一思想，坚定信心，改革创新促发展，攻坚克难勇争先，不断开创庐阳现代化建设新局面！

一、迎难而上，在严峻考验中奠定现代化建设基础

2013 年，面对一系列新情况、新挑战，区委团结带领广大干群，围绕“全省首善之区和辐射源”建设，以“责任建设年”为抓手，以“一线为民工作法”为平台，突出“项目攻坚”，大力实施“产业、环境、民生、管理”四大提升工程，经济社会呈现良好发展态势。

（一）综合实力迈上新台阶　预计，全年实现地区生产总值 480 亿元，同比增长 12%；财政收入 24.6 亿元，其中地方财政收入 14.6 亿元，分别增长 11% 和 9%；规模以上工业总产值 254 亿元，增长 10%；全社会固定资产投资 450 亿元，增长 21.3%；社会消费品零售总额 374 亿元，增长 16%；城镇居民人均可支配收入和农民人均纯收入分别增长 11% 和 14%。荣获全省发展民营经济先进区称号，老城区入选全省唯一中心中央商务区，成功举办全国商业街年会，庐阳工业区被命名为省级新型工业化示范基地。

（二）城乡建管展示新面貌　以“三城同创”为契机，加强城乡建设和管理。城市建设稳步推进。在“1+3”机制推动下，全年收储地块 14 宗，上市 11 宗，成交额 30.7 亿元。房屋征迁创大建设以来最好成绩，全年共启动新拆项目 24 个，续拆项目 8 个，累计完成 127 万平方米。中菜市顺利搬迁，万科·森林公园、汇银特色商业街开工建设，实施七桂塘片区改造，城隍庙改造工程按计划有序实施。基础设施不断完善。市政重大项目阜阳路高架竣工通车，轨道 2 号线顺利开工；建成城乡道路 11 条，15 公里；区环卫基地暨垃圾转运站投入使用，无公害处理技术全国领先。城乡面貌明显改观。

在全市首创城管徒步巡查制度，实现北一环外42条道路保洁市场化。绿化大会战胜利完成，植树造林2571亩，增绿43.8万平方米。董大水库水源保护区土地整理进展顺利，大杨、三十岗已搬迁群众3404户，面积57万平方米。建立河段长制，河道排口管网截污完成161个，水源保护区面源污染清理完成市下达任务量70%。美好乡村建设成绩斐然，湿地、绿道加快建设；东瞿美食村、崔岗艺术家村，示范效应显著，“养生水源地、慢城三十岗”英姿初展。

（三）改革开放实现新突破　完善了加快发展生态都市农业、现代服务业和都市产业园建设若干政策；深化市政园林体制改革，整合了职能机构，规范了绩效考核；出台小额零星工程定点采购管理办法，在全市城区中率先建立预算会商制度，金融“服务加监管”的庐阳模式得到省市认可。加大招商引资力度，预计全年实际到位资金240亿元，其中外资1.5亿美元。引资总量、外商直接投资、大项目均超额完成市、区目标任务；清华科技园、鑫翰电子科技园签约落地，知名商贸企业红星美凯龙和交银康联、利安人寿等一批金融总部相继入驻，徽商银行在港交所成功上市。

（四）群众工作塑造新品牌　积极探索新形势下做好群众工作的新途径——“一线为民工作法”，央视《新闻联播》特作专题报道。沉下去接地气。开展了区领导联系企业、困难群众和干部驻点日活动，329名干部走进70个村居、65幢楼宇、28家非公企业、4个特色街区。顺民意解难题。在全市率先解决安置房办证后遗症，为5377户居民办理了房产证；推进梅小店等10个复建点建设，总面积287万平方米，体量为历年之最；安置森林公园等5个项目2300余户，面积45.9万平方米；完成老旧小区危房鉴定，启动20个老旧小区整治，拆除淮河路336号大院D级危房。让群众得实惠。率先在全省开展民生工程项目征集活动，城乡居民养老参保率全覆盖，五保供养、孤儿生活费再次提标，农村低保人均补差全省第一。百帮创业园被授予首批“全国创业孵化示范基地”，创业就业获“首届市政府工作创新奖”，计生工作获“全省阳光计生行动示范单位”。

（五）社会治理取得新成效　社会事业全面进步。在全市率先成立社工协会，打造“三位一体”的居家养老服务体系；45中、长二小橡树湾校区投入使用，庐阳高中晋升省级示范高中，荣获全国首批义务教育发展均衡区、社区教育实验区和全省学前教育工作先进区称号。深化基层医改，在全省率先开展“家庭医生服务”活动，获得全国中医药特色示范区、全省社区卫生服务示范区称号。群众文娱异彩纷呈。成功举办首届“庐阳杯”中日韩三国围棋赛、全国钓鱼精英赛，提高了庐阳知名度；第五届合肥牡丹节、第八届三国文化节、首届三十岗桃花节，游人如织，经济社会效益明显；区第八届文化艺术节，群众参与度高，观赏性强。社会稳定得到加强。深入开展“六五”普法，扎实推进“安全停车、技防延伸、行业调解”三大工程，古城四村等13个信访积案化解有序；严打非法传销，成功创建64个“无传销村居”；成立社区检察官办公室，区法院被确定为保险纠纷诉调试点单位；积极推行领导包片、社区安全信息员制度，安全生产监管网络向基层有效延伸。

（六）党的建设树立新形象　把学习贯彻十八大精神作为首要政治任务，依托“庐阳讲坛”、区委党校、干部在线教育，对2000多名党员干部进行培训；开展群众路线教育谈心谈话活动，区委常委分别深入联系单位，与班子成员“背靠背”交心，征求意见365条；深入推进服务型基层党组织建设，开展党员活动日、党员志愿者服务活动，在全区试行“六六楼宇党建工作法”；深化干部人事制度改革，出台中长期人才发展规划和拔尖人才选拔办法。制定关于改进工作作风、密切联系群众的若干规定，开设“清风庐阳”系列讲座和短信平台，认真开展政风行风评议工作，对党员干部持卡、经商和住房进行清理；大力推进“阳光村务工程”和廉政文化“六进”工作，建立非公企业纪检组织；加大案件查处力度，全年立案9件，给予党纪、政纪处分5人。

与此同时，区人大、政协充分发挥职能作用，依法监督、参政议政工作得到有效加强，人武、统战、老干部、工商联、科协、保密、档案、工青妇和关心下一代工作取得新业绩。

这些成绩的取得，是全区广大干群努力拼搏和社会各界人士、驻区单位大力支持的结果。在此，我代表区委常委会，向所有为庐阳发展作出贡献的同志们，向所有关心支持庐阳发展的朋友们，表示衷心的感谢，并致以崇高的敬意！

二、顺势而为，坚定开创现代化建设新局面的信心

2014年，是国民经济由企稳回升，向稳中求进、稳中向好转变的关键一年，也是全面贯彻落实十八届三中全会精神的第一年。当前，世界经济不确定因素仍然较多，我国经济结构调整压力依然很大，资源环境约束更加突出，保持经济平稳较快发展任务很重。环顾周边，我区在中部省会中心城区中仍处于第二方阵；在市内，有些总量指标已落后包河、蜀山。审视自身，我们还存在一些不容忽视的问题：在项目储备上，轨道2、3号线在我区站点7个，而蜀山、瑶海各有12个，我们将在轨道枢纽型商业中心建设上处于弱势；今年新引进和在谈的大项目，我区为27个，而包河、蜀山、瑶海却分别达32个、39个、37个，大项目储备不足。在发展空间上，自2002年以来，其它三区都相继调整了区划，拓展了空间，而我区不仅没有拓展，还受到水源保护政策制约。在群众观念上，有少数干部工作方法简单，缺乏群众工作能力；有的群众意识淡薄，对群众的诉求推来推去，甚至不闻不问、麻木不仁。在工作状态上，少数党员干部贪图安逸，养尊处优；有的墨守成规，患得患失，畏难求稳，不敢担当；有的纪律意识淡薄，对上级决策部署，能推则推，能拖则拖；有的当“老好人”，不敢抓、不敢管，缺乏应有的锐气。所有这些问题，如不加以解决，势必影响现代化建设进程。我们必须切实增强忧患意识、机遇意识、改革意识、进取意识、责任意识，始终保持清醒头脑，主动适应形势变化，着力解决突出矛盾，促进经济社会快速高效发展。

要抢抓发展新机遇。党的十八届三中全会是我们迎来的最大机遇。要看到全会高举解放思想大旗，全面深化改革，鼓励地方、基层和群众大胆探索，这为我们深化基层改革，创新体制机制提供了良好的政治环境。要看到充分发挥市场在资源配置中的决定性作用，扩大内陆沿边开放，必将给“承东启西”的内陆省会城市进一步扩大开放、转型升级带来新机遇。要看到践行群众路线，转变政府职能，深入反腐倡廉，必将使广大党员干部迸发出积极进取，争先向上的正能量。我们一定要深刻理解把握全会的丰富内涵，用足用活中央出台的一系列利好政策，主动而为，抢占先机，在波澜壮阔的大改革、大发展中抢抓机遇，赢得优势。

要勇于赶超增信心。近年来，我们破解了许多难题，干成了许多大事。经过大投入、大建设、大转型，自身优势已显现。产业结构上，按照“强三优二精一”思路，形成以现代商贸、金融为支柱的产业体系，构建了与先发城区相似的产业架构，在当前调结构、扩内需的形势下，必将在新一轮发展中赢得先机。转型升级上，虽在项目储备数量上处于劣势，但我们注重引进占地面积小、高附加值的

产业，今年新引进的13个大项目均为现代服务业、生态农业和战略性新兴产业，还有40多个区域总部、金融总部、文化创意、新能源项目正在洽谈，随着这批绿色、低碳项目陆续落地开花，必将成为加快转型升级的中坚力量。体制机制上，我们在招商引资、街居管理、民生工程、楼宇经济和特色街区建设方面先行先试，已形成了一套行之有效的做法，积累了一定的经验，在区域竞争中拥有一定的先发优势。干部队伍上，通过开展“解放思想大讨论”、“责任建设年”、“一线为民工作法”，激发了庐阳上下干事热情，广大干部跨越赶超意识进一步增强。发展环境上，合肥经济圈建设带来的核心效应，“大湖名城、创新高地”建设带来的品牌效应，地铁建设快速推进带来的增值效应，多重效应叠加，必将使区域内产业融合度加速提升，要素加快流动，资源空间进一步拓展。

要满怀豪情壮斗志。摆在面前的困难，需要以百倍的勇气去战胜；面对存在的问题，需要超常的智慧去解决。能否在激烈的竞争中乘势而上，后发争先，是对我们意志、作风和能力的大考验。全区上下必须坚持把群众路线作为跨越发展的智慧源泉。深入践行群众路线，不断丰富“一线为民工作法”内涵，时刻把群众利益放在心上，落实在行动上；坚持从群众中来到群众中去，汲取群众智慧，赢得群众支持，这是我们跨越赶超最强大的内生力量。把改革创新作为推动发展的强大动力。问题是推进改革的动因，哪里有问题，哪里就需要改革；落后是推动创新的动力，哪里有差距，哪里就需要创新。每个地方、每个部门都要认真查摆问题，找准差距，用改革的办法解决问题，用创新的举措缩小差距。只要我们矢志不渝抓改革，永不停歇谋创新，就一定能够积小胜为大胜。把实干快干作为加快发展的根本方法。实现美好蓝图，关键靠实干快干。无论是目标思路、方法措施，还是布置落实、检查验收，每个环节都要实实在在，切忌好高骛远、只讲不干、虎头蛇尾；要大力倡导雷厉风行的作风，建立重要时间节点调度督查机制，促进各项工作快决策、快落实。把攻坚克难作为促进发展的重要手段。在项目拆迁中，要敢于碰硬，以更多的“拆旧建新”拓展发展空间；在产业转型中，要以刚性措施约束，辅之政策引导，倒逼企业升级改造；在信访维稳中，要敢于上手，以韧克刚，以情感化，依法处置。

形势喜人，形势逼人！只要我们善抓机遇，顺势而为，把存在的一个个问题转化为一项项改革创新的实实在在举措，就一定能在这场千帆竞发的发展大潮中，勇立潮头，进位赶超！

三、开拓奋进，在率先实现现代化大业中奋发有为

五年看四年，四年最关键，2014年是庐阳区决胜“十二五”的关键节点。全年工作总体思路是：全面贯彻落实党的十八届三中全会精神，围绕“全省首善之区和辐射源”建设，以“一线为民工作法”为平台，深入开展群众路线教育实践活动；以改革为主线，强化基层治理体系和能力建设；以科学发展为中心，突出抓项目、抓转型、抓民生、抓生态，不断开创庐阳现代化建设新局面。全区经济社会发展主要预期目标是：力争地区生产总值增长10.5%，规模以上工业总产值增长8%，财政收入增长10%，地方财政收入增长7%，全社会固定资产投资增长18%，社会消费品零售总额增长13%，招商引资总量260亿元，利用外资1.6亿美元，城镇居民人均可支配收入和农民人均纯收入分别增长10%和12%，单位地区生产总值能耗达市控指标。

实现上述目标，重点抓好五个方面工作：

（一）以项目为抓手，引领产业转型升级　今天的项目就是明天的产业，把好项目结构关，对推

动转型升级将起到事半功倍的效果。

1. 以规划引导转型。围绕争创国家级中心中央商务区和全国商业名区，把制定产业规划和城市区域规划同步进行，实施“一核三带三轴”布局，做实长江中路主轴，谋划建设轨道枢纽型商业中心，提升淮河路步行街片区规划建设水平；推进北一环城市金融功能区建设，做好北二环和五里、桃花片区单元规划；抢抓地铁3号线建设机遇，谋划临泉中路总部经济带；启动蒙城北路电厂片区、四里河路湖畔新城片区、阜阳北路沿线片区项目规划研究。大力推进工业区产城融合，做好工投·创智大地等重大项目规划，引导产业集群化、项目组团化布点。加快三十岗旅游风景区规划，处理好发展与保护的关系，明确产业定位，选准一批项目先行启动。

2. 以建设支撑转型。完善“1+3”项目推进机制，明晰乡街和部门目标任务，健全多层级督查机制，促进项目快落地、早受益。全力为轨道建设做好服务，完成肥西路、清源路等23条城市支路网建设。启动五里、科研所片区等25个项目拆迁工作，力促森林公园、四河片区地块早日上市，督促红星美凯龙尽快开工。加快老中菜市、城隍庙片区改造；做好七桂塘业态引导，确保上半年开街。按照“1+1”特色街区模式，重点打造“九余三”街区、汇银特色商业街，提升义井路、凤台路、新天地等街区品质。

3. 以招商促进转型。突出重点抓招商，充分发挥国家科教城的技术引领优势和地铁、主干道的区位优势，锁定世界500强、“国字头”、“老字号”及国内名企，招引一批知名度高、带动力强的新兴产业。创新方式活招商，大力开展以商招商，以祥源广场、兴庐科技园二期为平台，借鉴新加坡“综合社区”、“垂直城市”理念，探索规划招商新方式，积极引进占地面积小、综合效益高、发展后劲足的现代服务业和都市工业。严格考核逼招商，紧扣全年目标任务，强化结果运用，通过严格考核奖惩，把干部逼向招商引资第一线，做到真招商、招真商，大招商、招大商。

4. 以服务保障转型。准确把握产业发展动态，天威保变等重点骨干企业要在新市场、新产品、新工艺、新技术上求突破。以“指尖上的步行街”为重点，积极开展电商专业培训，打造智慧商街和电子楼宇。紧抓新三板开放机遇，推动区内更多企业上市；充分利用土地新政，推进中正环保等一批合适项目转型改造；抓住信贷改革机遇，大力扶持民营、小微企业，确保政策资源尽快转化为发展优势。研究杏花、杏林、大杨工业区企业退出机制，引导企业合理转型。

（二）以改革为主线，提升整体管理水平　改革创新是事业永葆生机的源泉。要坚定不移地推进改革创新，努力以新的体制机制，推动经济社会全面进步。

要深化街居体制改革。按照“精街道、强社区”的要求，科学划分街、居工作职能，实现扁平化管理。优化街道岗位设置，突出发展、管理职能，下沉服务性事务。强化社区服务功能，规范为民服务项目，建立“问计于民、问需于民”的工作机制；充分发挥群众在社区建设中主体作用，完善小区业主委员会，强化对物业公司监管；在扩大政府购买社会服务的同时，积极引入社工和公益性社会组织；切实改变社区服务资源闲置率高的现状，大力实施服务对象自我管理，有效推行社区资源利用社会化，充分发挥社区服务资源的功能作用。

要深化城管机制改革。按照“一级监督、二级指挥、三级管理、四级网格”的模式，加快市政、园林、城管一体的数字化平台建设，强化信息联动机制，真正实现问题在“第一时间发现、第一时间处置、第一时间解决”。完善三单制执法体系，对关键路段、薄弱区域，实施不间断监管，大力开展重点治理、专项治理。探索夜市摊点规范化管理办法，做到经营有序，消费舒心。大力引进社会力量进入公益事业、基础设施，扩大市政、绿化、环卫市场化服务。

要深化效能建设机制改革。按照“重实效、轻过程”要求，结合政风行风评议，探索建立乡镇、街道和区直部门双向互评的考评机制；强化责任体系建设，建立职责明晰的权责链条，做到奖罚分明，有责必问，问则必果；按照“无偿直接奖补”向“有偿间接放大”转变的要求，不断完善都市工业、现代服务业、现代农业扶持办法；按照“统一管理、集约利用”的要求，推动土地合理流转，“民宅”有效利用，实现农民增收增效；以“便民、高效、零投诉”为目标，抓紧实施行政服务大厅管理机制改革，实行管理、考核、绩效“三统一”，变松散为集中统一管理。

（三）以民生为根本，推进社会事业进步　积极落实民生工程各项工作任务，认真解决好事关群众切身利益的问题，统筹社会事业发展，不断提高群众生活质量。

一要助民。以争创全国和谐社区为目标，健全常态的帮扶机制和灵活的解困机制。完善城乡居民养老保险制度，扩大医疗保险参保覆盖范围。大力发展慈善事业，实施“阳光大棚”工程，创建全省残疾人工作示范区。重视养老事业，加大“老少活动家园”、社区养老服务站建设。落实人口计生政策，实现争先进位。积极实施小街巷改造，确保完成老旧小区改造和菜市场标准化改造任务。

二要惠民。高标准建设万科45中分校等6所中小学、幼儿园，兴建7所少年宫，确保庐阳高中艺体中心建成并投入使用；大力推进名师工作室、名师课堂建设，进一步促进庐阳教育优质均衡发展，争创全国社区教育示范区和全省第二批教育强区。围绕创成“两个示范区”，完善公共卫生、社区卫生、农村卫生三大体系，大力推广“社区名医”，认真落实慢性病部分药物免费、城镇居民住院和门诊统筹报销政策。发挥区全民体质监测中心作用，规划十分钟健身圈，推进体育公园建设，办好第二届中日韩三国围棋赛。

三要富民。围绕创建全国创业型县区，加大“整贷直发”政策落实力度，完善创业培训、创业服务、政策扶持“三位一体”的创业机制。将创业平台建设资金延伸到私营经济，允许并支持民间资本投资建园，鼓励创业者发展以电子商务为代表的新型业态，大力扶持家庭服务业发展。根据企业用工需求和劳动者求职需要，引入“模拟公司”系统，开展经营管理、职业技术、岗位技能培训，让每个劳动力掌握必备本领。以高校毕业生、进城务工人员就业为重点，举办专场招聘会、特色招聘会。

四要乐民。以全国文明城市创建为抓手，大力实施公民道德建设，深化群众性精神文明创建活动，组织好“中国好人”评选。扎实开展群众性文娱活动，举办社区之歌创作征集大赛、夕阳红舞蹈大赛、家庭才艺大赛；继续办好庐阳文化艺术节、社区体育运动会；东瞿美食文化村要在提升品位上下功夫，崔岗艺术家村要在丰富内涵上做文章，全力打造“歌舞庐阳、诗画庐阳、书香庐阳”。

（四）以和谐为目标，强化社会治理创新　加快现代社会治理体系建设，最大限度增加和谐因素，增强社会发展活力。

1. 全力大调解。充分发挥区、街群众服务中心的作用，完善区领导接访包联制度。加强道路交通事故调解委员会等各类专业调解组织规范化建设，坚持开展动态矛盾排查和定期调处化解。通过定点接访、重点约访、专题接访、带案下访，变被动为主动，把矛盾化解在基层，化解在前期。对一些重点维稳事项，实行领导包案，挂牌督办，逐案攻坚。

2. 强化大防控。以“平安庐阳”创建为抓手，按照“打防并举、以防为主、群专结合、狠抓基础”的思路，进一步完善三级维稳信息网络平台，提升人防、物防、技防水平；推进社区警务一体化，扎实开展综治进楼宇、技防全覆盖活动；加大对重点人群、重点场所管理力度，不断完善风险评估、应急管理、重大信息管理机制，切实做好防邪、禁毒工作，严厉打击非法传销。

3. 确保大安全。借鉴“枫桥经验”，以“法治庐阳”建设为重点，坚持重心下移，充分发挥居民组长、楼栋长、党员中心户骨干队伍作用，扎实开展群防群治活动。深入推进“六五”普法，积极开展法律援助、司法救助，引导涉法涉诉信访人依法解决。强化领导责任、单位主体责任和属地管理责任，抓好安全生产、公共卫生、食品药品安全工作，确保人民群众生命财产安全。

（五）以生态为重点，促进可持续发展　要把生态文明建设放在十分突出位置，着力打造美丽庐阳。

一要在发展中优化环境。严把项目准入关，大力发展绿色经济、循环经济、低碳经济。鼓励企业研发、使用清洁能源，发展资源再生产业；大力发展无污染、低能耗、高附加值的现代服务业、战略性新兴产业和生态休闲农业。加大以“桃蹊”为代表的一批农业生态园建设力度，积极申报实施环巢湖流域三期项目，做到河流全治理，库边全湿地。

二要在治理中净化环境。严格环保执法，大力开展源头治理，加大重点行业、重点企业整治力度。继续实施河道排口截污工程，大力推进老旧小区雨污分流。结合董大水库水源保护，加快土地整理和面源污染清理工作。继续推进美好乡村建设，深入开展“三线三边”治理，实施清洁小流域工程，再打造 1–2 个美好乡村示范点。

三要在建设中美化环境。把生态与建设有机融合，实施项目主体与生态系统同步建设，生态规划要上档次，绿化建设要上品位，做到建一个项目，成一处景点。继续推进绿化大会战，深入开展森林城镇和“花园式单位”创建活动。完成植树造林 3000 亩，兴建 3 个公园和 3 处节点游园，做好阜阳路高架、铁路、板桥河沿线绿化，打造寿春路、亳州路两条精品路段，加快启动四里河景观公园建设，大力实施零星空地、老旧小区和公园补绿工作。

四、凝心聚力，为开创现代化建设新局面提供坚强保证

事业兴衰，关键在党员，关键在干部。

（一）牢记宗旨，深入践行群众路线　广大党员干部要牢固树立群众观念，扎实开展群众路线教育实践活动。加强学习提境界。以学习十八大和十八届三中全会精神为重点，加强干部教育培训，增强发展意识、改革意识、纪律意识，树立正确的世界观、价值观、人生观。认真查摆严剖析。高标准完成规定动作，重点把握好民主生活会、整改问题等关键环节。要对照党章，对照先进典型，对照反面案例，对照群众意愿，查找小事和细节背后折射出的大问题，查找平时看不清楚，习以为常的问题。领导干部要“先照镜子、后整衣冠”，敢于亮丑，触及灵魂。心装群众解民忧。以“一线为民工作法”为载体，将活动延伸到经济发展、项目建设、社会稳定等工作领域，切实解决群众反映的琐事、零事、小事，打造具有庐阳特色的主题教育活动品牌。

（二）鼓劲聚力，提升宣教功能作用　提神鼓劲、凝聚共识是宣传思想工作主基调。要把握重点，把学习宣传十八届三中全会确立的一系列新观念、新理念、新举措，作为首要政治任务，从百姓视角，用群众语言，开展形式多样的宣教活动，做到既喜闻乐见，又入脑入心。要展示形象，加强重大主题、重要活动宣传策划，不断扩大庐阳影响力和美誉度；善于挖掘身边的典型，以鲜活的事例，引导党员干部立足岗位作奉献；大力开展岗位练兵活动，提高各级宣传干部理论素养和实战能力。要健全机制，完善舆情预警处置，启动庐阳政务微博发布厅建设，办好《老城新闻》社区报，抢占舆论制高点，为庐阳经济社会发展提供良好的舆论支持。

（三）强本固基，不断夯实基层组织　基础不牢，地动山摇。围绕服务型党组织建设，按照“分条块建网络、连条块成体系”的原则，进一步整合辖区党建资源，推进基层党组织设置由传统领域向新兴领域延伸，由单位向区域延伸，由实体向网络延伸。按照“有组织抓规范、已规范抓创新”的思路，加强基层党组织书记、党员骨干、党员志愿者队伍建设，大力开展党员承诺践诺、志愿服务、组团服务活动，力争每个街道打造1—2个各具特色的活动模式。按照“提高素质、发挥作用”的要求，紧把党员入口关，重视在非公经济和社会组织中发展党员，探索流动党员教育、管理动态机制，不断提高基层党组织的凝聚力和战斗力。

（四）精塑团队，强化干部队伍建设　事业兴衰，关键在人；用人之要，重在导向。突出基层导向，继续选拔一批年轻干部到经济发展主战场、征地拆迁最前沿、信访维稳第一线去锤炼，建立年轻干部到基层锻炼，领导干部从一线选拔的常态化机制。突出实绩导向，进一步完善选人用人机制，对有激情、有思路、能干事、干成事的干部，要重点培养，真正把干事创业的战场，变成培养使用干部的舞台。突出作风导向，各级领导干部要率先垂范，做到工作有部署，就要有检查；抓落实，更要抓成效。要把作风是否过硬作为衡量干部优秀的重要标准，把那些讲真话、干实事、勇担当、敢负责的同志，提拔到领导岗位。

（五）干净做事，争当清正为民典范　风清气正是一种环境、一种氛围，更是一个地区良好政治生态环境的基础。要严明纪律。以完善的制度和严格的要求，提升反腐倡廉执行力。坚决执行反对“四风”和厉行节约的各项规定。要落实责任。严格落实党风廉政建设责任制，深入开展廉政文化建设和反腐倡廉教育，全力推进惩治和预防腐败体系建设。要强化监督。拓展和延伸廉政风险防控工作，加大对腐败易发多发领域，特别是领导干部和村（居）干部的监督力度，坚决纠正损害群众利益的不正之风，严肃查处各类违法违纪行为。各级领导干部要严守廉政准则，始终保持政治上清醒，经济上清廉，生活上清白，以清正廉明的作风取信于民。

（六）统揽各方，增强跨越赶超向心力　不断加强常委会自身建设，充分发挥“总揽全局、协调各方”的领导核心作用。大力支持人大依法监督，政府依法行政，政协参政议政；坚持民主决策、科学决策、集体决策，始终保持四大班子和衷共济、共谋发展的良好局面。进一步做好统一战线工作，团结各方人士为庐阳发展献智献力。加强新形势下人民武装工作，着力打造“首善人武”。支持工会、共青团、妇联、工商联、商会、协会等群团组织发挥各自优势，努力形成推动庐阳现代化建设的强大合力。

政府工作报告（节选）

庐阳区第三届人民代表大会第三次会议

（2013年12月25日）

庐阳区政府区长　邓真晓

一、提质增效、思进图强的2013年

一年来，在市委、市政府和区委的正确领导下，在区人大及其常委会和区政协的监督支持下，区政府认真贯彻落实党的十八大精神，围绕加快建设全省“首善之区”和辐射源，深入推进责任建设年活动，抓转型促升级，抓改造拓空间，抓民生保和谐，抓管理提效能，全区经济平稳增长，社会事业全面进步。预计，全年实现地区生产总值480亿元，增长12%；完成全社会固定资产投资450亿元，增长21.3%；财政收入完成24.6亿元，增长11%，其中地方财政收入14.6亿元，增长9%；实现社会消费品零售总额374亿元，增长16%；实现规模以上工业总产值254亿元，增长10%。万元GDP能耗下降、主要污染物减排量达到市控目标。

一年来，我们主要抓了以下几个方面的工作：

（一）坚持项目带动，发展后劲持续增强　系统谋划区域发展。编制完成三十岗乡总体规划和工业区、四河片区等地块控制性详规，开展五里、湖畔新城等片区和长江中路、阜阳北路等道路沿线规划研究，正在编制环城路以北4个区域19.6平方公里单元规划，发展的前瞻性和科学性进一步提高。强力推进项目建设。健全“1+3”项目推进机制（每个乡镇、街道每年新开工1个、储备3个项目），万科森林城等15个超10亿元项目加快建设。恒信德龙汽车城7个4S店建成营业，东怡金融广场一期等9个重点项目按期竣工，全省唯一的红星美凯龙直营店正式落户。龙王小圩郢等14宗1136亩土地完成收储。加大招商引资力度。全年实际到位资金240亿元，外商直接投资1.52亿美元。组建8个专业招商小组，举办3场招商推介会，成功上市14宗714亩土地。新引进超亿元项目57个，普天新能源、莱钢等央企项目落户庐阳，引资质量显著提高。我区位列2013年度中国最具投资潜力中小城市百强区第34位。

（二）推进转型升级，产业结构不断优化　突出区域特色，强化政策引导，完善全区现代服务业、都市工业、生态都市农业三项经济发展扶持政策。加快服务业转型升级，发展优势更加彰显。深度谋划老中菜市区域改造，中菜市成功搬迁，新中菜市投入运营。基本完成七桂塘基础设施改造和景观提升，正在推进资源整合和业态调整。扎实开展城隍庙综合改造前期工作。大力发展电子商务O2O模式（线上到线下模式），培训电子商务人员1000多人次，新增网店600多家。百大易商城华丽转型,着力打造“安徽第一网上超市”。大力发展淮河路步行街电子商务交易平台,打造“指尖上的步行街”。成功举办2013中国(合肥)商业街行业年会,参会城市和人员规模为历届之最。四牌楼联合大厦等城市综合体开工建设,华润欢乐颂、北京华联等国内知名购物中心建成营业。我区被评为全省专业商标品牌基地。创新庐阳金融“服务加监管”工作模式,徽商银行成功上市。新引进交银康联、广发银行等金融企业总部8个,北京行云网、上海电气等全国知名企业区域总部12个,总部经济规模进一步壮大。加快商务楼宇建设,全区在建商务楼宇面积达113万平方米。我区被评为全省唯一的中心中央商务区试点单位。加快农业转型升级,生态休闲旅游发展迅速。新建杨岗路、东瞿自行车慢道等总长11.7公里旅游道路,三十岗景区环状观光路网即将形成。开展董铺水库支流环境综合治理,集生态观光、慢城体验于一体的东渠湿地初现雏形。打造东瞿美食村,培育崔岗艺术家村,乡村风貌各具特色。成功举办国际赛事——首届“庐阳杯”中日韩三国围棋名人混双赛,并顺利申请将该赛事永久落户庐阳。全国钓鲫精英赛、自行车嘉年华等赛事影响日益扩大,三十岗西瓜节、桃花节已成为合肥乡村旅游名片。大杨镇、三十岗乡均被评为全市科学发展先进乡镇。加快工业转型升级,都市工业稳步发展。加速推进都市科技园建设,新建中正环保、鑫翰等都市产业园3个、标准化厂房79万平方米,新引进清华(合肥)科技园、美恒科技园等都市产业园7个。大力推进杏花印务、博天化工等18个升级改造项目。全面推进工业企业技术改造,电厂六号机组投入运营。着力推进战略性新兴产业发展,新引进沃特普尔、亚欧益盟等科技型企业12个,全年新认定国家级高新技术企业11家。出台民营经济发展引导政策,召开银企对接会6次,为50多家企业融资36亿元,庐阳区被评为全省发展民营经济先进区。

(三)加快旧城改造,城市功能日趋完善 以改善人居环境为目标,启动二环以内危旧房和城中村改造三年计划。新实施白水坝、花园宾馆一期等10个改造项目,其中自行车二厂、五金二厂等9个项目完成征迁。全面完成四河片区、救助站等9个续拆项目扫尾。扎实开展五里、桃花片区征迁丈量、人口认证等前期工作。投入资金2亿元,综合整治荣事达宿舍、路苑小区等20个老旧小区,惠及10000多户。以完善城市功能为重点,全力服务保障大建设。完成轨道2号线407户房屋征收,站点建设顺利实施。阜阳北路高架全线贯通。潘集路、双水路等39条全长31.7公里城市支路网开工建设,金桔路等15条道路建成通车。实施蒙城北路、九狮桥路等23条道路维修,改造光明巷、天王巷等6条小街巷。引进社会化投资管理服务新模式,对全区1.2万盏路灯实行合同能源管理。以保障群众安居为目的,加大回迁安置力度。新开工四里河畔、梅小店等6个安置点,累计在建面积193万平方米,建筑体量为大建设以来历年之最。新建刘冲廉租房200套、公租房2100套。完成荣城北苑(一、二期)、城市森林公园(三期)等5个安置点的回迁,安置群众2300多户、45.9万平方米,当年安置人数和面积创历史新高。办结紫桐新村、新都小区等9个项目5377户47.9万平方米安置房证件,解决群众后顾之忧。

(四)优化城乡环境,建设品质明显提升 加大水源地环境保护。融资4亿元,快速推进董大水库水源地保护区土地整治项目,搬迁3404户、面积57万平方米,复垦土地750亩。扎实开展水源地保护区内面源污染清理工作,实施董铺水库周边小流域生态治理工程,启动四里河生态修复等环巢湖生态示范区二期项目。建立河段长制管理体系。开展排污口截流工程建设,投资7700万元,完成近200处雨污分流和污染点整改，新建12公里污水管网。实施百河千渠专项行动，完成板桥河、四里河河道清淤。扎实推进美好乡村建设。大力开展农村环境连片整治，建成三十岗乡集镇污水主管网和东瞿微动力污水处理系统，完成三十岗乡东瞿大郢、大杨镇岗西东风村民组村庄改造。启动“三线三边”环境整治工作。深入实施绿化大会战。对沿河路、北一环等5万平方米道路绿化实施修复补植，对四里河路3万平方米道路绿化实施景观提升，对城区430万平方米绿化实施抗旱保绿。建成瑞园等9处1.2万平方米绿化节点，植树造林2500余亩。完善城市管理目标考核。认真落实城管徒步巡查制度，扎实开展城管执法队容风纪纠察。清理拆除主次干道两侧违规广告标牌162块，基本完成北一环、阜阳北路、淮河西路等立面整治。开展富世、商之都等6个广场周边环境综合治理。实施北一环外42条道路保洁市场化作业。继续完善摊群长联保自治制度，女人街、华孚城隍庙等7个特色夜市逐步实现规范化管理。全省最大的环卫基地——永青固体废弃物转运站投入使用。

（五）加大民生投入，社会事业统筹发展　坚持以人为本，民生为重。在省市规定项目的基础上新增13项民生工程，全区民生支出占财政支出比例达75%。认真落实收入倍增计划，预计农民人均纯收入、城镇居民人均可支配收入分别增长14%、11%。把就业作为民生之本，全年新增城镇就业人数20000多人，失业人员实现再就业近9000人。城乡居民养老保险实现全覆盖。始终关心特殊困难群体，对贫困残疾人救助、补助等提标扩面，五保供养等18项指标高于省、市补助标准，多项工作走在全省乃至全国前列。完善社会救助体系，在全市率先建立街居救助网络。免费为2293名特殊群体老人发放居家养老服务专用手机。益寿苑老年公寓完成改造，实现市场化运作，被评为全国爱心护理工程建设基地。便民服务设施更加完善，区公共卫生服务大楼、法院审判综合楼竣工交付，荣凤苑、三十岗等菜市场完成标准化改建。坚持统筹发展，共建和谐。完成学前教育三年行动计划，新增普惠性幼儿园6家，庐阳区被评为全省学前教育工作先进区。橡树湾配套中小学建成招生，45中桐城路校区、庐阳高中艺体综合楼基本竣工，通过全国首批义务教育发展基本均衡县（区）评估验收。庐阳高中成功创建省级示范高中。省级社区教育示范街道实现全覆盖，成功创建全国社区教育实验区。巩固基层医药卫生体制综合改革成果，在全省率先开展糖尿病、高血压选择性药物免费治疗和健康管理，减免医药费用52万元，惠及1.2万人次。首创家庭医生服务模式，我区被评为国家级中医药特色社区卫生服务示范区、省级社区卫生服务示范区。着力提升流动人口基本公共服务均等化水平，被评为全省阳光计生行动示范单位。实施文化惠民工程，做好辖区内公益性文化设施和校园运动场免费开放工作。成功举办第八届文化艺术节。庐阳区荣获全国群众体育先进单位称号。李府、省博物馆陈列展览大楼晋升为全国重点文物保护单位。加大“三城同创”力度，城市文明程度显著提升。开展和谐社区示范单位创建工作，成立社区社会组织联合会，积极探索“三社”（社区、社团、社工）联动的社会治理运行机制。有力推进法治庐阳建设，为困难群体办理法律援助案件536件。妥善处置各类群体性涉稳事件，有效化解社会矛盾和信访积案。深入推进平安庐阳建设，实施安全停车、技防延伸、行业调解三大工程。严厉打击非法传销，创成64个“无传销村居”。加大安全生产监管力度，认真开展百日安全生产大检查活动，绿都商城负一层等重大安全隐患整治取得显著成效。第三次全国经济普查工作扎实开展。民族宗教、外事侨务、档案、妇女儿童、未成年人保护、国防和民兵预备役、双拥优抚、机关行政事务管理等工作开创新局面。

（六）强化责任落实，政府运转更加高效　着眼于提高履职能力。扎实推进“学习型”政府建设，先后邀请建设、规划、金融等领域专家，组织集中培训学习 15 次。不断创新工作方式，深入开展“一线为民工作法”，区政府荣获全市社会事业发展目标管理考核优秀单位称号。健全“三助一保障”工作机制，打造创业带动就业庐阳模式，荣获首届市政府工作创新奖，为全市县区唯一获奖单位。着眼于增强责任意识。编制每个单位、部门岗位责任书，建立岗位责任制，规范办事流程，提高服务效率。完善目标管理考核，加大政务督查力度，增强政府执行力。坚持科学、民主、依法行政，完善重大事项决策程序，自觉接受人大法律监督、政协民主监督、社会舆论监督，办理各级人大代表议案、建议和政协提案 195 件，办复率达 100%。着眼于完善监督机制。认真落实中央“八项规定”，严格项目招投标管理，加大政府性投资项目审计监管，建立项目建设第三方巡查制度。出台《全区小额零星工程定点采购管理暂行办法》，政府采购资金节约率达 36.8%。全面实行预算会商，首次开展项目预算事前评审，完成年度区级“三公”经费预算公开。扎实开展政风行风评议，全面清理党政机关办公用房。严格落实党风廉政建设责任制，加强行政监察和领导干部经济责任审计，政府廉洁从政更加规范。

即将过去的 2013 年，我们在挖掘潜力中拓展空间，在破解难题中思进图强，在转型阵痛中提质增效。一年来，我们靠拼搏换空间，平稳实施各类改造项目 33 个，征迁面积 144 万平方米；一年来，我们抓项目促发展，推进在建超亿元项目 110 个，新引进超 5 亿元项目 25 个；一年来，我们强投入优环境，顺利搬迁董大水库水源地保护区 29 个村民组，新增城区绿地面积 44 万平方米；一年来，我们用真情惠民生，投入 5.3 亿元，高标准实施 43 项民生工程。

在总结成绩的同时，我们也清醒地看到，在前进的道路上还存在一些困难和问题：一是发展压力持续增大，城区间竞争日趋激烈，实现高基数上的高增长压力较大；二是产业转型升级十分迫切，生态环境建设和城市功能完善的任务更加艰巨；三是社会建设亟待加强，城市管理和社会治理水平需要提高；四是极少数干部职工思想观念、精神状态和工作方式不适应新形势和新任务的要求，政府自身建设需要进一步加强。对这些困难和问题，我们将认真研究，在今后的工作中逐步加以解决。

二、改革创新、攻坚克难的 2014 年

2014 年是圆满完成“十二五”规划目标的关键年，也是全面落实党的十八大“五位一体”总布局的改革年。党的十八届三中全会描绘了全面深化改革的新蓝图，为庐阳区爬坡奋进、攻坚克难指明了方向、提供了路径。从经济发展看，全会提出发挥市场在资源配置中的决定性作用，放开会计审计、电子商务等服务业外资准入限制，扩大金融业对内对外开放，这对以现代服务业为主导产业的庐阳区来说，更有利于我们发展新型业态，巩固全省现代服务业第一强区地位。从社会发展看，全会提出加快文化、教育、社会保障等重点领域改革，鼓励地方、基层和群众探索，改进社会治理方式，更有利于我们改革创新，巩固和打造更多与首善之区相匹配的工作亮点和品牌。同时，市委、市政府打造在全省深化改革先行先试的“合肥版”，“大湖名城、创新高地”的发展目标和思路更加清晰，为我们加快发展创造了良好的外部环境。只要我们解放思想，同心同德，一心一意谋发展，聚精会神搞建设，思进图强促改革，就一定能够实现首善之区的庐阳梦！

2014年全区经济社会发展的指导思想是：高举中国特色社会主义伟大旗帜，以邓小平理论、"三个代表"重要思想、科学发展观为指导，贯彻落实党的十八大和十八届三中全会精神，按照区委三届四次全会的总体部署，以改革创新为主线，加快产业转型升级，着力提升经济发展质量和效益；优化空间发展布局，着力提升城市建设品位；完善社会治理体系，着力增强人民群众幸福指数，将全省"首善之区"和辐射源建设向纵深推进，不断开创庐阳现代化建设新局面。

2014年全区经济社会发展的主要目标是：地区生产总值增长10.5%；全社会固定资产投资增长18%；财政收入增长10%，其中地方财政收入增长7%；规模以上工业总产值增长8%；社会消费品零售总额增长13%；农民人均纯收入和城镇居民人均可支配收入分别增长12%、10%；城镇登记失业率控制在4%以内；人口自然增长率控制在13‰以内；万元GDP能耗下降、主要污染物减排量达到市控目标。

围绕上述目标，2014年我们将重点办好十件为民实事，抓好七个方面工作：

十件为民实事：

1. 整合资源着力解决城乡低保家庭在读大学生学费。

2. 新建社区活动中心10个。

3. 实施菜市场改造升级9个。

4. 新建公园3个，新增城区绿化面积70万平方米。

5. 新建青少年素质教育基地。

6. 新增老城区停车位1000个。

7. 完善城区支路网15条。

8. 综合整治老旧小区20个。

9. 征迁改造城中村和危旧房项目6个。

10. 结合项目建设逐步解决老国有企业棚户区困难群众居住问题。

七个方面工作：

（一）突出内涵提升，打造国家级中心中央商务区　继续改造商贸服务业，大力发展现代服务业，加快建成全国商业名区。

优化产业空间布局。围绕做实做细"一核、三带"，以老城区为主核，积极创建国家级中心中央商务区。加快四牌楼联合大厦、花园宾馆一期等项目建设，启动花园宾馆二、三期改造项目。围绕地铁2号线，谋划地铁枢纽型商业中心，做好建工集团、群力巷等地块改造前期工作，拓展长江中路中心商业带发展空间。支持银泰、金鹰、百大、商之都等引进国际知名品牌旗舰店和形象店，强化全省高端消费中心区地位，扩大四牌楼、三孝口核心商圈辐射影响力。扎实做好合钢三厂、神马小桥湾等地块改造前期工作，启动科研所及周边地块改造，力促香格里拉大酒店、祥源广场等项目竣工运营，提升北一环城市金融商务带的承载力。紧抓地铁3号线建设机遇，启动一里井、徽商宿舍、金属公司等地块改造，加快红星美凯龙、安徽万达农业等总部基地建设，着力打造中环线临泉路总部经济带。

提升楼宇经济层次。以楼宇为载体，坚持盘活存量与引进增量并举，培育新型业态，着力打造四牌楼商贸楼宇、新安文化广场文化楼宇、东怡金融广场金融楼宇、北一环总部经济楼宇等四大楼宇集群。围绕金融保险、会计审计、法律咨询、电子商务等生产性服务业,全力做好金鼎广场、汇丰置地广场等楼宇的二次招商,着力发展总部经济,力争税收千万元以上楼宇 30 幢以上,其中亿元以上楼宇 10 幢。大力发展文化产业,建立文化企业奖扶机制,支持小微文化企业加快发展。全力推进全区电子商务人才培训工作,发挥线下实体店优势,拓展线上交易平台,打造智慧商街和电子楼宇,力争网店达 1000 家。

加快特色街区建设。坚持文化旅游发展与特色街区建设有机融合,按照尊重人文历史,重塑老城隍、打造新时尚的思路,加快城隍庙综合改造,完成主轴线风貌整治和基础设施改造,将城隍庙打造成集养生餐饮、购物休闲、旅游观光于一体的城市名片。以老中菜市区域改造为契机,启动淮河路步行街小街巷综合整治,提升商业品质,力争将淮河路步行街打造成国家 AAAA 级旅游景区。通过挖掘历史文化,丰富商业业态,完成七桂塘片区提档升级,将七桂塘片区打造成集文化休闲、女性体验消费为主的特色街区。积极推动北部区域商业网点建设,大力发展社区商业,打造汇银商业街、海棠美食城,力争创成省级特色街区 2 条。

(二)突出转型升级,打造都市工业示范区　以结构升级和布局优化为重点,强力推动工业转型升级,加快建设都市科技园。

加快都市工业载体建设。以多层标准化厂房为载体,建成鑫翰电子科技园一期、中辰总部基地,加快建设兴庐、鑫翰等科技园二期项目,启动清华(合肥)科技园、中科大产业科技园建设。发挥规划引领作用,加大低效闲置土地清理力度,加快低效高耗能企业搬迁或升级改造。扎实做好工业区零星地块策划包装和招商推介,积极引进一批实力强、品质高的项目入驻,做大做强都市工业发展平台。

强化科技创新带动作用。以科技创新带动产业升级,加快普立泰科、研力电子等科技型项目正式投产,推动"科创立方"孵化园尽快投入运营。着力引导电子信息、生物医药、节能环保等战略性新兴产业入驻标准化厂房,引领园区传统产业逐步向新兴产业转化。鼓励工业企业加大专利申请和研发投入,开展技术创新,进行技术改造,提高产业技术含量。

完善园区服务管理功能。以提升园区承载力和吸引力为目的,加快东方大道、天水路等道路建设,完善园区道路绿化、污水管网等基础设施,推动菱湖公园周边地块经营性用地早日上市。着力完善工业区管理体制,做大做强工业区融资平台,提升融资能力,有效化解债务风险。强化为企服务,认真落实民营、中小微企业发展的扶持政策。深化银企合作,引导企业通过"新三板"上市等多种方式解决融资困难。

(三)突出规划引领,打造最美滨水生态区　运用北部区域规划成果,加快改造建设步伐,努力打造配套设施完善、生态环境优美、商贸商务集聚的滨水生态新区。

加大重点区域改造。以北二环路为带,阜阳北路、蒙城北路、四里河路为轴,优化道路周边空间布局,加快推进五里片区、桃花片区、阜阳北路沿线片区、湖畔新城片区等城中村和停产企业改造工作。启动五里片区整体征迁和桃花片区部分征迁,扎实做好阜阳北路沿线探矿厂、化工研究院、燃气制气厂等地块改造前期工作,力促湖畔新城土地早日收储上市,加快万科森林城、中铁国际城、恒信德龙汽车城建设,提升明发商业广场、华孚城隍庙市场业态和管理水平。围绕区域改造,策划包装项目,创新招商方式,突出产业招商,紧盯世界和中国 500 强企业,全力引进投资强度高、核心竞争力强、财税贡献高的大项目、好项目。

加强生态环境保护。扎实推进董大水库水源地保护区土地整治项目，加大土地复垦力度，基本完成三国城路以南保护区村庄搬迁。关停或搬迁二级保护区内影响水源水质的相关企业，彻底清理水源地保护区内面源污染。稳步推进四里河生态修复工程等环巢湖生态示范区二、三期项目。加快电厂周边、高压走廊和铁路沿线防护林、生态湿地建设。集中开展清河清渠清沟活动，全面完成百河千渠治理专项行动任务。提升环境监管水平，严厉打击环境违法行为。

加快美好乡村建设。继续开展“三线三边”和农村环境连片整治工作，打造美好乡村精品示范点。积极推进生态都市农业与文化旅游相结合，继续办好三十岗西瓜节、桃花节等节庆活动，着力打造“两环、三带、十园”。加快建设董铺水库周边滨水生态环、三国城路及杨岗路合围的园林景观环。积极打造以东瞿美食村为代表的乡村风味带，以崔岗艺术家村为代表的文化创意带，以东渠生态湿地为代表的慢城生活体验带。积极引导农林企业实施道路、绿化等基础设施建设，提升观赏价值，增强接待能力，打造三国湿地公园、草塘湿地公园、锦展湿地公园、风景植物园、千亩银杏园、徽一庄森林公园、王大塘千亩设施农业园、桃蹊观光采摘园、九溪生态观光园和禾润生态垂钓园等一批观光和生态农业体验园区。

（四）突出建设管理，增强中心城区魅力　加快基础设施建设，完善城市功能布局，提升中心城区综合承载力和辐射带动力。

完善基础设施。优化区域交通体系，做好地铁2号线建设、3号线开工等大建设项目的协调服务，推进固镇路、清源路、肥西路等城市路网建设。对金寨路、环城路等快车道路面进行维修，对桐城路、舒城路等人行道实施改造。加大老城区停车场开发改造力度。实施照明提升工程。完善排水设施整改，完成76处易涝点整治。

优化生态环境。扎实开展绿化大会战，对清源东路、固镇路等17条道路实施配套绿化，对亳州路、寿春路绿化提档升级。新建阜阳北路沿线70余处绿化节点，打造节点游园5处。启动四里河景观提升工程，实施板桥河沿岸绿化，修复南淝河绿化景观带。新建紫桐、海棠、淮北路等公园，协调森林公园一期代建项目。加强杏花、逍遥津、三国遗址公园管理，提升公园景观品质。全面完成3000亩植树造林任务。

提升城市品貌。建成数字城管指挥考核中心，实现城市管理问题早发现、快处置。强化对道路两侧户外标牌广告的规范化管理，对北一环、长江中路沿线19幢楼宇景观提档升级。力争打造10个特色夜市，加强对流动摊群的疏导和管理。继续加大机动车辆违停查处力度，确保道路交通畅通有序。实施环卫基础设施提升工程，打造绿色环卫品牌。完善城管执法监督考核和环卫保洁市场化运行机制。加大城管执法队伍交流力度，提高一线执法服务水平。严格渣土管理，严厉打击新增违法建设。全面实施公民道德建设工程，扎实开展文明社区、文明单位、文明乡镇等创建活动。

（五）突出民生改善，加快幸福庐阳建设　加大民生资金投入，提升公共服务水平，提高居民幸福指数。

高标准实施惠民工程。加快征迁协议签订、两级认证、两级审计进度，开工建设湖畔新城一期56万平方米安置房，高效推进四河片区、梅小店等9个安置点建设，建成昆仑花园二期、卫庄等5个安置点。力促刘冲公租房、廉租房等保障性住房建设，着力解决困难群体基本住房需求。精心实施绿都花园、亳州新村等老旧小区综合整治。逐步实施金谷园、白水坝等菜市场升级改造，力争年内完成全区菜市场改造任务。

全力抓好创业就业和社会保障。实施创业三年引领计划，完善扶持创业优惠政策，拓宽就业渠道，推进创业示范点、示范街建设，创建华孚城隍庙民营创业电子商务孵化示范基地。以创业带动就业，促进以高校毕业生为重点的青年就业和农村转移劳动力、城镇困难人员、退役军人就业。创新劳动关系协调机制，畅通职工诉求渠道。完善更加公平可持续的社会保障制度，健全城乡居民养老保险、社会救助体系，对医疗救助、城乡低保等实施提标扩面。推进政府购买居家养老服务，着力构建机构养老、社区养老和居家养老相互补充的养老机制。积极做好残疾人服务和保障工作，争创全省残疾人工作示范区。

大力促进教育公平。统筹城乡义务教育资源均衡配置，加大公办学校标准化建设，新建7个城市学校少年宫，扎实做好万科森林城45中分校、南门小学分校等中小学、幼儿园建设工作。关注困难群体和弱势群体，保障入学机会公平。大力推进督学责任区制度，充分发挥名校（园）长和名师工作室示范作用，加强师德师风建设，加大校长教师交流轮岗。全面贯彻党的教育方针，坚持立德树人，加强社会主义核心价值体系教育，完善中华优秀传统文化教育，增强学生社会责任感、创新精神、实践能力。以实现每个公民“学有所教”，构建完备的终身教育体系，争创全国社区教育示范区。

提升公共卫生服务水平。进一步完善社区卫生服务体系，加强社区名医队伍建设，深化公立医院与社区卫生机构对口支援合作。加强妇幼保健、疾病预防控制、卫生监督等机构标准化建设，提高突发事件应急处置能力和公共健康管理水平。全面贯彻新的计划生育政策，深入推进人口文化建设，提升流动人口均等化服务水平，提高出生人口素质，促进人口长期均衡发展。

推动文体事业全面繁荣。将文化惠民项目与群众文化需求有效对接，加快公共文化服务社会化发展，打造具有庐阳特色的群众文化活动品牌。加强辖区公益性体育、文化设施免费开放管理，发挥庐阳区国民体质监测站作用。建设南淝河、四里河健身长廊，打造城市“十分钟”健身圈。精心筹办第二届中日韩三国围棋名人混双赛等各类品牌赛事。

（六）突出社会治理，维护社会和谐稳定　加快推进社会治理创新，鼓励和支持社会各方面参与，实现政府治理与社会自我调节、居民自治良性互动，不断提高社会治理科学化水平。

加强社会组织建设。着力推进政府服务市场化，加大社会组织培育力度，建立区级社会组织孵化园。出台区级加强和改进社会服务工作配套扶持措施，制定政府购买社会服务目录和社会组织承接目录，建立监督、考核机制，激发社会组织活力。加强社会工作协会建设，建立社会工作专业人才培养机制。突出抓好社区志愿服务工作站、志愿服务广场和公共场所志愿服务点建设，提升社会各方参与社会服务的能力。

提升社区服务水平。巩固街居管理体制改革成果，不断加强社区建设，完善“资源下沉、重心下移”的管理体制，提升扁平化、网格化管理水平。规范社区为民服务项目，强化流程再造，着力增强社区为民办实事的能力和水平。严格实行物业企业考核制度，建立健全物业管理长效机制。制定社区标准化建设目标规划和考核体系，争创全国和谐社区示范单位。全面推进社区居民自治，做好第九届村委会换届工作。探索“街居培育、居民自治”的小区管理模式，争创全市民主自治示范社区。建立“社区发展公益金”，扶持购买社工项目和社工岗位。

深化平安庐阳建设。完善平安创建考核机制，加大依法治理力度，充分发挥专业治安辅助力量和群防群治队伍作用，建立健全立体化治安防控体系，进一步提高群众安全感和满意度。完善重大决策社会稳定风险评估机制，运用法治思维和法治方法化解社会矛盾。认真做好信访积案化解工作，完善畅通有效的诉求表达，使群众问题能反映、矛盾能化解、权益有保障。加大打击非法传销力度。落实“六五”普法规划，健全社区矫正制度，推进法治庐阳建设。建成区人防应急处置指挥中心。按照党政同责、一岗双责要求，严格落实安全生产责任制。深入推进企业安全生产标准化和安全社区创建活动，继续抓好隐患排查及重点行业、重点领域的专项整治，确保全区消防、食品药品、道路交通等领域安全形势持续稳定。

充分发挥工会、共青团、妇联、科协等人民团体作用。提升机关行政事务管理水平。认真组织实施全国第一次可移动文物普查工作。加强国防和后备力量建设，扎实做好双拥共建、民族宗教、外事侨务、妇女儿童、未成年人保护、档案等各项工作。

（七）突出能力建设，打造人民满意的服务型政府　进一步转变政府职能，增强政府公信力和执行力，打造为民务实、高效廉洁的服务型政府。

进一步提升改革创新能力。稳妥推进政府机构改革和事业单位分类改革。鼓励各部门、各单位大胆探索，创新工作思路，转变行政管理方式，强化社会管理和公共服务职能。实施行政服务大厅管理机制改革，精简和规范行政审批，提高办事效率。建立完善人才储备引进机制。深化财税管理体制改革，创新投融资管理体制，提高国有资产运作水平。

进一步提升高效执行能力。继续深化“责任建设年”活动，完善目标管理责任制考核，进一步理顺部门与乡镇、街道的职能关系，确保权责一致。完善政务督查方式，加大行政监察力度。健全“1+3”项目和招商引资工作考核机制，做到每一项重点工作定目标、定人员、定责任、定时限，确保全区各项重大决策部署真正落到实处。

进一步提升依法行政能力。强化法律意识，完善政府决策机制和程序，健全区政府专家顾问制度，提高政府科学依法决策水平。自觉接受人大及其常委会的法律监督、政协民主监督、社会舆论监督，认真办理人大代表议案、建议和政协委员提案，虚心听取社会各界的意见和建议。完善政府信息公开制度，推进决策公开、管理公开、服务公开、结果公开。坚持用制度管事管人，让人民监督权力，让权力在阳光下运行。

进一步提升廉洁从政能力。严格落实党风廉政建设责任制，完善惩治和预防腐败制度，强化廉政风险防控制度的落实，加强重点领域、重点单位、重点岗位的审计监督。围绕反对“四风”，以“一线为民工作法”为平台，深入开展群众路线教育实践活动，着力解决群众反映的热点、难点问题。继续推行政风、行风评议活动。切实改进会风文风，精简会议和文件。深入贯彻落实《党政机关厉行节约反对浪费条例》，坚持“三公”经费支出只减不增。强化预算刚性约束，提高预算编制水平，加大对预算执行、政府投资、领导干部经济责任等审计力度，严肃查处违纪违法案件，实现干部清正、政府清廉、政治清明。

专 记

□“一线为民”工作新机制

□铸造庐阳城管品牌

□加快传统农业向生态农业转型

“一线为民”工作新机制

2012年10月起，庐阳区委试点推行“一线为民工作法”，强化新形势下党员干部群众路线教育，探索建立党员干部深入基层、服务群众的长效机制。通过解决基层群众“急难愁”等突出问题，赢得民心、转变作风、提高能力、接受考核。此举在广大群众中引起强烈反响，2013年“一线为民工作法”获合肥市政府工作创新奖。

一、建立常态化直接联系服务群众机制 一是对口联系。建立《党员干部驻点联系点制度》，确定全区职能部门329名党员干部直接联系服务70个村居，65栋商务楼宇、28家非公企业和4个特色商业街区，每名副科级以上党员干部联系帮扶困难群众、老党员、孤寡老人、上访户不少于3人。二是驻点问计。规定每月10日下午及“七一”、“春节”等重要时间节点，联系点干部要走村居、入楼栋、访住户，“一竿子插到村居、插到楼院、插到群众家中”，面对面问计，心贴心交友，实打实解忧。截至2013年12月，驻点干部共走访5329户，接待、走访群众达17300人次。三是日常连心。发放《党群连心卡》和《一线为民直通联系卡》，公布驻点干部单位、职务、联系方式，群众只要拨打卡上的联系电话，就可以预约代办员提供老年证、医疗保险、低保等服务。截至目前，累计发放《连心卡》《联系卡》17万张，消除不稳定因素185起。

二、推行为民服务流程化办结机制 一是收集民意。要求驻点干部每月10日利用半天时间，通过拉家常、走访慰问、召开座谈会等形式，听取群众意见建议，对收集到的民情民意、意见建议分门别类、归类整理，余下29天去协调解决问题。二是解决问题。对收集的合理要求和现实问题，驻点干部能够解决的，抓紧主动解决；需要区领导协调解决的，由每月25日的调度会议研究解决；再解决不了的，以一事一表的形式，提交区政府常务会或区委常委会研究解决。三是办结反馈。所有问题建议一律实行网上编号建账和盘点销号制度，原则上在1周内必须给予答复。能够及时办结的，告之结果；不能及时办结的，由驻点干部当面或书面，向群众做好说明解释工作。四是跟踪回访。对已经办结反馈的事项和问题，由驻点干部或街道、社区相关工作人员及时进行回访，了解群众对所办事项是否满意或是否有其他疑问，并做好后期跟踪服务工作。截至2013年12月，累计收集群众反映各类问题2750件，其中2460件已妥善解决，其余正在协调反馈中，做到“件件有落实、事事有回音”。

三、实行干部考核与驻点工作挂钩机制 一是群众评判。出台《庐阳区“一线为民工作法”驻点联系社区干部、助理员专项考核办法》，规定每年对驻点工作情况进行一次考核和测评，考评内容包括驻点出勤、联系帮扶、解决问题、信息报送、群众满意度等情况，参加考评人员由社区工作人员、驻地“两代表一委员”、党员群众代表等组成。二是驻点加分。将驻点考评结果纳入年度考核范畴，增加驻点工作在年度考核中的权重，把原来以本单位考评为主，变为本单位工作60分，驻点工作40分，形成注重基层的良好导向。同时规定，干部年度考核低于85分不得评优，低于70分将被调整。一线驻点工作的好坏已成为评价驻点干部绩效及干部提拔使用、评先评优的重要依据。

四、强化驻点服务工作保障机制 一是领导带头。成立由区委主要领导为组长的区“一线为民工作法”领导小组，办公室设在区委组织部，组织部长任办公室主任。二是制度先行。先后制定了定点联系、随访巡查、驻点日请假、信息上报等6项工作制度，对好的制度进行固化，形成长效机制。三是社会参与。整合各方资源，组织发动辖区内70名律师、48名“两代表一委员”、116家辖区驻点单位等不同群体，共同参与驻点服务，构建社会广泛参与服务群众的新格局。四是宣传护航。总结宣传“一线为民工作法”实行过程中的好经验好做法，及时反映工作进度和工作开展情况，营造氛围，扩大影响。“一线为民工作法”先后被中央电视台《新闻联播》、安徽电视台《新闻联播》《农民日报》《安徽日报》《合肥日报》《安徽商报》、《新安晚报》《合肥晚报》《江淮晨报》《市场星报》等主流媒体报道。制作的电教片《安徽省合肥市庐阳区“一线为民工作法”》在2013年全国党员教育电视片观摩交流活动中被中共中央组织部评为一等奖。

（姚少君）

铸造庐阳城管品牌

一、精神凝聚力量 面对城市管理工作标准高、要求严、难度大、社会关注度高、热点难点问题突出的新形势，结合当前城管工作实际，庐阳区城管局总结提炼出“奉献不叫苦、攻坚不怕难、创新不止步、争先不动摇”的庐阳城管“四不”精神和“做一流的城管人、建一流的城管平台、树一流的城管窗口”的“城管梦”，在探索中找出路、在应变中求突破、在创新中促提高，力争使全局工作创特色、呈亮点、树品牌。

二、统揽全局、坚持“八问” 坚持以“八问”（一问有没有干事创业的激情，二问有没有创新进取的意识，三问有没有服务大局的理念，四问有没有履职尽责的追求，五问有没有敢于担当的情怀，六问有没有坚持原则的勇气，七问有没有提速增效的实绩，八问有没有科学发展的举措）为重点、以“四找”（一要在解放思想中找动力，着力解决精神不振、自闭自满的问题；二要在解放思想中找责任，着力解决不顾大局、推诿扯皮的问题；三要在解放思想中找差距，着力解决畏首畏尾、不思进取的问题；四要在解放思想中找瓶颈，着力解决发展不快、发展不优的问题）为目标，围绕城管工作实际，在全系统广泛开展大讨论、大排查、大整改活动，着力提升全体干部职工的责任意识和能力水平。坚持边学边议、边议边找、边找边改，重点从思想观念、工作举措、工作作风、工作效能、工作方式方法、体制机制六个方面找差距定措施，推动城管工作取得新突破。

三、“绿色环卫”立品牌 2012年以来，庐阳区城管局改变传统环卫作业方式和管理模式，以“绿色”为主线，通过对环卫作业方式和环卫基础设施进行转型升级，全力打造节能、环保、高效的“新”环卫。

四、水洗化、降扬尘，道路更“净” 路净，城美之基。庐阳区城管局结合中心城区实际，按照“先试点、后推开”的原则，于2012年5月底在全市率先试点水洗道路作业并推行至全区11条重点道路，实现了环卫作业从“人扫”到“机扫”再到“水洗”作业模式的转变，确保路见本色，干净清爽，并获得全市水洗道路工作评比城区组第一。针对秋冬季节扬尘、雾霾频发的情况，制定洒水降尘新方案，在例行作业的基础上，根据空气污染程度和路面情况，加大洒水范围、频率，降低了空气中的漂浮颗粒物。

五、高科技、重创新，垃圾站更“美” 庐阳区环卫基地暨永青固体废弃物转运站于2013年5月投入使用，电子化的转运流程极大提高工作效率——在全区垃圾运输量近500吨/天、同比增加20%的情况下，将垃圾倾倒时间由原来的40多分钟/车缩短到7分钟/车。为解决以往转运站周边气味难闻等老大难问题，将绿色环保与现代化技术相结合，在站顶及站内设置花坛，种植花草树木，改善站内外的生态环境，打造安徽省首座花园式转运站。同时，逐步对6个旧式转运站进行升级改造，老一代的转运站华丽变身。解决了垃圾中转站周边环境“脏、乱、差”的问题并呈现出美感，全区垃圾收运实现“零”投诉。

六、提档次、重细节，公厕更“洁” 庐阳区城管局对全区67座直管公厕全面升级改造。内外墙全部粉刷，破损的门窗、水龙头、阀门、灯具统一更换，并增设整容镜、烘手器等设施，窗户由原老式窗栏改为百叶玻璃窗，既保证采光，又利于通风。此外，还进行节水改造，对未使用独立蹲位的公厕安装新洁具，将原有传统式水龙头改为10秒钟自动断流的按压式水龙头，使得每座公厕每年有效节水500吨。同时，创新人性化举措，对25座有残疾人专用蹲位的公厕安装“帮助电铃”，在全省尚属先例。

七、城管执法树标杆 区城管局以规范市容秩序、强化渣土监管、打击违法建设等为重点，加大执法力度、明确执法标准、规范执法行为，全面提升城市管理依法行政水平。

八、规范市容求精 落实徒步巡查制度，在全区划定出徒步巡查36个重点区域和21条重要路段，执法人员2—3人一组每天在重点路段徒步巡查不少于7小时，执行“定时间、定人员、定责任、定路段”的“四定”责任制，重点解决乱停放、乱设标牌、流动摊点等问题。加大执法力度，规范夜市排档、西瓜市场的管理，严查夜间占道洗车、机动车违停和炭火烧烤，明确处罚标准、落实管理责任并纳入管理考核。狠抓精细化督查和整改复核，扩大督查范围、增加督查数量、坚持高标准复核，整改不到位的坚决不予通过，2013年执法大队督查挂网城市管理状态问题9500余起，复核12345市长热线、市区二级城市管理问题2000余起。

九、渣土监管求细 定岗人员卡住源头，每日对渣土车辆安全情况进行检查、记录和上报，不符合要求的坚决停运直至整改完毕；严格落实市局的“四不”（“不密闭、不硬化、不冲洗、不出门”）要求，无定岗队员的工地坚决不允许渣土车上路。监管人员实时监控，利用GPS平台对渣土车的行驶路线、车速进行实时监控，发现车辆GPS离线、超速的，立即通知路面巡查人员。巡查人员加强监管，白天和晚上两个渣土管理巡查班次和GPS监管人员相互配合，加大巡查频次，对运输过程中出现的安全和卫生问题做到及时发现、及时处理、及时解决，对违法行为，严管重罚。

十、打击违建求严　区街联动，建立社区（村）、乡镇、街道（工业区）、区城管局三级巡查体制，各级巡查每天不少于一次，发现新增违法建设后立即制止，并实行日报制度。重点出击，对北部地区和城乡接合部等新增违法建设较为集中的区域加大巡查力度、增加巡查频率，做到发现一处，拆除一处，有效遏制违法建设。认真贯彻落实《查处违法建设长效管理办法》，提高违法建设查处标准，做到预防与查处相结合。设立违法建设举报热线，受理群众举报，2013年全年共受理投诉举报90余起，件件有落实，件件有回复。

十一、立面整治出风景　建筑立面是城市容貌最鲜活的表情，为有效提升这道都市"风景线"，庐阳区城管局将城市管理工作由平面向立面拓展，由净化向美化提升。

2012年2月女人街改造工程开工，2013年5月七桂塘市场立面综合改造工程开工，城管局主要负责两处工程的建造立面整治、强弱电入地以及店招标牌设置引导工作。整治中，店招标牌、沿街楼体的立面、夜间亮化、空调外罩……庐阳区城管局不放过任何一个细节。改造后，女人街的商业氛围和业态水平进一步提升，三孝口商圈也增添了新亮点。

2013年10月，投资4500万元的阜阳路、北一环、淮河路立面整治工作正式启动。整治工作从"美化、净化、亮化、人性化"等方面入手，对与环境不协调的建筑立面的材质和色彩进行更换和重新喷涂；对底层商业店面进行专项设计指引；针对建筑立面附属的广告牌匾设置进行专项指引，在保证广告面积和商业气氛的前提下提升建筑立面档次水平。

十二、队伍建设　新形势下，庐阳区城管局紧紧围绕城市管理中心工作，狠抓人才建设、采取有效措施，着力在提升干部队伍、党员队伍、执法队伍和环卫队伍综合素质上狠下功夫。

以打造一支政治素质高、带头能力强的优秀干部队伍为目标，不断拓宽用人渠道，打破单位、身份、年龄等限制，注重从街道城管中队、优秀职工中选任干部。结合局属二级机构改革，按照德才兼备的原则，坚持任人唯贤，通过民主推荐、个别谈话、充分酝酿配备各中心班子成员，将年轻有为的干部提拔到合适的岗位，充分实现干部队伍年轻化、专业化、高效化。2013年共交流调整20余名干部，从街道城管中队和执法大队中队提拔3名表现突出的中队长担任执法大队副大队长职务，提拔2名80后年轻同志担任科室副职。

以新党章和发展党员工作细则为准绳，坚持高标准、严要求，层层把关，落实责任，规范操作，做到程序不减，标准不降，有控有保有增有减，优先从基层一线优秀分子中培养，真正把符合党员条件的优秀同志吸收到党员队伍中，提高新发展党员质量，确保党员队伍的先进性与纯洁性。同时以每月的党员活动日、党员志愿服务为抓手，全面提升党员的党性观念和组织纪律观念，增强基层组织的凝聚力、战斗力。

继续以"内强素质、外树形象"为目标，扎实组织执法队伍培训，严格开展队容风纪纠察以及以行政处罚卷宗评比、执法论文评比和办案能手评比为主要内容的"三项评比"。2013年以来，组织开展执法队伍法律知识与业务培训、行政执法资格培训6批次，共培训行政执法队员320人次。在全市城市管理"三项评比"中，共有4份案卷获得优秀执法卷宗，7篇论文获奖，1人获得"十佳办案能手"，1人获得办案能手竞赛优胜奖。同时利用城市管理24小时服务热线、庐阳城管微博、城管执法监督员等多种形式构建多形式、多层次、全方位的执法监督体系，提高监督效能，增强城市管理工作的透明度和公信力。

以庐阳城管“四不”精神为主线，努力在全系统营造比、学、赶、帮、超的浓厚氛围，在环卫队伍中组织开展“红旗班组”和“岗位能手”评比活动。每月在环境卫生管理中心、生活废弃物转运管理中心和两家市场化公司范围内评选“红旗班组”3个、“岗位能手”36名。每年分别从全年的“红旗班组”和“岗位能手”中评选年度“红旗班组”6个、“岗位能手”12名。

十三、创新方式真心为民解忧 以人为本、民生至上，全心全意为人民服务，才能赢得民心。在规范市容秩序、提升城市管理的实际工作中，庐阳区城管局坚持以“服务”为导向，改善管理形式，优化管理内容。创新性的以“一栏两桶三图”为手段，有效的规范了农民工占道揽活、夜市排档经营、西瓜摊点销售、机动车停放等市容秩序，创造了整洁干净的城市环境，架起了与群众之间的连心桥，走出了一条寓服务于管理的高效和谐之路。

促进农民工就业有“一栏” 庐阳区城管局从“治标需治本”的角度转变管理思路，在六安路－安庆路交口设置农民工信息发布栏。信息栏的设置为农民工搭建了免费的信息平台，规范了市容秩序的同时也切实帮助农民工群体实现就业。

规范夜市排档经营有“两桶” 夜市大排档的脏乱差一直是城市管理中的老大难问题。庐阳区城管局以“变堵为疏，规范管理”为原则，为辖区内的夜市排档经营户免费配发240L的固体垃圾收集桶和泔水收集桶，所产生的垃圾由城管局负责统一收运，确保夜市周边卫生与道路畅通。

便民服务有“三图” 庐阳区城管局变管理对象为服务对象，绘制三张地图，规范市容秩序的同时更提供便民服务。将夏季西瓜销售点和城管相关服务、管理举措印制成“西瓜销售点地图”免费发放给瓜农，宣传相关政策，引导其进点销售；绘制“老城区停车示意图”免费发放给驾驶员，引导其规范停车；为方便市民如厕，制作并免费发放庐阳区“公厕地图”，此外为了考生和家长就近如厕，特别在中高考期间将“公厕地图”张贴在各考点醒目位置。

（米　雁）

加快传统农业向生态农业转型

庐阳区农村区域（大杨镇、三十岗乡）位于董铺水库和大房郢水库上游，总面积约45平方千米。董铺水库和大房郢水库是合肥市民的主要水源地，被称为合肥市的“大水缸”。为保护两大水库不受污染，庐阳区政府把保护生态和做好环保工作当做农业和农村的首要工作来抓，倡导“生态立区”，发展生态农业，广泛种植苗木花卉，以传统农业向现代农业转型，着力打造合肥市的“后花园”。

2010年，区政府出台《庐阳区推进农业产业结构调整促进生态都市农业发展若干意见》（庐政〔2010〕25号），对设施栽培苗木花卉给予奖励补助，进一步加快现代农业发展步伐。至2011年底全区已全面退出水稻、小麦、油菜等大宗传统农作物的种植，农业产业结构调整向纵深发展。

经过多年来产业结构调整，全区初步建成“两环三带十园”的基本格局。“两环”即董铺水库周边滨水生态环、三国城路及杨岗路合围的园林景观环；“三带”即以东瞿美食村为代表的乡村风味带，以崔岗艺术家村为代表的文化创意带，以东瞿生态湿地为代表的慢城生活体验带；“十园”即三国湿地公园、草塘湿地公园、锦展湿地公园、桃蹊观光采摘园、禾润生态垂钓园、徽一庄森林公园、千亩银杏园、风景植物园、王大塘千亩设施农业园、九溪生态观光园。

随着传统农业的全面退出，全区设施蔬菜种植面积发展到4500亩，苗木花卉和经果林生产新增3.2万多亩。至2013年，全区基本形成以三十岗乡柴冲村、风景村为主的王大塘等10个设施栽培无公害蔬菜瓜果生产基地，全区蔬菜种植面积超过0.8万亩。建成高档蔬菜瓜果及花卉日光温室育苗中心4个，总面积达到2万平方米，农业高效化、产业化、集聚化初步显现。新建三十岗乡“森绿成刚”高标准薄壳山核桃基地、“桃蹊”五千亩经果林基地、千亩梅园、大杨镇千亩银杏园、朴树园等一大批特色林果生态园区，极大地带动生态休闲观光产业的开发培育。涌现“森绿成刚”“卓止农业”“一叶成林”等规模化生产经营的苗木花卉生产基地、经果林生态园、蔬菜瓜果工厂化育苗中心，各类农林业基地建设稳步推进，形成以柴冲村、风景村等无公害蔬菜瓜果种植特色村和优质经果林种植特色村，向“一村一品”和农业产业化、规模化的生态农业转型。

至2013年底，全区共拨付区级奖励扶持资金3600万元，引进社会资金投入5亿多元，共引进农林企业128家，发展苗木花卉、蔬菜瓜果种植，温室大棚育苗面积超8万平方米。

一、继续推进农林业产业结构调整 以市、区奖补扶持政策为基础，加大招商引资力度，重点针对农林业产业龙头企业、高档设施栽培、特色农产品、农民专业合作社、家庭农场、农业固定资产投资、三品认证、农田水利基础设施建设等工作进行一定的资金奖补，促进现代农林产业不断提档升级。

二、推进农业产业化发展 着力打造农产品品牌，做好上海农展会参展工作和“庐阳·庐江”农展会筹备工作；积极申报省、市级农业产业化龙头企业；壮大农民专业合作组织，发展定单农业，扩大产品向省内外乃至国内外的销售渠道，增强为农民搞好产前、产中、产后服务。

三、抓好农业重点项目实施 种植业项目上，做好新建农业项目技术指导和服务工作，合理安排蔬菜瓜果生产，抓好三十岗乡东华农业科技2万平方米、庐润果蔬合作社6000平方米、正光合作社3000平方米、大杨镇鸿彩基地8000平方米、徽尚园林2万平方米的蔬菜花卉育苗中心建设任务，完成新建500亩设施蔬菜大棚的目标任务；对王大塘蔬菜基地进行总体规划，建设种植、采摘、科教、娱乐于一体的多功能农业休闲园区；完成三十岗乡西瓜国家地理标志产品和国家级蔬菜标准园申报工作。

四、加强基础设施建设 继续加大对农业基础设施建设投入，进一步改善农业生产条件。大力实施农业综合开发，配套实施微灌工程，改善灌溉条件，推进机械化生产，提高农业机械化水平，增强农业综合生产能力。

五、强化科技支撑力度 加强技术创新和技术推广，强化生态农业发展技术保障；继续推进基层农业技术推广服务体系和农村信息化建设，不断增强涉农综合服务能力；多渠道、多形式地开展农民培训，造就一批适应都市型现代农业发展需要的，有文化、懂技术、会经营的新型农民，为发展现代生态农业提供强有力的人才支撑。

（余　婷）

民间传说——李鸿章轶事

寒馆奋发

李鸿章少年天资聪颖，加之在塾师周老先生的孜孜不倦教诲下，“读书破万卷，下笔如有神”。八股文章无所不通，诗词歌赋无所不精。看到弟子学业如此之佳，先生自是十分高兴，逢人便说：我有一个得意门生，将来若赴京赶考，必占鳌头。李鸿章自己也十分自负，临赴考时对母亲说：“若无驷马高车日，誓不重回故乡里。”然而事与愿违，第一次考试，却名落孙山。对此，李鸿章又气又恼，无颜回家，怕被人耻笑，于是就到了肥西俞圩一个远房的亲戚家苦度光阴。他每天闲居家中，生活无着，在亲戚的张罗下，就设了一个馆教书，一边教书糊口，—边发愤读书。白天，他在馆中教书，晚上伴着油灯刻苦攻读，经常是通宵达旦。冬天，两脚冻得像猫咬，他就起来跑跑步，搓搓手；夏天，蚊叮虫咬，他就把双脚浸在水桶里。古人的那种凿壁借光、萤火照亮、头悬梁、锥刺股的苦读精神，他都能做到。他还在墙壁上题写了“三更灯火五更鸡，正是男儿发奋时”的话激励自己。

由于他晚上常常熬夜到天亮，白天在馆中教书没精打采，有时叫孩子背书，自己坐在讲桌边，不知不觉地打起了瞌睡。东家发现好几次先生都在打瞌睡，非常气愤，当面斥责李鸿章，说他哪里在教书，简直贻误他们的孩子，于是给他的工钱越来越少。李鸿章不由哀叹：“客馆凄凉，情怀抑郁，书窗雨洒，雪案愁生”，“今同伍氏吹箫，落魄英雄谁识？”一气之下，在一雪夜，跑回家中。从此他足不出户，闭门读书，兀兀穷年。

春天到了，鲜花满地，他无暇野游；秋来月桂飘香，他又何曾欣赏？经过三年的努力，第二次去京城应试，李鸿章果然名登金榜。

（资料来源：讲述：孙本良　搜集：孙本宏）

区情综述

□自然地理
□历史文化
□行政区划
□国民经济和社会发展
□招商引资
□庐阳区领导人名单
□庐阳区组织机构负责人名单

自然地理

【位置面积】 庐阳区位于合肥市西北部，地处北纬 31° 51′ 12″ ~31° 57′ 58″、东经 117° 03′ 45″ ~117° 17′ 38″，东以板桥河为界与瑶海区相望，西与肥西县毗邻，南连包河区、蜀山区，北与长丰县接壤。全区面积为 139.32 平方千米，其中城区面积为 36.92 平方千米。

【地貌气候】 庐阳属长江、淮河之间的华东丘陵地区中部，地处扬子地块与华北地块结合部位，主要地质构造单元为淮南褶皱带、合肥断陷盆地。区境地形起伏不大，地势呈西北高、东南低，海拔 20 ~ 40 米。区内气候属亚热带季风气候，春暖多变，夏雨集中，秋高气爽，冬季寒冷。年平均气温 15.7℃，年平均降水量 969.5 毫米，年平均日照 2163 小时。

【自然环境】 庐阳区自然环境优美，名胜古迹众多，具有鲜明的园林生态环境，城区交通便利，适宜工作、学习、生活。环绕老城区的环城公园长 8.2 公里，总面积 137.6 公顷，串起逍遥津公园、杏花公园、西山景区、银河景区的若干带状景区，被誉为合肥"翡翠项链"。形成"城在园中，园在城中，人在景中"的独特美景。庐阳区北部的三十岗乡森林覆盖率 60% 以上，滁河干渠流经其境。

【人口民族】 2013 年末，户籍人口 46.30 万人，其中合肥老城区"环城路"以内人口密度为 39073 人 / 平方千米。辖 11 个街道办事处、1 个镇、1 个乡，设有 1 个产业园，共有 57 个社区居民委员会、14 个村民委员会。庐阳区是多民族聚居地区，现有 29 个少数民族。

【特色生态】 每年四月的"桃花节"，六月的"西瓜节"，十月的"牡丹节"，十二月的"自行车嘉年华"，吸引了大批市民扶老携幼，成群结伴，来此乡间田野，体验农作，品尝"乡"味。全区形成"两环三带十园"的基本格局。"两环"即董铺水库周边滨水生态环、三国城路及杨岗路合围的园林景观环；"三带"即以东瞿美食村为代表的乡味风味带，以崔岗艺术家村为代表的文化创意带，以东瞿生态湿地为代表的慢城生活体验带；"十园"即三国湿地公园，草塘湿地公园、锦展湿地公园、桃蹊观光采摘园、禾润生态垂钓园、徽一庄森林公园、千亩银杏园、风景植物园、王大塘千亩设施农业园、九溪生态观光园。

历史文化

【历史沿革】 1949 年 1 月 21 日，合肥解放，2 月 1 日，合肥划市区为第一区、第二区、第三区和两个直辖镇，系合肥城市设区之始。

1951 年 11 月，一区和二区撤并，成立合肥市东市区，是庐阳区的前身。1960 年 3 月，东市区更名为南市区，同时成立合肥市南市人民公社，实现政社合一，并接管部分农村，下辖卫岗、淝河、曙光、三牌楼、徽州路、方桥、前进、高桥 8 个分社。1963 年 5 月，撤销南市人民公社及其分社，其所辖管的农村部分划归郊区管理。8 月，南市区正式改为中市区。

1979 年撤销中市区革命委员会，成立中市区委和区政府，所辖 8 个街道革委会同时更名为街道办事处。1985 年 5 月，合肥市区划调整，中市区所辖巢湖路、包河两街道划归西市区管辖，西市区光明街道、益民街道、安庆路街道、亳州路街道划归中市区管辖。调整后，中市区辖逍遥津、三牌楼、益民、光明、安庆路、县桥、寿春、鼓楼、双岗、亳州路等 10 个街道，面积 17.5

平方千米。

2002年3月6日,合肥市区划大调整,中市区更名为庐阳区。新的庐阳区在成建置保留原中市区10个街道的基础上,划入郊区三十岗乡、大杨镇、杏花村镇,辖区面积扩展至139.32平方千米。

【人文荟萃】 合肥素以“三国故地,包拯家乡”著称于世。战略地位极其重要。三国魏吴争夺合肥反复鏖战多年。建安十三年(208年),孙权趁赤壁大捷亲自领兵围攻合肥,激战多日,未能破城。建安二十年(215年),孙权发兵10万,再围合肥,激战逍遥津,被魏将张辽所败。魏吴相争,在庐阳区境内留下飞骑桥、张辽墓、藏舟浦、教弩台等古迹。魏名臣满宠建合肥古城。

北宋名臣包拯,少年走读兴化寺私塾,后进庐州府学,曾立下誓言:“后世子孙仕宦,有犯赃滥者不放归本家。亡殁之后,不得葬于大茔之中。不从吾志,非吾子孙”之谨言。

南宋诗坛“格律派”、“婉约派”领袖姜夔。代表作有:《淡黄柳》与《扬州慢》《一萼红》《疏影》《暗香》。

享誉江淮“文化世家”龚氏一门曾出9名进士,6名外交家和1名北洋政府代总理。

宋代姚弦编纂的《唐文萃》在推动宋代诗文革新发挥先驱作用;清代父子进士李天馥、李孚青,在清初诗坛,被誉为“父子双星”;当代闻名于世界的诺贝尔奖获得者、物理学博士、美籍华人杨振宁就是出生于庐阳区四古巷。

行政区划

【庐阳区乡镇(街道)行政区划】 2013年,庐阳区共有1个乡,1个镇,9个街道,57个社区,14个村。

2013年庐阳区行政区划一览表

表1

乡镇(街道)	社区(村)
三十岗乡	崔岗村、瞿嘴村、堰稍村、三十岗村、陈龙村、东瞿村、风景村、柴冲村、汪堰村
大杨镇	吴郢社区、五里拐社区、夹塘社区、龙王社区、高桥社区、照山社区、草堂社区、王敦社区、清源社区、大杨村、十张村、岗西村、谢岗村、水库村
杏花村街道	五里社区、林店社区、汲桥新村社区、松竹社区、灵璧路社区、金都社区
林店街道	景湾社区、永清社区、金池社区、菱湖社区、连水社区、官塘社区、天河社区
四里河街道	四河社区、桃花园社区、银河湾社区
双岗街道	虹桥社区、小桥湾社区、万小店社区、白水坝社区、高河埂社区、一里井社区
亳州路街道	鲁园社区、滨南社区、畅园社区、古城社区、水西门社区、南河湾社区
杏林街道	望城社区、上城社区、北都社区、丽都社区
三孝口街道	迴龙桥社区、西平门社区、龚湾社区、城隍庙社区、杏花社区、大夫第社区
海棠街道	清华社区、荷塘社区、平楼社区、藕塘社区
逍遥津街道	红旗社区、四牌楼社区、义仓社区、九狮桥社区、县桥社区、拱宸社区

国民经济和社会发展

【概况】 2013年，全区地区生产总值490.55亿元，比上年增长11.2%；全社会固定资产投资总额453.05亿元，增长22.1%；财政收入24.61亿元；增长11.3%，其中地方财政收入15.16亿元，增长13.0%；社会消费品零售总额367.13亿元，增长14.0%；实现规模以上工业总产值254.67亿元，增长6.1%。万元GDP能耗下降，主要污物减排量达到市控目标。

【投资引资】 全年投资1000万元以上项目655个，完成投资314.08亿元，其中1亿元以上项目92个，占投资总量的50.7%。升级区经济发展中心，强化项目引进、建设、管理与服务。创新招商方式，组建25支招商小组和2支标准化厂房招商小分队，全力招省外项目、招大项目。全年新引进项目155个，其中投资超亿元项目31个。引进省外资金总量达211.35亿元，其中境内资金198.95亿元、境外资金1.88亿美元。荣获2010年度皖江城市带承接产业转移示范区建设先进单位和2011中国最佳商业环境城区称号。

【工业经济】 由弱变强，呈集聚化发展。产值超亿元工业企业达68家；节能降耗工作扎实有效，全区万元GDP能耗下降3%以上，荣获全市节能降耗工作优秀单位称号。拥有国家级高新技术企业34家，市科技创新型企业10家。庐阳工业区累计引进项目达146个，建成投产企业达123家，培育了伟宏钢构、志邦厨饰等一批本土骨干龙头企业，基本形成以电工电器、钢材加工、出版印刷、新能源新材料为主要特色的四大产业集群。全力做好重点工业企业服务，工业转型升级步伐加快。电厂6#机组核准开建。新引进的LED蓝宝石项目，产出国内最大规格的晶体，创造了国内高端科技成果快速转化的新纪录。铁路北货场物流基地建成投入使用，现代物流业发展向前迈出了重要一步。加快标准化厂房建设，一期22万多平方米部分厂房年底投入使用，12家企业签约入驻，8家企业意向入驻，计划总投资11.5亿元；二期60万平方米标准化厂房即将开工。大杨产业园新引进中国500强企业厦工机械，都市型工业迈出新步伐。积极搭建融资平台，为37户企业融资11.5亿元。全年新增规模以上工业企业3户，达121户；全区规模以上工业总产值、增加值分别达254.67亿元、64.42亿元。

【农村经济】 农业发展由粗到精，呈生态化发展。至2011年，建成2万多亩苗木花卉和经果林基地，发展3000多亩都市生态设施农业，流转土地3.3万亩，传统农业全部退出，都市农业更具特色。统筹推进城乡一体化，岗合路、沈大路等农村道路加快建设，三国城路顺利通车，三十岗乡成功创建国家AAAA级旅游景区。

【第三产业】 现代服务业由大到优，呈高端化发展。东亚银行、华润集团等47家世界和国内500强企业纷纷入驻辖区，三产经济约占全区GDP总量的70%，金融业增加值占全市金融业的42.3%。以长江中路高端商务轴、四牌楼和三孝口购物区为核心，淮河路步行街和宿州路商业街为支撑的中央商务区发展迅猛；以财富广场、金鼎广场为代表的一批现代服务业“新地标”拔地而起，北一环商办新街区初具规模，成为区域性金融中心，产业集聚力和辐射带动力显著增强。加强载体支撑和项目带动，香格里拉大酒店、华润橡树湾等重大项目开工建设；东怡金融广场、华润欢乐颂等一批重点项目加快推进；银泰中心、明发商业广场等大型商业综合体即将开业；淮河路步行街区、阜南路餐饮街区提档升级成效明显。台湾大润发庐阳店顺利开业，全省首家星巴克入驻，中华老字号耿福兴即将运营。成功举办第六届中国（合肥）徽菜美食旅游节分会场活动。全省最大的民营小额贷款公司落户我区，荣获全市金融工作先进单位称号。全年新增限额以上商贸企业34个，实现全年完成社会消费品零售总额367.1亿元，增长14%。

【城区建设】 充分发挥区城市建设中心统筹协调作用，全年完成9个项目51万平方米拆迁。启动阜阳北路高架桥项目拆迁，加快推进26条城市支路网改造，灵璧路、固镇路等建成通车。对市土产公司生活区和五河路232号宿舍区老旧小区开展综合整治，对亳州路农贸市场实施搬迁改造。积极推进梅小店、李小郢、柏大郢、姜万郢等城中村改造，完成平楼项目拆迁，开工建设韩瓦屋二期。四泉花园、梧桐嘉园、昆仑花园二期和森林公园拆迁复建点加快建设。大力实施南淝河生态补水工程，完成两大水库一、二级保护区范围内人口调查摸底等基础工作。不断强化城市管理，率先实施城市生活垃圾收运方式改革，改造3座垃圾转运站，开工建设区级环卫综合基地，城市管理水平进一步提升。

【民生工程】 高标准实施承担的20项民生工程，投入资金16159.07万元，补助标准最高、实施效果最好。在全省率先将农村低保标准由人均每年3360元提高到3840元，将农村散居五保对象保障标准由人均每年5040元提高到6240元。计生奖扶特扶标准实现翻番，最高受益标准每人每年达到2880元。免费实施贫困白内障患者手术78例，救助残疾人2000人次。城镇居民参保人数达13万人，基本实现全覆盖。连续三年荣获全市民生工程优秀单位称号。

【社会事业】 大力实施“文化惠民”工程，全市规模最大的大杨镇综合文化站建成投入使用。成功举办区第七届文化艺术节，社区文体活动蓬勃开展。深化基层医药卫生体制综合改革，双岗、杏林街道社区卫生服务中心荣获首批全国示范社区卫生服务中心称号，城乡卫生服务水平得到全面提升。不断创新社会管理模式，成立区群众工作部、镇街群众工作中心、村居群众工作站，构建了矛盾调处、社会防控、民生保障、高效服务、基层社会组织五大体系。突出以网格化为基础、信息化为手段，建立运行区综合服务信息平台，城乡一体化管理服务体系不断健全。以杏林街道街居管理体制改革为试点，实现“人员、经费、服务”下移，在全市率先设立驻所调解室，开创全省公调对接、诉调对接先河。杏花村街道成立全市首家城乡流动人口计划生育服务中心，益民街道廻龙桥社区建成全省首家“城市生活e站”。新增专业治安巡逻队员144名，“平安庐阳”建设深入推进。严格落实信访维稳责任制，安全生产、消防安全工作扎实有效。统筹发展社会事业，妇女儿童、未成年人保护、老龄事业持续发展，《庐阳区志》即将出版，人防民防应急、残疾人事业、科普、防震减灾、双拥优抚、国防建设、民兵预备役、民族宗教、外事侨务、港澳台、档案、机关行政事务管理等工作取得新进展。

2013年庐阳区主要经济社会指标

表2

项　目	绝对数	比上年增长数%
国土面积	139.32平方公里	–
年末户籍人口	46.30万人	–
地区生产总值	490.55亿元	11.2
第一产业增加值	2.39亿元	–4.6
第二产业增加值	121.52亿元	8.1
第三产业增加值	366.64亿元	12.5
财政总收入	24.61亿元	11.3
财政总支出	17.81亿元	14.8
社会消费品零售总额	367.13亿元	14.0
全社会固定资产投资总额	453.05亿元	22.1
城镇居民人均可支配收入	28332元	10.9
农民人均纯收入	14796元	14.0
学龄儿童入学率	100%	–
每万人拥有医院卫生院病床数	100张	–

（责任编辑：王建生）

招商引资

【概况】 庐阳区招商局成立于2002年，招商项目计3000余个，招商引资总量1436亿元，其中外资直接投资95542万美元。招商引资总量由2003年的12.74亿元增长到2013年的320.72亿元，增长2417%。

【招商成果】 2013年，庐阳区共接待客商260批次，拜访客商140批次。新引进项目186个。完成招商引资总量320.72亿元，同比增长11.9%；其中外商直接投资14152万美元，同比增长2.4%。招商引资到位资金总量、外商直接投资总量均位居全市四城区第一。

市级招商大项目　庐阳区共完成19个大项目，其中现代服务业大项目14个，分别是祥源特色美食街、中机六院安徽分院、瑞地国际大酒店、祥源广场（汇博）休闲特色街、招商证券金融大项目、北京华联总部经济、交银康联人寿保险有限公司、北京行云网物联网研发项目、天威保变国家级检测中心、伟宏钢构省级企业技术中心、上海蓝十字脑科医院重点实验室、中国人寿安徽后台中心、万科特色商业街、红星美凯龙总部经济;工业大项目1个,中国普天新能源汽车充换电设施建设项目;农业大项目4个,一叶成林苗木基地、安徽悦新农业科技大项目、世宏生态园、武东生态农业大项目。

三大产业代表项目(不含招商大项目)

生态农业:皖城春意生态旅游项目、安徽九溪生态农业园、安徽东华农业科技开发股份有限公司。

工业:三精双黄连系列日化产品生产项目、伟宏钢结构生产二期项目、金马铝型材生产线建设项目、远东印务规模化胶印及包装制品项目、合肥富士电梯有限公司建设生产厂房项目二期、大海主题产业园、安徽鑫翰光电科技产业园。

现代服务业:香格里拉大酒店、森林公园地块大型城市综合体项目、汇银特色商业街、浙商保险安徽分公司后台处理中心项目、中国人民人寿保险股份有限公司后台处理中心、利安人寿保险有限公司、光大永明人寿保险公司。

【专业招商小组及派单制度】 2013年,庐阳区成立以区领导为责任人的13支责任招商小组,3支县干招商小组和8支专业招商小组。

13支招商小组由区常委分别担任组长,狠抓项目,责任到人,加快项目落户进度。3支县干招商小组是由区相关领导担任组长,招商局配合,专业对接相关项目,促使项目落地。8支专业招商小组由多个相关区直单位负责人任组长,成立专业招商分队,其中包括央企招商小组、民企(民营经济)招商小组、生态农业招商小组、都市工业招商小组、楼宇经济招商小组、商业地产招商小组、金融业招商小组、建筑装饰业招商小组。

建立严格的招商项目派单制度,将项目内容按属地分派各街道招商办,进行重点跟踪每周确认项目进程,项目进程上下共享,形成多级联动机制。

(胡炜光)

民间传说——李鸿章轶事

大杂烩的由来

据传李鸿章出国后,每天吃西餐,对于半生不熟的猪排、牛排以及西式点心均不习惯。到美国后,他想调换口味,因为实在不想吃西餐。于是,他灵机一动,命厨师把做西餐的肉类与蔬菜全部切碎,下油锅混炒。厨师心里不高兴,嘴上不敢说,只好照办。菜刚炒好,香味满室,厨师送到餐厅后香味袭人,李鸿章用吃西餐的刀叉,津津有味地吃起来。此时,刚好有美国人进来,闻到扑鼻的香味,又见李鸿章吃得这样起劲,不由好奇地问:“这是什么菜?”李鸿章顺口答道:“大杂烩”。厨师得知,不由大笑起来:李中堂真“得味”(开玩笑逗趣之意)。从此,李鸿章爱吃“大杂烩”的消息传开了,许多中国餐馆推出这道菜,生意火爆起来。消息传至国内,很多地方也做起杂烩菜,特别是李鸿章的老家合肥,争相仿制,成为地方特色佳肴。

庐阳区领导人名单

（截至 2013 年 12 月底）

□ 中共庐阳区委

区委书记：吴　劲

区委副书记、区长：邓真晓

区委副书记：陈　华（2013.11 前）

张家祥（2013.11 后）

区委常委、宣传部部长：李安红

区委常委、纪委书记：曹佑华

区委常委、区委办公室主任：姚则邦

区委常委、常务副区长：陆　平（2013.04 前）

黄　犇（2013.04 后）

区委常委、人武部部长：郭玉玺

区委常委、副区长：姜鸿杰（2013.04 后）

区委常委、组织部部长：许华为（2013.12 前）

朱　涵（2013.12 后）

区委常委、副区长（挂职）：蔡维燕（2013.05 前）

刘　芳（2013.05 后）

区委常委、政法委书记：朱　煜（2013.06 前）

左学和（2013.06 后）

区委常委、副区长（挂职）：茆诗峰

□ 区人大常委会

区人大常委会主任：虞基浩

区人大常委会副主任：焦福斌

李旗号

张　军（2013.12 后）

杨　琼

□ 区人民政府

区政府区长：邓真晓

区政府常务副区长：陆　平（2013.04 前）

黄　犇（2013.04 后）

区政府副区长：姜鸿杰（2013.04 前）

王翠英

张　军（2013.12 前）

朱　涵（2013.12 前）

李仲生

丁仕旺（2013.04 后）

刘　芳（挂职）

茆诗峰（挂职）

洪书霞 (2013.12 后）

□ 区政协

区政协主席：谭　峰

区政协副主席：王家满

唐　亮

杨智慧

高　健（2013.12 前）

区政协副主席、区委统战部部长：

彭守海（2013.10 前）

王庆宝（2013.12 后）

区政协党组副书记：王继仙

庐阳区组织机构负责人名单

（截至 2013 年 12 月底）

□ 区人武部

区人武部党委副书记、部长： 郭玉玺

区人武部党委书记、政委： 盛　阳

区人武部党委委员、副部长： 郏小胜

区人武部党委委员、政工科长： 高　飞

□ 区直单位

区纪委副书记、监察局局长： 程　超

区纪委副书记： 竺　青

区委办副主任、保密局局长:沈　兵（2013.05 前）

金传扬（2013.12 后）

区人大办主任： 刘家华

区政府办主任： 丁仕旺（2013.5 前）

胡永宏（2013.5 后）

区政府办副主任、应急办主任：

高云飞（2013.09前）

陈　伟（2013.09后）

区政协秘书长、办公室主任： 尹　杨

区委组织部常务副部长： 韦晓蓉

区直机关工委书记： 刘　霞

区委宣传部常务副部长： 洪书霞（2013.12 前）

区委宣传部副部长、文化局局长： 丁凤云

区委宣传部副部长、文明办主任： 彭家根

区委统战部副部长、民宗局局长： 王　勤

区委统战部副部长、工商联党组书记： 宋　燕

区委政法委副书记、国安办主任： 黄冬梅

区委政法委副书记、防邪办主任： 沈先柱

区委政法委副书记、司法局局长： 陈克东

区委政法委副书记、信访局局长：

叶小燕（2013.09前）

高云飞（2013.09后）

区委政法委副书记、综治办主任： 李昌文

区维护社会稳定办公室主任： 张胜勇

区委组织部副部长、编办主任：

钱　慰（2013.05前）

肖　军（2013.05后）

区工会主席： 钱　慰（2013.05 后）

团区委书记： 桑　田

区妇联主席： 潘崇珍（2013.12 前）

区法院院长： 陶　霞

区检察院检察长： 晏维友

区发统局党委书记： 周业根

区发统局局长： 张　平

区经促局党委书记： 马兵江

区经促局局长： 徐向东

区经促局副局长、科技局局长： 董召奎

区农林水务局党委书记： 余国金（2013.12 前）

顾伟良（2013.12 后）

区农林水务局局长： 项慧群（2013.03 前）

王　敏（2013.04 后）

区住建局党委书记： 李　政

区住建局局长： 阮仁保

区教体局党委书记： 张振发

区教体局局长： 殷硕景

区民政局党组书记： 李　丽

区民政局局长： 韩骏青（2013.04 前）

关任伟（2013.04 后）

区财政局局长、国资办主任： 沈项林

区人社局党委书记： 宣　民

区人社局局长： 王新成

区卫生局党委书记： 张传贵

区卫生局局长： 杨天寿

区人口计生局局长：鹿莉莉（2013.05 前）
孙　强（2013.05 后）
区环境保护局局长：马兵江（2013.03 前）
阮仁胜（2013.03 后）
区审计局局长：夏　辉
区商务局党委书记：项慧群（2013.03 后）
区商务局局长：胡宏标
区城市管理局党委书记：周远金
区城市管理局局长：储召来
区安监局局长：韩　祥
区行政服务中心主任：金华敏（2013.12 后）
区档案局局长：金华敏（2013.12 前）
区招商局党组书记：杨　治（2013.12 后）
区招商局局长：张　燕（2013.05 前）
周茂斌（2013.05 后）
区机关事务管理局局长：徐从宝（2013.03 后）
区市政园林局局长：张　斌
区残联理事长：韦　斌
区重点工程管理局局长：蒋　兵

□ 乡镇、街道办事处、工业区

三十岗乡党委书记：黄新宇
三十岗乡乡长：郑爱梅
大杨镇党委书记：郑邦山（2013.10 前）
李济飞（2013.10 后）
大杨镇镇长：盛　国
三孝口街道党工委书记：杨拥军
三孝口街道办事处主任：唐永龙
双岗街道党工委书记：曹曙光
双岗街道办事处主任：刘志强（2013.05 前）
鹿莉莉（2013.05 后）
四里河街道党工委书记：胡永宏（2013.05 前）
胡云峰（2013.12 后）
四里河街道办事处主任：胡云峰（2013.12 前）
孙本全（2013.12 后）
杏林街道党工委书记：肖　军（2013.05 前）
刘志强（2013.05 后）
杏林街道办事处主任：耿广斌
杏花村街道党工委书记：王庆宝（2013.10 前）
郑邦山（2013.10 后）
杏花村街道办事处主任：王金定（2013.12 后）
林店街道党工委书记：朱华军（2013.03 后）
林店街道办事处主任：石　际（2013.12 后）
逍遥津街道党工委书记：李济飞（2013.10 前）
逍遥津街道办事处主任：孙　强（2013.05 前）
张　燕（2013.05 后）
逍遥津街道党工委副书记、办事处副主任（正科级）：高久春（2013.03 后）
亳州路街道党工委书记：关任伟（2013.04 前）
顾琴芬（2013.04 后）
亳州路街道办事处主任：顾琴芬（2013.05 前）
李　坤（2013.05 后）
海棠街道党工委书记：王　敏（2013.04 前）
王桂香（2013.04 后）
海棠街道办事处主任：王桂香（2013.04 前）
海棠街道党工委副书记、办事处副主任（正科职，主持行政工作）：沈　兵（2013.05 后）
庐阳工业区党工委书记：吴　平（2013.03 前）
朱华军（2013.03 后）

□ 驻地单位

公安庐阳分局政委：陈发利
公安庐阳分局局长：孙　勇
消防庐阳大队教导员：蒋传奎
消防庐阳大队大队长：王秀秀
国税庐阳分局局长：赵　云
地税庐阳分局局长：梅玉华
国土庐阳分局局长：陈　默
工商庐阳分局局长：彭玉山

（责任编辑：姚少君）

中共庐阳区委员会

综 述

2013年，面对一系列新情况、新挑战，中共合肥市庐阳区委团结带领广大干群，深入贯彻党的十八大、十八届三中全会和省、市有关会议精神，围绕打造全省首善之区和辐射源，以“责任建设年”为抓手，以“一线为民工作法”为平台，大力实施“产业、环境、民生、管理”四大提升工程，经济社会呈现良好发展态势。

【综合实力迈上新台阶】 全年完成地区生产总值490.55亿元，比上年增长11.2%；财政收入24.61亿元，增长11.3%，其中地方财政收入15.17亿元，增长13%；实现社会消费品零售总额367.13亿元，增长14%，规模以上工业总产值254.66亿元，增长6.1%；全社会固定资产投资453.05亿元，增长22.1%；招商引资总量320.72亿元，增长11.9%，城镇居民人均可支配收入和农民纯收入分别达28332元和14796元。荣获全省发展民营经济先进区称号，老城区入选全省唯一中心中央商务区，成功举办全国商业街年会，庐阳工业区被命名为省级新型工业化示范基地。

【城乡建管展示新面貌】 以“三城同创”为契机，加强城乡建设和管理。城市建设稳步推进。在“1+3”机制推动下，全年收储地块14宗，上市11宗，成交额30.7亿元。房屋征迁创大建设以来最好成绩，全年共启动新拆项目24个，续拆项目8个，累计完成127万平方米。中菜市顺利搬迁，万科·森林公园、汇银特色商业街开工建设，实施七桂塘片区改造，城隍庙改造工程按计划有序实施。基础设施不断完善。市政重大项目阜阳路高架竣工通车，轨道2号线顺利开工；建成城乡道路11条，15公里；区环卫基地暨垃圾转运站投入使用，无公害处理技术全国领先。城乡面貌明显改观。在全市首创城管徒步巡查制度，实现北一环外42条道路保洁市场化。绿化大会战胜利完成，植树造林2571亩，增绿43.8万平方米。董大水库水源保护区土地整理进展顺利，大杨、三十岗已搬迁群众3404户，面积57万平方米。建立河段长制，河道排口管网截污完成161个，水源保护区面源污染清理完成市下达任务量70%。美好乡村建设成绩斐然，湿地、绿道加快建设；东瞿美食村、崔岗艺术家村，示范效应显著，“养生水源地、慢城三十岗”英姿初展。

【改革开放实现新突破】 完善加快发展生态都市农业、现代服务业和都市产业园建设若干政策；深化市政园林体制改革，整合职能机构，规范绩效考核；出台小额零星工程定点采购管理办法，在全市城区中率先建立预算会商制度，金融“服务加监管”的庐阳模式得到省市认可。加大招商引资力度，预计全年实际到位资金240亿元，其中外资1.5亿美元。引资总量、外商直接投资、大项目均超额完成市、区目标任务；清华科技园、鑫翰电子科技园签约落地，知名商贸企业红星美凯龙和交银康联、利安人寿等一批金融总部相继入驻，徽商银行在港交所成功上市。

【群众工作塑造新品牌】 积极探索新形势下做好群众工作的新途径——“一线为民工作法”，央视《新闻联播》特作专题报道。沉下去接地气。开展区领导联系企业、困难群众和干部驻点日活动，329名干部走进70个村居、65幢楼宇、28家非公企业、4个特色街区。顺民意解难题。在全市率先解决安置房办证后遗症，为5377户居民办理房产证；推进梅小店等10个复建点建设，总面积287万平方米，体量为历年之最；安置森林公园等5个项目2300余户，面积45.9万平方米；完成老旧小区危房鉴定，启动20个老旧小区整治，拆除淮河路336号大院D级危房。让群众得实惠。率先在全省开展民生工程项目征集活动，城乡居民养老参保率全覆盖，五保供养、孤儿生活费再次提标，农村低保人均补差全省第一。百帮创业园被授予首批“全国创业孵化示范基地”，创业就业获“首届市政府工作创新奖”，计生工作获“全省阳光计生行动示范单位”。

【社会治理取得新成效】 社会事业全面进步。在全市率先成立社工协会，打造“三位一体”的居家养老服务体系；45中、长二小橡树湾校区投入使用，庐阳高中晋升省级示范高中，荣获全国首批义务教育发展均衡区、社区教育实验区和全省学前教育工作先进区称号。深化基层医改，在全省率先开展“家庭医生服务”活动，获得全国中医药特色示范区、全省社区卫生服务示范区称号。群众文娱异彩纷呈。成功举办首届“庐阳杯”中日韩三国围棋赛、全国钓鱼精英赛，提高庐阳知名度；第五届合肥牡丹节、第八届三国文化节、首届三十岗桃花节，游人如织，经济社会效益明显；区第八届文化艺术节，群众参与度高，观赏性强。社会稳定得到加强。深入开展“六五”普法，扎实推进“安全停车、技防延伸、行业调解”三大工程，古城四村等13个信访积案化解有序；严打非法传销，成功创建64个“无传销村居”；成立社区检察官办公室，区法院被确定为保险纠纷诉调试点单位；积极推行领导包片、社区安全信息员制度，安全生产监管网络向基层有效延伸。

【党的建设树立新形象】 把学习贯彻十八大精神作为首要政治任务，依托“庐阳讲坛”、区委党校、干部在线教育，对2000多名党员干部进行培训；开展群众路线教育谈心谈话活动，区委常委分别深入联系单位，与班子成员“背靠背”交心，征求意见365条；深入推进服务型基层党组织建设，开展党员活动日、党员志愿者服务活动，在全区试行“六六楼宇党建工作法”；深化干部人事制度改革，出台中长期人才发展规划和拔尖人才选拔办法。制定关于改进工作作风、密切联系群众的若干规定，开设“清风庐阳”系列讲座和短信平台，认真开展政风行风评议工作，对党员干部持卡、经商和住房进行清理；大力推进“阳光村务工程”和廉政文化“六进”工作，建立非公企业纪检组织；加大案件查处力度，全年立案9件，给予党纪、政纪处分5人。

【重要会议】 中共合肥市庐阳区委三届四次全体（扩大）会议，于12月16日在区政务中心大礼堂召开。

出席会议人员：区委委员、区委候补委员。列席会议人员：区人大、政府、政协党员负责人，区委督查组正、副组长；区纪委委员；区人武部、法院、检察院正、副职；各乡镇、街道、工业区班子成员和人大工委主任；区直各单位、各部门、国投控股公司正、副职；区人大、政协驻会常委，人大工委及政协专委会办公室负责人；公安、工商、质监、国土、规划、地税庐阳分局、房产庐阳房屋办证交易中心、庐阳区国税局、庐阳区烟草专卖局主要负责同志；区属正科级事业单位主要负责人；各派出所教导员或所长；各村、居委会党组织书记、主任。

会议的主要任务是学习贯彻党的十八大、十八届三中全会和省、市有关会议精神，总结2013年工作，部署2014年目标任务，进一步动员全区广大党员干部群众，统一思想，坚定信心，改革创新促发展，攻坚克难勇争先，不断开创庐阳现代化建设新局面。

会议确定2014年庐阳区工作的总体思路是:全年工作总体思路是全面贯彻落实党的十八届三中全会精神,围绕"全省首善之区和辐射源"建设,以"一线为民工作法"为平台,深入开展群众路线教育实践活动;以改革为主线,强化基层治理体系和能力建设;以科学发展为中心,突出抓项目、抓转型、抓民生、抓生态,不断开创庐阳现代化建设新局面。

会议确定2014年庐阳区经济社会发展主要预期目标是:力争地区生产总值增长10.5%,规模以上工业总产值增长8%,财政收入增长10%,地方财政收入增长7%,全社会固定资产投资增长18%,社会消费品零售总额增长13%,招商引资总量260亿元,利用外资1.6亿美元,城镇居民人均可支配收入和农民人均纯收入分别增长10%和12%,单位地区生产总值能耗达市控指标。

【责任建设年】 开展"责任建设年"活动,庐阳区面对一系列新情况、新挑战,为进一步激发干部队伍干事创业热情,大力改进工作作风,提升各项工作执行落实能力,增强全区上下建设全省首善之区和辐射源、率先在全省基本实现现代化的责任感和使命感,将2013年确定为"责任建设年"。活动突出"思进图强勇作为,提质增效创一流"这一主题,以"学习明责、科学定责、尽心履责、严格问责"为主线,建立健全责任建设长效机制,通过强化学习培训,弘扬责任文化;厘清岗位职责,健全责任体系;改进考核方式,完善评价机制;加大监督检查,严肃整改问责;围绕中心工作,全面履职尽责等多重举措,基本达到"责任意识显著增强、责任体系更趋完善、绩效考核导向鲜明、问责追究落实到位、工作效能得到提升、工作作风明显改进"的目标,为合肥市打造"大湖名城、创新高地"凝聚发展的"精气神"和"正能量"。

【"一线为民工作法"】 为进一步密切党群干群关系,推进科学发展,促进社会和谐,庐阳区探索实施"一线为民工作法"。自2012年10月起,组织区直机关干部每月10日下午到联系社居、楼宇、企业和特色街区驻点,倾听群众呼声,化解群众矛盾,解决群众问题,收到很好效果。2013年5月,区委决定在老城区6个街道、32个社区开展"一线为民工作法"的基础上,在全区11个乡镇、街道的70个村(居)全面开展"一线为民工作法"。建立健全干部驻点走访、巡查和考评等制度。截至2013年底,329名驻点干部接待群众4732人次,收集群众反映的问题1818条,其中已办结1590条。干部得到锻炼,群众得到实惠,管理得到提升,组织活力得到增强。

【系列民生工程】 2013年,庐阳区深入贯彻落实区第三次党代会、区委三届三次全会精神,突出管理创新,加快推进以改善民生为重点的社会建设,不断提升人民群众幸福指数。全年实施省定20项、市定10项和区增13项,共43项民生工程(见附件)。投入资金8640.39万元,其中中央及省4077.24万元,市补助1568.54万元,区配套2994.61万元,全部及时拨付到民生工程专户。承担的20项省级和10项市级民生工程项目全部完成。当年应开工项目点116个,实际开工项目点116个。当年应完工项目点115个(除刘冲廉租房项目),已完工项目点115个。

农村低保工作被省民政厅通报表彰,人均补差位居全省第一;大杨镇谢岗村农家书屋被评为"全国示范书屋";亳州路街道社区卫生服务中心荣获"全国示范社区卫生服务中心"称号(加上前两年的杏林、双岗社区卫生服务中心，在全省13家获此殊荣的单位中，庐阳区占3家）；首创“健全‘三助一保障’工作机制，打造创业带动就业庐阳模式”，荣获“首届合肥市政府工作创新奖”（全市仅有五个项目获奖，这是唯一民生工程类项目）。省民生办先后刊发《合肥市庐阳区以绩效考评力推民生工程实施》《合肥庐阳区多渠道推广“安徽民生工程”形象标识规范应用》《合肥庐阳区精心绘制“民生工程文化墙”》《合肥庐阳区“四个整合”抓好民生工程后期管护》对庐阳区实施绩效考评、推广“安徽民生工程”形象标识、制作“民生工程文化墙”、加强后期管护等做法进行推广，并通过编辑《图看民生——庐阳区专辑》的形式对庐阳区民生工程工作进行全面展示。市委组织部编辑的《服务型基层党组织建设典型案例选编》将《“问需问计问效”三问民意心系民生》的做法作为典型案例进行推广。同时，《中国日报》《农民日报》《中国社会报》《中国人口报》《中国县域经济报》等媒体国家级媒体先后刊发40多篇稿件以各种形式报道庐阳区实施的系列民生工程项目。其中新华社内参《国内动态清样》还报道庐阳区探索新方法帮助老人养老不离家的做法，并已经上报高层领导。下步，庐阳区将积极探索建立民生工程建设长效机制，进一步巩固现有成果，加快解决其他民生问题，让人民群众享受到更多的经济社会发展成果。

区委办公室

【政研工作】 全年重点工作任务为主线，在充分征集调研课题的基础上，区委办专门拟定全区调研工作课题汇总，明确时间节点及相关要求，并专门下发文件通知，制定并分解下达32个全区重点调研课题，积极推动各单位各部门开展多种形式的调研。全区各级领导围绕研究课题，深入基层、认真调研，并及时形成相关调研报告，区委政研室将收集汇总区委常委重点调研论文，用以指导全区各项重点工作的开展。

【信息工作】 紧紧围绕全区中心工作，注重高效准确，做好信息服务。一方面，注重全区信息的收集和整理，进一步规范各部门信息员信息报送制度，加强信息报送日常督促，适时组织对各信息员报送信息的情况进行通报，认真落实组织收集信息报送要点工作，坚持每周编发《庐阳信息》，为领导掌握情况、正确决策，提供多角度的信息服务；另一方面，提炼庐阳工作中的特色和好的做法，多方面挖掘亮点、重点信息源等办法，千方百计提高信息采用率，通过不定期组织报送主条信息，努力提高信息报送质量。同时，切实加强与市委办公厅信息处、乡镇、街道和部门信息员之间的协调联系，及时沟通情况，积极推进信息报送工作。全年被省委办公厅和市委办公厅录用62条，其中获省、市领导批示3条，全区信息工作稳步推进。

【督查工作】 围绕区委中心工作，对上级党委和区委的重大决策、重要部署，群众关心的重点、难点、热点问题进行重点督查，并将有关情况及时向领导反映。全年共办理督查件130件，涉及全区29个单位。其中，决策事项7件，专项查办工作49件，网友留言42件，其他督办事项32件。凡涉及全局性的重大决策和重要工作部署，积极与政办督查室协调沟通，采取党政联合督查的办法，共同牵头组织有关部门联合开展督查活动，

共同综合反馈督查情况、发布督查通报。本年度督办件办理工作做到件件有回音、事事有着落，确保政令畅通。同时，为全面落实区委三届

三次全会部署的各项工作任务，根据庐办〔2013〕14号文件要求，区委办会同人大办、政府办、政协办、区监察局，联合对各乡镇、街道、工业区重大项目、重点工作推进情况开展督办，督办结果向区委、区政府主要领导汇报，并在区委常委扩大会议上进行通报，推动决策的贯彻，促进工作落实。

【保密工作】 在组织领导方面，进一步强化区保密局干部队伍，投入20余万元专项资金添置保密设备，腾建专用保密室，由专门的机要保密人员管理。在宣传培训方面，组织全区保密干部全员培训，近120人保密干部参加各类培训活动；组织全区保密摄影比赛，并上报优秀摄影作品至市保密局。在日常监督管理方面，强化重要节庆日和区办公用房调整搬迁期间的保密管理工作，专门下文，确保涉密资料的整理、归档、清退有序进行。组织开展保密抽查和信息公开专项检查，未发现泄密情况。在重点工作方面，高度重视保密普查工作，组建队伍、动员培训，仔细摸底、认真汇总，保密普查报送工作在全市处于领先。9月24日，国家保密局郭骅旻处长一行，专门莅临庐阳区调研指导，对庐阳区的普查工作给予充分肯定。

（陈永良）

纪律检查

【党风廉政建设】 依托庐阳讲坛，开设"清风庐阳"廉政系列讲座。通过手机短信平台，向全区党员领导干部发送廉政短信4000余条。组织编印《反腐倡廉材料汇编》《廉政警言200句》等辅导读本，发至全区党员领导干部。因地制宜加强廉政文化阵地建设，创建庐阳区安徽众城集团为省级廉政文化进企业示范点，创建庐阳区纪委、庐阳烟草专卖局为市级廉政文化进机关示范点，创建海棠街道清华社区、四里河街道桃花园社区、双岗街道社区卫生服务中心为市级廉政文化进社区示范点。以"制度+科技"为手段，深化廉政风险防控工作。建立科级干部电子廉政档案313份。对8名科级领导干部进行任期和离任经济责任审计。积极推进信息公开，全年公开政府信息5000余条。参与监督公务员和教师招考、工作人员公开招聘、征兵工作等9次。加强对政府采购的监管，推动出台《庐阳区小额零星工程定点采购管理办法》。发挥纪检监察派驻组的职能作用，加强对联系部门"三重一大"事项和领导班子成员的监督。推进"阳光村务工程"建设，化解村级债务73.81万元，评选出21名区级人民满意的村务监督员。在7个乡镇、街道和36个村（居）开展村级干部"勤廉指数"测评活动。

【落实中央八项规定精神】 落实中央八项规定精神和省市改进工作作风有关规定，结合庐阳区实际制定"12条规定"，并配套出台《庐阳区违反改进工作作风有关规定责任追究办法》等一系列制度。抓住元旦、春节、"五一"、中秋、国庆等重要节点，开展7次明察暗访，查处违规违纪党员干部和工作人员20人，并及时通报曝光，起到教育和警示作用。会同有关部门对公园会所开展检查，关停2家，整改2家。聘请35名党风党纪监督员、特邀监察员和15名政风行风监督员，不断拓宽民主监督渠道。推行预算管理改革，实行"三公"经费预决算公开，全区"三公"经费支出下降15.5%，其中公务接待同比下降20%。开展党员干部住房登记清理工作，全区1821名党员干部作出会员卡零持有报告，在326名党员领导干部中开展违规经商办企业专项清理活动，开展党政机关办公用房清理，腾退各类办公用房3063平方米。

【案件查办工作】 落实中纪委“当前以治标为主，为治本赢得时间”新要求，从区检察院选调2名办案骨干，加强案件查办力量。对信访线索进行全面梳理，逐一规范登记，分类建立台账，加强问题线索管理和处置。召开全区预防职务犯罪工作会议，加强与法院、检察院、公安、审计、财政等部门的沟通联系，拓宽案源渠道，增强办案合力。着力查处发生在群众身边的腐败案件，全年受理群众信访举报68件，初核违纪线索32件，立案9件，结案8件，给予党纪政纪处分9人，挽回经济损失400余万元，对15名党员干部进行了诫勉谈话、函询和批评教育。同时，被中央纪委和省、市纪委抽调协助办案7人次。加强对基层纪检监察组织办案培训指导，提升综合办案能力；依纪依法安全文明办案，提升案件质量。

【纠风治乱工作】 落实中央和省、市、区重大决策部署，开展对农业产业结构调整、环巢湖生态治理、美好乡村建设、食品药品安全、环境保护、安全生产、征地拆迁安置以及民生工程等方面的督查。对卫生局、安监局、人社局等12个重点单位和部门行政处罚情况进行检查，涉及案件54件，对2件卷宗督促补充完善资料凭证。建立重大项目、重点工作和重要事项限时办结制，先后对51个项目进行检查督办，提出整改意见15条。认真开展“12345”群众投诉办理工作，对61个信件实施预警督办，按时办结率100%。开展对涉农补贴资金发放和使用情况的专项检查，发现问题及时责令整改。集中开展行政审批服务中介组织清理工作，严查中介组织违规违法行为。开展为民服务窗口经营性收费专项清理，加大监督力度，促进窗口服务进一步规范。坚持边评边改、纠建并举的原则，认真组织对33家区政府部门和垂管单位开展政风行风民主评议工作，区安监局、国土庐阳分局等6家单位获“政风行风建设满意单位”称号。

【纪检队伍建设】 在区重点局、市政园林局、环保局新建3个纪检组织，配备专职纪检组长。拓展纪检监察领域，推进城市社区、非公企业纪检组织建设，新成立40家非公企业纪检组织。全年共选送19人（次）参加上级纪委举办的各类业务培训，通过以会代训、个人自学、集中学习、调查研究等形式，增强纪检监察干部思想政治和纪检监察业务能力。结合党的群众路线教育实践活动，全区各级纪检监察干部认真开展“一线为民工作法”和“下基层、接地气、找问题、转作风”活动，其中，区纪委监察局领导班子成员深入村居、企业、农户接待走访564人次，收集问题建议214条，帮助解决实际困难65个。在全区纪检监察组织率先开展会员卡专项清退活动，要求别人做到的，纪检监察干部自己坚持率先做到。

（宋丽华）

组　织

【领导班子和干部队伍建设】 进一步优化领导班子结构，加大干部交流力度，发现、选拔一批德才兼备的优秀年轻干部走上各级领导岗位。先后组织45名青年干部、50名新提拔使用干部到党校、部队院校等接受锻炼，并在肥东、肥西农民家中进行同吃、同住、同劳动实践体验。修订完善干部考评办法，在年度考核中增加驻点干部考核权重，把原来以本单位考核为主，变本单位工作60分，驻点工作40分。

【干部教育培训】 把深入学习贯彻十八大精神作为首要任务，作为各级党员干部培训的主要内容。依托“庐阳讲坛”、区委党校、干部在线学习、远教站点等平台，对全区2000多名党员干部开展十八大精神、新党章、群众路线等教育培训。先后组织开展了“党的十八大报告和新党章”知识竞赛、“大湖名城、创新高地”主题演讲比赛等活动。

【人才工作】 进一步落实《庐阳区中长期人才发展规划纲要》，出台《庐阳区拔尖人才选拔办法》，建立专业人才、急需人才、重点人才等资源库，启动高层次、高学历人才引进“一站式”服务“绿色通道”，推行政策引才、市场取才、项目带才、柔性借才。

【“一线为民工作法”】 先后组织329名机关干部到70个村居、65幢商务楼宇、28家非公企业和4个特色街区开展“一线为民工作法”，吸引央视《新闻联播》、新华每日电讯、农民日报、安徽卫视等多家主流媒体先后予以宣传报道。

【基层组织建设】 深入开展“320工程”创建活动，即创建20个示范楼宇、20个非公企业党建示范点和20个村居党建示范点，目前全区有90家基层党组织参与创建活动。总结提炼财富广场“六六楼宇党建工作法”，并在全区5000平米以上楼宇试点推广。在老城区6个街道32个社区试点街道“大工委制”、社区“大党委制”的街道社区党建工作模式，在区直机关实施ISO9001党建质量管理认证试点。

（姚少君）

宣传　文化

宣　传

【概况】 2013年，区委宣传部坚持以科学发展观为指引，认真学习贯彻落实党的十八大精神，以“责任建设年”为抓手，紧紧围绕区委、区政府各项中心工作，围绕中心，服务大局，真抓实干，务实创新，为庐阳全省“首善之区”和辐射源建设提供强有力的思想保证和舆论支持。

全年，区委宣传部围绕区委、区政府中心工作，组织新闻宣传。开展十八大精神宣讲活动，组织“书记讲党课”竞赛活动，举办区委中心组理论学习12次。在《庐阳报》开设《责任建设年》专栏，在庐阳新闻网开设“责任建设年”网页。

根据中共庐阳区委、庐阳区人民政府《关于印发<合肥市庐阳区党政机构改革实施方案>的通知》精神，设置中共庐阳区委宣传部，为区委工作机构，区文化局与其合署办公，对外仍保留区精神文明建设指导委员会办公室牌子。区委宣传部（文化局）共办公室、理论教育科、宣传科、精神文明办公室、文化综合科5个职能科室。

【做好重大活动宣传保障工作】 2013年3月至10月，区委宣传部先后完成首届“庐阳杯”中日韩三国围棋名人混双赛、首届合肥市三十岗桃花节、第五届合肥牡丹节、第十届庐阳区三十岗西瓜旅游文化节暨首届桃蹊仙桃节、第八届合肥三国文化节暨航天航空科技文化节和首届三十岗东瞿美食文化节等活动策划、宣传保障工作。服务全区重点工作宣传任务，完成总部经济招商推介会、工会代表大会等多个重大会议宣传保障以及“责任建设年”、民营经济发展、民生工程建设、打传、征兵等多个专项宣传工作。

【推进精品外宣工作】 结合全区各条战线重点工作，加强包装策划和向主流媒体供稿力度。新华社《国内动态清样》就庐阳区居家养老有关做法予以了典型经验介绍。央视《朝闻天下》、《新闻联播》先后对庐阳区惠残民生工程、中日韩三国围棋赛、全省独创的“一线为民工作法”予以了特别报道。全年共在各类媒体发稿6200余篇，其中国家级290余篇，省级2800余篇，市级3100余篇。

【十八大精神宣讲】 全年，坚持把学习宣传党的十八大精神作为首要政治任务，作为宣传思想工作的主线。先后开展《学习新党章、履行新使命》专题学习、开展党的十八大精神“进企业、进农村、进机关、进校园、进社区”宣讲工作、深入推进庐阳区百名领导干部“进十街、驻百居、讲千场、到万家”党的十八大精神宣讲活动。2013年12月10日上午，庐阳讲坛2013年第十一讲邀请省委讲师团副团长董玉田做《十八届三中全会辅导报告》后，全区329名党员干部向全区9个街道1乡1镇70个村居、65栋商务楼宇、28家非公企业和4个特色商业街区，开展党的十八届三中全会精神宣讲活动。

【“四个一”活动】 2月至12月底，在全区深入开展学习习近平总书记一系列重要讲话精神主题教育活动。活动中，以“庐阳讲坛”为平台，邀请省委宣传部副部长徐东平、中科大国祯信息科技有限责任公司董事长谢贻富到庐阳区作“中国梦”专题报告会。举办一次《中国梦的宽广视野和丰富内涵》专题报告，印发一批包括《专家解读习近平总书记重要论述资料汇编》《中国梦资料汇编》等学习材料，开展以“学习习总书记讲话，掀起干事创业新高潮”为主题的学习教育活动，撰写主题教育活动心得体会100余篇。

【宣传教育活动】 围绕贯彻落实“责任建设年”活动，3月起，在全区开展“大湖名城 创新高地”暨讲大局、重责任、抓落实、促发展主题演讲比赛。推进文明上网社区创建工作，开展文明上网“进单位、进课堂、进家庭、进网站、进网吧”活动。以杏林街道上城社区、逍遥津街道义仓社区、三孝口街道廻龙桥社区为试点单位，在全市率先开展心理疏导进社区创建工作。启动第十三届书记讲党课竞赛活动。参加首届“渡江杯”爱国主义教育基地讲解员大赛。

【“庐阳发布”政务微博】 3月11日，区人民政府新浪官方微博“庐阳发布”正式对外发布信息。微博开通对于体察民情、疏导民意、服务民生具有重要作用，主要定位为新闻资讯发布、舆情信息收集处置等。先后参与桃花节、牡丹节、七桂塘改造、地铁2号线拆迁等对外宣传，开展中日韩三国围棋赛、团委青春最强音等活动的微博推广，逐渐形成“庐阳通”“阳阳说”“服务居民”等特色栏目。全年共发布信息1181条。

【首届合肥市三十岗桃花节宣传活动】 3月23日，首届合肥市三十岗桃花节在三十岗乡桃蹊水果农场开幕。区委宣传部以桃花节活动为平台，邀请国家、省市30多家媒体跟踪报道桃花节活动详情。与新浪微博合作，利用庐阳微博平台实时更新桃花节活动情况，在《庐阳》开辟跨版报道活动盛况。其间，在省市平面、网络、电视媒体上均以大版面予以报道，收到良好宣传效果。

【中日韩三国围棋名人混双赛外宣活动】 4月30日至5月2日，首届“庐阳杯”中日韩三国围棋名人混双赛成功举办。区委宣传部按照组委会分工安排，制定赛事宣传方案、新闻发布会、开幕式、闭幕式方案等计划。比赛期间，赛事被央视共有4个频道（一套、中文国际、新闻、体育）、5个栏目（新闻联播、体育新闻、体育世界、体育晨报、中国新闻）进行7次报道。4月30日开幕日当天，央视一套《新闻联播》播出比赛新闻，引发围棋界强烈反响。新华社、中新社两大通讯社专门发电报道赛事，《光明日报》、《中国日报》等100余家国内外媒体均给予报道。雅虎、百度、澳洲新闻、环球、搜狐、新浪、网易、腾讯、凤凰、人民、新华、优酷等均在首页刊登原创或转载新闻报道赛事，新浪体育、合肥在线、合肥广播电视台、合肥广电网四家媒体对赛事进行网络或视频直播。

【徒步环保行动】 6月16日，区委宣传部、团区委、区环保局联合合肥论坛，开展“探访水源地保护大水缸”徒步环保行活动。100余名志愿者和网友从三国新城遗址公园走起，沿途中，不仅增加对水库概况和守护合肥“大水缸”所采取的措施的了解，对沿途塑料袋、纸屑、果皮等垃圾进行清理。主办方根据网友所发的主题帖，评出一、二、三等奖和纪念奖。

【首张社区报《老城新闻》出版】 8月16日，由区委宣传部与合肥晚报社联合策划创办的社区报《老城新闻》出版。《老城新闻》是一份有国内统一刊号、邮发代号的正式出版物，4开16版的全彩周刊，其中新闻版占10至12版。投递范围为环城路以内老城区的成熟社区、沿街门面、写字楼宇、企业单位等处，每期暂定发行20000份。《老城新闻》坚持办社区人“咱家的报”的理念，报道注重“家长里短”，与辖区居民保持零距离。做到小处着眼，以小见大，大量报道发生在社区里、原生态的新闻和故事，让新闻回归社区，使报纸好看好读。

【主题摄影大赛】 从9月中旬开始，区委宣传部、区民生办与区文化局联合举办了2013年“聚焦庐阳 情系民生”主题摄影大赛。大赛共征集到780余幅兼具艺术魅力与纪实风格的图片，多角度、全方位地展现庐阳区民生工程方面日新月异的变化。经过专家评审，共评出一等奖一名，二等奖两名，三等奖三名。

【社区报“老城帮客”授旗揭牌】 12月5日，合肥晚报社区报“老城帮客”授旗揭牌仪式举行。“老城帮客”是区委宣传部与合肥晚报社区报共同筹备组建，旨在开展专业和常态化社区义工服务的志愿者队伍组织。在逍遥津、三孝口两个街道招募100名“老城帮客”，并分为“老城红客”“老城绿客”“老城蓝客”“老城粉客”和“老城彩客”五个小分队，分别以医疗卫生、绿色环保、便民服务、关爱女性、关爱青少年儿童为主题开展志愿者服务活动。

（董怀华）

文　化

【概况】 庐阳老城区是历史上古庐州城，现存有“张辽威震逍遥津”古战场、曹操点将“教弩台”、李鸿章故居等古建筑。区内有国家4A级景区3处，主题公园有三国遗址公园、环城公园、杏花公园、逍遥津公园等。南淝河穿过城区北部，上游有董铺水库、大房郢水库。长江中路、四牌楼、三孝口、淮河路步行街和宿州路特色商业街区为主要商业区。现有省级重点文物保护单位6处、市级10处，“唐氏剪纸”“庐阳花布”“葛氏剪纸”“马派皮影”“种子画”“黄氏篾编”被列为市级非物质文化遗产。

【文化民生工程】 2013年，新建杏花村、三孝口

第八届庐阳区文化艺术节

两个街道电子阅览室，是建在区域内人口集中、交通方便、条件成熟的社区，更加便民利民。

区文化馆、三十岗乡和大杨镇综合文化站免费开放，实行群众文化团队零门槛入驻，开设音乐、美术、舞蹈、戏剧、曲艺等多种艺术门类公益性辅导科目，惠及群众26000余人次。

加大农村文化建设资金投入，建章立制，有效推进城乡文化建设均衡发展，14个行政村全年累计开展各类文化活动168场次，放映电影168场次，14个村级农家书屋新增图书1750册。

农家书屋工程建设重心由“全面建”向“规范管，有效用”转移。结合区划调整对农家书屋进行合理布局，在有条件书屋建设电子阅览室。参照省市对14个村级农家书屋出版物更新的标准，在全市率先对社区（农家）书屋进行同步补充更新，并做到所有出版物由书屋管理员和居民代表自主选购。四牌楼社区农家书屋管理员陈宗宝，风景村农家书屋管理员瞿礼玲被评为“2013年合肥市优秀农家书屋管理员”。

【群众文化活动】 2013年，庐阳区举办第八届文化艺术节活动，历时三个月，近百场活动围绕“读书系列、观影系列、展览系列、演出系列”四大板块全面展开，特色鲜明，倾力打造“草根文化”，多种参与形式贴近市民，充分体现群众文化活动群众性、广泛性、参与性。

群众文化活动突出庐阳历史文化特色，在节庆活动中主打民俗牌，2013庐阳区迎新春系列文化活动展演中，反映三国文化的时装秀《粉墨登场》、结合民歌改编的新庐剧《茶山新歌》、等受到中央、省、市各级媒体关注，新春系列文化活动展演相关报道于除夕当日在央视三套播出。

少儿文艺精品频现，其中：杏林小学创作群舞作品《操场球趣》荣获安徽省首届“江淮群星奖”；宿州路幼儿园、省委幼儿园和省政府幼儿园三家单位创作节目《嗯嘛》《拳击小兔》《赞安徽爱家乡》囊括2013安徽省六一少儿文艺调演的优秀创作奖和表演一等奖。

【文化产业发展】 2013年庐阳区将特色街区打造列为区级民生工程项目，设立专项资金，支持每一个乡镇、街道重点打造一条特色街。加快桐城路、城隍庙等特色文化街区建设步伐，举办“合作杯”首届桐城路特色文化街区高峰论坛暨艺术品赏沙龙。扶持文化创意产业新业态，崔岗艺术村隆重开村。积极培育文化骨干企业，其中：安徽万盛文化艺术有限公司被评为第四批安徽省文化产业示范基地；安徽康富动漫科技有限公司动漫衍生产品生产基地项目成功申报2013年安徽省“861”项目和合肥市“1346”项目。（“861”行动计划是安徽省围绕经济发展实施的一个计划。该计划是围绕省委、省政府确定的全面建设小康社会起步阶段建设八大重点产业基地和六大基础工程的任务；为贯彻省委、省政府“861”行动计划，合肥市结合本地实际，提出了“1346”行动计划，合肥市“1346”行动计划项目涉及加工制造业、高新技术产业、旅游文化教育服务业、城郊示范农业等四大基地建设项目，以及防洪保安、信息、生态、信用、人才、基础设施等六大工程，涵盖了经济、社会、资源、环境等方面。

（黄　铮）

【文明建设】 2013年，区文明委围绕中央文明办下发的《全国文明城市测评体系》，以“三城同创”为载体（争创“全国文明城市、全国未成年人思想道德建设工作先进城市和全国卫生城市”），推进各项工作，不断提升城市公共文明指数和全区精神文明建设水平。

2013年，庐阳区加强“中国梦”“遵德守礼”等文明公益广告宣传，在全区设置“中国梦”“遵德守礼”各类广告牌共计7800余块，约57460平方米。利用道德讲堂、社区讲坛、文明学校等平台，举办城市公共文明建设方面知识宣讲和培训共计120次，印制有公共文明建设内容的环保购物袋、文明扇共计5万份。着重打造阜南路公益广告一条街，在主次干道、小街巷、居民小区以及社区、广场、公园、街道、车站等公共场所，充分利用电子显示屏、楼宇移动电视、宣传海报、出板报、发宣传册等快速、便捷的办法，迅速营造公共文明建设的浓厚氛围。

【道德讲堂建设】 2013年，全区有道德讲堂167所。为切实发挥道德模范在精神文明建设中的示范引导作用，区文明办邀请胡文传等省、市道德模范赴各街道、单位开展道德讲堂活动共600余场，通过宣讲道德模范的亲身经历和真实感受，在全区形成学习、崇尚和争当道德模范的浓厚氛围。

【未成年人思想道德建设】 2013年，在原有9所学校少年宫的基础上新建5所学校少年宫，完成学校少年宫全覆盖的目标任务。在做好基础建设的同时，精心打造“逍遥津小学金都华庭分校”和“育新小学”两所城市学校少年宫，力求做出精品、做成品牌，为辖区未成年人提供优良文体活动平台、社会实践基地和思想道德建设阵地。继续发挥好杏花村街道“快乐儿童俱乐部”、亳州路街道“四点半学校”的示范带头作用，通过多措并举，持续加强区未成年人思想道德建设工作。

【志愿者服务工作】 建立由区志愿服务支队、11个乡镇、街道成立的志愿服务大队、各社区成立的志愿服务站和辖区文明单位成立的志愿服务队组成的三级志愿服务体系，更好地促进全区志愿服务规范发展，健全志愿者登记注册、服务记录、行为规范、学习培训等制度，提升志愿服务工作水平。截止目前，全区成立志愿者服务各级队伍169支，全年开展各类志愿服务活动400余次，年增长志愿者6347人，增长比率11.2%，各乡镇街道为志愿者购买一次性保险3872次。1月承办安徽省暨合肥市“国际志愿者日——江淮志愿者在行动”主题活动启动仪式。3月，在全区中小学启动“学雷锋——争当志愿小义工”活动，目的是小手拉大手，引导全区青少年、家长、教师、社区工作人员和社会公众关注并参与志愿服务。三孝口街道西平门社区发挥社区自身的桥梁和纽带作用，通过与单位建志愿服务“关心桥”、与学校建志愿服务“爱心桥”、与群众建志愿服务“热心桥”，被评为合肥市志愿服务工作优秀组织。

【开展“走进社区、走向文明”文艺巡演】 6月，区文明办策划、组织第三届庐阳区“走进社区、走向文明”文艺巡演系列活动，选定一批寓意深刻、内容丰富、寓教于乐的节目，在全区演出。

在每场演出中设定创建全国文明城市相关知识问答与现场观众开展互动,此举获得辖区居民的好评,此活动业已成为品牌。

【开展“文明交通”主题实践活动】 全区各单位和辖区文明单位在规定路口和站点广泛开展“文明交通”示范路口、主干道秩序规范管理和文明引导乘车活动。在宿州路与长江中路交口、长江中路省政府门口、亳州路与濉溪路交口三个路口试点,设立12名公益性岗位招聘文明交通劝导员参与辖区主要路口文明交通劝导值勤工作。

(陈 雨)

统 战

【概况】 区委统战部围绕建设“幸福庐阳”、“首善之区”主题,就经济、政治等重大事项听取民主党派、工商联及无党派人士的意见建议,为区委、政府科学决策、民主决策提供依据。协调各民主党派基层组织与乡、镇、街联系,引导各民主党派基层组织围绕乡、镇、街建设建言献策。,协助民主党派加强自身建设,从人力、财力等方面帮助各民主党派庐阳区基层组织开展活动。

【社区统战】 2013年,庐阳区进一步完善了统战成员资料库,加强社区统战工作基础建设。组织开展了“进百家门、知百家情、交百家友”活动,对民主党派、无党派、民族宗教人士、“三胞”家属、非公经济人士等统战成员分门别类摸排登记、建档立账,创新社区统战工作台账“一册八簿”“六个清”工作方式,并向统战成员发放统战信息卡,加强横向交流联系,使统战工作有的放矢,成效显著。

【提升服务水平】 2013年,庐阳区以活动为载体,积极服务统战成员。多次组织统战人士参政议政、开展民主监督;通过义诊、联谊会、座谈会等活动,及时帮助解决统战成员实际困难,不断提升统战系统工作服务水平。各乡、镇、街道坚持统战“五个必访”,并先后成立了腰鼓队、书画班、太极队、黄梅戏等,吸引宗教人士和统战成员广泛参与社区文化建设。

【学习交流】 2013年,组织各街道和社区间相互观摩学习,结合统战工作“同心工程”,组织区各民主党派、工商联负责人赴哈尔滨市道里区调研考察,学习该区“以统战工作服务发展,构建大统战格局,促进经济社会发展”的成功经验。

【港澳台工作】 2013年先后接待台商到庐阳区考察人员30多人次;做好台胞、台属来信来访工作,为他们子女上学、拆迁安置、场房选址、门面房租赁等相关事情的服务协调工作;中秋节、春节期间组织区域内台商、台胞、台属联谊活动;协同省台办到台商企业开展调研;为区赴台人员做好服务工作,是年,庐阳区独立组团4批次赴台开展经贸考察活动。

【组织开展活动】 2013年,城隍庙市场党建工作为工商联系统非公经济党建示范点已上报至全国工商联。通过开展“庐阳区民营企业家与中国梦”系列讨论、“安徽省民营企业家大讲堂走进庐阳”近500人的专题讲座、49名企业家参加的“庐阳区民营企业家浙大高级研修班”“新徽商光彩事业”等活动,率先在全省成立工商界慈善联盟,成功举办第二届庐阳区工商界慈善晚会,现场发放募集善款21.6万元,通过慈善“点、线、面”模式,完善非公经济人士对社区困难群体长效帮扶机制。进一步激发全区非公经济人士干事创业、回报社会的正能量。同时,发挥“联”字优势,搭平台促发展,开展4期“手拉手共成长”民营企业家沙龙,缔结友好商会2家,以“第二招商局”助力招商引资,积极服务市服装商会,闽南投资集团等在庐阳区的跟踪项目,先后承办省、市工商联与庐阳区联办的“庐阳区商协会总部基地建设项目对接会”“庐阳区总部经济招商推介会”。以“大宣传”活动营造民营企业经济发展环境,在安徽省县区工商联中率先组建82名信息宣传员队伍,编印发放1000册《民营经济发展政策文件汇编》,创新“工商联网站+会员QQ群+协同通信平台”三合一载体等形式,深化对非公经济领域的宣传服务。随着党的基本路线教育实践活动深入开展,不断增强非公经济人士“三信”,有效发挥了经济统战作用,进一步激发民营经济发展活力。

(统战部)

民族宗教和外事侨务

【概况】庐阳区民族宗教和外事侨务局,成立于2010年,主管全区少数民族工作、宗教事务、外事活动和侨务工作。

截至2013年辖区现有少数民族成份30个,少数民族常住人口0.4万人,流动人口0.4万人。

全区有归侨侨眷200余人,主要分布在英国、美国、澳大利亚等13个国家。全辖区寺观教堂18处,其中佛教寺庙4座,伊斯兰教清真寺1座,天主教堂1座,基督教堂(含聚会点)12座。较著名的有合肥市明教寺、合肥市基督教堂和合肥市清真寺。其中,明教寺坐落于逍遥津教弩台故址,有近1200多年的历史,是合肥地区唯一一座全国重点寺院。

【民族宗教活动】 2013年,开展和谐寺观教堂创建活动。全区有17所宗教场所被评为区级以上和谐寺观教堂,达标率达94%。同年批准登记的11个基督教聚会点完成换届工作。全面推进宗教活动场所财务监督管理工作。同年全区批准登记宗教活动场所14处。5月14日,率先在全市成立阳区道教协会。

10月28日,新疆卡拉玛依考察组来访。例行开展每年一度全区清真拉面馆“吃一次”走访调研活动。

【外事侨务】 2013年,共办理出国(境)招商组团办理工作2批次(分别出访美国、加拿大,德国、意大利)。为辖区26家企业,办理86名外籍人来华审批表。

6月19日至21日,区政府副区长张军率外事侨务局、工业区(林店街道)及招商局相关负责人赴武汉参加第十三届华侨华人创业发展洽谈会。会议期间,我区参加多场专题项目推介会,介绍区投资环境,并邀请客商来我区进行实地考察投资。

【主要荣誉】 2013年,三孝口街道杏花社区被评为“全国社区侨务工作示范单位”,杏花社区负责人参加在贵阳举办的中部地区侨务工作会议,杏花社区的工作经验在全区乡镇街道进行推广。

(谢长军)

机构编制

【概况】 庐阳区机构编制委员会办公室成立于2010年8月25日,既是区委的工作机构,又是区政府的工作机构,列入区委机构序列,主要负责全区机关和事业单位改革管理、机构编制管理、事业单位登记管理工作。

【建立岗位责任体系】 发挥职能作用，开展“责任建设年”活动，依据各单位、各部门“三定”方案和年度工作计划，分解单位职责，落实岗位责任，规范工作流程，建立岗位责任制。经过3轮审查，向全区49个单位反馈修改建议67条，将审核后的岗位责任书汇编成册，建立起覆盖全区、权责统一、层级清晰、职责明确、衔接得当、精简高效的责任工作体系。

【事业单位分类改革】 以事业单位更名方式，在全市范围内率先成立区级市政园林局，对市政园林局和农林水务局进行“三定”，实现“大园林”管理。启动区城管局所属事业单位改革，将清洁一队、清洁二队等7个事业单位进行撤并整合，重新调整机构名称、职责和人员编制数，强化各事业单位监督管理职能。整合后，机构精简、运转高效，节约事业编制399个。

【机构编制管理】 按照规定落实机构编制日常管理，把好人员调配和招聘关口。根据全区各机关事业单位的编制及人员现状，按照“超编和满编单位一律不进人、空编单位按需进人”原则，全年全区机关单位新增使用行政编制24名，全区事业单位新增聘用210人，为全区经济社会发展提供人才保障。

【在编不在岗人员清理】 牵头区纪委、人社、财政等11个部门对全区各单位人员编制管理情况和领取财政资金人员情况进行一次专项清理清查，共清理出在编不在岗人员7人，并按照文件规定进行处理，进一步严肃机构编制、组织人事和财经工作纪律。

【事业单位登记管理】 规范年检程序，对涉及初始登记的3个事业单位和住所变更登记的5个事业单位，实行现场核查，完成118个法人事业单位的年检登记任务和32个事业单位的变更登记任务，参检率100%，年检合格率100%，所有参检单位全部实现网上登记。

（王玉宝）

党校教育

【概况】 1992年中共庐阳区委党校正式组建。主要任务：轮训各级（副科级以下）党员领导干部；培训中青年党员干部；协同组织、人事部门对学院在校期间进行考核、考察；

【干部培训】 全年，组织安排区委群众路线实践活动专题培训班等10个班次，共培训各级各类干部800余人次，并编撰学员《学·悟·思》等专著。

【培训质量提高】 2013年，庐阳区在干部教育培训中通过按需施教、自主选题等方法，使培训具有较强的针对性、实用性；在培训安排上采取对接式培训，为学员提供与国内一流专家、教授和先发地区领导、能人以及工作进行对接交流，推进思想观念转变提高思想水平；在培训过程中采取研究式培训，要求培训班每位学员根据培训内容的学习，结合各自工作实际和庐阳区区情实际，确定一个研究课题，带着课题学习和思考，带着课题集体研讨，带着课题考察研究和专家能人交流形成一份反映情况明确、查找问题准确、分析原因透彻、对策建议可行的有价值学习体会文章。

在加强理论学习的同时，加强学员的实践锻炼。干部教育培训中注重使用“菜单式”点题、研究式培训、异地办学、实地考察、社会实践、分享交流、演讲展示、跟师观摩等方法。

（陈　飞）

机关党建

【打造“支部建设共同体”】 创新党建工作思路,根据地域相近、业务相通等特点,将同一楼层、工作相通部门的支部建设成为“共同体”,机关工委在场地建设、软硬件等各方面提供帮助和指导。由此建立起机关党的工作纵向业务指导体系和横向经验交流网络,使机关党建跳出“自我封闭,自我循环”的“小圈子”,实现资源共同享有、活动共同开展、业务共同交流、困难共同解决。

【建设“四型”机关】 以责任建设为主线,以区直机关23个“支部建设共同体”为单位,开展以文化学习、优质服务、亲情关爱、健身娱乐等为主要内容的系列活动,建设学习型、服务型、人文型和活力型“四型”机关,以多种方式打造有信仰、有担当、有内涵、有创新机关党员干部队伍。

文化学习季,建设学习型机关 以精神文化建设为重点,以促进机关文化内涵发展为目标,开展以党史、党建理论,职业道德教育为基础,以经典名著,综合知识为补充的“爱书·读书·用书”活动,提升机关党员干部职工文化素养,营造领导干部带头学习、普通党员自觉学习、人人崇尚学习的浓厚氛围。

赠书:购买《责任胜于能力》《狼性执行》和《请给我结果》3本书60套,分送至机关各党总(支)部。荐书:在政府网站工委网页上向机关干部推荐时政、管理、综合三大类图书共23个选读书目。研书:倡导每天读书1小时,开展“读完一本好书,写好一篇心得,参加一次交流”的“三个一”活动,评出优秀读书心得36篇。谈书:选拔机关优秀选手参加“江淮杯·庐阳区学习党的十八大报告和党章知识竞赛”,荣获二等奖。开展《书韵流香 你我共赏》——责任·能力·成就为主题的读书沙龙活动。以“书说”“他说”“我说”三种方式,采取干部谈、媒体谈、服务对象谈和大家谈等方式,解读、分享、诵读、诠释关于责任文化的诸多锦句、心得、感悟和体会。

优质服务季,建设服务型机关 以责任文化建设为重点,以“业务精湛、工作出色”为目标,开展争当十佳“行业能手”、争当十佳“履职模范”、争创十佳“卓越团队”活动,树立责任建设标兵典型,打造责任有形文化,营造干事创业氛围。

从身份入手,人人都是主人翁。启动“把党徽戴起来,把责任担起来”倡议活动,让党员干部自觉接受监督,成为责任建设的先行者。举办“大湖名城、创新高地”暨“讲大局、重责任、抓落实、促发展”主题演讲比赛,选拔推荐3名优秀选手参加区复赛、市决赛,其中1名选手获得市决赛二等奖。从服务入手,个个都是行家里手。一是开展三“十佳”争创活动。制定《关于开展争当十佳“行业能手”、十佳“履职模范”,争创十佳“卓越团队”活动的通知》,明确三大类共29项评选标准。在窗口单位开展业务评比、技能比赛等,在行政服务中心挂牌15个便民、亲民、利民争创岗位,引导职工钻研业务,争当十佳“行业能手”;在全体党员干部职工中开展承诺践诺,创一流业绩活动,争当十佳“履职模范”;在各部门中开展为民、务实、清廉活动,争创“卓越团队”。活动共上报争创个人30余人,争创团队15个。二是成立庐阳区首支由法院、检察院、司法局等为主体,机关党员自主参与,为群众提供法律宣传、法律咨询、法律援助等服务的党员志愿者服务队和首家党员法官志愿者驻社区工作站。每月固定时间开展以“教你如何打官司”、婚姻家庭、物业管理和道路交通事故等为主要内容的为民服务活动。三是积极践行“一线为民工作法”。区直机关140名驻点干部深入基层，竭诚为民服务，为民解决困难。

亲情关爱季，建设人文型机关 以人文亲情关怀为重点，以职业健康、身心健康为目标，以多种方式从政治、工作、生活落实关爱制度，建立关爱长效机制，增强机关党员干部职工抗压力和承受力，使党员更亲近，组织更贴心。

关爱健康：一是关注职业健康，采取结贫思廉、教育倡廉、典型导廉、活动兴廉、家庭助廉等方式，开展“一次廉政警示教育活动，一次书记廉政专题讲座和一次廉政文化家属座谈”等“三个一”活动，培养了廉政信念，实现党员领导干部自我教育。二是关注身体健康，开展“行走的力量—寻找最美庐阳”活动，让妇女干部在活动中体验科学行走的方法。三是关注心理健康，邀请专家学者，举办心理讲堂、健康知识讲座、养生保健讲座等，构建机关党员干部职工的心理缓冲区。关爱成长：一是严格标准程序，做好党员发展管理与党费收缴工作。全年新增入党积极分子66名，新发展党员37名，预备党员转正26名。明确党费交纳标准，设置党费专用账户，制作发放《共产党员党费交纳证》，要求党员按月足额交纳党费。全年共收缴党费228784.20元。二是举办第二期区直机关党（总）支部书记培训班。将听、讲、行贯穿培训始终，采取课题教学、互动交流、实地调研和岗位实践等培训方式，提升机关党组织书记业务素质和领导能力。三是开展团员青年“中国梦·庐阳梦·我的梦”五四主题团日活动和争创“全国青年文明号”活动，通过重温入团誓词、责任建设年公开承诺、参观渡江战役纪念馆等方式锤炼团性修养。关心生活：工委“两节”期间慰问困难党员11名，与三十岗乡堰梢村结成共建对子，帮扶慰问困难群众6名。机关各部门慰问困难党员群众300余名。

健身娱乐季，建设活力型机关 以展风采、练技艺、促和谐为重点，以活跃机关文化生活为目标，成立社团，组织文娱活动，丰富机关干部职工的业余文化生活，增强机关干部职工生机活力。

一是举办机关文体活动月系列活动，设置乒乓球、羽毛球、登山、趣味接力、拔河、多人配乐诗朗诵等比赛项目。区直机关共14个代表队1000多人次的机关党员干部职工参加。决出单项一等奖23个，二等奖92个，三等奖107个，四等奖404个，参与奖若干，以及团体前三名及2名优秀组织奖。活动展示了庐阳区机关党员干部职工积极向上、团结进取的精神风貌。活动中，特别设置贴近机关实际的文化创新项目：百米趣味接力——“把信送给加西亚”，将责任文化渗透其中。二是举办庐阳区文化艺术节之“中国梦·庐阳梦·我的梦”多人配乐诗歌朗诵，将理想信念文化渗透其中，全区共14支代表队参加。教体局代表队《庐阳梦——最美教育体育人》获得一等奖；区委一队《追梦庐阳》和区委二队《筑梦庐阳》获得二等奖。法院队《党的赞歌》、人社局－经促局联队《我的梦 中国梦》和卫生局队的《用行动绽放梦想》获得三等奖。活动展现了爱岗敬业、团结拼搏、奋发实干的风采。三是成立机关青年篮球社团等，帮助其建立完善社团组织架构、规程制度等，为其提供内部练技，外部切技的平台，增进机关干部职工的沟通交流。

【专项工作】 按照党的十八大提出的“全面提高党的建设科学化水平，建设学习型、服务型、创新型的马克思主义执政党”的要求，在党建工作中引入质量管理理念，运用过程管理、系统方法和持续改进等原理，启动 ISO9001 机关党建质量管理体系认证工作，审核通过，获得“ISO9001 质量管理体系党建认证”证书。

（张　黔）

老干部工作

【概况】 2010 年因机构改革，区委老干部工作局并入区委组织部，设老干部工作科，挂中共庐阳区委老干部工作局牌子。设办公室、离退休办、老干部活动中心。挂靠单位 4 家（区关心下一代工作委员会办公室、区老年教育委员会办公室、区新四军历史研究会、区老年大学）。

老干局服务管理离休干部 203 人，分布在全区 18 个单位。其中机关 31 人，事业单位 22 人，企业 150 人。老干部局直管离休干部 13 人，异地来庐阳区安置离休干部 6 人，县处级退休干部 35 人。机关科级退休干部 116 人。

【政治待遇】 2013 年，组织老干部学习政治理论，传达重要会议精神、重要文件精神 12 次。邀请老干部参加市委老干局组织的形势报告会 3 场 150 人次。举办 2013 年老干部新春通报会，通报全区政治经济发展形势。组织 150 人参观新桥机场建设、三十岗乡新农村建设。为离退休老干部订阅生活保健等报刊志。

【生活待遇】 2013 年，走访慰问离休干部 20 人，退休干部 153 人，离休干部遗属 12 人，困难家庭 4 户，特困党员 4 人，发放慰问金 105800 元。区国投公司慰问企业离休干部 150 人，发放慰问金 75000 元。落实离休干部医疗统筹保障金。

【组织活动】 组织开展孝心、爱心、耐心为主题的“三心”教育实践活动，树立全心全意为老干部服务的意识。开展离退休老干部与大学生村官结对帮带活动，有 6 名退休老同志与长丰县 6 名大学生村官结对并签订结对帮带协议书。组建“学习十八大报告，同筑中国梦”知识竞赛老干部参赛队，在全市和全省的比赛中获得优秀成绩。

【涉老组织】 关心下一代　以“谈谈中国梦，畅想复兴路”为主题，开展“十八大”精神进社区、进校园活动，组织老干部报告团，受教育青少年 10 余万人次，2 人分获全市“放飞中国梦，做四有新人”演讲比赛二、三等奖。开展“关爱明天，普法先行”教育活动，举办普法宣讲活动 60 余场次，5 万名学生受到教育获全国青少年普法教育先进单位。以“五好”“六有”为标准，在基层关工委开展“双创”工作，11 个乡镇、街道全部达标，70 个村（社区）基本达标。完善《宣传工作奖励办法》，从不同层面宣传关心下一代工作，全年市级以上媒体用稿 42 篇，其中中央媒体 7 篇，省级媒体 11 篇，市级媒体 24 篇。

老教委　在全区老年学校开展规范化建设，争创省级示范校活动，区老年大学、海棠街道老年学校获“省级示范校”荣誉。

老年大学　庐阳馨苑新校，2011 年 3 月建成。对社会办学两年来，已基本步入规范化轨道，教育教学活动在全区起到示范带头作用，获“省级示范校”称号。2013 年春季招生 809 人次，开设专业课 19 门，23 个班次；秋季招生 936 人次，开设专业课 24 门，29 个班次。

（张广沪）

档　案

【概况】 庐阳区档案馆成立于 1998 年，当时隶属区委办公室，副科级事业单位。2002 年区档案馆升格为区档案局，区委直属，正科级参公管理事业单位。馆藏现有档案种类有文书档案、专业档案（婚姻档案、公证档案、基建档案、声像档案、土地档案、实物档案、专题档案）等共33个全宗、21.83万卷、件档案，馆藏总量和专业档案比例在我市城区领先。2010在全市县区率先开展馆藏纸质档案数字化加工，经过2010年、2013年2期档案数字化加工，已录入条目42.8万条，扫描纸质原文档案170.9万页。

2004年9月，区档案馆被省档案局评定为安徽省二级档案馆。2007年、2012年连续两次获得十五、十一五期间“全省档案系统先进集体”荣誉称号。2008年9月，区档案馆创建成为国家二级档案馆。

【档案法制建设】 2013年，《档案管理违法违纪行为处分规定》，区档案局联合区人大、区法制办对全区档案管理规范性进行执法检查自查。印制200份档案法规宣传册，向全区各部门、各单位以及查档群众发放。

【档案业务建设】 业务指导 2013年是合肥市乡镇街道工业区标准化档案室建设三年计划最后一年，庐阳区尚有5家单位未达标。5月2日召开“乡镇、街道、工业园区”档案工作会议，对创建工作提出要求，明确责任和达标验收时间。6月6日，举办档案业务培训班，区直各部门、各单位近200人参加培训。6月9日举办档案岗位大练兵活动，以赛前点对点档案实物操练培训、公开竞技、分管领导观赛加分等方式，提高基层档案员档案工作素养。8月，区档案局到未达标乡镇、街道、工业园区、村居进行调研，并开展“达标回头看”检查活动。在所有已达标单位自查基础上，抽取部分街道进行检查指导。8月下旬组织乡镇、街道、工业园区分管领导、档案员到包河、蜀山区基层综合档案室学习，以此调动做好档案工作积极性，推动乡镇、街道、工业园区档案工作全面达标。11月4家单位通过省级验收。

宣传工作 在全区范围内开展《档案忘不了》征文活动。8月征集网友开展“追溯历史足迹，踏寻庐阳之根”活动，活动结束后，在政务微博《庐阳发布》与网友在新浪微博平台以《档案庐阳》为话题进行活动感言交流互动。《档案庐阳》图片展既通过史料展现庐阳区城市人文记忆和高速发展成果；又以通俗易懂的漫画，向公众宣传“档案”和“档案工作”。与浙江省奉化市档案局联合签署《合肥市庐阳区档案局与浙江省奉化市档案局馆际间合作交流协议书》。通过组织间的合作和资源共享，互利双赢，实现党组织共建、干部共育、信息互通、资源共享，科学发展共同提高的大目标，推动两地档案工作的发展。

【档案信息化建设】 2013年1月，区档案局开展第二期数字化加工项目，对婚姻档案、组织部、区委办移交的档案进行了数字化加工，完成2012年新接收88614卷件档案的数字化加工工作，整理49400件、录入5.1万条，扫描57.6万页。截止年底，馆藏档案共录入档案条目42.8万条，扫描纸质原文档案170.9万页。12月，完成庐阳区档案信息网站建设。

【档案资源建设】 2013年，区档案局工作人员联系需进馆单位，采取上门进行实务操作指导与分批集中培训相结合的方式，指导乡镇、街道、工业园区、区直部门兼职档案员做好档案工作，确保全区档案资源收集及时、整理规范、按期移交。2013年计接收人社局、区委办、农林水务局、卫生局、纪委、招商局、重点局等单位文书、专业类档案共4834卷件，并做好清点上架工作。

【档案安全管理】 2013年4月份，区档案局健全《档案安全管理制度》，完善档案查阅利用手续，严格执行登记制度，做好档案库房实体管理。每天下午下班前安排专人对各库房、查档室进行安全检查。组织开展汛期档案安全检查，对有可能出现隐患的乡镇、街道、工业园区单位，督促其做好档案转移预案，并邀请消防部门到区档案馆检查指导，定时更换消防器材。

【档案编研利用】 2013年，区档案局坚持做好群众查档服务，在查档室增添饮水机、老花镜等人性化服务手段，局领导排班参与接待查档咨询。力求做到《双十》和《三个一》。《双十》即查档提前十分钟到岗，推迟十分钟下班，《三个一》即一把椅子“坐”，一张笑脸“迎”，一声问候“好”。全年，区档案局接待社会各界查档利用者4千余人次，出具各种证明15000余份，复印档案资料17000余页。参与启动编纂《图说庐阳》工作。拟定“城市记忆—庐阳区特色街区”专题编研工作实施方案，对积淀厚重历史文化内涵的商业特色街区开展征集和编研工作。

（杨　洁）

民间传说——李鸿章轶事

才思敏捷

李文安望子成龙心切，在李鸿章小时，就聘请了当地有名的周先生教授鸿章念书。李鸿章七岁启蒙，聪明而好学，八九岁就念完《四书》。周先生十分喜欢他，外出时往往把他带着。一次正值炎热的三伏天，师生俩走到一个池塘边，浑身大汗淋漓。周先生见池塘中的水清澈见底，清凉爽洁，于是就脱下衣服到池塘里洗澡。先生把衣服挂在树枝上，口里喃喃地说道：“千年古树为衣架。”李鸿章见先生正在捧水洗身子，触景生情，随口答道：“万里长江作浴池。”周先生十分赞赏李鸿章的才思敏捷，对得工整，且有气魄，将来必成大器。周先生在李文安面前也夸奖他的儿子，李文安将信将疑。为了考考儿子是否有真才实学，一次，李文安通知李瀚章把李鸿章找来。李鸿章来时，李文安正在翻阅账目，一边翻，一边说：“年用数百金，支付不易。”刚来的李鸿章眼睛骨碌一下，灵感上来了，随口答道：“花开千万朵，色彩无穷。”李文安听后，心里像吃了蜜糖一样，喜滋滋的：儿子确实能够出口成章。接着李文安又出了一副上联“风吹马尾千条线”，先是李瀚章接着对“雨洒羊皮一片腥”。李鸿章这时眉头一皱，计上心来，随口应答：“日照龙鳞万点金。”李文安一听，喜形于色，在才思和气魄上，他远远超出了李瀚章。从此更加喜欢李鸿章，重点培养他，好在将来出人头地。

（资料来源：讲述：孙本良　搜集：孙本宏）

庐阳区人民代表大会

□常委会主要工作
□重要会议
□重点工作

常委会主要工作

2013年，区人大常委会召开常委会会议8次，主任会议22次，听取和审议“一府两院”专项工作报告12项，组织视察调研21次，作出决议、决定5项，任免国家机关工作人员57人次。

突出重点工作监督，察看安全生产工作管理情况，听取和审议城市管理工作情况报告，视察、巡查四里河治理情况，提出加强水环境治理建议。关注民生事业，视察学前教育工作、社区卫生服务、老旧小区环境综合整治、食品安全工作，并提出的相关审议意见，听取和审议政府关于“十二五”期间国民经济和社会发展计划完成情况的报告，掌握规划实施效果和各项政策措施落实情况，确保区“十二五”规划顺利实施。听取和审议区人民法院关于商事审判工作情况报告，区人民检察院关于侦查监督工作情况报告，组织人大代表旁听法院案件审理，参加“检察开放日”活动，参与“江淮普法行”活动，推动普法宣传教育开展。

听取和审议2013年上半年预算执行情况报告，听取2012年财政决算以及2012年区级预算执行和其他财政收支审计工作报告，依法批准了2012年财政决算。提出了加强对审计发现问题的整改落实，强化政府性资金支出的绩效审计等意见。听取和审议关于调整2013年财政预算的报告，通过相应决议。

2013年5月23日，区人大常委会领导视察园林绿化工作

创新形式，改进方法，发挥代表主体作用。密切与代表联系，拓宽代表知情知政渠道。组织代表参与人大工作，结合《代表法》颁布实施纪念日，加强代表业务知识和履职先进典型等方面的宣传，提高全社会对人大工作、代表职责的认识和了解。举办培训班、以会代训、专题讲座等形式，开展代表及人大秘书培训工作。开展闭会期间代表活动。把市区两级人大代表、代表小组与常委会相关工委、代表小组与街道人大工委的活动结合起来，使代表能够了解区情民意，提出建议意见。重视督办代表议案、建议。在每次人代会期间安排政府办公室相关人员，第一时间参与议案、建议的收集、整理工作，闭会后及时召开议案、建议交办会，提出明确要求和具体时限。选择部分重点建议进行视察，组织代表现场察看建议办理情况，督促政府抓好建议办理工作。

把学习摆在重要位置，落实各项学习制度，组织常委会组成人员和机关干部学习邓小平理论、“三个代表”重要思想以及科学发展观，用党的先进理论指导人大工作。开展《宪法》《地方组织法》《代表法》《监督法》等法律法规、人大业务和其它相关知识学习培训，熟悉工作程序，提高综合素质和做好人大工作的能力。作风建设。开展会前调研，每次常委会会议召开前，成立由分管领导、相关工委成员、部分人大代表参与的调研组，围绕审议议题，了解民情，听取民意，集中民智，在肯定成绩同时，指出工作中存在的问题和不足，并提出切实可行的建议和意见，形成高质量的调研材料，为审议专项工作报告做好准备。加强制度建设。坚持立、改、废并重，完善相关工作制度。

2013 年 12 月 25 日，区第三届人民代表大会第三次会议召开

重要会议

【区三届人大三次会议】 2013 年 12 月 25 日至 27 日，在区政务中心大礼堂举行。会议听取和审议区人民政府工作报告；审查和批准区 2013 年国民经济和社会发展计划执行情况的报告及 2014 年国民经济和社会发展计划；审查区 2013 年预算执行情况的报告和 2014 年预算草案，批准 2013 年区级预算执行情况的报告和 2014 年区级预算；听取和审议区人民代表大会常务委员会、区人民法院、区人民检察院工作报告。会议通过关于政府工作报告、区人大常委会工作报告、区人民法院工作报告、区人民检察院工作报告的决议。会议选举张军为区人大常委会副主任。

【区三届人大常委会第七次会议】 3 月 21 日，在区政务中心大楼三楼 5 号会议室举行。区人大常委会组成人员 21 人出席会议。会议表决通过区人大常委会 2013 年工作要点及有关人事任免事项。会前开展常委会组成人员培训。

【区三届人大常委会第八次会议】 4 月 18 日，在区政务中心大楼三楼 5 号会议室举行。区人大常委会组成人员 21 人出席会议。会议表决通过有关人事任免事项。

【区三届人大常委会第九次会议】 5 月 21 日，在区政务中心大楼三楼 5 号会议室举行。区人大常委会组成人员 21 人出席会议。会议听取和审议区政府关于学前教育工作情况报告、关于安全生产工作情况报告，听取和审议区法院关于商事审判工作开展情况报告。表决通过有关人事任免事项。

【区三届人大常委会第十次会议】 7 月 26 日，在区政务中心大楼三楼 5 号会议室举行。区人大常委会组成人员 19 人出席会议。会议听取和审议区政府关于区三届人大二次会议代表议案、建议办理情况报告，听取和审议区政府关于 2012 年区级财政决算及 2013 年上半年预算执行情况报告，并通过 2012 年财政决算决议，听取和审议区政府 2013 年区级预算执行和其他财政收支的审议工作报告，听取和审议区政府关于社区卫生服务工作情况报告。审议通过关于接受代表辞职的决定，审议通过补选代表资格审查报告。表决通过有关人事任免事项。

【区三届人大常委会第十一次会议】 9月27日，在区政务中心大楼三楼5号会议室举行。区人大常委会组成人员20人出席会议。听取和审议区政府关于“十二五”期间国民经济和社会发展计划完成情况报告、关于城市管理工作情况报告，听取和审议区检察院关于侦查监督检察工作开展情况报告。表决通过有关人事任免事项。

【区三届人大常委会第十二次会议】 11月28日，在区政务中心大楼三楼5号会议室举行。区人大常委会组成人员20人出席会议。会议听取和审议区政府关于老旧小区改造工作情况报告。审议通过关于召开区三届人大三次会议的决定。审议通过关于接受代表辞职的决定。

【区三届人大常委会第十三次会议】 12月13日，在区政务中心大楼三楼5号会议室举行。区人大常委会组成人员21人出席会议。会议听取和审议区政府关于调整2013年财政预算报告，并通过相应决议。审议通过关于补选代表的代表资格审查报告、区人大常委会代表人数公告、区三届人大三次会议各项建议名单及有关事项。听取和审议区人大常委会工作报告（草案）。表决通过有关人事任免事项。

【区三届人大常委会第十四次会议】 12月20日，在区政务中心大楼三楼5号会议室举行。区人大常委会组成人员18人出席会议。会议表决通过有关人事任免事项。

重点工作

【视察活动】 2月21日，组织视察董铺水库和大房郢水库溢洪道及周边环境绿化工作；4月10日，组织视察民族宗教和外事侨务工作；6月14日，组织视察社区体育工作；7月12日，组织视察和谐社区创建工作；8月22日，组织视察计生服务中心建设工作；10月14日，组织视察创建全省残疾人工作示范区工作

【乡镇（街道）人大工作】 2013年，区人大常委会坚持乡镇人大主席、街道人大工委主任列席会议制度和主任会议成员对口联系工作制度，及时任命街道人大工委组成人员，指导乡镇人大、街道人大工委自身建设，提高工作水平。乡镇人大、街道人大工委在同级党（工）委领导下，认真履职，积极工作，创造和积累许多好的经验和做法，同时，协助区人大常委会开展一些工作，推进全区民主法制建设。

【宣传工作】 2013年，区人大常委会重视人大宣传工作，加强人大履职和法律法规的宣传，动员人大代表和机关工作人员宣传人大制度，营造舆论氛围。组织开展人大工作理论研讨，总结基层经验，推动人大工作创新。注重加强与友好城区人大工作交流，先后接待了天水市秦州区、兰州市城关区、佛山市禅城区等人大常委会到区学习考察，宣传了庐阳、扩大了交流、促进了工作。参加上级人大常委会组织的有关会议和活动，加强与兄弟县（市）区人大常委会的联系交流。

结合代表工作，在省人大《江淮法治》上连续报道优秀代表履职风采，引起广泛关注。

【人大调研】 2013年，区人大常委会坚持把调

研作为提高审议质量、增强监督效果的基础，先后对民族宗教和外事侨务、绿化大会战及市政园林、社区体育、国税征收、美好乡村、计生服务中心建设、创建全省残疾人工作示范区、民生工程工作进行调研，充分肯定政府工作取得的成绩，指出存在的不足，提出科学可行的意见建议，督促相关工作开展。同时，发挥委室作用，合力推进人大工作。各委室根据常委会工作要点安排，结合自身职责，有序推进工作，保障常委会工作任务的完成。

【信访工作】 2013年，区人大常委会坚持把信访工作作为体察民情、反映民意、维护民利的重要渠道，将做好信访工作与对“一府两院”开展监督工作结合起来，认真接待群众来信来访，建立健全信访件受理、转办、督办工作机制，做到件件有受理、事事有回音，推动群众合理诉求的妥善解决。全年共接待群众来信来访26件、38人（次），办结信访件25件，较好维护了群众的合法权益。

【人事任免】 2013年，区人大常委会依法行使人事任免权，全年任免国家机关工作人员56人任命：夏辉为区审计局局长；胡玲、张婷婷、宋玮、谢伟林、吕炎为区人民法院审判员；黄韡为区人民政府副区长；丁仕旺为区人民政府副区长；王敏为区农林水务局局长；关任伟为区民政局局长；阮仁胜为区环保局局长；王勤为区民族宗教和外事侨务局局长；吴平为区人大常委会城乡建设环境资源（农业与农村）工作委员会主任；王立新为亳州路街道人大工作委员会主任；李翔为区人大常委会财政经济工作委员会副主任；刘芳为区人民政府副区长（挂任两年）；胡永宏为区人民政府办公室主任；孙强为区人口和计划生育局局长；茆诗峰为区人民政府副区长（挂任两

2013年5月21日，向被任职人员颁发任命书

年）；李冬梅为区人民法院执行庭（局）庭（局）长；王磊为区人民法院速裁庭庭长；周袁为区人民法院民事审判一庭庭长；刘晓莉为区人民法院速裁庭副庭长；郑明民为区人民法院执行庭（局）副庭（局）长。宋文洪、夏立志、何小刚、王云为区人民检察院检察员。叶小燕为区人大常委会教育科学文化卫生工作委员会主任。洪书霞为区人民政府副区长；马建新、王华、刘学林、孙庭贵、沙文兰、陆云成、张长粹、杨开德、李必智、宋连义、张际华、陈杰、李玲、周建华、金皖琍、胡从容、姚自勤、陶云霞、郭茂全、陶茜、陶莎、徐家莲、黄胜娟、鹿莉莉、葛茂鑫、韩骏青、谢静露为区人民法院人民陪审员；龚兵为区人民检察院副检察长、检察委员会委员、检察员。

免去：张斌的区审计局局长职务；杨德莲的区人民检察院检委会委员职务；陆平的区人民政府副区长职务；姜鸿杰的区人民政府副区长职务；项慧群的区农林水务局局长职务；韩骏青的区民政局局长职务；马兵江的区环保局局长职务；徐从宝的区民族宗教和外事侨务局局长职务；周吉武的区人大常委会城乡建设环境资源（农业与农村）工作委员会主任职务；王勤的逍遥津街道人大工作委员会主任职务；金华敏的三孝口街道人大工作委员会主任职务；关任伟的亳州路街道人大工作委员会主任职务；丁仕旺的区人民政府办公室主任职务；

鹿莉莉的区人口和计划生育局局长职务；高敬阳的区人民法院审判委员会委员、执行庭庭长、审判员职务。隆仕镜的区人民检察院检察委员会委员、检察员职务； 张向阳的区人民检察院检察员职务；王磊的区人民法院立案庭副庭长职务；周袁的区人民法院民事审判一庭副庭长职务；李敬军的区人民法院审判员职务黄冬梅的区人大常委会教育科学文化卫生工作委员会主任职务；崔玮玮的区人民法院审判员职务；朱涵的区人民政府副区长职务；王庆宝的杏花村街道人大工委主任职务；张军的区人民政府副区长职务。

（王　涛）

民间传说——李鸿章轶事

巧解诗文

李鸿章青年时代颇有才华，后被清朝任命为翰林院大学士。一位姓胡的同仁奉旨来庐州主考，临行前亲往李府，一来辞行，二来探访安徽庐州风土人情。李鸿章一听说到自己的家乡，不禁滔滔不绝地夸赞起来：“要问我们庐州风物嘛，张辽大战逍遥津，包河藕藕断无丝，龙泉寺水汁甘甜，巢湖四顶山山水相依，林木葱茏，鱼米之乡也!”胡主考听了连忙截住话头，又问起庐州文风。李鸿章扬眉答道：“庐州不仅是山水秀丽，方圆沃野，而且人物风流。上至远古，下至当朝，庐州妇孺能歌善咏，可谓人杰地灵也。”胡主考听了，内心很是不服，心想：你李鸿章把家乡吹得天上有地下无，真是官高气盛，这回到庐州我倒要看个究竟。于是他起身告辞。

胡主考来到庐州，离考期尚有几日。一天傍晚，他独自骑马来到庐州郊外。时值初夏，农家忙着割麦栽秧，一牧童正在塘埂上放牛。胡主考上前对牧童说：“我出一对，请牧童答下联。”略停片刻吟道：“山羊上山，山碰山羊角。”牧童不屑一顾，赶牛下塘。胡主考自觉无趣，打马回府。三场考罢，胡主考特意邀约文人聚会，免不了游览赋诗。一行人来至巢湖，极目远眺，湖面如镜，湖中姥山清晰可见。胡主考触景生情，不禁吟道：“孤塔顶顶，四层六面八方。”可是过了好一会儿，却无人应答下联，只一人听后对他抬起一只手摇摇。胡主考自言自语道：“李大人，你还吹什么？”

回到直隶后，胡主考又去拜见李鸿章，当时就带着戏弄的口吻对李鸿章说了一番。谁知李鸿章听了哈哈大笑，说：“他们都答上来了：那个牧童是说‘水牛下水，水淹水牛鼻’；摇手的文人是答‘独手摇摇，五指三长两短’。你说这不是很好的下联嘛，倒是你一时未解。”从此，胡主考十分佩服李鸿章的文才。

（资料来源：口述：刘世敬　整理：陈德贵　牛礼文）

庐阳区人民政府

综 述

区政府认真贯彻落实党的十八大精神，围绕加快建设全省"首善之区"和辐射源，深入推进责任建设年活动，抓转型促升级，抓改造拓空间，抓民生保和谐，抓管理提效能，全区经济平稳增长，社会事业全面进步。全年实现地区生产总值490.55亿元，比上年增长11.2%，增幅居四城区之首；完成固定资产投资450亿元，增长22.1%，完成市考核任务进度居第一；完成财政收入24.6亿元，增长11.3%，其中，地方财政收入15.2亿元，增长13%。全年实施各类改造项目33个，征迁面积144万平方米；推进在建超亿元项目110个，新引进超5亿元项目25个；顺利搬迁董大水库水源地保护区29个村民组，新增城区绿地面积44万平方米；投入5.3亿元，高标准实施43项民生工程。先后被评为全国群众体育先进单位、全国社区教育实验区、全国中医药特色社区卫生服务示范区、全省发展民营经济先进区、全省社区卫生服务示范区、全省阳光计生行动示范单位、全省学前教育工作先进地区。

编制完成三十岗乡总体规划和工业区、四河片区等地块控制性详规，开展五里、湖畔新城等片区和长江中路、阜阳北路等道路沿线规划研究。健全"1+3"项目推进机制（每个乡镇、街道每年新开工1个、储备3个项目）。龙王小圩郢等14宗1136亩土地完成收储。

重点工作

【招商引资】 全年实际到位资金240亿元，外商直接投资1.52亿美元。组建8个专业招商小组，举办3场招商推介会，成功上市14宗714亩土地。新引进超亿元项目57个，普天新能源、莱钢等央企项目落户庐阳。我区位列2013年度中国最具投资潜力中小城市百强区第34位。

【转型升级】 2013年，庐阳区完善现代服务业、都市工业、生态都市农业三项经济发展扶持政策。

加快服务业转型升级，谋划老中菜市区域改造，中菜市成功搬迁，新中菜市投入运营。

基本完成七桂塘基础设施改造和景观提升，开展城隍庙综合改造前期工作。

大力发展电子商务O2O模式（线上到线下模式），培训电子商务人员1000多人次，新增网店600多家。大力发展淮河路步行街电子商务交易平台。

成功举办2013中国（合肥）商业街行业年会。

庐阳区被评为全省专业商标品牌基地。

创新庐阳金融"服务+监管"工作模式，新引进交银康联、广发银行等金融企业总部8个，北京行云网、上海电气等全国知名企业区域总部12个。加快商务楼宇建设，全区在建商务楼宇面积达113万平方米。庐阳区被评为全省唯一的中心中央商务区试点单位。

加快农业转型升级，新建杨岗路、东瞿自行车慢道等总长11.7公里旅游道路。成功举办国际赛事——首届"庐阳杯"中日韩三国围棋名人混双赛，并顺利申请将该赛事永久落户庐阳。

加快工业转型升级，新建中正环保、鑫翰等都市产业园3个、标准化厂房79万平方米，新引进清华（合肥）科技园、美恒科技园等都市产业园7个。推进杏花印务、博天化工等18个升级改造项目。

全面推进工业企业技术改造，电厂六号机组投入运营。着力推进战略性新兴产业发展，新引进沃特普尔、亚欧益盟等科技型企业12个，全年新认定国家级高新技术企业11家。

出台民营经济发展引导政策，召开银企对接会6次，为50多家企业融资36亿元。庐阳区被评为全省发展民营经济先进区。

【旧城改造】 启动二环以内危旧房和城中村改造三年计划。新实施白水坝、花园宾馆一期等10个改造项目，其中自行车二厂、五金二厂等9个项目完成征迁。

完成四河片区、救助站等9个续拆项目扫尾。开展五里、桃花片区征迁丈量、人口认证等前期工作。

投入资金2亿元，综合整治荣事达宿舍、路苑小区等20个老旧小区，惠及10000多户。

完成轨道2号线407户房屋征收，阜阳北路高架全线贯通。潘集路、双水路等39条全长31.7公里城市支路网开工建设，金桔路等15条道路建成通车。

实施蒙城北路、九狮桥路等23条道路维修，改造光明巷、天王巷等6条小街巷。

引进社会化投资管理服务新模式，对全区1.2万盏路灯实行合同能源管理。

新开工四里河畔、梅小店等6个安置点，累计在建面积193万平方米，新建刘冲廉租房200套、公租房2100套。完成荣城北苑（一、二期）、城市森林公园（三期）等5个安置点的回迁，安置群众2300多户、45.9万平方米，当年安置人数和面积创历史新高。办结紫桐新村、新都小区等9个项目5377户47.9万平方米安置房证件。

【优化城乡环境】 2013年，庐阳区融资4亿元，推进董大水库水源地保护区土地整治项目，搬迁3404户、面积57万平方米，复垦土地750亩。

开展水源地保护区内面源污染清理工作，实施董铺水库周边小流域生态治理工程，启动四里河生态修复等环巢湖生态示范区二期项目。

建立河段长制管理体系。开展排污口截流工程建设，投资7700万元，完成近200处雨污分流和污染点整改，新建12公里污水管网。实施百河千渠专项行动，完成板桥河、四里河河道清淤。

推进美好乡村建设，开展农村环境连片整治，建成三十岗乡集镇污水主管网和东瞿微动力污水处理系统，完成三十岗乡东瞿大郢、大杨镇岗西东风村民组村庄改造。

启动“三线三边”环境整治工作。实施绿化大会战。对沿河路、北一环等5万平方米道路绿化实施修复补植，对四里河路3万平方米道路绿化实施景观提升，对城区430万平方米绿化实施抗旱保绿。建成瑞园等9处1.2万平方米绿化节点，植树造林2500余亩。

落实城管徒步巡查制度，开展城管执法队容风纪纠察。清理拆除主次干道两侧违规广告标牌162块，完成北一环、阜阳北路、淮河西路等立面整治。

开展富世、商之都等6个广场周边环境综合治理。实施北一环外42条道路保洁市场化作业。

完善摊群长联保自治制度，女人街、华孚城隍庙等7个特色夜市逐步实现规范化管理。

全省最大的环卫基地——永青固体废弃物转运站投入使用。

【加大民生投入】 2013年，庐阳区在省市规定项目的基础上新增13项民生工程，全区民生支出占财政支出比例达75%。对贫困残疾人救助、补助等提标扩面，五保供养等18项指标高于省、市补助标准，多项工作走在全省乃至全国前列。

完善社会救助体系，在全市率先建立街居

救助网络。免费为2293名特殊群体老人发放居家养老服务专用手机。益寿苑老年公寓完成改造,实现市场化运作,被评为全国爱心护理工程建设基地。

完成学前教育三年行动计划,新增普惠性幼儿园6家,庐阳区被评为全省学前教育工作先进区。橡树湾配套中小学建成招生,45中桐城路校区、庐阳高中艺体综合楼基本竣工

通过全国首批义务教育发展基本均衡县(区)评估验收。庐阳高中成功创建省级示范高中。省级社区教育示范街道实现全覆盖,成功创建全国社区教育实验区。

巩固基层医药卫生体制综合改革成果,在全省率先开展糖尿病、高血压选择性药物免费治疗和健康管理,减免医药费用52万元,惠及1.2万人次。首创家庭医生服务模式,庐阳区被评为国家级中医药特色社区卫生服务示范区、省级社区卫生服务示范区。提升流动人口基本公共服务均等化水平,被评为全省阳光计生行动示范单位。

成功举办第八届文化艺术节。

推进法治庐阳建设,为困难群体办理法律援助案件536件。

妥善处置各类群体性涉稳事件,有效化解社会矛盾和信访积案。

推进平安庐阳建设,实施安全停车、技防延伸、行业调解三大工程。

打击非法传销,创成64个“无传销村居”。

加大安全生产监管力度,开展百日安全生产大检查活动,绿都商城负一层等重大安全隐患整治取得成效。

【招商工作】 2013年,区政府与戴德梁行、新加坡裕廊国际签订招商合作协议,在合肥、深圳举办庐阳招商推介会,万科、全聚德等知名企业,华夏人寿后台呼叫中心、联想控股等区域性总部先后入驻。新引进项目107个,其中亿元以上项目29个,超5亿元现代服务业项目8个、超10亿元工业项目1个。招商引资总量突破200亿元,外商直接投资1.3亿美元。

【重大项目建设】 2013年,建立每个乡镇、街道新开工1个、储备3个的“1+3”项目推进机制。森林公园、徽商地块等23宗1419亩土地成功上市,其中经营性用地14宗1127亩。

全区投资超亿元在建项目100个,其中超10亿元项目13个。

【产业结构调整】 2013年,完善楼宇经济、特色街区及社区商业发展政策,银泰购物中心、明发商业广场等一批商业综合体正式营业,鼓楼、商之都等大型商贸企业完成改造升级。

淮河路步行街区荣获中国著名商业街称号;女人街成功创建安徽著名商业街;全市首座文化特色楼宇合作经济广场初步形成;豆瓣汇商业步行街开街营业。

新增国家级商业示范社区3个。全年实现社会消费品零售总额322亿元,增长20%,总量位居全市首位;金融业对财政收入的贡献率达29%,增加值占全市比重达40%以上;全区税收超亿元楼宇6栋、超千万元楼宇29栋。

实施存量商业、建设用地升级改造项目17个。大力培育战略性新兴产业,启动“合肥光谷”建设,新增国家级高新技术企业5家、市级16家。

加快都市工业园建设,一期22万平方米标准化厂房基本建成,签约入驻企业31家。全年实现规模以上工业总产值240亿元,完成工业投资71.8亿元。产值超亿元企业达65户,其中超10亿元2户、超5亿元7户。

加快生态农业发展，完善农田水利基础设施，新建设施蔬菜面积800亩，建成各类农业基地20多个，新增农民专业合作社7家，其中3家被评为市级示范性合作社。成功举办三十岗西瓜节、三国文化节等活动，三十岗西瓜被评为安徽省知名旅游商品。大杨镇荣获合肥市科学发展先进乡镇称号。

【城市建设】2013年，庐阳区完成9.3公里阜阳北路高架桥8.8万平方米征收拆迁；完成合肥市中环沿线面积最大的城中村拆迁。育新小学、东怡金融广场B地块等9个项目净地交付；柏大郢、平楼等4个续拆项目顺利完成；省医药公司等地块实现当年拆迁、当年收储、当年开工。实施固镇路、利辛路等23条城市支路改造，完成北部乡村雷郢路等"两桥一路"升级改造；杏花、阜阳北路菜市场完成改造。

在全市率先启动两大水库水源地保护区土地整治，完成首批启动区592户1600人搬迁，开工建设卫庄小区19万平方米复建点。投入4000万元专项资金，扎实开展美好乡村建设。

实施村庄亮化工程，架设路灯165盏，惠及107个村民组。

拆除各类违法建设6813平方米、户外违章广告162处。

完成城区绿化32.5万平方米，成片造林5200亩，城乡环境进一步优化。区政府荣获合肥市造林绿化工作先进单位称号，三十岗乡、大杨镇被评为合肥市植树造林20佳乡镇。

【深化改革】2013年，庐阳区平稳实施行政区划调整和街居管理体制改革，将老城区原6个街道整合为2个，全区街道总数由11个优化为9个，社区总数减少28个。在街道设立"一办四中心"，将服务性事务下沉社区。

完善项目推进机制，成立区重大项目推进指挥部和重点局，建立区级领导项目领衔责任制，全程跟踪服务项目招商、征迁、建设等关键环节。

深化城市管理体制改革，成立区市政园林局，实现市政、园林、绿化下划工作有序衔接。在全市率先启动城市管理体制改革，建立城市管理联席会议制度，构建部门联动、属地管理的大城管格局。探索环卫作业市场化管理，北一环以北区域230万平方米道路清扫保洁实现市场化运作。

完善目标管理责任制考核机制，首次将重大项目进行单独考核，加大对城市管理、民生工程等工作的考核权重。

深化财政管理体制改革，推进"营改增"试点工作。建立部门预算"1对1"会商制度，预算公开评审工作向基层延伸。严格执行政府集中采购制度，资金节约率达15.1%。

【民生工作】2013年，庐阳区高标准实施33项民生工程，全年转移农业劳动力829人，新增城镇就业2.1万人。

庐阳百帮创业园被评为首批全国创业孵化示范基地。

城乡居民养老保险全面推开，农村低保标准由每人每年3840元提高到4320元，人均补

市民政局纪委书记张慧一行到庐阳区检查民生工程

差全省最高。城镇居民人均可支配收入和农民人均纯收入分别达2.5万元、1.3万元，分别增长14%、15%。

成立区级居家养老服务信息中心，积极探索具有庐阳特色的居家养老模式，区政府获全国养老服务示范单位称号。

大力推进保障性安居工程建设，四泉花园、梧桐嘉园二期安置房建成投入使用，荣城北苑、昆仑花园二期等加快建设，森林公园复建点基本竣工，546套公租房、408套廉租房即将交付。完成粮机厂、建材三厂等7个项目居民回迁，安置群众1000多户、房屋1861套15.7万平方米，并在全市率先解决安置房办证问题。新启动危旧房和城中村改造项目9个，涉及群众2884户1万余人。投入资金近1亿元，实施畅园新村、八一齿轮厂等11个老旧小区综合整治。

【社会建设】 2013年，庐阳区进一步加快义务教育均衡化、规范化发展，四十五中桐城路校区开工建设，南门小学恒盛皇家花园分校等4所新校建成投入使用，永红路小学等4所学校完成标准化建设。学前教育和社区教育扎实推进，四里河街道被评为全国社区教育示范街道。

完善社区卫生网络体系，在全省率先推出"社区名医"，平均就诊费用下降15%以上。中医药特色服务全面覆盖。

扎实开展流动人口计划生育均等化服务试点工作，高标准打造社区"城市生活E站"。

谢岗村农家书屋被评为国家级示范书屋；

成功举办首届社区运动会和自行车嘉年华活动，囊括市十运会金牌总数、奖牌总数、团体总分三个第一，区政府荣获全国群众体育优秀组织奖。在全省率先成立区级社会工作者协会，社区"两委"换届圆满完成，荣获国家级首批村务公开民主管理示范单位称号。

12月22日，省级和谐社区创建检查组到庐阳区检查验收

畅通信访渠道，平稳化解87件突出信访事项，妥善解决了一批群众反映的热点、难点以及历史遗留问题。

大力开展重点领域专项整治，严厉打击非法传销活动，安全生产、消防安全、道路交通安全、食品药品安全形势总体平稳。

【自身建设】 2013年，庐阳区扎实推进"学习型政府"建设，邀请规划、建设、金融等领域专家开展7次集中培训。重视人才工作，公开招聘各类人才251名。开展"脱胎换骨转观念、勇当全省领头羊"解放思想大讨论和"学上海、找差距、抓细节、提品质"主题实践活动。推进"一线工作法"，积极探索领导干部走访联系服务群众新机制。健全区政府常务会、区长办公会和专题会议等议事制度，政府决策程序进一步规范。自觉接受人大法律监督、政协民主监督和社会舆论监督，认真办理人大代表议案、建议和政协提案137件，办复率达100%。加强政务服务中心建设，办理各类行政许可2700余件，服务群众21万人次。

严格落实《廉政准则》各项规定，加大政府性投资项目监管，规范项目招投标和村居集体经营性资产管理。加强行政监察和审计监督，扎实做好区本级预算执行、政府投资和领导干部经济责任审计。

重要活动

【区政府全体成员会议】2013年区政府全体成员会议共召开3次(第5次至第7次)。

4月17日,区政府召开第五次全体成员(扩大)会议,区长、副区长,人武部政委,区政府组成部门主要负责人,区委、区政府合署工作部门主要负责人,区政府直属事业单位主要负责人、庐阳工业区有关负责人,垂直管理机构行政主要负责人,各乡镇人民政府、街道办事处行政主要负责人,检察院、法院,区委办、人大办、政协办,区纪委、组织部、宣传部(文明办)、统战部、政法委(综治办)、编办、行政服务中心、机关工委、党校、老干局、档案局,工会、共青团、妇联、工商联,区国有资产投资控股集团有限公司负责人,重大项目推进指挥部办公室常务副主任。会议全面贯彻落实新一届市政府第一次全体会议精神,回顾总结今年以来的工作,分析研判当前形势,安排部署二季度工作,动员区政府各级各部门、各单位进一步振奋精神,强责任、抓落实,全面提升政府各项工作的执行力,确保上半年实现时间、任务“双过半”。

8月3日,区政府召开第六次全体成员(扩大)会议,区长、副区长,人武部政委,区政府组成部门主要负责人,区委、区政府合署工作部门主要负责人,区政府直属事业单位主要负责人、庐阳工业区有关负责人,垂直管理机构行政主要负责人,各乡镇人民政府、街道办事处行政主要负责人,检察院、法院,区委办、人大办、政协办,区纪委、组织部、宣传部(文明办)、统战部、政法委(综治办)、编办、行政服务中心、机关工委、党校、老干局、档案局,工会、共青团、妇联、工商联,区国有资产投资控股集团有限公司负责人,重大项目推进指挥部办公室常务副主任等参加会议。会议全面深入贯彻落实市政府第二次全体会议精神,回顾总结今年以来的工作,分析研判当前形势,安排部署下一阶段重点工作,动员区政府各级各部门、各单位进一步提升“精气神”,强责任、抓落实、促发展,平稳快速推进各项重点工作,圆满完成年度各项目标任务。

12月17日,区政府召开第七次全体成员(扩大)会议,区长、副区长,人武部政委,区政府组成部门主要负责人,区委、区政府合署工作部门主要负责人,区政府直属事业单位主要负责人、庐阳工业区有关负责人,垂直管理机构行政主要负责人,各乡镇人民政府、街道办事处行政主要负责人,检察院、法院,区委办、人大办、政协办,区纪委、组织部、宣传部(文明办)、统战部、政法委(综治办)、编办、行政服务中心、机关工委、党校、老干局、档案局,工会、共青团、妇联、工商联,区国有资产投资控股集团有限公司负责人,重大项目推进指挥部办公室常务副主任等参加会议。会议专题征求《区政府工作报告》意见和建议。

【区政府常务会议】2013年区政府常务会议共召开24次(第32次至第55次)。

1月10日,区长邓真晓主持召开区政府第32次常务会议。会议听取区财政局关于国有企业职教幼教等教育机构退休教师待遇落实工作有关情况的汇报;听取并原则同意区财政局关于合肥联想金融控股有限公司落户我区享受政策问题的汇报;听取区商务局关于楼宇经济工作有关情况的汇报,原则同意出台《关于进一步加快楼宇经济发展的意见》;听取讨论区重点局关于庐阳区政府投资项目建设管理试行办法的汇报;听取讨论区审计局关于庐阳区政府性投资建设项目审计监督办法(修订稿)和庐阳区政府性投资项目审计管理实施细则(修订稿）的汇报；听取三十岗乡关于延伸东瞿大郢污水收集管网问题的汇报；

1月21日，区长邓真晓主持召开区政府第33次常务会议。会议听取讨论双岗街道关于启动白水坝地块危旧房改造有关情况的汇报；听取并同意区商务局关于申办第十一届2013中国（合肥）商业街行业年会有关情况的汇报。

2月4日，区长邓真晓主持召开区政府第34次常务会议。会议听取并原则同意区商务局关于七桂塘菜市场改造有关情况的汇报；听取区政府办关于企业生活区移交辖区实行社区管理意见的汇报，原则同意出台《关于企业生活区移交辖区实行社区管理的意见》；听取讨论杏林街道和区住建局关于解决郑湾城中村拆迁复建安置房房源不足问题的汇报。

2月25日，区长邓真晓主持召开区政府第35次常务会议。会议听取并同意区市政园林局、合肥三国遗址公园管理处关于举办第五届合肥牡丹节活动有关情况的汇报；听取讨论区委办、政府办关于2012年度全区目标管理责任制、经济工作目标考核结果和奖励情况以及全区党建经济工作会议筹备情况的汇报；听取并原则同意区教育体育局关于启动庐阳区体育文化公园项目建设有关情况的汇报；听取讨论杏林街道关于合蚌铁路客运专线项目房屋拆迁安置有关情况的汇报。

3月11日，区长邓真晓主持召开区政府第36次常务会议。会议听取并原则同意区残联关于创建“全省残疾人工作示范区”和“全国残疾人文化体育建设示范市”有关情况的汇报；听取并原则同意区农林水务局关于2012年度庐阳区农林业产业结构调整项目验收结果及奖励情况的汇报；听取并原则同意三十岗乡关于启动董大水库保护区土地整治项目（三十岗乡）搬迁工作有关情况的汇报；听取并原则同意大杨镇关于筹建大杨镇新社区有关情况的汇报；

3月18日，区长邓真晓主持召开区政府第36次常务会议。会议听取并原则同意区城管局关于区城管局生活废弃物转运管理中心岗位设置及人员分流安置有关情况的汇报；听取并原则同意海棠街道关于启动合肥市化轻公司宿舍及周边地块项目房屋征收工作有关情况的汇报。

3月25日，区长邓真晓主持召开区政府第38次常务会议。会议听取并原则同意区民政局关于向合肥市救助站捐赠两辆救助专用车有关情况的汇报；听取并原则同意区教育体育局关于2013年度全区公共体育设施建设和市区两级学校体育设施向社会开放有关情况的汇报；听取并原则同意区民生办关于2012–2013年我区民生工程有关情况和实施村级公益事业一事一议项目有关情况的汇报。

4月1日，区长邓真晓主持召开区政府第39次常务会议。会议听取并原则同意区安监局关于2012年度安全生产表彰奖励有关情况的汇报；听取并原则同意区人社局关于2012年度全区中层党政群正职考核结果的汇报；听取并原则同意区住建局关于合肥市轨道交通2号线（庐阳段）房屋征收工作有关情况的汇报。

4月8日，区长邓真晓主持召开区政府第40次常务会议。会议听取讨论区人口和计生局关于提高城乡居民社会养老保险优待计划生育家庭有关情况的汇报；听取并原则同意区住建局关于新建农村公路杨岗路有关情况的汇报。

4月15日，区长邓真晓主持召开区政府第41次常务会议。会议听取并原则同意区经济促进局关于大力发展民营经济实施方案和筹备召开全区发展民营经济大会有关情况的汇报；听取并原则同意区重点局关于区公卫大楼项目设计变更有关情况的汇报；听取并原则同意区残联关于惠残民生工程提标扩面有关情况的汇报。

4月22日，区长邓真晓主持召开区政府第42次常务会议。会议听取并原则同意区文明办关于筹备召开全区创建文明城市工作总结暨动员大会有关情况的汇报；听取并原则同意区人口和计生局关于开展国家免费孕前优生健康检查工作有关情况的汇报；听取并原则同意区司法局关于开展“深化‘法律六进’推进法治庐阳建设”法治宣传教育主题活动实施方案有关情况的汇报；听取并原则同意双岗街道关于蒙城北路与义井路交口西南角（原橡胶厂宿舍）D级危险房屋拆除方案的汇报。

5月6日，区长邓真晓主持召开区政府第43次常务会议。会议听取并原则同意区城市管理局关于七桂塘市场杆管线工程经费问题的汇报；听取讨论杏花村街道关于合肥皖能发电有限公司周边环境整治拆迁安置复建点选址问题的汇报。

5月13日，区长邓真晓主持召开区政府第44次常务会议。会议听取并原则同意区发统局关于开展第三次全国经济普查工作有关情况的汇报；听取并原则同意区重点局关于建立庐阳区定点设计单位库有关情况的汇报；听取并原则同意区重大项目推进指挥部办公室关于编制电厂片区规划研究有关情况的汇报；听取并原则同意区综治办关于全区综治工作有关情况的汇报，同意成立庐阳区道路交通事故人民调解委员会；听取并原则同意区政府办关于分解下达2013年度全区经济发展目标任务的汇报。

5月20日，区长邓真晓主持召开区政府第45次常务会议。会议听取并原则同意三十岗乡关于第十届庐阳区三十岗西瓜旅游文化节暨首届仙桃节活动方案的汇报；听取并原则同意区财政局关于庐阳区2013年拟实施村级公益事业一事一议项目有关情况的汇报；听取并原则同意区环境保护局关于全面开展河（段）长制管理工作有关情况的汇报；听取并原则同意区市政园林局关于杏花公园、逍遥津公园、三国遗址公园改革方案的汇报；听取并原则同意区教育体育局关于合肥市庐阳区2013年幼儿园和义务教育阶段学校招生工作实施方案的汇报，同意以区政府文件印发实施《合肥市庐阳区2013年幼儿园和义务教育阶段学校招生工作实施方案》；听取并原则同意杏林街道关于五金二厂（电器厂）项目地块房屋征收工作有关情况的汇报。

5月27日，区长邓真晓主持召开区政府第46次常务会议。会议听取并原则同意区商务局关于进一步加快三十岗乡东瞿农家文化美食村发展奖励办法的汇报；听取并原则同意区商务局关于庐阳区电子商务人才培训方案的汇报；听取并原则同意区重点局关于区法院审判大楼项目变更有关情况的汇报；听取并原则同意区人社局关于成立庐阳区劳动人事争议仲裁委员会有关情况的汇报；听取了亳州路街道关于栢景湾小区西大门南侧地块改造项目房屋征收工作有关情况的汇报，同意启动栢景湾小区西大门南侧地块改造项目房屋征收工作；明确合肥皖能发电有限公司周边环境整治拆迁安置复建点位置为蒙城北路以西、京福铁路以南、清源路北侧地块。

6月17日，区长邓真晓主持召开区政府第47次常务会议。会议听取并原则同意区监察局关于庐阳区2013年度政风行风评议工作实施方案的汇报；听取并原则同意区国投集团公司关于资产划转和人员招聘有关情况的汇报；听取讨论区市政园林局关于淮河路336#大院D级危房拆除后环境提升改造项目有关情况的汇报；听取并原则同意区人口和计生局关于召开2013年全区人口和计划生育工作会议有关情况的汇报，同意以区政府文件印发《关于做好2013年全区人口和计划生育工作的通知》；听取并原则同意区住建局关于加强房屋租赁管理工作意见的汇报；听取并原则同意区城管局关于庐阳区2013年度城市管理目标考核奖惩及责任追究办法的汇报；听取并原则同意区安监局关于开展全区安全生产大检查有关情况的汇报。

7月8日，区长邓真晓主持召开区政府第48次常务会议。会议听取并原则同意区农林水务局关于庐阳区扶贫帮扶工作有关情况的汇报；听取讨论区财政局关于涉农资金专项检查有关情况的汇报；听取并原则同意区市政园林局关于路灯合同能源管理工作、区级市政设施大修计划、2013年区级排水设施整改项目有关情况的汇报；听取并原则同意区卫生局关于杏林街道社区卫生服务中心增购业务用房问题的汇报；听取并原则同意区民政局关于开展2013年度“八一”期间双拥活动和第二次全国和谐社区建设示范单位创建活动有关情况的汇报；听取并原则同意区城管局关于处置拟报废环卫车辆和废旧机械问题的汇报；

7月29日，区长邓真晓主持召开区政府第49次常务会议。会议听取并原则同意区商务局关于成立合肥城隍庙建设投资有限责任公司有关情况的汇报；听取并原则同意区财政局关于民营经济发展专项扶持资金分配情况的汇报；听取并原则同意区住建局关于庐阳区建设工程第三方质量安全巡查实施方案的汇报；听取讨论区审计局关于庐阳区2012年度财政预算执行和其他财政收支审计工作报告的汇报；听取并原则同意区档案局关于出台进一步加强全区档案工作意见和庐阳区重大活动档案管理暂行办法有关情况的汇报；听取并原则同意区残联关于批拨建设脊髓损伤者“中途之家”工作经费和2013年度残疾人就业培训工作经费问题的汇报；听取并原则同意区环保局关于庐阳区河段长制考核评分细则的汇报；

8月12日，区长邓真晓主持召开区政府第50次常务会议。会议听取并原则同意三十岗乡关于提高三十岗乡租地绿化租金标准问题的汇报；听取并原则同意区财政局关于庐阳区2013年居民收入倍增规划实施评价办法的汇报；听取并原则同意规划庐阳分局关于庐阳区单元规划、长江中路沿线区域概念规划与城市设计规划编制经费问题的汇报；听取并原则同意交警庐阳大队关于新办公楼改造及设备配置经费问题的汇报；听取并原则同意区市政园林局关于区政府聘请水环境项目专家顾问情况的汇报；听取并原则同意区城管局关于调整一线环卫工人最低工资情况的汇报；听取并原则同意区人武部关于进一步做好退役士兵安置工作意见的汇报；听取并原则同意区目标办、发统局、经促局、财政局、商务局、招商局、项目办关于庐阳区人民政府2013年度目标管理、全社会固定资产投资、工业经济发展、协税护税、行政事业单位国有资产管理、商贸服务业、招商引资、重点项目推进等工作考核办法的汇报；听取并原则同意区发统局、经促局、农林水务局关于庐阳区加快现代服务业、都市产业园建设、生态都市农业发展若干政策问题的汇报。

8月26日，区长邓真晓主持召开区政府第51次常务会议。会议听取并原则同意林店街道关于菱湖、景湾社区服务用房问题的汇报；听取并原则同意区民政局关于庐阳区特殊群体“夕阳通”老人手机推行情况的汇报；听取并原则同意区教体局关于庆祝第29个教师节有关问题的汇报；听取并原则同意区财政局关于加强小额零星工程定点采购管理工作暂行办法情况的汇报；听取并原则同意区招商局关于进一步加强招商引资工作意见的汇报。

9月9日，区长邓真晓主持召开区政府第

52 次常务会议。会议听取并原则同意区商务局关于庐阳区菜市场建设改造实施方案的汇报；听取并原则同意区文化局关于举办庐阳区第八届文化艺术节活动方案的汇报；听取并原则同意区行管局关于提高聘用驾驶员和工勤人员待遇问题的汇报。

10 月 8 日，常务副区长黄P主持召开区政府第 53 次常务会议。会议听取并原则同意区住建局关于杨岗路建设情况的汇报；听取并原则同意区教体局关于庐阳区青少年校外活动中心、素质教育基地整合搬迁方案有关问题的汇报；听取并原则同意区教体局关于举办庐阳区第二届社区体育运动会有关问题的汇报；听取并原则同意区人武部关于申请装备维护保养、返乡应征青年参加征兵体检政审、军事志出版等三项经费问题的汇报；听取并原则同意区商务局关于老中菜市东大棚他权门面拆除事项的汇报；听取并原则同意区农林水务局关于庐阳区彻底清理水源地保护区内面源污染工作方案的汇报。

11 月 11 日，常务副区长黄铧主持召开区政府第 54 次常务会议。听取并原则同意区国投集团公司关于七桂塘西北片街区整体改造及运营框架协议有关情况的汇报；听取并原则同意区农林水务局关于开展“百河千渠”专项行动有关问题的汇报；听取并原则同意区文化局关于开展庐阳区第一次全国可移动文物普查有关问题的汇报；听取并原则同意区教体局关于开展幼儿校舍安全工程有关问题的汇报；听取并原则同意区科技局关于庐阳区科普示范单位奖励办法（试行）有关问题的汇报；

12 月 2 日，常务副区长黄P主持召开区政府第 55 次常务会议。会议听取讨论区整治办关于庐阳区董大水库水源地保护区土地整治工作有关情况的汇报；听取并原则同意区综治办关于加强区专业治安巡逻队伍建设有关问题的汇报；听取并原则同意消防庐阳大队关于临泉路消防站升级改造有关问题的汇报；听取并原则同意逍遥津街道关于淮河路步行街周边区域夜市摊群点整治工作有关情况的汇报；听取并原则同意区市政园林局关于板桥河支流箱涵截污泵站选址方案的汇报。

【领导调研】 2012 年 2 月 9 日下午，合肥市委常委、警备区司令员孙建辉在区委书记吴劲，区委常委、庐阳工业区管委会主任许华为，区委常委、人武部部长彭建军，人武部政委郭玉玺等陪同下到天威保变（合肥）变压器有限公司、安徽中澳科技职业学院、安徽中天安保服务有限公司就国防后备力量建设工作进行调研。

2012 年 3 月 8 日，市委常委、市旅游和现代服务业工作指导委员会常务副主任韩冰来我区调研指导现代服务业工作。区委书记吴劲，区委常委、常务副区长陆平，区政府办、发统局、商务局相关负责人陪同调研。

2012 年 3 月 30 日上午，市人大常委会副主任陈栋、梁虹、叶祥所一行到庐阳区就植树造林工作进行视察指导。区委书记、人大常委会主任吴劲，区人大常委会党组书记、常务副主任虞基浩，区委副书记陈华，区人大常委会副主任杨琼，副区长姜鸿杰及相关部门负责人陪同视察。

2012 年 3 月 30 日下午，合肥市人民检察院党组书记、检察长满铭安一行到庐阳区检察院调研指导工作。区委书记、区人大常委会主任吴劲，区委副书记陈华，区委常委、常务副区长陆平陪同调研。

2012 年 4 月 23 日，市政协副主席程晓舫，副秘书长、文史委员会主任戴健等一行 13 人到庐阳区就文化街区、文化资源项目保护与开发进行专题调研。区政协主席、区委常委、纪委书记谭峰，区委常委、常务副区长陆平，区政府副区长王翠英，区政府办公室主任丁仕旺、区政协秘书长赵建军、三孝口街道办事处主任唐永龙和区政协驻会常委、提案委主任叶黎等参加活动。

2012年4月26日上午，省委常委、市委书记吴存荣赴庐阳区调研，并主持召开座谈汇报会。市委常委、副市长周善武，以及庐阳区和市直有关部门负责人等陪同调研或参加座谈汇报会。

2012年4月26日至27日，市委常委、政法委书记张进率调研组到庐阳区，围绕促进经济平稳较快发展的主题，就我区经济运行、辖区企业发展及重大项目建设等情况开展专题调研。区领导吴劲、邓真晓、陆平、朱煜、姚则邦、张军、姜鸿杰陪同调研。

2012年7月31日下午，省委常委、常务副省长詹夏来前往庐阳区看望慰问坚守在高温一线的干部职工。省发改委副主任、省能源局局长朱也牧，省发改委副主任张天培，市委常委、常务副市长魏晓明，皖能集团公司党委书记、董事长张飞飞，区委书记吴劲等陪同看望慰问。

2012年8月20日下午，省委常委、市委书记吴存荣赴庐阳区调研，看望慰问一线干部群众，并主持召开调研汇报会。市委常委、秘书长杨思松，市委常委、常务副市长魏晓明，市委常委、副市长周善武等陪同调研并出席调研汇报会。庐阳区和市直有关单位负责人等陪同调研或参加调研汇报会。

2012年9月18日下午，省残联理事长张纯和带领维权处、康复处一行到庐阳区调研，市残联理事长李民安陪同调研。区委书记吴劲、副区长李仲生、区残联负责人参加会议。

2012年10月17日上午，省委常委、市委书记吴存荣赴庐阳区调研兴庐科技产业园标准化厂房项目建设情况。市委副书记、市长张庆军，

省委督察组调研

市人大常委会主任黄同文，市委常委、秘书长杨思松，市委常委、常务副市长魏晓明，市委常委、副市长韩冰，市政协副主席郭本道，区委书记、区人大常委会主任吴劲，区委副书记、区长邓真晓及兄弟县区党政主要负责人等陪同参加观摩活动。

2012年11月12日下午，省委常委、省军区政委宋海航到庐阳区指导民兵网络心理战分队建设工作。区委书记吴劲，区委常委、区人武部部长郭玉玺及区人武部相关负责人陪同，区网络心理战分队做汇报演示。

2013年1月，国家安监总局职业健康司司长高世民到庐阳区庐阳工业园，对志邦橱饰有限公司开展职业病危害专项治理工作进行调研。省安监局副局长汪黎明、副区长朱、区安监局主要负责人等陪同调研。

2013年6月4日上午，省人大常委会内司工委副主任张荣国，省民政厅副厅长谢兵，省民政厅民间组织管理局副局长高峰等在市人大常委会副主任宋家伟，市人大常委会内司工委主任方东屏、副主任朱江安，市委政法委副书记、市综治办主任许道和，市民政局副局长曹晓红等陪同下，到庐阳区专题调研社会管理工作。区人大常委会主任虞基浩、副区长张军及区民政局、相关街道负责人陪同调研。

2013年6月26日上午，由市人大常委会副

主任宋家伟率队的“六·五”普法督查组一行到庐阳区检查指导“六·五”普法工作开展情况。区委书记吴劲，区人大常委会主任虞基浩，区委常委、政法委书记左学和，区人大常委会副主任李旗号，副区长朱涵，区政协副主席王家满，区司法局及有关部门负责人陪同检查或参加座谈。

2013年7月3日上午，市委常委、纪委书记张海林就纪检监察工作到庐阳区进行调研。区委书记吴劲，区委副书记、区长邓真晓，区人大常委会主任虞基浩，区委副书记陈华，区委常委、纪委书记曹佑华等陪同调研或参加座谈。

2013年7月5日上午，市委常委、组织部长汪卫东到庐阳区开展调研活动。区委书记吴劲，区委副书记、区长邓真晓，区政协主席谭峰，区委副书记陈华，区委常委、宣传部长李安红，区委常委、纪委书记曹佑华，区委常委、区委办主任姚则邦，区委常委、常务副区长黄韡，区委常委、庐阳工业区第一书记、主任姜鸿杰，区委常委、副区长刘芳，区委常委、政法委书记左学和，区委常委茆诗峰等参加调研活动。

2013年7月10日上午，市委常委、政法委书记张进到庐阳区调研政法工作开展情况。区委书记吴劲，区委副书记陈华，区委常委、政法委书记左学和，区法院、区检察院、公安庐阳分局等有关单位负责人陪同调研或座谈。

2013年7月25日下午，省财政厅厅长罗建国率省厅相关处室负责人赴三孝口街道杏花社区，走访慰问困难群众，调研基层单位，开展践行党的群众路线教育实践活动，并听取“两代表一委员”和群众代表对财政工作的意见和建议。市委常委、常务副市长韩冰，市财政局局长吴利林，区长邓真晓，区委常委、常务副区长黄韡以及区财政局、三孝口街道主要负责人陪同调研。

2013年7月31日上午，副市长吴建国到庐阳区开展高温慰问活动。市政府副秘书长李平，区委副书记陈华，市总工会相关部门、区工会、区城管局负责人等陪同慰问。

8月16日上午，团中央志愿者工作部副部长皮钧一行到庐阳区，就新时期团员先进性、队员组织性工作进行调研。团市委书记吴娅娟，团市委副书记陆杨，区委副书记陈华，区委常委、副区长刘芳，团区委、区教体局、逍遥津小学负责人等陪同调研。

2013年8月23日上午，市人大常委会主任熊建辉，副主任宋家伟、杜昌寿、阚建华、张长淮、孔向阳，秘书长刘观宝，在副市长程瀚以及市人大、市政府、市司法局相关负责人的陪同下，到庐阳区视察“六·五”普法工作开展情况。区领导邓真晓、虞基浩、陈华、左学和、朱涵陪同视察。

2013年9月6日上午，市委常委、纪委书记张海林到庐阳区调研“河长制”工作。市纪委常务副书记、监察局局长余小平，市纪委常委刘清，市环保局局长王斌、副局长方向民，新站开发区管委会副主任李志奎，瑶海区委常委、常务副区长闫萍，长丰县副县长周建林，我区副区长丁仕旺陪同。

2013年9月11日上午，市委副书记凌云到我区调研“一线为民工作法”活动开展情况。区委书记吴劲，市委副秘书长毛万里，市委组织部副部长吴松保，区委副书记陈华，区委常委、组织部长许华为，亳州路街道、三孝口街道负责人及部分区直部门驻点干部陪同调研或参加座谈会。

2013年10月25日上午，副市长陈晓波在市政府副秘书长汪维明、市商务局副局长丁玉金等陪同下，到庐阳区三孝口街道辖区七桂塘菜市场改造和街区整体环境提升工程项目现场进行实地调研。区委常委、常务副区长黄韦华，区商务局、区重点局等单位主要负责人陪同调研。

2013年11月5日下午，市政协副主席程晓舫、金其武率队到庐阳区专题视察民生工程开展情况。区委常委、常务副区长黄韦华，区民生办、区民政局、区卫生局、区住建局、区人社局以及相关乡镇街道负责人陪同视察。

2013年11月14日下午，市政协主席董昭礼率领市政协调研组，到庐阳区杏林街道丽都社区残疾人文化活动中心，就做好残联民生工程工作等进行调研。副市长程瀚，市政协副主席满铭安、李晓梅、程晓舫、许天锡、奚芝英、金其武、王贤泰，市政协秘书长袁文长等参加调研。区政协主席谭峰，区残联、杏林街道等有关单位负责人陪同调研。

2013年11月19日上午，副省长梁卫国来到庐阳区亳州路街道居家养老服务中心，专题调研社会养老服务工作。省民政厅厅长吴旭军，副市长程瀚，市民政局局长张炜、副局长沈思军，区委副书记陈华，副区长李仲生以及区民政局、亳州路街道主要负责人等参加调研。

2013年12月19日上午，副市长程瀚到庐阳区亳州路街道畅园社区调研居家养老服务活动开展情况。区委书记吴劲，副区长李仲生，区民政局及亳州路街道主要负责人陪同调研。

区政府办公室

【政务信息工作】 2013年，根据工作实际，调整和完善《庐阳区政务信息报送制度》，明确政务信息报送内容范围，按实际工作分级规定各部门、单位每周上报信息数量；规范信息报送、采用数量的档案管理，定期在办公平台、《庐阳信息》上通报各单位信息报送和采用数量。全年编发《庐阳信息》200期，市政府采用信息150条。

【政务督查工作】 对经济运行、项目建设、环境保护、安全生产等重要会议确定事项、《区政府工作报告》既定任务落实情况，开展决策督查和专项督办工作。全年办理督办件40件，各类批示批转件133件，办结率100%；组织做好人大代表建议和政协委员提案的办理工作，全年共办理人大代表议案建议80件，政协委员提案117件，办结率100%；全年处理区长信箱群众来信近600件，办理率99%以上；集中清理2013年底以前制定的规范性文件，开展行政复议和应诉工作，全年共受理各类行政复议案件8件、应诉案件10件，审结率100%。

【法制工作】 2013年，庐阳区加强法治政府建设，定期召开会议研究部署全区推进依法行政工作，在重点项目中推进依法科学民主决策，制定《庐阳区人民政府办公室批转区住建局关于加强房屋租赁管理工作的意见》和《庐阳区小额零星工程定点采购管理暂行办法》，均经过合法性审查并及时报备。把依法行政推进情况作为各单位年度工作考评的重要内容，在全区1乡1镇、9个街道和区级部门建立行政调解中心（室）并确定专、兼职行政调解员，全年共办理行政复议案件8件，其中维持5件、驳回1件、终止2件。确定区城管局、安监局、卫生局、计生局、环保局、大杨镇和三十岗乡7个单位为首批试点依法行政示范单位。认真开展行政权力清理活动，截至2013年底，全区共有行政许可及非许可审批70项、行政处罚400项、行政征收2项、行政确认6项、行政强制8项、行政给付2项。依法办理复议应诉案件。

【应急工作】 2013年，全区共发生各类突发公共事件7695起（次），死亡6人，受伤32人，直接经济损失174.7万元。其中：自然灾害事件2起，累计受灾0.8万人，直接经济损失50多万元；事故灾难事件5起，死亡1人，伤5人，直接经济损失124.7万元；公共卫生事件1起，发病26人，无重症和死亡病例，报告事件数同比减少1起，发病人数同比减少55.93%；社会安全事件7687起，死亡5人，受伤27人（其中，群体性事件120起，同比下降8.4%；刑事案件7567起，同比上升1%）。与去年同期相比，突发事件起数增加726起，上升0.98%；死亡人数减少3人，下降33.3%。

【电子政务工作】 5月，拨付专项资金近50万元，对整个机关大楼网络环境进行优化，更换硬件防火墙、核心交换机等设备，提升网络安全环境。7月启动“合肥 庐阳”门户网站升级工作，删除部分不实用栏目，加强公众参与栏目制度建设、完善民意征集等栏目，新增民生工程、收入倍增、六五普法等专栏，“合肥·庐阳”门户网站全年发布政务、时事、新闻、通知公告等各类信息1万余条，总浏览量已超过18万人次。

【人防民防工作】 2013年，庐阳区人防办（民防局）围绕“战时防空、平时防灾、平战结合、融合发展”任务，推进人防应急指挥平台和应急疏散基地建设，提高城市整体防护能力。按照“十个一”标准，做好民防进社区工作。全区民防进社区普及率达到100%，成功创建“民防进社区”市级达标示范社区。完成区级人防民防应急指挥中心建设，搭建市、区人防（民防）、应急等信息交换、资源共享功能、多用途应急指挥平台。举办全市人防系统人防疏散基地建设现场会。新安装三十岗乡、大杨镇、林店街道区域警报器，更换富康大厦、科教书店位置防空警报器，提高电声警报器比例，音响覆盖范围注重向北部城区延伸，基本实现全区防空防灾报警系统全覆盖。重点抓好水源、电力、交通枢纽、党政机关、广播电视和具有重要战争潜力的目标防护研究与试点任务。制订防护方案，结合行业特点，组建专业防护队伍，开展专业防护训练，落实物资经费保障。抓好人防通信（海事电台、电话）专业训练工作，提高人防队伍能力素质，组织参加全省“9·18”防空警报器试鸣与演练。鼓励社会力量参与人防工程建设，坚持地下空间开发利用与人防工程建设、城市建设平战结合。依托广播、电视、网络、报刊等媒体进行防空防灾宣传教育和常识普及，利用展板、条幅、宣传单等多种形式开展宣传活动，提高人防宣传教育的实效，提升人民群众防灾应急能力。

（刘晓宇）

信访工作

【概况】 区信访局主要职责是：1.负责办理群众来信，接待群众来访，保证信访渠道畅通；及时准确地向区委、区政府反映来信、来访中提出的重要建议、意见和问题；综合分析信访信息，开展调查研究，为区委、区政府科学决策服务，发挥参谋助手作用。2.承办中央和国家机关、省、市、区领导转办、批办的信访事项，督促检查领导同志批示件的落实情况；向区属各有关单位交办信访事项，督促、催办和检查重要信访事项的处理和落实。3.协调处理跨地区、跨部门的重要信访问题；协调处理群众集体上访和异常、突发信访事项。4.检查、协调和指导全区信访工作，总结推广信访工作经验，提出加强和改进信访工作的意见和建议。

2013年，全区信访形势严峻。群众进京正常上访量、非正常上访量、到省去市来区集体上访量、来信来访总量均不同幅度上升。信访渠道畅通，信访秩序好转。全年发生群众进京到省去市来区上访864批6261人次，同比分别上升125.6%、154%。其中，进京非正常上访45批115人次，同比分别上升400%、505.3%；

进京正常上访29批61人次，同比分别上升314.3%、56.4%；到省集体上访22批536人次，同比分别上升69.2%、126.2%；去市集体上访26批532人次，同比分别上升100%、103.8%；来区上访742批5017人次，同比分别上升118%、162.8%，其中集体上访193批4019人次，同比分别上升80.4%、163.9%。受理群众来信106件，同比上升73.8%。

2013年群众信访的主要特点：一是信访形势严峻，进京到省去市来区均呈上升态势，信访总量居高位。二是进京访上升幅度最大，重复非正常上访现象突出。三是从信访事项分类来看，征地拆迁、城镇规划、劳动社保、企业改制成为群众上访的热点和难点，占上访总量的90%。四是上访区域和诉求相对集中，信访突出问题主要集中在拆迁安置方面，占上访总量的60%。

【做好重要敏感时期信访工作】 全国、全省、全市“两会”期间，区信访局集中排查交办重点信访隐患和上访老户26个。中共十八届三中全会期间，集中交办重点信访隐患32个。重点信访隐患件件落实领导包案和稳控措施。加强值班巡查，实行信访信息“零报告”制度，重要敏感时期全区进京访、到省去市集体访稳控有效，社会大局稳定，信访工作受到省市肯定。

【推动“事要解决”】 开展督查督办、复查复核、终结评议、特困救助、协调会商等工作，解决一批疑难复杂信访问题，信访“存量”减少。一是督查督办，对上级交办的33件重点信访案件实行督办，按期办结率100%；二是复查复核，全年受理复查信访事项25件，申请市政府复核13件，按期办结率100%；三是依法终结评议，全年报请省依法终结评议信访事项4件，经省信访事项评议团评议终结2件，位列全市前列。四是特困救助，科学合理使用涉访特困救助资金174.8万元，救助涉访特困人员26人。五是协调会商，全年召开全区信访形势分析会10次，排查信访隐患101件，组织召开信访事项协调会、会商会28次，解决信访事项83件。

【党政领导开门接访、带案下访】 2013年全年，区党政领导定点接访140次，接待来访群众153批1756人次，交办130件，予以政策性解释23件，解决104件，化解率83%，按期结案率100%。其中，党政主要领导接访24次，接待来访群众25批159人次，化解信访问题22件。区党政领导包案101件，带案下访116人次，化解信访问题83件。其中，党政主要领导包案10件，带案下访32人次，包案全部化解。

【信访积案化解】 2013年，庐阳区开展“信访积案化解冬季行动”“信访积案化解巩固年”活动，对上级交办及本级排查确定的30件信访积案逐一交办，落实责任单位、主要责任人，限期办结。区成立化解工作领导小组，区委分管领导担任组长，召开专题会，采取会议交办、电话督办、现场督办、集中督办等方式督查督办案件进展情况，促进案件化解。省交办的3件信访积案全部化解；市交办的20件信访积案，化解1 6件，化解率80%，办结率100%；本级交办的7件信访积案全部化解。

【体制机制健全完善】 2013年，庐阳区建立联调、联勤、联治、联创、联防工作机制，健全信息分析机制，完善区、乡镇（街道）、村（社区）三级信息报送网络。发挥信访联席会议和信访部门的牵头督导作用，形成上下联动、左右协调、运转高效、综合整治的综合协调工作机制。全区推行“一线为民工作法”。完善目标考核评价体系，建立每月信访工作例会制度和越级上访月度约谈制度，落实信访工作责任制。区委、区政府印发《关于区委常委包保联系街道（乡镇）信访工作的意见》《庐阳区人民政府关于实行区政府负责同志信访工作一岗双责的通知》和《庐阳区党政领导接待群众来访制度》。

【信访调研、宣传和培训】 2013年，区政府组织开展信访系统“贯彻十八大·开创新局面”大调研活动，形成调研报告2篇，获评市优秀奖。是年10月10日至11月10日，以“贯彻《信访条例》，畅通信访渠道，规范信访秩序”为主题，以“加强信访工作，构建和谐社会”为目标，全区开展《信访条例》宣传月活动。宣传月活动期间，全区组织集中宣传活动44场次，出动宣传车10余台次，书写标语44幅，制作展板88块，接受群众咨询4000余人次，发放信访宣传材料6000余册，组织各级党委中心组专题学习13次，在《庐阳报》刊登《信访条例》和信访知识问答5个版面，通过区“一线为民工作法”向群众面对面宣传《信访条例》45次。10月31日至11月1日，区委政法委在三十岗乡孟德山庄举办全区政法（综治、维稳、信访、防邪）干部培训班。全年区信访局组织信访干部开展业务培训3次。

（王瑞刚）

政务服务

【概况】 庐阳区行政服务中心成立于2007年，2012年11月更名庐阳区人民政府政务服务中心，主要承担政务服务大厅窗口管理和政务服务中心12345政府服务直通车受理。

2013年，庐阳区人民政府政务服务中心受理行政审批（许可）0.67万件，办结0.64万件，办结率96%；受理公共服务事项32.39万件，办结32.16万件，办结率99.3%；受理群众投诉窗口服务3起，办结率100%，群众满意率100%；受理12345政府服务直通车1.27万件，办结1.21万件，办结率95%；其中，现场勘察督办240件，办结228件，办结率95%。

政务服务大厅婚姻登记窗口获得“国家3A级婚姻登记机关”称号，工会窗口被安徽省总工会评定“五星级帮扶站”，庐阳公安分局户政窗口和庐阳区就业和社会保障服务窗口被评定合肥市“巾帼文明岗”。2012、2013年，庐阳区人民政府政务服务中心连续两年获得合肥市“优秀窗口”单位。

【12项行政审批流程精简】 梳理进驻政务服务大厅37项行政审批（许可）项目办理流程。市政园林窗口有11个审批项目，办结时限由法定15个工作日，缩减到5个工作日完成；城市管理局窗口户外店招店牌设立审批项目，办结时限由法定7个工作日，缩减到5个工作日完成，其中，领取表格和初审环节，下放到街道办事处办理。

【为民服务窗口经营性收费清理】《人民日报》2013年10月9日11版刊发《窗口复印费，凭啥那么贵》，报道合肥市出入境管理局和庐阳区人民政府政务服务大厅复印收费过高问题，省委书记张宝顺，省委常委、纪委书记王宾宜，省委常委、市委书记吴存荣批示要求清理为民服务窗口经营性收费。2013年10月11日，根据《合肥市为民服务窗口经营性收费专项清理工作方案》，庐阳区人民政府政务服务中心清理出5个收费窗口，其中，婚姻登记窗口涉及到服务外包为民服务经营性收费较高问题，清理整改复印费由0.5元/张降到0.3元/张，结婚、离婚照相由原来30元/版降到20元/版;城市管理窗口、市政园林窗口、庐阳公安户政窗口、就业和社会保障服务窗口都按照相关政策、法律收费。

【免费复印惠民政策实施】 2013年12月,按照《合肥市公共服务窗口配套服务收费管理暂行办法》,庐阳区人民政府政务中心全市第一家实行为办事群众实行免费复印,庐阳区人民政府投入30万元,购置两台复印机及耗材,聘请2人专门从事复印,免费复印项目包括户籍管理,养老、医疗、失业、工伤、生育,人事人才、就业、培训鉴定以及劳动维权,社会福利与救助,婚姻登记、殡葬服务有关民生方面事项。

【便民服务开辟“绿色通道”】 庐阳区人民政府政务服务大厅实行朝九晚五和双休制,群众通过电话和网络平台等渠道反映,想利用双休日时间来办理事务。庐阳区人民政府政务服务中心协调相关单位,庐阳公安分局户政窗口、婚前检查窗口、结婚登记窗口实行“延时服务”,公安户政窗口全年上班,无休息日,婚前检查、结婚登记窗口实行周六全天和法定假日上班,窗口开辟“绿色通道”,公安户政窗口,针对购房入户上学、人才引进入户买房、考生急需办证等事宜实行特事特办,2013年办理此类业务共计2600余件;婚前检查、结婚登记窗口实行预约登记,即来即办,2013年办理此类业务共计1800余件。

【12345政府服务直通车督办机制建立】 2013年1月,12345政府服务直通车与“政民直通车”和“区长信箱”整合成一个平台,12345政府服务直通车电话网络实现区、街道、乡镇、村(居)融合。建立12345政府服务直通车督办机制,政务服务中心确定督办事项,呈交分管副区长批示交办,电话跟踪催办结果,现场勘查督办,上报督办事项结果。2013年梳理12345政府服务直通车热点、难点和重复投诉200余件进行督办,办结率95%。

(郑国山)

机关行政事务管理

【概况】 2002年7月,庐阳区在全省范围内率先成立区级机关行政事务管理处,2007年更名为庐阳区机关行政事务管理局,是参公管理全额拨款事业单位。

主要负责管理区政务大楼、区公共卫生服务中心大楼、机关宿舍区、公务接待、公务车辆、机关食堂、公共机构节能等事务性工作。

【机关后勤管理】 2013年,区机关行政事务管理局着重以后勤服务保障工作为抓手,强化管理,优化服务,提高管理水平、保障能力和服务质量。依据《物业管理条例》,本着“安全第一、质量第一、服务至上”原则,认真做好政务大楼会议服务、保安、保洁、设施设备的运行管理和维护工作。为政府机关提供各方面物业服务。

对物业管理服务实行量化管理,做到政务大楼内无垃圾、脏物、废物、杂物。垃圾日产日清,保持洁净、无气味。清洁盆栽,定期浇水、施肥。升级改造政务大楼监控系统,提高技防能力。加强消防安全宣传教育,春节、劳动节、国庆节、元旦等节假日前,进行消防安全大检查,发现消防安全隐患,限期整改到位。

按照区领导关于“认真做好机关食堂建设,努力解决好机关干部职工午间就餐问题”要求,经过公开招标,职工午间就餐由合肥和熙园餐饮服务管理有限公司经营保障,机关餐厅服务人员实行统一着装,佩戴工号牌,仪表整洁。每位员工都须持有《健康证》上岗,做好餐厅、包厢、后堂等场所卫生工作，保持餐厅环境整洁，物品摆放整齐有序。机关餐厅全年共接待近 20 万人次就餐，做到生产安全、卫生安全、食品安全零事故，全年就餐人员满意度 85% 以上。

区政务大楼计有 6 处会议室、2 个礼堂和部分楼层会议室。会议室的使用由行管局统一协调，物管中心做好会议服务，按照各部门会议需要，填写《会议服务通知单》，通知物管中心做好会议服务准备工作。礼堂原则上不对外借租，确需借用、租用须提前三天与行管局联系，经行管局局长审核后按借用（租用）协议进行保障。全年共保障各类会议 900 余场次，接待参会人员 10 余万人次。配合信访局、政府办等部门接待来访 1.6 万余人次，

协调公交集团，解决干部职工上下班交通出行问题，2013 年 5 月开通 513 路循环线路公交车。区机关工作人员私家车全部停至距办公大楼 300 米“欢乐颂超市”室内停车场，政务大楼内停车秩序得到有效管理。

【公车管理】贯彻“集中管理、相对固定、统一保障、科学调配”的原则，实行分级负责的权力制约机制。实时记录每台公车的费用台账；公里数、用油量、维修每月公示；根据《庐阳区机关车辆管理规定》坚持车辆入库登记、检查；公务用车由用车部门提前申请登记，按派车时间和地点统筹派遣、合乘出行。

为进一步加强对驾驶人员队伍的管理与教育，提高驾驶人员的整体素质，努力做好机关公务用车的服务保障工作，行管局不定期组织驾驶人员技能与素质培训。要求驾驶人员树立为机关服务、为领导服务思想，具备良好职业道德，做到“安全、准时、保密”，严守工作纪律，自觉维护领导、机关和自身形象，严禁酒后驾车、私自出车和公车私用私驾。节假日公车必须按规定停放在政务大楼内，非经批准不得动用。确因工作需要使用，向区行管局局长和车辆分管领导报告。

全年计派遣公务用车 2000 余台次，完成公务用车保障任务。做到安全行驶 80 万公里无责任事故。

【公务接待】按照“有利公务、简化礼仪、务实节俭、尊重少数民族习惯”接待原则。调研服务市场，降低接待成本，力求公务消费理性、科学、低价。组织相关人员参加接待业务培训，提高服务水平。先后接待南昌市东湖区党政代表团、巢湖市党政代表团和闽商集团等单位。2013 年 5 月 1 日—3 日，配合有关单位做好“首届‘庐阳杯’中日韩三国围棋名人混双赛与古三国业余围棋团体对抗赛”参赛人员就餐、住宿和车辆后勤保障工作。

【公共节能】制定《庐阳区公共机构节能暂行规定》，结合节能宣传周活动，通过区政府网络、区政务大楼电子屏幕等多种途径，宣传《节约能源法》。在政务大楼公共区域和机关餐厅张贴节能宣传画，营造氛围，普及知识，养成习惯。加强对用水用电管理，定期维护，及时维修，随时巡检，杜绝跑、冒、滴、漏和长明灯、长流水等现象。把政务大楼卫生间、地下车库、走廊公共区域的灯具更换为 LED 节能感应灯，取得较好的节能效果。

【新办公大楼建成与搬迁】庐阳区公共卫生服务中心位于庐阳区北二环桃花社区（庐阳区检察院西 500 米左右）。项目建设用地面积 10.67 亩，总建筑面积 25476 平方米，其中地上 18 层，地下 1 层（地上办公建筑面积 20737 平方米；地下建筑面积 4739 平方米），物业管理用房配备不低于

总建筑面积 2‰，且符合规定要求。

现有庐阳区农林水务局、庐阳区卫生局、庐阳区人口和计划生育局、庐阳区环境保护局、庐阳区城市管理局（城市管理行政执法局）、庐阳区安全生产监督管理局、庐阳区市政园林局、庐阳区残疾人联合会、庐阳区重点工程建设管理局、庐阳区卫生局卫生监督所、庐阳区妇幼保健站、庐阳区疾病预防控制中心、庐阳区计划生育服务中心、庐阳区百帮创业服务中心、庐阳区劳动监察大队、庐阳区劳动争议仲裁院于 2013 年 12 月 28 日入驻新楼，区行管局全力做好新迁入单位各项行政后勤管理做到物业管理、机关食堂、网络设施设备全面工作到位。为提高职工餐厅服务管理水平和餐饮质量，更好为广大提供职工优质服务，经过公开招标，庐阳区公共卫生服务中心大楼职工餐厅午餐由安徽大佳一餐饮管理有限公司经营，餐厅严格按照国家《食品卫生法》进行生产操作，确保食品质量安全。

（葛敬霞）

民间传说——李鸿章轶事

庐剧当国歌

李鸿章到英国访问，英国人万人空巷欢迎这位大清帝国的重臣。英国女王亲自接待。到王宫后，英国按理应当演奏中国国歌，乐队指挥想请李鸿章把国歌的乐谱给他以便演奏。中国当时没有国歌，李鸿章久办外交，心想不能失礼，而且堂堂的大清帝国居然没有自己的国歌，这岂不是太让人看不起了吗？

于是，李鸿章说：“尊敬的女王陛下，此次出国访问我们只带了我国国歌的中式乐谱，想必你们的乐师看不懂我们的乐谱。这样吧，我为大家唱一遍吧。”

李鸿章就哼了一段平时最爱听的合肥地方戏——倒七戏，也就是庐剧。只见李鸿章满脸严肃，一本正经地唱开了，声音粗犷高亢。英国人为了表示礼节，都纷纷脱帽鞠躬。李鸿章整整唱了十分钟，刚开始还板着脸，可是唱着唱着就唱忘了，开始做戏里的动作和表情。李鸿章的随从们个个肚皮都笑破了，可又不敢笑出来，只好强忍着。长子李经方在旁边急得直扯李鸿章的袖子，小声说：“父亲，父亲，差不多了，别唱了。”李鸿章这才若无其事地停了下来，“尊敬的女王陛下，这就是我们大清国的国歌。”

英国人听得如痴如醉，心想怎么有那么好听的国歌，都纷纷鼓起掌来。

从此庐剧就成为中国第一首国歌。清政府直到快灭亡了才确定了一首国歌，可是比起李鸿章“创制”的国歌来，整整迟了十几年。

（资料来源：搜集整理：吴　胜）

政协庐阳区委员会

□综　述
□重要会议
□重要工作

综　述

2013年来，政协合肥市庐阳区委员会把握团结和民主两大主题，把谋发展作为履行职能的第一要务，把惠民生作为开展工作的重要内容，把促和谐作为义不容辞的神圣职责，把抓项目作为发挥作用的有力抓手，认真履行政治协商、民主监督、参政议政职能，为促进全区经济社会发展作出应有贡献，政协事业呈现出团结和谐、务实进取、蓬勃发展的生动局面。

重要会议

【庐阳区政协三届五次常委会议】 2013年3月6日在区政务中心5号会议室召开。会议通报区政协2013年工作要点、区政协各专委会2013年工作计划及调研课题和关于加强对委员履职服务与管理的暂行办法。

【庐阳区政协三届六次常委会议】 2013年4月18日召开。会议传达学习全国"两会"精神，并组织参观渡江战役纪念馆和滨湖湿地森林公园。

【庐阳区政协三届七次常委会议】 2013年7月18日召开。会议听取区委常委、常务副区长黄韡通报区政府上半年工作情况、政府办副主任高云飞通报区政协三届二次全会提案办理情况以及区政法委副书记李昌文通报"平安庐阳"建设情况。

【庐阳区政协三届八次常委会议】 2013年12月17日召开。会议协商通过庐阳区政协三届三次会议人事安排；协商确定庐阳区政协三届三次会议议程、日程（草案）；讨论通过庐阳区政协三届常务委员会工作报告（讨论稿）和庐阳区政协三届二次会议以来提案工作情况报告（讨论稿）；审议通过庐阳区政协2012—2013年度先进集体、优秀提案、优秀政协委员名单；审议通过庐阳区政协社情民意信息工作表彰名单；审议通过《政协合肥市庐阳区委员会关于开展政协委员"察民意、问民计、解民忧"为民办实事解难事活动实施方案》。

【政协庐阳区委员会三届三次全体会议】 2013年12月24日至26日，中国人民政治协商会议合肥市庐阳区第三届委员会第三次会议在区政务中心举行。会议审议通过唐亮副主席代表常务委员会所作的工作报告、杨智慧副主席代表常务委员会所作的提案工作情况报告和彭守海副主席所作的庐阳区政协三届三次会议提案审查情况报告；通过区政协三届三次会议决议；列席区三届人大三次会议，听取并讨论区长邓真晓所作的《政府工作报告》及其他报告。会议补选王庆宝同志为区政协三届委员会副主席、尹杨同志为区政协三届委员会秘书长。

委员们认为，2013年以来，区政协在中共庐阳区委坚强领导下，牢牢把握团结和民主两大主题，动员和组织全体政协委员，广泛团结各民主党派、工商联和社会各界人士，齐心协力谋发展，尽心竭力惠民生，凝心聚力促和谐，为庐阳率先基本实现现代化目标作出积极贡献。

委员们对区政府一年来工作给予高度评价，并围绕庐阳区经济、政治、文化、社会和生态文明建设中的重大问题和重点工作，协商议政，提出很多建设性意见和建议。

会议期间收到提案88件。其中，委员个人提案75件，委员联名提交提案10件，政协专委会集体提案2件，民主党派提案1件。经审查，立案66件，涉及庐阳区政治、经济、文化、社会、生态文明建设等各个方面。

【庐阳区政协三届九次常委会议】 2013年12月25日召开，会议听取区委组织部关于候选人相关情况通报。

【庐阳区政协三届十次常委会议】 2013年12月26日召开。会议听取各小组召集人关于小组讨论情况的综合汇报；通过候选人名单、选举办法（草案）及总监票人、监票人名单（草案）；通过庐阳区政协三届三次会议提案审查情况报告；审议庐阳区政协三届三次会议决议（草案）。

【庐阳区政协三届十一次常委会议】 2013年12月26日召开，会议听取大会选举结果相关情况通报。

重要工作

【参政议政】 2013年，庐阳区政协召开主席会议9次，常委会议7次，专题会议3次。区政协三届三次全会期间，委员们围绕全区大政方针和政治、经济、文化、社会生活中重大问题进行协商议政。是年，确定“推进民营经济发展”和“建立健全城乡社会救助体系”两个重点调研课题，组织委员成立专题调研组，在主席会议领导下，深入基层，听取汇报、实地走访、座谈研讨等方式，集中各方面意见，形成《优化发展环境，促进民营经济发展》《关于庐阳区特殊老人养老状况的调查与思考》《以建设信息平台为载体，切实做好社会救助工作》3份专题调研报告，报送区委、区政府及有关部门参考。此外在区政协常委会议上还专门听取区委、区政府领导与有关部门负责同志对全区经济社会发展情况和“平安庐阳”建设情况通报，对美好乡村建设、市政园林改革、社区卫生服务工作、重点工程建设进行专题协商，推动有关方面进一步做好工作。

区政协把关注民生作为履行职能的基本落脚点，把群众呼声强烈的焦点问题作为委员视察的重要内容。先后组织委员对义务教育集团化办学、城隍庙市场改造、最低生活保障、居家养老、社区矫正、河道治理等工作进行专项视察，深入了解情况，细致分析问题，提出不少具有较高价值的意见和建议，有效推动相关问题解决。

【提案工作】 区政协三届二次会议以来，广大政协委员、各民主党派、政协各专门委员会，围绕庐阳改革、发展、稳定大局和涉及群众切身利益的实际问题，提出提案91件，其中有关城市建设与管理方面22件，占总数24%；经济建设方面22件，占总数的24%；文化、教育、卫生方面24件，占总数27%；社区建设和管理方面10件，占总数11%；其他方面13件，占总数14%。经提案委员会审查，立案65件，转为意见处理26件。以上提案按照分口交办的原则，分别送请相关单位进行办理，2013年提案、建议已全部办结，提案办复率为100%。

委员提案以围绕中心、服务大局为出发点，以解决人民群众最关心、最直接、最现实的利益

2013年度区政协重点提案督办会

2013 年 4 月 2 日，区政协社情民意信息员培训会议

问题为重点，得到区领导高度重视和有关部门认真办理。一大批提案涉及教育、就业、医疗、交通等人民群众普遍关注的热点问题，反映委员和政协各参加单位既高度重视科学发展，又关心关注和谐发展。如黄伟委员提出的关于"整合老城区旅游资源，提升合肥旅游竞争力"提案，得到区政府高度重视。2013 年，区政府加大旅游发展力度，加强旅游资源的整合，把老城区的明教寺、李鸿章故居、逍遥津公园、三十岗乡生态旅游和三国遗址公园结合起来，组成一日游线路，通过旅行社向外推介。同时，对全区旅游资源进行摸底，印制《魅力庐阳》旅游宣传画册。岳彩莲等委员提出的关于"建设特色文化街巷"提案，对庐阳区 2013 年进行的许多工作都起到有力推动作用。如：城隍庙将塑造成合肥特色文化历史街区；女人街成功创建安徽著名商业街；合肥市首个创意"小资天地"——豆瓣汇步行街正式开街营业。胡文等委员提出的关于"加强食品安全监管工作"提案，凸显当前社会热点问题，现庐阳区出台《关于进一步加强食品安全工作的实施意见》《庐阳区食品安全网格化监管工作实施方案》等制度，签订管理责任状，开展专项整治，实施信用体系建设，全区食品安全状况明显改善，食品安全形势总体趋好，有效保障人民群众饮食安全，社会各界反映良好。陈一兵委员提出的关于"尽快实施肥西路拓宽工程"提案，经过多次协调督促，肥西路拓宽工程已于 2013 年 3 月 23 日正式施工，年底已全部完工。该工程不仅对古城路段进行拓宽，还在南淝河上再架一座桥，打通断头路，方便群众出行。赵建军委员提出的"增设颍上路等周边沿线公交站点"提案，区委、区政府领导高度重视，多次与市交通局和公交集团协商座谈，最终达成共识，于 2013 年 7 月份正式开通公交线路 513 路，为北二环附近的居民出行提供便捷路线。

【民主监督】 运用调研、视察、提案、反映社情民意等多种形式，将民主监督融于政协开展各项日常活动之中。配合合肥市政协对庐阳区民生工程实施情况开展集中视察，从提高思想认识、增加资金投入、充实工作力量、加大宣传力度、突出关键环节等方面，提出多条具体意见和建议，推动全区民生工程深入实施。组织委员参与“政风行风评议”“行政执法检查”“机关效能建设”等活动，充分行使民主监督职能，促进相关工作规范开展。

引导全体委员围绕区委、区政府重视和群众关心的问题，开展收集和反映社情民意信息工作。召开社情民意信息工作会议，出台《关于进一步做好反映社情民意信息工作的意见》，研究部署政协系统社情民意工作。拓展社情民意收集渠道，从有关单位聘请29名特约信息员，并进行培训。办好《社情民意》专刊，开通委员参政议政“直通车”。全年收集社情民意信息172条，向市政协、区领导和有关部门报送《社情民意》68期。报送的《关于创新我市县区级食品安全监管模式的建议》，在全市社情民意座谈会上发言，受到市委、市政府领导关注。区委、区政府领导对《社情民意》也高度重视，“关于排查老旧小区安全隐患的建议”、“关于修建及维修三十岗乡部分道路的建议”等，均得到落实。

【联谊交流】 2013年5月6日至9日，区政协副主席王家满率队赴江西安义县政协参加全国部分城区（市、县）政协工作研讨会第二十六次会议。区政协关于《围绕中心、服务大局、突出特色》文稿进行书面交流。

2013年区政协先后5次接待省市政协机关领导到庐阳区指导工作；承办合肥市各县、市、区政协秘书长主任会议和安徽省、合肥市、及各县、区政协教科文卫体委员会工作交流会以及合肥市政协文史委主任会议；先后接待江苏省政协副主席范燕青一行关于城市社区卫生服务工作、海南省万宁市政协主席韦章运率文化界别委员、沈阳市大东区政协主席陈列一行、江西省南昌市西湖区政协副主席吴新生关于旧城（棚户区）城中村改造及房屋征收工作、山东省青岛市市南区政协副主席齐士国一行关于民生工作以及加强创新城区管理工作、天津市南开区政协副主席孙国珍带领政协提案委成员关于提案办理协商工作的做法和经验等相关调研走访活动6次。

坚持走访制度，区政协领导班子定期走访各民主党派、工商联，听取对全区经济社会发展和政协工作的意见建议，与民主党派、工商联联合开展调研、视察。

加强与各级各类媒体的联系和协作，经常向媒体通报区政协工作要点和动态。创新政协宣传工作形式，在做好常规宣传报道的同时，围绕一些重点工作进行多角度、多层次的深度报道。精心策划、全力配合全省“政协江淮行”在庐阳区的宣传采访活动，人民政协报《历史文化嫁接新兴业态——合肥庐阳区政协建言促历史文化街区焕发生机》、安徽日报政协广角《新思路打造特色街》、合肥日报《致力打造“中国最美乡村”》、安徽卫视《倾听民意，积极建言点亮民生》等宣传报道，宣传庐阳区经济社会发展和政协的主要工作。充分发挥区政协门户网站在宣传政协工作中的重要作用，优化版面，增加栏目，丰富内容，加大与委员的互动交流。全年有60多篇报道被省政协《江淮时报》、市政协《县区动态》和《庐阳报》采用。

【自身建设】 贯彻落实中共中央关于加强和改进政协工作的全面部署，不断推动制度化、规范化、程序化建设，通过制度创新实现工作创新。结合实际，修订委员履职与管理暂行办法、委员视察调研工作简则等多项制度。规范和完善会议制度，认真开好常委会议和主席会议等例会。坚持执行主席、副主席、秘书长联系政协委员和民主党派制度，认真落实专委会与党委、政府相关部门对口联系制度，使政协各项工作切实做到有章可循。

2013年3月9日，庐阳区政协为进一步落实《关于发挥政协组织优势助力招商引资工作的实施意见》，结合区第二期庐阳讲坛活动对全体政协委员进行一次招商工作专题培训。

2013年4月2日，庐阳区政协在区政务中心3号会议室举办社情民意信息员培训会议。合肥市政协研究室主任郭世碧和调研信息处处长黄根生应邀到会授课指导。

2013年12月中下旬，为认真落实区委、区政府关于群众工作要求，及时为困难群众送温暖，区政协领导班子和机关干部于先后赴亳州路街道、三十岗乡、林店街道、四里河街道、杏花街道、双岗街道开展走访慰问困难群众活动。

（沈亚亚）

民间传说

金 酒 泉

很久以前，合肥淝河边居住着一位叫金大的穷人，靠苦力维生。一天，金大打工归来，带回雇主抵作工钱的两条鱼，回到家中正待杀洗烧煮，以孝二老，不巧其中一条鱼双目流泪，并发出幽幽的哭声。金大甚感惊奇。其二老也于屋内听到哭声，真心出屋向鱼儿作揖，并吩咐金大说：“此乃神鱼，快快放回河去。”金大乃孝子，听了二老的吩咐，便迅即提着鱼桶来到淝河岸边，小心翼翼地将鱼放入河里。

是夜，金大做了一个梦，梦见他所放生的鱼乃龙王之子，龙王之子为感谢其救命之恩，要金大去淝河岸边拾取所送的金块。次日醒来，金大虽仍记得夜间所梦，却并不在意。然金大白天在船上打工，淝河岸乃金大来去必经之道。当其走到岸边正要上船时，脚下被一块东西碰撞三次，金大只得俯身拾起，见是一块乌金，便顿时想起夜间所梦。金大乃是一老实巴交的汉子，他手掂着乌金块，心里默默地想着，金块贵重，但淝河岸边穷人这么多，意义并不大。这些穷人多与水打交道，若能使所有的穷人天天有酒驱寒祛湿，那就好了。于是金大对着金块言道：“夜梦若为真，龙子若真心，穷人不图金，只盼酒泉生。”言罢，金大随手将乌金块扔掷回原地。

说也奇怪，乌金落地后，竟将地面砸了一个大坑，坑内顿时汩汩涌出醇香四溢的泉水。金大手捧泉水尝尝，与酒无异，不禁大喜，忙回村告诉乡亲们前往取酒。自那以后，淝河岸边的穷人，身体渐壮，干活有劲，生活也日渐转好。后来，人们就将此泉称之“金酒泉”。

人民团体·工商联

□工　会
□共青团庐阳区委员会
□妇　联
□科　协
□残　联
□工商联

工 会

【概况】 合肥市庐阳区工会委员会是2002年7月行政区划调整时由原中市区工会办事处更名而来,同年10月25日,召开庐阳区第一次工会代表大会,选举产生第一届庐阳区工会委员会。区工会下设9个街道工会、1个镇工会、1个乡工会、1个工业区工会、9个系统工会和1个区直机关工会,下设一个二级机构庐阳区职工维权帮扶站。经过40多年的发展,目前全区有基层工会组织900个,覆盖单位4300家,专职工会干部31名,兼职工会干部3943名,全区工会会员达8.8万人。

【工会组织建设】 截至2013年6月30日,全区新建工会组织754家,发展会员9374人。实现全总非公企业法人数据库中经营正常企业建会率和职工入会率分别达到80%和85%以上目标任务。推进区域性、行业性工会组建工作,全市首家市场工会华孚城隍庙商业广场工会联合会在海棠街道诞生。工会的组建率和职工的入会率明显提高。全区已有工会有基层工会组织900多家、涵盖法人单位4300多家、工会会员数达8.8万人,全部实行“实名制登记、台账式管理”。

【民主评议】 2013年,全区有449个基层企事业单位开展了民主评议工作。其中,事业单位154个,非公企业292个。参加民主评议的职工人数达11940人,被评议干部1363人,其中优秀810人,称职559人。

【“安康杯”竞赛】 2013年,区工会强化落实“安全第一,预防为主、综合治理”的方针,联合政府相关职能部门开展安全生产和劳动保护监督检查。全区有383家企事业单位,1973个班组,28875名职工报名参加“安康杯”竞赛活动。参赛班组达93%、参赛职工达83%。区工会荣获省“安康杯”竞赛优秀组织单位、合肥市劳动竞赛优秀组织单位等荣誉称号。

【职工困难帮扶】 全年,接听接待职工来电、来访596人次,日常向困难职工提供救助达112人次,发放帮扶款29.08万元。积极介绍下岗失业人员2156人参加省、市劳动部门和工会组织的下岗失业人员专场招聘会和就业援助月活动,为困难职工提供2418条就业信息和就业渠道。

【职工整体素质】 2013年,辖区内的特易购商业有限公司濉溪路店等5家单位获“合肥市五一劳动奖状”荣誉称;志邦橱柜股份有限公司模压车间等5个班组获“合肥市工人先锋号”荣誉称号;三十岗乡的瞿其贵等10名职工获得“合肥市五一劳动奖章”荣誉称号;四里河街道的席金华等10名职工获“合肥市金牌职工”荣誉称号。与市职工大学联手,在工会法律知识、家政服务、电脑操作、花卉园艺等方面,为困难职工和农民工提供有针对性的技能培训,全年培训达2000多人次。

【职工书屋建设】 2013年,新建众城集团省级职工书屋、亳州路街道水西门社区省级职工书屋等省级职工书屋12家,市级职工书屋48家,其中恒信德龙汽车商业管理有限公司职工书屋等4家职工书屋被授予市级示范职工书屋荣誉称号,各种与职工文化活动有关的职工学校、职工活动室,全年参加活动的职工达5万多人次。

【春风行动】 印发《合肥市2013年工资集体

协商签订集体合同“春季行动”实施方案》，实现已建工会的企业工资集体协商和集体合同的签订，构建和发展和谐稳定的劳动关系，依法维护职工合法权益。全区集体合同送审达276家，覆盖企业1053家，覆盖职工达1.9万人。

【夏送清凉】 筹资7万元购买防暑降温物品，慰问职工900多人。7月25日，区四大班子领导来到昆仑花园在建工地、北一环与亳州路交口等地为一线职工送去防暑慰问品并积极主动督促相关部门和企业切实改善夏季职工安全生产作业环境；督促相关企业，在高温天气作业时，合理调整作业时间，避免超时劳动。

【金秋助学】 按照资助范围和条件，对所属区域内2013年考上大学的困难职工子女情况进行调查摸排，全区65名考上大学的困难职工和困难农民工子女先后从市、区工会领到3000元的助学金。市、区两级工会共发放助学金19.5万元。

【送温暖工作】 元旦春节期间，区工会慰问救济困难职工1123人次，发放帮扶款122.36万元。组织区领导和区直部门结对帮扶78户困难职工家庭。开展“心系女职工、爱心帮扶”活动，走访慰问单亲特困女职工23人，发放救助金2.5万元。

【职工互助保险】 全年，区工会统筹24.5万元为全区6200名在职职工办理了女职工特殊疾病保险、职工意外伤害保险、职工重大疾病保险，34名职工从中获得理赔，全年发放赔付及慰问款1.79万元。

（杨　波）

共青团庐阳区委员会

【概况】 截至2013年，全区有直属团委6个，团工委11个，团总支1个，社区、村级团支部71个，全区建立非公企业团组织271家，覆盖团员青年10810人。

【组织建设】 2013年1月8日，举办“团校直通车——走进非公”暨庐阳区非公企业团干部培训班，60多名乡镇街道、非公企业团组织负责人学习党的“十八大”和省第十三次团代会报告精神。

2013年6月，区委出台《庐阳区关于加强新形势下党建带团建工作的意见》（庐〔2013〕37号）。9月，与区委组织部联合印发《关于加强全区服务型基层团组织建设的实施方案》，召开全区团建指导员培训会，聘任96名区直机关及乡镇街道党建工作负责人为团建指导员，派驻到非公企业、商务楼宇帮助加强团建发展。联系召开全市非公企业团建工作中期推进会，2013年新建非公企业团组织76家。2013年，全区461人参加入党积极分子培训班，发展党员156人，推荐112名35周岁以下团员青年加入党组织。

2013年，全区19个集体和19名个人受到市级以上表彰。“关爱明天、普法先行”法律知识竞赛活动获全省“法制在我心、共圆中国梦”法制宣传月优秀活动项目三等奖。三十岗乡团委获2013年度安徽省“农村基层团建示范乡镇”、2013年度安徽省“五四红旗团委”称号。亳州路街道畅园社区团支部获安徽省“五四红旗团（总）支部”。天威合变公司绕线工王勇获安徽省“最美青工”。团区委周洁、四里河街道团工委书记汪洋获安徽省“优秀共青团干部”。三十岗乡团委书记夏阳军获安徽省“优秀共青团员”。

大杨镇、三十岗乡新成立乡镇“实体化”大团委直属团组织63家，获合肥市乡镇“实体化”大团委建设工作第一阶段先进集体荣誉称号。

【“青年文明号”创建】新安房产网采编事业部、公安庐阳分局责任区刑警一队创建2012年度市级“青年文明号集体”，安徽省勘查技术院综合物探分院等12个集体获第六批区级“青年文明号”荣誉称号，合肥志愿者之家等17个集体为区级“青年文明号”创建单位。

【服务青年】8月，召开基层团干座谈会，乡村两级团干、部分实体化“大团委”新建支部书记和创业大学生代表近20人参加座谈。11月，举办“科农行杯”第二届合肥青年创业大赛宣讲暨创业大讲堂暨庐阳区创业专家“四进五送”创业经验巡回演讲活动，100多位创业青年参加宣讲。全区创业就业见习基地6家，年提供见习岗位近百个。2013年协助75名青年落实创业贷款120万元，培训人数224人，带动420人次就业。

2013年5月，联合安徽卫视《每日新闻报》、合肥热线举办“今生今世，牵手逍遥”第二届万人相亲会，参与人数4万人。11月11日，举办“幸福去哪儿，转角遇到TA”庐阳区楼宇、企业青年联谊会，现场接待相亲者150余人。

4月，联合安徽商报、四里河街道举办“以我青春毅力，展现生命风采”十公里毅行赛。5月，与安徽省艺术学院结对开展团员青年歌唱比赛。5月4至5日，举办首届“万科杯”青年足球邀请赛，11月30日至12月1日，举办庐阳企业青年篮球友谊赛。

【志愿者活动】开展“三城同创、青年先行”志愿服务活动，服务争创全国文明城市。开展各类主题志愿行动。

2月27日，联合文明办开展“擦亮城市出入口 争当环保卫士”志愿服务活动，涉及四里河、杏林、海棠等六个街道，含京福、合武支线、合蚌等6条铁路干线，近千名小红帽参加活动。

3月3日，开展“弘扬雷锋精神 开展志愿服务 保护河流水源 建设美丽合肥”保护生态环境志愿服务活动。3月4日，组织200余名团员青年参与“工会林”营造。3月5日，联合安徽省红十字会、安徽工业大学开展“眼角膜捐献，志愿服务在行动”主题宣传活动。3月19日，邀请团市委副调研员、全程参与《合肥市志愿服务条例》起草的吴钊作《〈合肥市志愿服务条例〉解读》专题讲座。3月27日，安徽大学“青年家园”大学生志愿实践基地落户杏林街道。

6月4日，联合区环保局、董铺水库和大房郢水库管理处，开展“小手拉大手 共同保护碧水蓝天”环保宣传活动。

6月16日，开展“探访合肥水源地”徒步走活动。

7月17日，合肥工业大学6名学生开展“关注生态环保 热爱健康生活”主题社会实践活动。

8月，开展“中秋有爱、月饼连心”活动，募集爱心月饼100余盒，价值约1.5万元，探望困难青少年群体40户。

12月5日，省暨合肥市“国际志愿者日——江淮志愿者在行动”主题活动启动仪式举行。省市级领导出席启动仪式。全省各市文明办主任、合肥市所辖12个市县区主要负责人及合肥市志愿者代表近千人出席启动仪式。

【青少年思想道德建设】2013年3月4日，邀请民俗艺人张云萍表演、传授民俗技艺。4月，联合机关工委举办“大湖名城、创新高地“主题演讲比赛。5月，组织200余名团员青年赴“中国梦、庐阳梦、我的梦”五四主题团日活动，联合区委组织部、区委宣传部举办“江淮杯·庐阳区学习党的十八大报告和党章知识竞赛”。

5月10日，联合妇联等部门举办“感恩母亲 孝心先行”第二届亲子文化节。联合安徽大学法律系志愿者举办“社区模拟法庭”普及法律知识，增强法律意识。

7月4日，举办庐阳共青团学习宣传贯彻团的十七大精神宣讲暨团干培训班。开展“我的中国梦从首善之区起飞”中小学生道德实践、“学雷锋、做个有道德的人”主题队会评比活动。

9月23日，开展“绿色上网健康成长”主题教育活动暨文明上网签名仪式。

10月12日，庐阳区国家级书法教育示范学校钢铁新村小学举行以“书千古无言诗、育中华文化魂”为主题的第六届书法节开幕式。

2013年，开通团区委官方微博，指导直属团组织开通微博。在全区开展“青春最强音”团员青年责任形象大家谈微博评选活动。

【维护青少年合法权益】 全区39所中小学配备法制副校长，乡镇街道配备青少年工作权益委员，创建青少年维权岗8个。2013年引进合肥志愿者之家、华益助弱服务中心两家社会公益组织。2月1日，组织开展“欢乐同享 关怀连心”专题活动。

3月13日，联合司法、安监、综治等部门开展法律宣传进社区、进学校、进企业活动，开展315维权知识讲座。

5月26日，庐阳区首家由政府和公益机构共同创办的留守流动儿童活动中心落成。

8月，启动2013年“中石化”庐阳区青少年教育发展基金助学项目，为67名寒门学子争取助学金13.5万元。8月下旬，联合民建庐阳总支，为三十岗乡骨癌青年患者募集捐款5万多元。

8月6日，召开《合肥市未成年人保护条例（草案）》立法调研会议。

10月17日，召开庐阳区重点青少年群体服务管理和预防犯罪工作推进会。

（夏阳军）

妇　联

【妇女创业】 2013年3月8日上午，在淮河路百盛广场，区妇联、区人社局、逍遥津街道共同举办的妇女就业招聘会，活动吸引包括区女企业家协会会员单位、淮河路步行街商贸企业等近30家，提供岗位近200个。11月10日上午，庐阳区基层妇女干部母婴护理特色技能培训班举办首期开班仪式，乡镇、街道妇联主席和区直各机关妇工委主任共42人参加培训。2013年，区妇联和有关单位提供岗位信息发布、职业技能指导、政策咨询宣传12场（次），提供就业岗位110个，实现就业51人（次）。

【文明行动】 3月5日“雷锋日”，全区各乡镇街道组织巾帼志愿者开展免费体检、理发、修鞋、配钥匙、缝纫、法律咨询、为老旧小区补植增绿、清洁家园、交通劝导等服务。庐阳区共有巾帼志愿服务者队伍50支、巾帼志愿者860人，涉及法律维权、家庭教育、心理咨询等服务内容。3月7日上午，庐阳区委、区政府召开全区党建、经济工作总结表彰和纪念“三八”国际劳动妇女节103周年大会。组织参加植树造林美化合肥活动，4月组织妇女干部50余人，到肥东长临河植树100多棵。在全区植树造林活动中，庐阳区广大妇女积极参与植绿护绿活动，庐阳区现有2块1000多亩的“巾帼林”区。4月22日开展“孝顺好儿女”评选活动，推举39名事迹突出符合条件的“孝顺好儿女”候选人。5月11日开展“孝顺好儿女”表彰，评委们对候选人的事迹进行认真、慎重的评选，产生胡林翠等10位庐阳区十佳“孝顺好儿女”。8月8日下午，区妇联联合有关单位开展庐阳区“家庭才艺大赛”活动，区委主要领导以及市委宣传部、市妇联等相关单位领导等共计200余人参加活动。

【妇女维权】 3月6日上午，庐阳区妇联在杏花公园开展“坚持男女平等基本国策保障妇女儿童合法权益”为主题的维权宣传咨询活动。全区各乡镇街道开展维权咨询活动，共发放妇女维权宣传小册子和各类宣传资料10000余份，现场接待咨询300余人。区妇联与区司法局等联合开展5·18法制宣传周活动、6·26禁毒宣传；6月与区安监办开展安全宣传月活动，重点宣传《妇女权益保障法》《劳动合同法》“关爱女孩”“两纲”等。

【妇女关爱行动】 2013年，庐阳区申请2个省妇女专项经费项目（大杨镇吴郢社区妇女之家和三十岗乡小燕湾“徽姑娘农家乐”生态休闲农庄），申请项目经费8万元。“六一”节，区四大班子领导慰问18所学校、幼儿园及流动流守儿童之家6.5万元慰问金及物品。乡镇街道、区妇儿工委成员单位，共慰问辖区活动室、学校、幼儿园40所、慰问金额11万元，慰问贫困儿童约170人，捐出金额约3.5万元。

【基层组织建设】 以“妇女之家”为依托，广泛深入学习宣传党的十八大精神，开展十八大精神宣讲活动。大兴学习之风，强化学习意识，切实增强妇联干部服务大局、服务妇女、服务基层的责任意识，改进服务质量，提升服务形象。组织妇联干部开展“下基层、访妇情、办实事”调研活动，办实事、助发展、促和谐。进一步拓展妇联参与社会管理创新的途径，开展创业发展梦、快乐母亲梦、成长成才梦、家庭幸福梦、美丽家园梦、平等参与梦活动。积极组织开展女村官培训活动，通过各级努力，培训率达到100%。

（徐家莲）

科 协

【概况】 庐阳区科学技术协会成立于2006年，按照《中国科学技术协会章程》的有关规定，庐阳区科协于2012年6月召开庐阳区科协第二次代表大会，选举出新一届科协主席、副主席、委员等。庐阳区科协下设教育体育局科协和合肥三川自控工程有限公司、天威保变（合肥）变压器有限公司两个企业科协。

【青少年科普教育】 庐阳区科协把青少年科普教育作为一项重点工作，每年举办青少年科技创新大赛，开展各种青少年科普教育工作，提高青少年科学素质。5月份，区科协结合实际，制作68块《青少年抗挫折72变》科普知识宣传展板，在辖区内学校开展展板巡展活动。定做50块内容为《家庭生活与食品安全》的科普展板，更新设置在45中外墙科普画廊。11月，庐阳区第九届青少年科技创新大赛，大赛分科幻画、论文作品、发明创作等项目，共有26所学校500多名学生报名参加，最终评审特等奖100名，一等奖150名。

2013年庐阳区青少年科技创新取得丰硕成果：获得青少年机器人竞赛国际级银奖1个；国家级一等奖2个，二等奖2个；省级一等奖10

个，二等奖 9 个，三等奖 22; 市级一等奖 25 个，二等奖 34 个，三等奖 27 个。获得青少年科技创新大赛国家级一等奖 1 个；省级一等奖 1 个，二等奖 4 个，三等奖 1 个；市级一等奖 20 个，二等奖 12 个，三等奖 12 个。南门小学获得第 28 届全国青少年科技创新大赛的“基层赛事优秀组织奖”。六安路小学和逍遥津小学获得第四届“熊博士”全国青少年科学影像节科学 DV 一等奖。四十五中工业区分校和寿春中学获得第四届“熊博士”全国青少年科学影像节科普动漫一等奖。在教育部举办的“中国移动校讯通杯”第十三届全国中小学电脑制作活动中，四十二中学获得人形机器人一等奖，庐阳中学机器人足球和海棠花园小学机器人足球获得二等奖。2013 年 45 中学朱涧箐，42 中学袁浩宇、张琪悦 3 名同学还获得合肥市第十一届青少年科技创新市长奖表彰。

【科普志愿者队伍建设】 庐阳区科协依托行业协会、专业学会和科普教育基地等阵地，组织科普志愿者学习培训和交流，2013 年开展科普志愿者培训 13 次。2013 年各乡镇、街道科普志愿者人数达 580 人。区科协为科普志愿者统一制作服装，对表现突出的科普志愿者给予适当奖励。2013 年开展科普志愿者服务活动近 30 次。组织科普志愿者参与科普日、科技周和防灾减灾日等重大科普活动。

【创建科普示范单位】 庐阳区科协制定《合肥市庐阳区科普示范单位奖励办法（试行）》，奖励办法对奖励范围和类别、奖励对象、奖励标准等作全面规定，奖励办法的出台不仅有利于激发全区党政机关、企事业单位、社会团体以及其他有关单位积极投身科普事业的热情。

2013 年成功创建省级科普示范单位 2 个，市级科普示范单位 9 个；成功创建省级防震减灾科普示范单位 5 个，市级防震减灾科普示范单位 2 个。

【科普硬件设施建设】 2013 年，市区科协共建投入经费 20 万元将三孝口街道龚湾巷社区打造成庐阳区首个社区科普之家。区科协投资 5 万元在逍遥津小学打造庐阳区首个校园科技探究馆。

【品牌科普活动】 5 月 19~25 日期间，区科协紧紧围绕“携手建设创新型国家”主题，突出“提高科技创新能力，加快转型升级”这条主线，动员所有乡镇、街道，利用各种实物、图片、展板、宣传资料等几种宣传庐阳区科技事业发展成就，广泛传播节约资源、保护环境和安全健康等理念。活动期间共悬挂横幅 15 条，发放资料 2000 份，科技书籍 1500 余册；展出展板 60 多块；举办培训班 2 期，培训 300 余人。

2013 年 6 月 23 日，以“食品安全与公众健康”为主题的 2013 年食品安全宣传周活动在庐阳区淮河路步行街百盛广场举行。此次主题活动制作《食品安全与公众健康》科普展板共 50 块现场展出，邀请的食品安全专家现场向广大市民提供食品安全咨询服务，深受市民好评。科普大篷车的科普展品也吸引大量市民围观。活动中，共发放科普图书 2000 余册。

9 月 16 日，庐阳区科协 2013 年全国科普日活动广场科普宣传咨询活动在大杨镇明发商业广场举行。本届科普日活动以“保护生态环境，建设美丽庐阳”为主题，由区科协、区环保局、区教育体育局、大杨镇、清源社区等单位举办，开展广场科普宣传咨询，展出科普展板 100 块，发放科普书籍 300 余册，有效地提高辖区居民的科普意识。

9月18日，跃进小学科普周活动围绕节约粮食、保护环境展开，通过艺术表演和科普知识相结合，寓教于乐，载歌载舞，生动形象地表现“节约粮食就是珍惜劳动果实、保护资源环境”的深刻内涵，达到“互动一个孩子，惠及一个家庭”的效果。

（尹　亮）

残　联

【概况】 中市区残疾人联合会（简称区残联），1990年10月成立，为副科级单位，全民事业编制，编制为3~5人，由区民政局代管。同时召开中市区第一次残联代表大会，出席代表121人，选举聂先柏为执行理事会理事长。

1991年6月，正式成立区残疾人福利基金会。由国家拨款和社会募集累计基金26.6万元。

1993年5月，召开中市区第二次残疾人代表大会。会议选举出席市残联第二残疾人次代表大会代表13人。

1996年5月，召开中市区第三次残疾人代表大会，选举李影为执行理事会理事长。

1997年8月成立中市区残疾人劳动就业管理所，编制1人。

1998年中市区政府对中市区残疾人联合会管理体制、机构性质做出调整，区残联直属区人民政府领导，正科级事业单位，经费独立，由财政单独拨付，编制4名，归口区政府办公室管理。

1998年10月在区属街道设立残联组织。

2000年3月在全区各社居（村）成立残疾人协会。

2002年，由于区划调整，原中市区改名为庐阳区，根据中共合肥市庐阳区委、合肥市庐阳区人民政府筹备组《关于庐阳区党政机构改革实施方案的通知》精神，设置庐阳区残疾人联合会，为区政府直属事业单位，内设办公室和康复科，编制3名，其中领导职数2名。

2003年3月召开庐阳区第一次残疾人代表大会，选举李影为执行理事会理事长。

2003年3月成立庐阳区肢残人协会、盲人协会。

2003年6月成立庐阳区残疾人工作协调委员会。

2007年12月召开庐阳区第二次残疾人代表大会，大会选举产生区残疾人联合会第二届主席团委员；聘请区残疾人联合会主席团名誉主席；选举产生区残疾人联合会二届主席团主席、副主席；推举产生区残疾人联合会执行理事会理事长石义福；推举产生肢体残疾人协会、盲人协会、聋人协会、智力残和精神残亲友协会主席、副主席。

庐阳区现有各类残疾人21000多人，占全区总人口4.38%。其中视力残疾约4140人；听力言语残疾约5100人；肢体残疾约5520人；精神残疾约1700人；智力残疾约1600人；多重残疾约2940人。现已办理第二代残疾证7100人。

2013年，区惠残民生工程工作获得全市考评第一。区残疾人工作获得市综合考评第一。全年在市级以上媒体刊登通讯和信息共1425篇。共征收残保金入库1276万元。

【残疾人救助】 对照《庐阳区贫困残疾人生活特别救助实施方案》，严格审核，并委托乡镇（街道）对救助对象进行三榜公示。给符合救助条件的1154人（城市800人、农村354人），发放救助金118.08万元。超市残联下达任务指标数80人。全年各类助残日、节假日共救助贫困残疾人1500多人次，发放救助金65万余元。对37户贫困残疾人家庭进行无障碍改造。开展贫困残疾大学生及残疾家庭大学生救助工作。根据（合残联〔2012〕157号）精神，为13名贫困残疾大学生和49名贫困残疾家庭大学生提供救助。

【残疾人康复】 全年，发放贫困精神残疾人药费补助。给符合救助条件的400名贫困精神残疾人，每人每年补助药费1200元，发放救助金48万元。6月底通过“一卡通”打卡发放到位。

贫困白内障患者免费复明手术。联合合肥市第一人民医院、普瑞眼科医院，组织眼科专家深入到各乡镇（街道）、社区（村）进行白内障筛查。共筛查856人，完成复明手术100例。术后，区残联组织做好回访工作。对手术不适的患者及时进行复诊、康复治疗，手术复明率达100%。

贫困残疾儿童抢救性康复工作。分别为96名贫困残疾儿童提供人工耳蜗植入、助听器验配、肢体矫治手术、辅具适配、康复训练等康复救助。为220名贫困肢体残疾人免费发放腋杖、轮椅等辅助器具。对全区28个街道（社区）残疾人康复站（室）运转情况进行督查，运转情况整体良好。有效预防精神残疾人肇事肇祸（事）件发生，已纳入《全国重性精神残疾人信息管理系统》的有296人，并施行随报制度。全年共有80名贫困易肇事肇祸精神残疾人在项目定点医院接受6个月免费治疗，并同时给予每人每年1200元药费补贴。

【残疾人就业】 2013年，区残联有针对性地组织残疾人开展按摩、插花、计算机操作等职业技能培训，同时对农村残疾人开展种植、养殖实用技术培训，全年共培训100名残疾人。通过培训，大部分残疾人初步掌握就业和创业技能。组织15名残疾人参加合肥市第九届残疾人技能大赛，取得较好的成绩，并有2名残疾人被选拔参加省残疾人技能大赛。

有计划指导各乡镇（街道）残联，因地制宜，扶持残疾人就业。三十岗乡残疾人就业扶贫基地运作良好，现已安置25名残疾人就业，辐射带动60名残疾人就业，个人年收入达1.5万~2.5万元。

【残疾人文体工作】 2013年，合肥市开展创建“全国残疾人文化体育建设示范市”活动，庐阳区把开展残疾人文化体育工作列入区级惠残民生工程，并要求全区各级各部门积极投身到创建活动中来，把各项工作做实、做细，摸实情、出实招、求实效，推动创建活动向纵深发展。

【一街一品，一居一特】 2013年，成立全区范围的残疾人读书会，林店街道成立全省首个残疾人腰鼓队，逍遥津街道成立“巧巧手”残疾人手工编织社，杏林街道成立何煜影像工作室，四里河街道成立“蒲公英”残疾人合唱队、乒乓球队，海棠街道成立“心之梦”残疾人瑜伽队。各类团队做到有活动计划、有场地、有必备的器材，广大残疾人朋友涌跃参加，为庐阳区群众性文体活动增添一道靓丽的风景，逐步在全区形成“一街一品”，逐步实现“一居一特”的残疾人文体工作特色。

（朱　伟）

工商联

【概况】 庐阳区工商联（以下简称“区联”）成立于2003年，业已三届。会员1762家，会员企业涉及制造、商贸、餐饮、金融、地产等近40个行业。围绕服务非公经济发展，强化工商联党组建设，深入开展非公经济人士理想信念教育实践活动。2012年10月26日正式登记注册庐阳区总商会；同年11月指导组建合肥市淮河路步行街商会。

2013 年 12 月 23 日，第二届慈善晚会上率先在全省成立庐阳区工商界慈善联盟，省工商联秘书长李俊波、合肥市委常委、统战部长韦弋、合肥市委统战部副部长、市工商联党组书记夏向东出席启动仪式。慈善联盟倡导可持续性“微慈善”理念，通过“面”与“点”“线”相结合模式，建立慈善长效帮扶机制。

【创新发展】 2013 年 1 月，率先在四城区开通工商联网站。通过网站、会员 QQ 群、工商联简报“三合一”服务载体加强政企信息传递。

【主要荣誉】 区联先后荣获 2013 年度省工商联宣传工作先进单位，商会合作共建皖江先进单位，合肥市工商联系统经济工作先进集体，区联所属 29 位会员企业家先后荣获“合肥市优秀中国特色社会主义事业建设者”“庐阳区道德模范”“中国好人”等荣誉称号。

（周　群）

地名掌故

迴龙桥

迴龙桥的传说有二：

其一，相传清康熙年间，合肥一龚姓大司马的女儿荣升贵妃。一日，她想请皇上陪她回合肥省亲。为了让皇帝不经城门直接跨淝河入城，地方官吏们决定在城西专建一桥。不巧省亲之事传至京都，被一些朝廷重臣劝阻，说合肥有斩龙岗、梅龙坝等冲犯圣讳，前往不吉。故此，皇帝亲临合肥的决定便作罢了。而为迎接皇帝到来的桥已经建好了，后被定名为迴龙桥，意即皇帝（真龙天子）回去了。后来河变桥毁，而连接桥与城区的路却留了下来，形成迴龙桥巷，即在今三孝口西南。

（资料来源：宋功林、占金兵《迴龙桥巷风光不再》）

其二，相传三国时，东吴孙权率兵侵犯合肥，魏王曹操早有准备，伏兵于藏舟浦，待吴兵至，突然出击。孙权见曹操兵舰突至，又见藏舟浦碧波浩渺，芦荡丛深，魏曹有大量伏兵，便强打笑脸拱手曰：“别来无恙，想不到汝来如此神速。”曹操也勉强以礼答曰：“老夫在日，东吴休存妄想，望将军珍重。”孙权见此战很难打下去，遂掉头返回。因此处有桥，后来被称为“迴龙桥”。

（资料来源：郎章正、郎早正《“稻香楼”与“迴龙桥”》）

法治·武装

- □政　法
- □公　安
- □检　察
- □审　判
- □司　法
- □武　装

政　法

【概况】 2013年,区政法工作贯彻落实党的十八大和中央、省、市政法工作会议精神,围绕中心,服务大局,以平安建设、法治建设、队伍建设"三大建设"为载体,以提高做好新形势下群众工作、维护社会公平正义、新媒体时代舆论引导、科技信息化应用、拒腐防变"五个本领"为保障,加强政法工作和政法队伍建设,为全省"首善之区"和辐射源建设提供有力的政法保障。2013年7月10日,市委常委、政法委书记张进专题调研全区政法工作,给予高度肯定。

【综治工作】 2013年,全区综治工作围绕区委、区政府中心工作,以平安建设为目标,以安全停车、技防延伸、调解覆盖"三大工程"为载体,加强社会面治安管控,排查化解矛盾纠纷,为打造全省"首善之区"和辐射源建设营造良好社会环境。2013年全区居民群众安全感得分在合肥市各城区中名列第一。

推进平安建设工作　年初,与各乡镇、街道及区综治委成员单位签订《2013年度社会管理综合治理目标管理责任书》,落实责任,明确任务。将社会管理46个项目与平安创建工作任务有机结合,把平安创建职责任务分解到42个综治委成员单位,建立各司其职、各负其责、相互协作、相互配合的工作格局。区综治委定期召开社会管理创新项目推进会,确保社会管理项目及平安建设任务落到实处。

社会管理落到实处　研究出台《庐阳区非机动车安全停车工程实施方案》和《庐阳区安全停车工程示范点标准》,在辖区中心闹市区、商业写字楼宇、城郊结合部等区域,通过推行街道统管、服务外包、单位自管等形式,实施非机动车"安全停车"工程。亳州路街道财富广场、海棠街道华孚城隍庙、双岗街道华联超市、杏花村街道天然新都市小区等13处停车点被授予"庐阳区安全停车工程示范点"。实施"行业调解"工程,推进道路交通事故调委会、医患纠纷调委会建设工作,全年化解交通事故矛盾纠纷387起、医患纠纷12起。实施"技防延伸"工程,在公安机关布局3000个机位、2400个点位基础上,建立1021个区支网点位,在紫桐新村和谢岗村、岗西村,杏花村街道汲桥新村小区、步行街等区域安装127个高清摄像头。学习上海陆家嘴街道平安商务楼宇建设经验,结合庐阳区实际,制定《关于开展综治工作进商务楼宇的实施意见》。2013年9月25日,合肥市首家楼宇综治工作站在亳州路街道财富广场揭牌运行,工作经验在合肥市深化平安建设大会作经验交流。

做好综合治理工作　强化社会面治安防控,以公安机关推行网格化巡逻防控模式为契机,将全区416名专业治安巡逻队员全部分流到派出所,实行步巡和车巡相结合,24小时全时空覆盖社会面。全年全区街面两抢警情同比下降33.33%,"四类可防性"案件同比下降9.77%。加大社区(小区)治安防控,在畅园新村等居民小区免费发放闭合式门窗报警器1万多个,购置6辆警用电动车在汲桥新村等小区开展机动巡逻,组建348名"4050"治安巡逻人员、2325名楼栋长、553名义务巡逻员开展小区治安巡逻。开展重点地区排查整治,区里每季度、乡镇街道每月、社区(村)每周定期组织力量深入"城中村"、建设工地和老旧小区等治安复杂区域,开展治安乱点和突出治安问题的排查整治活动。对逍遥津街道步行街非法销售管制刀具、宿州路与环城路交口露天赌博等治安重点区域，实行挂牌整治，整治效果明显。坚持定期开展矛盾纠纷排查调处，每月区级召开矛盾纠纷排查调处联席会议，全年排查各类矛盾纠纷3729起，调解成功3726起。制定出台《庐阳区集中打击清理传销行动工作方案》，先后组织开展10多次打击传销集中清理行动，命名“无传销社区（村）”64个。

【维稳工作】 2013年，全区维稳工作以“四个防止”为目标，全力推进社会稳定风险评估，强化情报信息研判，积极稳妥地处理化解一批涉稳问题，全区社会政治大局和谐稳定。区维稳办形成的《坚持以人为本、依法妥善化解》调研报告在全市推广。

加强情报信息收集预警　完善区、街道、社区三级维稳信息收集网络，及时获取各类内幕性、行动性情报信息。坚持每月召开全区维稳信访工作例会，判断形势，研究措施。全年收集国保信息42期、涉稳信息1100多条、编写维稳动态8期。

做好敏感时期稳控工作　区委书记、区长多次就维稳工作作出批示，区委、区政府分管领导每逢重要敏感节点和重大涉稳问题都亲自召开专题会议进行调度部署。积极认真做好重点利益群体教育稳控工作，密切关注对越自卫反击战退役人员、企业军转干部、抗美援朝老战士等涉军重点人员动态，落实“三位一体”包保机制和五包责任措施，掌握行动信息，化解一批到省聚访事件，全年未出现重点人员到省、进京聚集上访事件。

化解涉众群体性突出问题　对梳理的21个重点涉稳突出问题进行跟踪督办，明确责任，找准症结，逐件化解。全年化解古城四村、森林公园等11个涉稳突出问题，10个未化解涉稳突出问题列为年度重点督办。

完善社会稳定风险评估　调整区社会稳定风险评估工作领导小组，两次召开全区社会稳定风险评估工作推进会议，先后对花园宾馆改造项目、地铁2号线、森林公园二期分房等21件事项进行社会稳定风险评估，有效维护社会稳定。

维稳应急处置工作　先后出台《关于进一步加强庐阳区基层维稳应急处置机制建设的实施意见》《庐阳区重大突发事件应急处置制度》，明确基层维稳应急处置机制建设的工作重点、主要任务和工作要求，确定大杨镇、杏花村街道、双岗街道为试点单位，组织试点单位相关人员赴南陵县何湾镇、巢湖市柘皋镇、半汤街道参观学习，在杏花村街道召开区基层维稳应急处置机制建设现场会，全区维稳应急处置工作得到市维稳部门充分肯定。

【政法宣传】 2013年，区委政法委高度重视政法信息调研工作，确定一名副书记分管，突出政法重点工作宣传，与区委宣传部门密切合作，营造浓厚的政法工作舆论氛围。加强与各级新闻媒体以及上级业务部门沟通联系，广泛宣传全区政法工作成果。7月27日，法制日报头版以《“三无小区”变“平安小区”——庐阳区平安建设放权群众》为题，对全区平安建设工作经验进行推广。第七期《长安》以“合肥市庐阳区楼宇党建服务经济”为题介绍全区社会管理工作。7月31日安徽电视台《新闻联播》、4月1日《合肥午间新闻》、6月20日《合肥新闻联播》分别对全区政法综治工作进行宣传报道。全年编发区《综治动态》12期，省《治安瞭望》用稿2篇、省《综治动态》用稿2篇、市《综治动态》用稿5篇。

（陈剑峰）

公安

【概况】 庐阳公安分局辖区面积136.32平方公里，以合肥市整个环城路内为核心，向北和西北方向延伸，是合肥市政经、文化中心。辖区内省委、省政府、省政协等党政机关集中，商业网点密布。

2013年，庐阳公安分局立刑事案件8037起，破案3699起，刑拘848人，逮捕575人，起诉921人，摧毁团伙66个，瓦解成员245人，破获团伙案件739起，抓获逃犯540人，本地380人，外省87人，破获命案5起。

【严打严重暴力案件及团伙案件】 根据辖区犯罪形势，深入重点地区部位、重点行业场所开展集中打击。成功侦破“2013.1.2”特大抢劫案、“2013.1.31”故意伤害（致人死亡）案、“2013.4.28”故意杀人案、“2013.5.29”故意杀人案、“2013.8.23”故意杀人案。破获省厅挂牌案件8起，“1·18”网银被盗案、“10·23”系列丢包诈骗案、系列盗窃汽车案、系列攀爬入室案、石玉珍等组织领导传销案、盗窃车内物品案、“2013.8.30”省厅目标毒品案件、“2013.2.16”省厅目标毒品案件（同时公安部挂牌）、公安部挂牌汪国文等非法经营案。

【严打毒品犯罪】 2013年，全区破获贩毒案件81起，刑拘涉毒81人，缴获毒品3378.5克，破获“2013.2.16”公安部毒品目标案件，抓获22人，刑拘11人，缴获毒品K粉4427克，冰毒16克；破获“2013.8.30”省公安厅目标毒品案件抓获8人、刑拘5人、缴获毒品冰毒1983.5克。

【严打经济犯罪】 针对经济犯罪特点实行多部门协同作战，提高打击经济犯罪成效。2013年立经济案件175起，破148起，刑拘121人，逮捕65人，起诉111人，追回损失4881.25万元。2013年5月份成功破获汪力、李登等人涉嫌组织、领导传销活动案，起诉13人；2013年9月成功破获打假行动公安部督办案件汪国文非法经营药品案；2013年9月成功破获部督传销案件石玉珍、王海棠等人涉嫌组织、领导传销活动案，起诉45人。2013年在打击银行卡犯罪工作成绩中被中国银联安徽分公司、安徽省公安厅经济犯罪侦查总队评为“2013年度打击银行卡犯罪突出集体”。

【整治治安突出问题】 针对辖区黄赌等群众意见较大治安热点问题，开展一系列专项行动，成效明显。2013年，成功侦破各类黄赌案件258起，其中涉黄案件98起，刑拘12人，起诉15人，治安拘留209人，查扣淫秽物品746件，取缔涉黄场所95家。涉赌案件160起，刑拘36人，起诉78人，治安拘留642人，取缔赌博游艺机室20家，查扣赌博游艺机530台、查扣其他赌具180件、赌资94.76万元。

破获公安部挂牌督办的“幻影电玩城开设赌场案”，该案件庐阳公安分局治安大队被市局授予专案三等功。

（范志良）

消　防

【概况】 2013年，全区消防部队共接警498起，出动消防车714辆次，消防官兵5554人次，抢救被困人员24人，疏散人员200人，抢救财产价值142.3万元。

【火灾情况分析】 2013年，全区共发生火灾

350起，死亡0人，受伤0人，直接财产损失100.49万元。火灾统计综合数据表明，近年来，庐阳区虽未发生伤亡多、损失大、社会影响大的火灾，但消防安全形势不容乐观。造成火灾的主要原因是：电气线路故障、用火不慎、吸烟以及燃放烟花爆竹，其中，电气火灾占火灾总起数的38.3%，用火不慎占火灾总起数的20%。

【工作责任制】 2013年，区政府召开全区消防工作会议1次；召开消防安全委员会会议1次；召开今冬明春第二次“清剿火患”部署会和推进会1次。庐阳区领导多次亲自视察慰问部队、带队开展消防安全检查、主持召开专题会议研究火灾隐患整改工作。区委区政府加大消防业务经费的投入，2014年大队正常业务经费达到469万元，后勤保障能力明显增强。

【隐患排查整治】 以各类专项治理为切入点，狠抓火灾隐患排查整治工作，做到隐患不除，监督不止。圆满完成了“除火患，保平安”冬春专项行动，“江淮安宁”“大排查大整治”“今冬明春”等专项行动。积极推行网格化实名制、户籍化管理工作，努力确保社会面火灾防控形势的稳定。2014年以来，庐阳大队检查单位2611家，发现隐患2589处，整改隐患2527处，下发处罚决定书115份，查封40家，三停28家，罚款1181500元，拘留4人。通过消防监督执法工作的深入开展，社会防控火灾的能力大为增强，有效遏制了火灾事故的发生，确保了全区消防安全形势稳定。

【网格管理】 为进一步拓展社会火灾防控力量，庐阳区着力构建三孝口街道、大杨镇以及三孝口街道杏花社区作为消防安全网格化管理示范单位。大杨镇十张村被打造为庐阳区第一个“网格化实名制”标杆社区，并于3月26日在大杨镇十张村成功召开消防安全网格化管理现场会暨“实名工作制”推进会。全区11个乡镇、街道和园区分别对应着11个“大网格”、73个社区、村居委分别对应着73个“中网格”。“中网格”、再以若干户为单位划分为283个“小网格”，每个“小网格”都确定网格长和网格员，全区共有500余人参与消防安全管理。网格中每一个具体实物和信息都可以通过“小网格”反馈到“中网格”，再反馈至“大网格”，最终得以解决。形成“处处有人管理、事事不出网格”的工作格局。街道、乡镇建立健全消防安全网格化管理组织和工作机制，发动综治办、居（村）委会、治安巡防队等基层力量，对网格内的单位、场所、居、村、民楼院，村组进行全面排查。街道、乡镇建立消防工作站，组织对网格内单位、场所特别是重点区域开展不间断防火巡查。

【消防宣传】 2013年，开展“庐阳区消防安全培训暨实名制户籍化工作推进会”，参训的社会单位人员1119人；携手安徽生活广播等媒体参加“走进社区，服务民生”大型综合公益宣传活动或广场宣传活动12次；对六安路小学、淮三小、长三小等学校、皖能电厂等企业、龙帝国等娱乐场所单位内部进行消防培训和演练23次；119宣传周期间，对金鹰商场、城隍庙、六安路小学、省公安厅幼儿园、逍遥津街道义仓社区内的逍遥津老年公寓等单位开展“生命通道体验活动”；形式多样的消防宣传教育活动的开展，强化居民的消防安全意识，提高抗御火灾的能力，增强做好消防工作主动性和积极性，有力地推动了全区消防工作的社会化进程。

（张　光）

检 察

【概况】 庐阳区人民检察院历经东市区人民检察院、南市区人民检察院、中市区人民检察院多次变迁。2002年,更名庐阳区人民检察院。目前,下设反贪污贿赂局、反渎职侵权局、侦查监督科、公诉科、民事行政检察科、职务犯罪预防科、控告申诉检察科、案件管理中心、技术科、法警大队、监察室、法律政策研究室、政治处、办公室等机构14个。人员编制60人,在编54人(含离岗退养4人)。

【刑事检察】 2013年,区人民检察院受理移送审查逮捕案件396件617人,批准逮捕379人;受理移送审查起诉案件506件816人,提起公诉426件646人。其中,无逮捕必要不捕122人、相对不起诉32人。全区刑事犯罪案件有如下特点:刑事案件总体呈高发态势,社会综合治理任务依然艰巨;盗窃、信用卡诈骗、故意伤害案件数量上升幅度较大,交通肇事、危险驾驶犯罪案件数量减少较多。

【职务犯罪惩防】 2013年,区人民检察院立案侦查贪污、贿赂案件11件12人,其中,大案9件9人,要案3件3人,为国家挽回经济损失260余万元。3月,与安徽省、合肥市检察院联合查处本市房地产开发、规划设计、税收征管等领域系列渎职犯罪案件5件5人,为国家挽回经济损失1600余万元。

加强职务犯罪预防,向相关涉案单位发出检察建议54份。6月,区检察院牵头开展涉农资金专项检查活动,抽查补贴项目19项,涉及资金1639万元。11月15日,组织召开全区预防职务犯罪领导小组会议,区委书记吴劲、区委常委、常务副区长黄韦华、区人大常委会副主任李旗号、区政协副主席王家满及区预防职务犯罪领导小组成员单位主要负责人出席会议,区委常委、区纪委书记曹佑华主持会议。是年,该院廉洁警示教育基地共接待安徽省立医院等多家单位2000余人接受教育,被评为安徽省检察机关“五优基地”。

【诉讼监督】 2013年,区人民检察院监督公安机关立案14件15人,督促撤案11件16人;纠正漏捕47人。与区卫生局、安监局、环保局等近十家行政执法单位确立联席会议制度,督促有关单位将行政执法工作中发现的涉嫌犯罪案件及时移送侦查机关处理,是年,建议行政执法机关移送刑事案件7件7人。8月,在全省率先尝试捕前公开审查机制,采取“公安机关指控、犯罪嫌疑人及辩护人答辩、承办检察官居中裁决”的诉讼化程序公开审查提请批捕案件,是年,对12名犯罪嫌疑人适用公开审查。建立捕后羁押必要性审查机制,是年,对5名犯罪嫌疑人适用羁押必要性审查,及时变更强制措施。

区人民检察院对90%以上的公诉案件提出量刑建议,基本被区法院采纳。推行简易程序案件集中出庭模式,对简易程序案件集中送案、集中开庭,全年出庭公诉简易程序案件300件406人。1月,在全市首次尝试侦查人员出庭作证机制,成功出庭公诉朱某非法经营3000万元大案,该经验被安徽省人民检察院批转推广。

2013年,区检察院办理民事行政监督案件5件。2月,在审查苏某某与刘某某所有权确认纠纷一案中,以认定事实确有错误向法院发出再审检察建议,被法院采纳并改判。该案系修改后民事诉讼法将“再审检察建议”规定为法定监督方式后,全市第一起提出再审检察建议并经法院改判的申诉案件。12月,现场监督合肥市工业投资控股有限公司申请执行合肥市玉兔宾馆有限公司房屋租赁合同纠纷案，实现了对法院民事诉讼活动从事后监督到同步监督和现场监督的转变。

【控告申诉检察】 全年，区检察院办理信访案件86件，办理检察长交办刑事申诉复查案件39件，办结上级检察院交办刑事申诉复查案件2件，无进京赴省非法访。

【案件管理】 7月2日，区人民检察院案件管理中心经区编委2013年第二次会议研究同意设立。7月31日，正式挂牌运行。该机构主要负责统一案件的进出口管理、案件流程管理、办案程序、办案期限及办案质量管理、监督、预警、案件评查、统计分析、综合考评等工作。是年，案件管理中心接收各类案件453件、卷宗801册，接待辩护人、诉讼代理人203人次，接受法律文书306件次，成为区人民检察院对外服务的重要窗口。

【社会管理创新】 4月，在区检察院职务犯罪预防科设立"检察工作进社区"办公室。24名青年检察官结对8个社区，开展法治宣传、法律咨询、讲座、社区帮扶等活动。加强社区矫正检察监督工作，建立完善与区法院、公安分局、司法局等单位的联席会议制度和信息互通机制，实现社区矫正各环节的无缝对接，动态监督矫正人员238名，查阅矫正人员档案150余份，走访矫正人员10余人次；对工作中发现的问题及时纠正，监督审判机关撤销缓刑、收监执行4人次。

（赵　婕）

审　判

【概况】 合肥市庐阳区人民法院前身是合肥市东市区人民法院，始建于1958年6月，1963年4月被撤销，恢复于1973年11月。2002年3月根据合肥市区规划调整，更名为合肥市庐阳区人民法院。全院现有在编干警91人，内设立案庭、刑庭、民一庭、民二庭、行政速裁庭、执行局（庭）、审监庭、办公室、政治处、研究室、监察室、审管办、法警大队，以及派出法庭杏花法庭。2013年，庐阳区人民法院新收各类案件7563件，办结7442件，分别比上年增长15.8%和11.7%，法官人均结案145.92件。

【刑事审判】 2013年，庐阳区人民法院贯彻宽严相济刑事政策，全面加强刑事审判工作。受理刑事案件477件724人，审结456件685人，同比下降5.1%和8.4%，辖区治安呈良好态势。判处十年以上有期徒刑4人，三至十年有期徒刑82人，三年以下有期徒刑、拘役及缓刑和单处附加刑599人。重点打击两抢一盗等严重侵犯公民人身财产安全犯罪、危害食品安全犯罪、非法经营、非法吸收公众存款等扰乱市场经济秩序犯罪、职务犯罪等刑事案件。严把案件证据关和适用法律关，依法保障刑事被告人诉讼权利，为被告人指定辩护人15人次，为少数民族、聋哑被告人聘请翻译21人次，侦查、鉴定人员出庭作证4件8人次。悉心调解刑事附带民事诉讼案件，减少社会对抗，审结的32件附带民事案件中调解27件，被害人及时获得赔偿款335.5万元。

【民商事审判】 2013年，庐阳区人民法院发挥审判工作对社会关系和经济关系引导、调节、规范作用，有效运用司法手段调处关乎民生、影响经济发展的矛盾纠纷。受理各类民商事案件4945件，审结4429件，同比分别上升8.7%、13.6%。坚持调判结合，调解、撤诉2646件，调撤率达59.74%。稳妥审理涉群体利益的房地产买卖、租赁、拆迁安置和物业纠纷案件746件，依法处理涉“蓝钻尚界”、“墨荷名邸”等一系列群体性纠纷，促进辖区和谐稳定；发挥专业合议庭职能，审理涉农、涉残、涉军、涉妇女儿童、涉老年人权益案件146件；审慎审理劳动争议、婚姻家庭、侵权责任等事关群众切身利益纠纷案件1604件，2013年6月区人民法院受理被告为安徽某酒庄贸易公司劳动争议系列案件43件，经过连续两天庭审和调解，被告承诺按期支付拖欠工资并补办社保，案件全部调解结案；依法规范民间借贷和企业融资行为，审结相关案件747件、标的6.22亿元；妥善审理涉及金融借款、生产流通和消费领域纠纷案件1689件，规范市场经济秩序。

【行政审判】 2013年，庐阳区人民法院以合法性审查为中心的行政审判理念，依法妥善处理行政纠纷。坚持行政案件协调处理机制，搭建政府与民众良性互动桥梁，通过法律宣传释明，由行政机关主动变更具体行政行为或行政相对人申请撤诉，化解行政争议。如李某等13人不服省发改委高速公路规划批复案，法官实地探访、组织协调，原告最终同意拆迁安置补偿并撤诉。严格审查行政机关申请强制执行的非诉行政案件，支持行政机关有效履行社会管理职能。全年审结行政诉讼案件37件，有8件经协调原告撤诉；审查行政机关的处罚决定并裁定准予强制执行41件，标的额530.6万元。

【执行工作】 2013年，庐阳区人民法院强化执行举措，助力“诚信庐阳”。受理各类执行案件2111件，结案1721件、标的8.56亿元。进一步完善分段集约执行机制，构建分权制衡执行模式，区人民法院经验在全省法院执行工作会议上做交流发言并推广。审执衔接，对608起案件采取保全措施，保全金额5.7亿元；加大查控力度，采取集中查控措施320次，涉及被执行人4634人次，查询被执行人银行存款信息3万余条4000万元，查控房产土地1300余宗，确保案件得以高效顺利执行。完善执行联动机制，落实被执行人财产申报制度，用足用好强制执行措施，坚决制裁抗拒或规避执行行为，依法对拒不履行义务的被执行人司法拘留8人，限制出境6人次。实施失信被执行人名单公开制度，通过最高人民法院网站公布36名失信者名单，推动社会诚信体系建设。

【诉前联调】 2013年，庐阳区人民法院推进多元调处，探索“四调合一”。继续构建以司法调解、行政调解、人民调解、行业调解为基础的“四调合一”工作体系，理顺诉讼与非诉相互衔接、相互配合、相互协调多元化矛盾纠纷化解路径。通过深入村居座谈、现场指导调解、举办专题讲座等形式指导基层调解员，对15份人民调解协议发出司法确认书确认效力；委托基层组织参与诉讼调解，促成5起案件和解；设立诉前调解室，邀请人民调解员常驻法院，调解纠纷125起；承接合肥地区保险纠纷诉调对接试点工作，通过委托保险行业协会调解员参与纠纷调解的形式，成功调结合肥地区试点以来首例案件。

【司法为民】 2013年，庐阳区人民法院完善司法为民各项措施。加强窗口建设，落实便民举措：以诉讼事务服务为重点，不断完善诉讼指导、案件查询、诉前调解、判后答疑“一站式”服务。建立统一司法救助制度，落实救助资金，切实保障当事人诉权，全年为困难当事人办理司法救助27次、缓交诉讼费42.1万元；启动民商事案件小额速裁试点工作，减轻当事人诉讼负担；开辟诉讼“绿色通道”，采取预约立案、巡回审判、现场调解等形式，方便老年人、残疾人、农民工等特殊群体以及追索劳动报酬、赡养、抚养、人身损害赔偿等案件诉讼。注重标本兼治,化解信访案件。全年接待群众来信来访 9041 人次,审查立案 7563 件,化解 3 起重信重访案件。延伸司法职能,参与社会治理。组织“走基层、强服务、提能力、扬法治”等主题实践活动,干警 249 人次开展巡回审判、现场办案、法制宣传等 22 场次;实施审前调查评估 84 人次;践行“一线为民工作法”,在桃花社区设立“法官工作站”;走进《都市直通车》电视栏目,为群众答疑解惑。

【法院建设】 2013 年,庐阳区人民法院贯彻落实党的十八大精神和习近平总书记关于法治建设重要论述,加强自身建设,打造过硬队伍。开展各项主题教育实践活动,全年开展集中培训 9 次,参加上级法院及区委、政府组织的各类培训 27 批 109 人次。配齐党组成员,提拔任用和晋升职级 10 人次,提请人大常委会任命 5 名审判员,内部轮岗 19 人次,激发队伍活力。充实审判力量,新招考公务员 4 人,增聘书记员 9 人。加强司法廉政防控。走访当事人、发放征求意见表、召开执法执纪监督员座谈会。推进信息化建设,成立信息化工作领导小组,完善法院专网建设,畅通上下级法院数据传输、网站互访、视频会议。推进档案数字化工作,对 1166 件普通程序案件庭审全程录音存档,扫描纸质案卷 4096 卷、33.5 万页。发挥文化“软实力”,把培育法院文化与弘扬法治精神结合起来,在主题演讲、书画摄影、各类文体活动中均收获奖项。民二庭被命名为省级“青年文明号”。自觉接受监督。依法向人大报告工作,认真办理并及时答复人大代表议案建议、政协委员提案,全年邀请人大代表、政协委员 70 余人次视察、座谈及旁听庭审。扩大陪审员队伍,拓展人民陪审员陪审范围,新换选陪审员 27 名。53 名陪审员全年参审案件 1012 件,陪审率 99.5%;开展公众开放日活动,邀请和组织青少年、在校大学生及各界群众 200 余人次旁听庭审、参观法庭,公开裁判文书 118 份供公众查询,听取意见建议。强化司法宣传,回应社会关注。在各级各类媒体刊发稿件 446 篇,其中国家级媒体 27 篇,省级以上媒体 179 篇。加强对网络舆情分析研判,逐步形成司法审判与社会舆论常态化良性互动,促进民主公开,推进“阳光司法”。

(郭芳兵)

司　法

【概况】 1982 年 4 月成立中市区司法科, 1984 年 6 月改为司法局。主要职责是:贯彻执行党和国家司法工作路线、方针、政策和上级司法行政部门工作指示、决议和决定;坚持围绕改革、发展、稳定大局,服务于党委、政府中心工作,制定全区司法行政工作中、长期规划、年度计划并组织实施。制定全区法制宣传教育规划、年度计划并组织实施,指导全区基层、行业、区域依法治理工作,促进社会提高法治文明程度。指导基层人民调解组织建设,抓好人员培训,开展好民间纠纷的调处工作。指导基层做好安置帮教工作组织网络建设,协调落实对刑释解教人员的安置和帮教的政策与措施,有效降低重新犯罪率。管理、指导社区矫正工作。管理、指导区律师和法律援助、“148”法律服务等工作,为公民、法人提供优质高效的法律服务,为社会弱势人员提供有效的法律救济。管理、指导基层司法所、法律服务所工作,抓好全区司法行政系统装备建设。负责全区司法行政队伍建设,与基层党委、政府共同做好司法所(法律服务所)人员的教育管理工作。负责全区司法行政复议和应诉工作。做好区委、区政府及上级业务部门交办的其它事项。

区司法局下辖11个司法所，9个街道司法所，两个乡镇司法所。

2013年，区司法局以化解社会矛盾为主线、以服务服从于区委政府工作大局为中心、以建设社会主义和谐社会为指导思想，以普法和依法治理为基础、以法律服务为落脚点，为促进全区经济又好又快发展做了大量的贡献。荣获全省“依法治省和法制宣传教育”先进集体；三十岗乡东瞿村乡、陈龙村及大杨镇谢岗村先后获得省民主法治示范村称号；原益民司法所、亳州路司法所、杏林司法所评为全市优秀司法所。

【社会管理创新】 2013年，庐阳区诉调对接、公调对接、社区律师、人民调解员“以案定补”等工作全面落实开展。与安徽警官学院、杏花派出所、律师事务所、杏花司法所共同率先在全市创建了杏花五一“新市民”普法学校；在杏林街道建立“未成年人法制教育基地”，设置法制宣传廊、模拟法庭、心理咨询室、游戏互动区、警示教育区五个功能区，使未成年人法制宣传教育变被动接受为主动参与；成立了以区法院、检察院、司法局党总支为主体的庐阳区法律援助志愿者服务队伍，每月15日由三家单位轮流开展法制宣传教育活动。自法律援助志愿者服务队伍成立以来，我们共开展法律宣传、法律咨询、法制讲座等各类法律宣传活动10场。

【法制宣传】 2013年，区司法局组建普法讲师团、普法联络员、法制宣传骨干和法制副校长四支法制宣传教育队伍。坚持普法依法治理年度目标管理考核和日常考核工作相结合，定期对乡镇街道普法工作进行督查与考核。对乡镇街道、区直机关、企事业单位和学校“六五”普法中期工作进行检查和指导，区政府获合肥市“六五”普法中期工作先进单位称号。开展2013年“江淮普法行”活动，开展法制讲座、组织青少年、公民到法院旁听庭审活动、举办法律知识培训、开展法律服务咨询活动等一系列“关爱明天普法先行”活动。整合普法讲师团队伍资源，在乡镇街道和学校及企事业单位开展各类“法律六进”活动近百场，内容涉及到劳动、合同、行政、婚姻、家庭、金融等多个方面，现场解答法律咨询800余人，发放各类法律宣传资料10万多份。“5·18”法制教育宣传周期间，司法局组织区直各部门普法工作者、司法所工作人员以及律师事务所的专职法律工作者通过开展普法大集、农民工普法培训、社区法制讲座和流动人口法制培训、“关爱明天·普法先行”法律知识竞赛、企业经营管理人员法律培训、大型广场法律咨询活动、法制文艺演出、全区普法考试等系列活动，广泛普及法律知识，深入推进依法治理工作。5月21日上午，在老市政府广场，举办大型广场法制文艺演出暨广场法制宣传和法律咨询活动。活动以法制文艺演出、法律咨询、法制展板、法律知识有奖竞答四种形式开展宣传活动。

【人民调解】 2013年，庐阳区建设区、乡镇（街道）、村三级社会矛盾纠纷调解网络，加强人民调解与行政调解、司法调解的衔接。先后在公安、法院、检察院和交警庐阳大队建立调解室，实现公调对接。开展律师进社区工作即实现律调对接，全区共累计调解征地拆迁、物业纠纷、劳动争议等矛盾纠纷3689起。建立法院调解室、医患纠纷、道路交通事故纠纷等3个区级行业调解组织。9个街道建立了行业性、专业性调解组织13个。2013年我区调解案件3729起，加大案件质量管理，建立案件质量评比制度，评比了10份优秀人民调解卷宗。调解案件实行一案一补，年全年人民调解案件补贴29万元。

【社区矫正】 2013年,庐阳区建设社区矫正管理信息平台,投入近2万元资金用于平台建设。现有在册社区矫正人员237人,其中女性37人,男性200人。在矫人员中,假释11人,管制4人,暂予监外执行7人,缓刑215人。2013年共新增社区矫正人员165人。共组织集中教育130余次,个别谈话教育375余人次。依法撤销缓刑收监执行2人。撤销缓刑收监执行的案例,不仅对有效防止社区矫正人员脱管失控重新犯罪起到震慑作用,更起到了警示教育作用。

【安置帮教】 2013年,庐阳区引导和帮助刑释解教人员解决就业、子女就学、社会保障、社会救助中遇到的困难和问题。全年,全区共推荐就业6人次,协助申领低保14人,节日帮教困难人员17人次。全区共有在册刑释解教人员128名,没有重新犯罪现象。

【法律援助】 2013年,庐阳区在群众信访中心建立法律援助便民窗口,加强窗口软硬件建设。投入2万余元印刷法律援助宣传材料,加强宣传,扩大受援面。区法律援助中心共审批受理案件532件,比去年增长72件。其中民事案件477件,刑事案件55件。民事案件中农民工维权案件341件,比去年增加187件。相比去年刑事案件增加了45件。

【律师管理】 组织律师参加公益法律咨询活动,先后80余人次律师参加10次大型法律咨询活动。拓展法律服务领域,把法律服务工作与当前我区开展的“一线为民工作法”结合起来,架起政府工作和为民服务之间的桥梁。3月份根据区委要求为开展“一线为民工作法”的76个村居配备社区律师全程参与,全程陪同区驻点干部一起接待群众来访,当好政府的参谋和助手。8月份区委深化和拓展“一线为民工作法”内涵,把“一线为民工作法”向5000平方米以上的商业楼宇、部分非公企业延伸,解决企业在发展中存在的困难和问题,区司法局立即跟进为65个楼宇28家企业派出律师全程服务。“一线为民工作法”拓展了法律服务的范围,促进法律服务行业的健康发展。

(张　芬)

武　装

【概况】 庐阳区人民武装部是中国人民解放军在庐阳区设立的军队一级组织。机关设有军事科、政工科、后勤科。成立于1952年8月,隶属于合肥警备区。同时,也是庐阳区委的军事工作部门和庐阳区政府的兵役工作机构,受合肥警备区和庐阳区委、区政府双重领导。负责庐阳区民兵、兵役、动员工作。下辖基层武装单位18个,其中12个乡镇、街道、工业区武装部,6家企事业单位武装部。

【民兵整组】 2013年,区人武部紧紧围绕“三编一统”,(编全民兵组织,编实基干民兵,编精应急力量,统筹人防、交战、预备役编组)的思路,圆满完成民兵整组任务,突出重点分队建设,结合年度训练任务和平时应急需要,重点编组双25高炮连、应急连、公路护路、伪装防护等520人的2类6支队伍。根据遂行任务特点,将重点分队组建在专业对口或相近的企事业单位或行业系统,坚持以退伍军人、具有一定专业技术和高文化程度的人员优先编入组织,通过定单位、定数量、定质量、定责任,落实编组。

【基层武装机构规范化建设】 2013年,区人武部按照《省军区基层武装部规范化建设实施细

合肥警备区司令员陈再忠到庐阳区人武部检查指导工作

则》标准要求，采取先期试点、以点带面的方式，进一步加大基层武装机构规范化建设。4月份，在完成基层武装部规范化建设的基础上，在杏林街道和中天安保公司进行民兵营（连）部规范化建设试点工作，组织全区专武干部召开现场观摩会，并要求各单位选取1~2个社居委进行先期建设，对基层武装机构软硬件建设进行统一规范，并在全区推广。

【征兵工作】 2013年，区人武部坚持提高兵员质量为目标，重点抓高学历应届毕业生征集工作。8月份，区委、区政府分别召开区委常委会、区政府常务会专题研究征兵工作，出台庐阳区《关于进一步做好退役士兵安置工作的意见》，从公安、城管和村（居）等单位招考协警、协管和村（居）工作人员，每次拿出不少于30%的岗位，用于定向招聘从庐阳区入伍且符合岗位条件的当年退役士兵，其中给进藏兵加分，笔试成绩加5分，综合成绩再加5分，进藏兵退役后2年内有效；由区民政局给每位进藏兵一次性发放进藏补助费8000元，各乡镇（街道）视情发放进藏补助费。

【民兵文明交通劝导活动】 自6月，合肥市行人闯红灯处罚活动正式实施。区人武部围绕打造“首善人武”目标要求，充分发挥民兵分队“平时服务”的作用，组织广大民兵参与和引领文明交通行动，为庐阳区创造文明、有序、畅通、安全的道路交通环境。各乡镇、街道武装部积极响应区人武部党委的号召，组织民兵走上街头，在执勤交警的统一指挥下，在辖区重要路口向过路行人和驾驶员开展文明交通劝导，对行人横穿道路不走斑马线和过街设施、闯红灯、非机动车越线停车等交通违法行为及时制止并进行教育；对主要路口和非机动车道上自行车、三轮车等车辆乱停乱放现象进行规整；并照顾老幼病残孕或有困难的市民安全过马路，及时对行人随地吐痰等不文明行为进行劝导。通过开展文明交通劝导活动，美化交通环境，规范交通秩序。

【率兵参建和国防教育】 2013年，区人武部组织驻庐官兵和民兵预备役人员参加驻地重点工程、美好乡村和生态文明建设。3月12日组织部机关干部、职工和全区50名民兵参加警备区在长丰县岗集镇积极组织的“八一林”建设活动，植树1000余株。积极开展“情牵贫困学子、爱心助学圆梦”和“送温暖献爱心”活动，落实每名干部结对助学计划，先后慰问辖区5名特困户，结对帮扶10名特困优抚对象，与三十岗乡古城小学7名贫困学生结成助学对子，送去5000元慰问金和一批学习用品，组织600余名民兵参加铲冰除雪、清除铁路沿线垃圾，被《中国国防报》《军区网络电视》《省军区要讯》《安徽日报》《新安晚报》《合肥日报》和合肥电视台等多家媒体给予宣传报道。认真学习贯彻安徽省《全民国防教育条例》，结合“庐阳讲坛”，专门邀请国防大学战略研究所王宝付教授，围绕当前国际形势和周边热点问题，为全区机关干部和民兵快反分队授课。

（朱代良）

经济管理

□国民经济管理
□物价管理
□审计监督
□统计管理
□工商行政管理
□安全生产监督

国民经济管理

【项目管理】 2013年，庐阳区建立全区重点项目库，对重点项目全面开展排查、调度、督促，动态掌握全区重点项目建设情况，督促洽谈项目早落地、落地项目早开工，开工项目早竣工，谋划项目快推进。新开工万科森林公园、工投创智天地、轨道交通2号线、四里河复建点等10亿元以上重点项目。新建中正环保、鑫翰等都市产业园、标准化厂房79万平方米，新引进美恒科技园等都市产业园7个，引进沃特普尔、亚欧益盟等科技型企业12个，电厂六号机组投入运营，工业转型升级加快，都市工业稳步发展。中菜市成功搬迁，新中菜市投入运营，七桂塘基础设施改造和景观提升基本完成，四牌楼联合大厦等城市综合体开工建设，华润欢乐颂、北京华联等国内知名购物中心建成营业，北恒信汽车专业市场7个4S店建成开业，服务业转型升级加快，发展优势更加彰显。新建杨岗路、东瞿自行车慢道旅游道路，开展董铺水库支流环境综合治理，森绿成刚园林综合性开发、卓正林业珍稀苗木快繁种植示范园、桃蹊水果农场、九溪景观园林等项目加快推进，生态休闲旅游发展迅速。

【项目进展】 2013年，列入区重点项目库项目189个，累计完成投资211.44亿元，其中，续建项目63个，累计完成投资149.69亿元；新开工重点项目37个，完成投资61.59亿元。60个市“1346”重点项目累计完成投资132.28亿元，完成年度计划的141.2%。21个省“861项目”累计完成投资49.20亿元，完成年度计划的145.6%。2个市重大项目领导小组调度的重点项目快速推进，其中，工投创智天地全面开工建设；普天合肥科技园项目规划方案已完成，并已完成初步选址。

2013年8月20日，庐阳区召开总部经济推介会

【项目服务】 做好项目备案和项目审批，帮助指导各有关单位做好建设项目前期报批，确保项目报批快速、高效。2013年受理备案类项目22件；政府投资项目立项36件。健全“1+3”项目推进机制（每个乡镇、街道每年新开工1个、储备3个项目），全区各类项目建设呈现“建设一批、开工一批、储备一批”的良好态势。建立央企合作与招商引资动态联动机制，全面做好服务，拓展合作渠道，庐阳区荣获2013年合肥市推进与中央企业合作发展工作先进单位二等奖，央企合作各项指标均超额完成任务，完成新签约项目7个，总投资57.5亿元；新开工项目9个，总投资77.5亿元；实际完成投资73.6亿元；新竣工项目投资36.7亿元。积极组织申报中央预算内资金项目，庐阳区5个项目共争取中央预算内资金3848.09万元，涉及保障性安居工程、农村民生工程和农村基础设施两类。紧抓2012年合肥市出台的促进存量建设用地升级改造的三项新政契机，积极做好土地升级改造工作，博天化工、杏花印务等18个存量商业、建设用地升级改造项目获市规委会和土委会审批，升级改造土地面积200余亩，总投资达45亿元。

（张　强　张　慧）

物价管理

【价格调控】 依照市政办《关于2013年价格调控目标责任制的意见》,抓住“生产”“流通”“价格监管”“调控机制”“价格预期”稳价工作中五个关键环节,开展价格工作。今年首次将“惠民菜篮子工程”纳入区政府2013民生工程年度考核,春节国庆期间区物价局对27家惠民菜篮子门店进行现场巡查。落实农贸市场收费备案管理制度,对政府投资建设的农贸市场摊位费实行政府指导价管理,严格控制农贸市场摊位费的价费水平,全年办理1个农贸市场摊位费收费备案。利用旧城改造和商业布局,引导城区“惠民菜篮子体系”建设,实施一批有影响力的农贸市场的改建、扩建工程,总投资2亿元、建筑规模达6万平米的中菜市搬迁工程已顺利完工,投入使用;杏花市场已改造完毕并投入使用;亳州路农贸市场正在建设之中,双岗市场已列入计划。落实居民消费价格指数(CPI)上涨与特困群体生活补助联动机制。做好价格监测工作,加强监测预警,定期做好7个监测点的粮油、猪肉、蔬菜等日常民生价格五日一报、十日一报、和2个药品零差率销售价格的数据的每周一报工作。

【稳定物价】 做好民办幼儿园、普惠制幼儿园收费管理。全年完成10家民办幼儿园收费备案和6家普惠制幼儿园的成本审核、收费标准核定。受益家庭将超千户,预计每年将减少费用总计近70万元。在市局的指导帮助下,全力推进社会化物管小区物业服务收费“一费制”。全年完成30个住宅小区“一费制”实施工作,使得已实行“一费制”物业小区达到147家。开展“明码实价示范店”活动,共有22家商业企业参与申报,市物价局确定5家商业企业为“明码标价示范店”。区局利用“3·15”国际消费消费者权益日、5月1日《安徽省价格条例》颁布实施日、5月18日全国法制宣传日,分别在淮河路步行街、百大.鼓楼、市府广场等地段,设置咨询台、发放宣传材料,普及价格法规知识,在商场、超市、小区内的近200个“电子价格公示栏”平台,扩大价格工作影响力。

【价格监督检查】 2013年,“五一”“端午”“国庆”期间,庐阳区重点巡查市场中粮、油、肉、禽、蛋等民生价格变动,并对景点门票、商场超市、宾馆酒店等经营场所明码标价情况进行检查,纠正一批不规范价格行为。对全区20多个卫生服务中心、卫生服务站的医疗收费和药品“零差率”价格执行情况进行检查,开展化肥等农资价格及涉农、教育收费专项检查。与市局联合对淮河路步行街“明码标价”情况进行检查,维护去年的工作成果,为向“明码实价示范街”过度打下基础。参加全市“涉运收费专项检查”,对肥东县客运站、肥东县汽车综合性能检测站等9家单位进行检查。

【价格投诉举报办理】 认真办埋合肥市12345政府服务直通车、政民直通车、局长信箱等群众价格举报件,件件落实,按时回复,办结率100%。全年共受理办结各类价格投诉、咨询案件195件。其中,直接来电22件,合肥市12345政府服务直通车、政民直通车138件、局长信箱23件、12358价格投诉举报12件。

【收费年审】 3—6月份,采取送审和上门审查方式、对全区39家机关、事业等单位2012年度收费情况进行审查。全年新发、换发收费许可证20本。

【价格鉴证】 全年完成价格鉴证277件，鉴定标的总额366.82万元。其中，刑事案件275件，价格认证2件，案件涉及盗窃、抢劫、诈骗、火灾、毁绿、车损、假冒名烟名酒等各种类型，业务范围逐步拓宽。

（段文东　张　慧）

审计监督

【概况】 庐阳区审计局成立于1981年，主要进行行政、事业单位及财政预算执行审计、任期经济责任审计及离任审计、专项资金审计、区委、区政府交办审计及审计调查，同时对政府性投资基本建设项目和技术改造项目的竣工决算审计和跟踪审计。2013年共完成计划审计项目16个，配合省审计厅、市审计局完成联动审计项目4个，出具审计报告20篇，管理不规范金额44233万元，查处违规金额134.64万元，对审计中发现的问题提出审计建议44条。接审政府投资审计项目606个，送审金额70296万元，定案项目405个，送审总金额30724万元，审减额2878万元，审减率9.37%。

【预算执行审计及专项审计调查】 2013年，在区本级预算执行审计中，区审计局突出关注财政政策贯彻落实情况，重点审查公共财政预算编制、批复与下达、预算执行与调整情况及财政资金管理使用的规范性、效益性。联动开展部门预算执行和专项审计调查，对区发统局、经促局、安监局2012年度部门预算执行情况，三孝口、四里河和林店街道2012年度财政财务收支情况等实施联动审计，对区政府采购中心2011年至2012年政府采购预算执行情况、省社会保险基金优惠利率庐阳区执行情况和515敬老工程绩效情况开展专项审计调查。

【经济责任审计】 2013年，根据区委组织部委托，区审计局对区卫生局、区信访局、宿州路幼儿园、南门小学、大杨镇、三十岗乡等6家单位，8名主要领导干部开展任期经济责任审计。围绕党政领导干部任职期间各项职能履行和指标完成情况、决策制订及执行情况、收入支出及资金使用效益等内容，加大经济责任审计与财政审计、投资审计、专项资金绩效审计的融合力度，提出审计意见和建议28条，查出违规金额135万元，管理不规范金额1964万元，挽回损失浪费3万元，下达审计决定2份，全部执行到位。

【政府性投资审计】 2013年，区审计局规范政府性投资项目管理，整合历年出台的政府性投资相关规定、制度，修订《庐阳区政府性投资审计监督办法》；在全市县区率先建立政府性投资建设项目审计管理系统，通过网络实时对所有政府投资项目情况实现动态监控；前移关口，对重大项目事前介入、全程跟踪、实时监督，加强对招标文件和合同的审查，充分发挥预警功能，全年跟踪审计重点项目35项，跟踪金额21.95亿元。

【其他审计事项】 2013年，区审计局服务区委、区政府中心工作，对庐阳区国有资产投资控股集团有限公司等经济签证变更较大的历史遗留项目进行逐项清理，定期向区政府报告。全程介入“蓝钻”和“墨荷名邸”烂尾楼工作，为工程竣工把好造价关，为政府领导决策做好参考。服务市政园林企事业单位改革改制，对杏花公园、逍遥津公园、三国遗址公园财政财务收支及其所属9家经济实体资产负债损益情况开展审计；完成土地收储项目审计7项，涉及金额27.6亿元。

（董　娜）

统计管理

【日常统计】 2013年，区发统局开展工业、商商贸、房地产、建筑业、服务业等共745家企业、110种报表的“一套表”联网直报工作，做好投资、金融业、农业、劳动工资等统计监测工作，完成人口劳动力抽样调查、大城市月度劳动力调查、农村住户调查、城乡一体化住户调查等专项调查，以及GDP核算、文化产业核算及民营经济核算等工作。建立并完善基本单位名录库中1.4万户法人和产业活动单位的常态化更新维护工作机制。全年地区生产总值490.55亿元，比上年增长11.2%；全年固定资产投资453.05亿元，增长22.1%；工业投资70.33亿元，增长3.1%；城镇居民人均可支配收入28332元，增长10.9%；农民人均纯收入14796元，增长14%。加强跟踪协调服务。加强经济运行监测，与区相关部门和省市业务部门沟通协调，及时就完成GDP考核目标需要的基础指标进行研究和争取，确保核算数据客观反映区域经济总量。制定固定资产投资考核办法，提高重点项目考核分值，将亿元项目投资比重以及新入库亿元以上项目个数等纳入年终考核范畴，不断完善《固定资产投资目标管理考核办法》，按月调度投资数据，为圆满完成年度投资任务奠定坚实基础。

【统计服务】 2013年，区发统局强化经济运行监测和调度，对全区重点行业、重点企业、各项主要经济指标进行统计监测和分析，编制《庐阳月度经济运行》《庐阳区重点项目简报》等资料，对全区主要经济指标在4个城区进行纵横比较，对镇街园完成进度在全区进行排序分析，便于领导了解全区经济发展情况、发展趋势及在全市所处水平位次，为决策提供参考依据。加强信息宣传工作。建立完善信息工作机制，利用国家和省市区各级各类媒体，创新宣传方式开通政务微博，广泛宣传庐阳区经济发展成果。全年在各级各类媒体上发表信息349篇次，其中国家级媒体5篇次，省级媒体15篇次，市级媒体11篇次，市级以上网络媒体247篇，《庐阳报》71篇。2005年以来连续九年被区委宣传部表彰为对外宣传工作先进单位，政务公开考评得分全区第一，全年信息发布数量在区直各部门中位居前列。

【统计基础工作】 2013年，区发统局加强基层队伍建设，健全和完善首席统计员考核机制，切实发挥好镇街园名首席统计员和名辅助统计员在提高基层人员积极性，推动基层各项工作中的重要作用。开展统计执法大检查。壮大统计执法力量，组织区街两级统计执法人员参加全市统计法制培训班、全区涉企检查备案培训班，更换和新办统计执法证8个，不断壮大统计执法力量。加大统计执法检查力度，全年执法检查199家，立案查处24家，执法检查数、立案查处数均居全市各县区之首。全力推进企业统计人员持证上岗工作，以“法制专业牵头、业务人员落实、周周通报进度”的倒逼机制，督促未持证上岗企业参加业务培训和考试，及时取得统计从业资格证。加强统计业务培训。建立企业定期培训制度，定期对企业召开业务培训会议，全年工业、建筑业、商贸、投资等专业召开20余场业务培训会，提高企业统计业务素质，从源头提高统计数据质量。

【经济普查】 第三次全国经济普查开展以来，按照时间节点，高效开展各阶段工作。先后完成区级、乡级和村级普查机构的组建，初步完成全区近600名普查指导员和普查员的选调工作，全面实现机构、人员、经费和办公场所的“四落实”。区经普办组织各镇街园开展基本单位名录库中的1万多个法人单位和工商、税务等部门反馈的2009至2013年庐阳区1.3万个新增法人单位的核查工作。城乡划分和普查区划分工作全面完成。普查试点和普查专题调研工作顺利完成。通过张贴楼宇海报、微博发布、粉刷墙体广告等多种形式开展全方位、立体式普查宣传。高标准推进单位核查工作，为普查正式登记打下坚实基础。

（张　慧）

工商行政管理

【概况】 合肥市工商行政管理局庐阳区分局是合肥市工商行政管理局派出机构。职责：依法确认各类经营者的主体资格，监督管理或参与监督管理各类市场，依法规范市场交易行为，保护公平竞争，查处经济违法行为，取缔非法经营，保护正常的市场经济秩序。内设三科一室：办公室、人事监察科、监督管理科、注册登记科。下辖长江中路工商所、逍遥津工商所、鼓楼工商所、城隍庙工商所、庐阳产业园工商所、亳州路工商所、双岗工商所、大杨工商所、杏花村工商所、杏林工商所、三十岗工商所共11个工商所。

【服务市场主体发展】 2013年，庐阳区共有个体工商户19015户，新发展3414户，注册资金3.6亿元；私营企业16009户，新发展2271户，新增注册资本27.1亿元；农民专业合作社31户，新发展5户。

【服务企业品牌战略】 2013年，新认定安徽省著名商标12件。再认定安徽省著名商标8件。以产业特色明显、集中程度较高的庐阳工业区为中心，大力建设专业商标品牌基地，与庐阳工业区管委会联合打造以志邦橱柜为龙头的家居装饰专业商标品牌基地。

【食品安全监管】 以查办各类食品违法经营案件为手段，开展食品安全治理整顿工作。全年集中开展节日市场检查、农村食品市场、食用油、乳制品、酒类、校园周边等专项整治。新发放食品流通许可证1352户。

【打击侵犯知识产权和假冒伪劣商品行动】 全年共立案查处商标侵权案件22件。

【打击非法传销工作】 2月份、5月份和7至11月份，参加庐阳区政府组织的联合整治传销行动16个波次，出动执法人员180人次，检查整治30多个（次）住宅小区的传销活动，检查疑似传销窝点422个，清理传销窝点216个，更换门锁40户；教育驱散一般传销人员1017人，移交公安调查15人；收缴传销物证1410本（份），暂扣用于传销的电脑5台；行政处罚9名为传销提供场所的房东。

【广告监管】 整治百姓反映强烈的医疗、药品、保健食品、招商加盟、旅游欺诈广告。全年办理广告案件12件。

【合同监管】 开展利用合同格式条款侵害消费者合法权益的专项整治行动，对苹果电子产品格式条款整治专项行动取得明显成效。开展动产抵押登记工作，保障融资活动的信用与安全。全年受理并核准动产抵押的设立、变更和注销登记55件。查处各类合同违法案件4件。

【依法行政】 开展《行政强制法》等法律法规

培训，规范执法行为，并开展行政处罚案卷评查、核审和听证工作，保障案件质量。全年办理行政执法案件218件。

【消保维权】 全年受理各类消费者投诉举报2300件，投诉举报办结率为100%。开展3·15国际消费者权益日活动，进行假冒伪劣商品展示、法规宣传和受理咨询服务活动。

【主要荣誉】2013年，合肥市工商行政管理局庐阳区分局以维护市场经济秩序为工作重点，提升效能，服务发展，在食品安全、广告监管、社会综合管理、消保维权等方面取得积极成果。

长江中路工商所　2012年被社会公众评选为安徽省“我最满意的十佳工商所”

杏林工商所　2012年被省纠风办、省工商行政管理局评为“人民满意工商所”

（刘　芹）

安全生产监督

【概况】 2013年，全区安全生产工作紧紧围绕区委三届三次提出的“思进图强勇作为，提质增效创一流，向率先在全省基本实现现代化目标加速迈进”的部署，严格落实“安全责任全覆盖、安全监管无缝隙、安全隐患零容忍、安全事故深究责、安全目标严考核、安全服务全方位”的工作要求，坚持“常规性工作抓深化，基础性工作上台阶，创新性工作求突破”的工作要求，推动全区安全生产形势持续稳定好转。

2013年，庐阳区经营性道路事故亡人4人，占全年控制指标80%；发生消防事故387起，与上年相比，接警起数上升15.95%，出警数上升18.11%，火灾损失下降79.38%；工商贸及其他行业未发生死亡事故，安全生产事故指标均在市政府下达控制指标之内。

【安全生产基层基础工作】 2013年，三十岗乡、亳州路街道参加市级安全监管规范化达标创建活动，于年底通过验收；完成88家企业安全生产标准化创建。大杨镇、杏花村街道、三孝口街道被命名为“合肥市安全社区”。区安监局机关创建市级“依法行政示范单位”。

【全国百日安全生产大检查】 按照全国统一部署，坚持“全覆盖、零容忍、严执法、重实效”要求，自6月中旬至9月底，在全区范围内开展不留死角、不留盲区、不走过场的“百日安全生产大检查。全区各单位各部门组成320个检查组，对建筑施工、道路交通、消防、危险化学品、烟花爆竹特种设备、人员密集场所、地下空间、特种设备等行业领域进行了全面检查。区级领导带队督查检查20次，区委常委带队检查督查6次，邀请45名专家和技术人员参加检查，排查隐患500处，已整改480处，整改率96%，限期整改企业155家。

【烟花爆竹监管】 2013年，全区共设烟花爆竹零售网点116处，其中，常年经营点13处，临时经营点103处。组织烟花爆竹联合打非行动2次；组织烟花爆竹专项检查2次。

【危险化学品监管】 全年办理危化品经营许可11家。其中涉及易制爆危化品经营许可1家、易制毒危化品经营许可3家。查处非法存储危险化学品窝点2处，分别是甲醇约15吨，二茂铁20瓶；查处清味面漆稀释剂、PE、油漆等危化品约20吨。对全区油漆52家经营户进行专项检查，下达文书60份；编制了庐阳区安全监管重点单位示意图，对全区有大型制冷设备单位71家，涉氨企业4家，开展2次涉氨制冷专项检查。

【职业健康监管】 2013年，开展《职业病防治法》宣传周活动和用人单位职业卫生基础建设活动，重点对15家木质家具制造企业、2家制鞋企业、1家箱包加工企业、48家印刷企业职业病危害开展专项治理，督促17家企业开展职业场所职业病危害申报

【安全生产宣传教育培训】 全年，举办全区安全生产监管实务培训1期，举办经营单位负责人、安全管理人员、特种设备监管人员、特种作业人员、烟花爆竹从业人员培训班6期，开展"全国安全生产月"活动，组织区域内生产经营单位观看主题宣传片和警示片，邀请省安科院副院长宣晓燕进行《安全——我们共同的责任》专题安全讲座。

【安全生产应急救援演练】 6月14日，在皖能集团合肥发电厂举办了"输煤带失火应急演练"。组织协调区住建局、区商务局、区教体局和杏花村街道、三孝口街道等单位开展不同层级、不同类型安全生产应急救援演练。

【安全生产隐患排查治理】 2013年，组织开展"全国安全生产隐患排查月"活动，开展区域内餐饮场所燃气安全监管，组织协调、区城管局、庐阳消防大队、逍遥津街道初步完成"绿都商城负一层安全隐患整治"，完成10处区级挂牌安全隐患整治。

【安全生产综合监管】 全年开展校车校园安全、人员密集场所、老年公寓、宗教场所、地下空间、道路隐患、特种设备、压力容器、大型娱乐设施专项监管和整治等，做到责任全覆盖，监管无缝隙，工作无死角。在大杨镇、杏花村街道、三孝口、逍遥津街道等单位建成了消防训练、消防预防等一体消防体验室。推进消防安全网格化管理和"实名工作制"。开展道路交通安全专项整治，交警庐阳大队建成庐阳区货运车辆"飞信群"。质监庐阳分局积极开展特种设备、大型游乐设施、压力容器、电梯安全监管，对杏花公园、银泰百货中心、省立医院、亚星玻璃单位的特种设备进行了专项检查。

【主要荣誉】 2013年安徽省安全生产月活动优秀单位；2013年合肥市依法行政示范单位；2013年庐阳区目标考核优秀单位。

（孙恒昌）

农村经济

□综　述
□农　业
□农　村
□农　民

综 述

2013年,全区农村区域主要位于三十岗乡和大杨镇,面积约45平方千米,有各类农林用地5.39万亩,其中林地3.3万亩,耕地1.88万亩,农业人口7100户2.5万人。农作物主要以花卉、蔬菜、瓜果等经济作物为主。全年全区农林牧渔总产值4.96亿元,增长9.1%,实现农林牧渔增加值2.81亿元,增长8.4%。其中,农业总产值2.42亿元,增长5.2%;蔬菜总产量达到2.7万吨,瓜果产量1.2万吨;规模以上农产品加工企业产值达到36亿元;农民人均纯收入14871元,比上年增长14%。全年流转土地4万亩,通过招商引资,共引进各类农林企业123家,其中流转土地1000亩以上有10家,实现土地规模化、集约化效应,初步形成现代都市农业新格局。

农 业

【产业经济】 2013年,全区有国家级骨干农业龙头企业1家、省级农业龙头企业5家、市级农业龙头企业22家。上半年受禽流感等不利因素影响,畜禽产品加工企业销售增长率比上年增长率大幅降低,但下半年大幅回升,产销两旺。全区有30家农业产业化龙头企业,实现年销售额42亿元,比上年同期增长22%左右,出口创汇300万美元。全区龙头企业种植、养殖业原料基地约3万亩,联结区内外农户达6.4万户,吸纳农民就业人数4000人。

全区拥有省级示范合作社1家,市级示范合作社4家,农民专业合作社30家,其中新发展6家,合作社总入社社员近2000人,联结农产品基地约2万亩,带动周边农户5万余人致富。

【畜牧水产】 为保护董铺水库和大房郢水库饮用水环境,2005年始,庐阳区全面退出畜禽规模化养殖,2013年制定《庐阳区畜禽养殖禁养区和限养区划定方案》,并逐步清除禁养区内所有养殖场所。

针对区农户零星散养家禽,逐家逐户统计,登记造册,一户一档。春秋两季动物防疫疫苗全部到位,做到"禽不漏针""户不漏免"。市畜牧水产局对区畜禽血清、血样抽检合格率100%,疫苗注射率100%。

全区有渔业水域总面积1500亩,其中小二型水库2个,面积约500亩,方式以池塘养殖为主。随着禁养区和限养区的划分,全区农村经济向休闲旅游功能转变。

【传统农业升级】 庐阳区农村区域(大杨镇、三十岗乡)位于董铺水库和大房郢水库上游,总面积约45平方千米。董铺水库和大房郢水库是合肥市民的主要水源地,被称为合肥市的"大水缸"。为保护两大水库不受污染,庐阳区政府把保护生态和做好环保工作当做农业和农村的首要工作来抓,倡导"生态立区",发展生态农业,广泛种植苗木花卉,以传统农业向现代农业转型。

至2011年底全区已全面退出水稻、小麦、油菜等大宗传统农作物的种植,重点发展都市生态农业和休闲观光旅游业。2013年,通过对生态农林产业的政策引领,全区4万亩农用地已全部流转完毕,共入驻各类企业150多家。主要有蔬菜瓜果种植企业、苗木花卉企业和农产品加工企业。其中获得市级以上农业产业化龙头企业称号29家,联结农户7万户,吸纳农民就业人数近5000人,当年实现销售额36亿元。

大杨镇禾润市级现代农业示范区建设项目

基本建成，并获得通过。三十岗乡一叶成林绿色蔬菜日光温室育苗中心得到进一步完善，总面积1.1万平方米，该育苗中心除培育蔬菜瓜果外，部分进行高档林木花卉培育；新建成桃蹊钢架日光温室育苗中心1座，总面积约2500平方米。安徽卓正林业在大杨镇岗西村新建日光温室一座，总面积约2200平米，全部用于苗木育苗，今年新建温室育苗中心超过1.6万平米。此外，安农大科研基地、三十岗乡李向梅西瓜种植农民专业合作社、庐润果蔬农民专业合作社等也筹划建设多个温室。

农 村

【美好乡村建设】 2012年10月8日，区委、区政府召开全区美好乡村建设动员大会，成立庐阳区美好乡村建设工作领导小组。启动并实施三十岗乡汪堰水库、东瞿水库自行车绿道项目、三十岗乡生态停车场项目等9个项目。

2013年，实施三十岗崔岗艺术文化村、东瞿美食文化村的美好乡村示范点提升改造工程。村内发展41家“农家乐”，连续举办西瓜旅游文化节、自行车嘉年华、牡丹节、桃花节、三国文化节、玩石音乐节、美食文化节、年货节等各类节庆活动，初步形成以特色农林项目为基础的城郊生态休闲观光旅游产业。

东瞿美食文化村经过两年来美好乡村建设，面貌焕然一新。通过发展农业采摘、特色餐饮和节庆旅游经济，百姓生活水平不断提高。村内发展41家农家乐，并结合桃花节、西瓜节等节庆活动，让游客在观赏乡村美景的同时大饱口福，体味农家美食。2008年以来，荣获“全国文明村”“安徽省生态村”“安徽省民主法治示范村”“合肥市村务公开民主管理示范村”、合肥市“平安创建工作先进村”、合肥市首批“清洁家园、绿化乡村”先进村等称号。

2013年底，在庐阳区委、区政府的大力帮扶下，三十岗乡人民政府按照保持乡村原生态、原风貌，原住民与时尚前沿艺术相融合的思路对崔岗村进行打造，形成具有浓郁地方特色，具有高品位、上档次的艺术家聚集的村落。崔岗文化创意村已有香榭画廊等为代表，以摄影文艺沙龙、雕塑、陶艺等为内容的10余户艺术家先后入驻，有22户艺术家签订入驻协议。区财政先期投入150多万元，完善配套艺术村及试点村的停车场、绿化景观改造及污水管网修建等基础设施建设工作。艺术村知名度得到进一步提升。

【东瞿水库生态清洁小流域工程开工】 东瞿水库位于庐阳区西北部三十岗乡境内，自北向南跨三十岗乡汪堰、三十岗、东瞿、陈龙4个行政村，行政区域总面积约8.75平方千米。2013年2月，开始编制生态清洁小流域工程初步设计文件。规划对滁河干渠以下8.14平方千米的部分进行生态整治，对东瞿水库沿线河岸按照田园风光、浪漫驿站、杨柳拂风、河洲揽胜、密林鸟欢、魅力泽滩分六大块进行景观打造，在河道相关节点修建驿站作为旅游综合服务中心，驿站均采取木质生态建筑结构，可供游客休憩、观赏。工程于5月28日正式开工，已完工。

【“百河千渠”专项行动】 2013年，“百河千渠”专项行动在庐阳区西部、北部的三十岗、大杨、林店、杏花村4个乡镇（街道）实施，区自筹资金527.84万元，清理河渠28条，总长度143.9千米。“百河千渠”专项行动按照“四净、五健、六无”标准整治（“四净”即水面净、堤岸净、绿地净、设施净；“五健”即沿岸居民生活垃圾管理制度健全、河渠沟塘堤岸管护制度健全、河渠沟塘水面保洁制度健全、入河口门达标排放制度健全、河渠沟塘环境网格化管理制度健全;“六无”即河渠和沟塘水面无漂浮物、无水草,堤岸无杂草、无垃圾,景观设施无损毁、无缺失),对河渠进行河道清淤,土方开挖、回填;边坡治理,生态护坡,水涵养林的栽植;对河渠和水库周边相关配套设施进行整治、修缮等工作,使全区河渠和沟塘状况、水体生态系统建设水平、城乡水环境品质和居民水环境保护意识全面提升,实现“水系流畅、水清岸绿、景美游畅、人水和谐”的治理目标。

农 民

【农民收入】 2013年,全区农民人均纯收入14871元,工资性收入5460元,比上年增长13.8%;家庭经营收入6154元,同比增长14.3%,在家庭经营收入里,农作物销售收入占比较大。据统计,仅西瓜销售收入就超过3000万元,平均每个农民能获得收入1200元,再加上蔬菜瓜果销售,能为每个农民增收近4000元,占家庭经营收入的65%。农民外出劳务收入为4685元,占工资性收入的85.8%。年底,农民出租土地,获得租金收入2145万元,为每个农民带来收入858元。

【农民负担监督】 2013年,区执行农业部和省市各项涉农相关政策,兑现各项惠农政策,未发生加重农民负担。实行一事一议6个项目,所有涉农费用全部由区、乡、镇财政承担。涉及对农民转移支付,包括粮食直补、农资直补、退耕还林、水库移民等惠农补贴,全部通过惠民直达工程系统“一卡式”发放到农民手中。

【水库移民】 2013年,区移民办更名为区市政园林局,原区移民办人员合并到区农林水务局,相关工作纳入区农林水务局职责范围。

2013年,纳入省级大中型水库移民后期扶持对象1377人,发放标准为每人每年600元,扶持资金82.62万元;为维护移民区稳定,对非农户口水库移民达龄人员(男60周岁,女55周岁)实行生活帮扶,帮扶标准为每人每月100元,2013年纳入区级后期扶持对象1984人,扶持资金238.08万元。

(余 婷)

民间传说——李鸿章轶事

李鸿章买机枪

清光绪九年(1883年),英籍美国人马克沁发明出世界上第一种现代意义上的机枪。它利用火药气体压力取代过去的人力,使枪支开锁、退壳、送弹、重新闭锁等一系列动作自动完成,真正达到了“一扣扳机,子弹喷涌”的战术效果。光绪十年,马克沁在伦敦举行新枪发布会,各国都有代表出席,中国也派出大臣李鸿章出席。当时马克沁表演的是速射。他的机枪在半分钟内一口气打出300发子弹。目瞪口呆的李鸿章大呼:“太快!太快了!”再一问价格,这位老官员又惊呼:“太贵!太贵了!”虽然李鸿章明白马克沁机枪的厉害,但由于清政府没给他多少可调用的资金,他只能买一挺回去研究研究。鉴于该枪射速之高,李鸿章还专门给它起名为“赛电枪”。

(资料来源:搜集整理:孙本宏)

工业经济

□工　业
□工业区

工　业

【工业发展概况】2013年,全区完成规模以上工业总产值254.67亿元,占市考核目标100.3%,同比增长6.1%。其中,战略性新兴产业完成产值31.14亿元,占市考核目标103.8%,比上年增长103.8%;规模以上工业增加值完成64.42亿元,占市考核目标105.6%,比上年增长7.3%;全年全区产值超亿元企业68户,共实现产值231.16亿元,比上年增长10.1%,占全区产值比重的90.8%。其中产值超5亿元的企业12户,产值超8亿元的企业6户。工业投资完成70.3亿元,占市考核目标100.5%,比上年增长3.1%。其中,技术改造完成45.2亿元,占市考核目标100.5%,比上年增长10.7%。

2009—2013年工业发展主要指标完成情况表

表3　　单位:亿元

年　度	工业总产值	工业增加值	工业投资	规模以上企业户数
2009	131	38.11	59.05	129
2010	173.4	49.9	66	150
2011	223．85	60.6	64.8	122
2012	241.84	60.76	71.82	129
2013	254.67	64.42	70.3	121

【工业布局】2013年,庐阳区以“都市工业”为重点,进一步抓好转型升级,加快调整优化产业结构,转变经济发展方式,推进新型工业化进程,大力发展“都市工业”“总部经济”“楼宇经济”。按照“搬迁一批、转型一批、升级一批”工作思路,促进小企业整合、大企业升级、优质企业转型。鼓励企业新建或翻建标准化厂房,引进电子信息、新能源新材料等战略新兴产业。加大工业项目招商力度,做好“兴庐科技园”入驻企业的服务工作,培育发展战略性新兴产业,实现“扩张总量”向“提升内涵”的转变。全年新增3家成长型规模以上企业,与2012年减少9家,工业增量大幅减少。新鸿伟焊管等6家企业由于合并、停产等原因今年已退出规模以上企业,亳州路十六所集团下属的特种制冷设备厂、飞龙冷冻空调等5家企业也已正式划转至其它县区,目前全区规模以上工业企业数共121家,比去年底减少8家。此外,受优化中心城区布局和水源地保护等政策影响,“一区四园”部分企业和三十岗辖区企业也拟搬迁,企业存量有所减少。庐阳区工业企业存量减少和增量不足的问题已经凸显,对工业经济的增长造成一定压力,工业经济发展潜力亟待挖掘培育。

2013 年庐阳区规模以上工业企业分布情况

表 4

序　号	乡镇街道	规模以上企业（户）
1	庐阳工业区	75
2	杏花村街道	8
3	海棠街道	4
4	杏林街道	4
5	双岗街道	0
6	逍遥津街道	0
7	三孝口街道	1
8	林店街道	0
9	四里河街道	0
10	大杨镇	25
11	三十岗乡	4
合　计		121

【“双千工程”项目】 2013 年，庐阳区有 19 个项目进入合肥市“双千工程”项目库，累计投资 7.35 亿元，涉及产业升级、创新能力建设、节能和资源综合利用和两化融合。

【服务企业】 2013 年，庐阳区先后举办大型银企对接会 1 场，专场银企对接会 4 场，为企业融资 24 亿元。组织 36 家民营企业申报 2013 年“滨湖·春晓”信托基金计划，融资 2.56 亿元。市区财政各出资 2000 万元撬动 6000 万元民间资本支持民营企业。发行 1 亿元集合信托，帮助 22 家公司对接信托公司。区财政出资 1080 万元对两家行业领头的融资性担保公司进行财政注资。全区 10 家小额贷款公司共为 1039 户中小微企业和个体工商户发放贷款 37.30 亿元，3 家融资性担保公司为 829 户中小微企业和个体工商户提供担保贷款 54.81 亿元。

【政策扶持】 2013 年，庐阳区召开民营经济大会，出台《庐阳区大力发展民营经济的实施方案》，组织实施“3+2”“1+X”系列举措，即建立健全三大民营经济发展支持体系，实施两大支持民营企业壮大工程，加大对中小微民营企业的培育力度。出台促进现代农业、工业转型升级、现代服务业三大政策，保障民营经济健康发展。2013 年起，每年拿出 5000 万元奖补资金，大力实施民营企业创业孵育计划，放宽民营企业注册门槛和准入条件，支持创业基地建设，加大创业培训力度，扶持初始创业，提升孵化培育能力，完善创业服务。重点扶持、培育 40 家优质典型民营企业。2013 年度，财政兑现民营经济奖励资金共计 2500 万元。

【节能降耗】 2013 年，工业用电量 5.58 亿千瓦时，比上年增长 24.3 %。全区万元 GDP 能耗下降 3%。超额完成市下达的目标任务。庐阳区列入万千家节能低碳行动考核 3 家重点耗能企业年度目标完成情况分别为：安徽皖能发电公司目标节能量为 2400 吨，实际完成节能量 21344.5 吨；合肥热电集团有限公司目标节能量为 950 吨，实际节能量 2300.82 吨；合肥炭素有限责任公司目标节能量为 700 吨，实际完成节能量 815.84 吨。庐阳区财政节能专项资金达到 3171 万元，比上年增长 32%。

（陶海棠）

工业区

【概况】 庐阳工业区位于庐阳区北部，成立于 2002 年，系安徽省人民政府批准设立的省级开发区。园区规划面积 11.92 平方公里，已建成区域面积 9.32 平方公里。庐阳区 2012 年街居管理体制改革后，实际所辖面积 18.24 平方公里（不含大房郢水库水面面积），目前已形成印刷科技文化产业、电工电气产业、钢材加工产业为主的三大特色产业。

园区围绕“加快转型升级，推进产城融合，打造一区多园的现代化都市工业园区”目标。按照“土地集约、布局集中、产业集聚、项目集群”原则，重点发展新能源、新材料、节能环保等新兴产业和现代金融、现代物流、研发设计、商务服务等现代服务业。

【经济发展】 2013年，庐阳工业区累计完成固定资产投资72.5亿元，其中：社会投资完成26亿元，工业投资完成46.5亿元，技术改造投资完成29.8亿元。全年亿元以上新开工项目12个，完成投资13.91亿元，占工业投资总量的83.29%。75家规上工业企业完成产值159.82亿元，比上年增长4.03%；实现增加值40.21亿元，比上年增长4.66%。新增规上企业4家。13家战略性新兴产业企业完成规上工业产值21.66亿元，比上年增长2.82%；15家高新技术企业完成规上工业产值59.18亿元，比上年增长10.20%。社会消费品完成零售额19.33亿元，比上年增长24.63%；完成批发销售额489.49亿元，比上年增长2.35%。新增限上批零企业1家。

【园区招商引资】 全年工业区累计招商引资资金45.95亿元。完成内资45亿元，外资1568万美元；完成现代服务业大项目3个；全年新引进项目49个，其中重点项目5个，高科技项目11个，新引进项目总投资总额约50亿元。入驻房地产开发项目2个，开发面积334亩，总投资达38亿元。签约高新技术项目比例达到80%以上，以沃特普尔冷却塔去电化、普利泰色谱检测仪、亚欧益盟超级电容、中科大产业联盟大数据处理基地、雪鸿斋宣纸印刷等高科技项目的签约落地，标志着工业区正在向以企业为主体、市场为导向、高新技术为支撑、产学研用结合的都市科技园区稳步迈进。以（大海）鑫翰电子科技园、中辰总部基地、工投创智天地等为代表的高新科技产业园引进与建设，标志着“一区多园”的都市工业框架已初步形成。

【基础设施】 全年共完成基础设施建设投资约11919万元。其中，征地安置及廉租房等房建项目4个。荣城南苑、廉租房二期及配套均已基本完成目前荣城北苑项目已竣工交付32.8万平方米，共计3580套住房，整个荣城北苑项目将建成78%。全新建及改造道路3条：时雨路、灵溪路、天水路。

【转型升级】 2013年，庐阳工业区成功申报安徽省新型工业化产业示范基地和安徽省家具装饰专业商标品牌基地。联合合肥工投科技有限公司兴建标准化厂房（一期）——兴庐科技产业园，已签约企业40家，租赁厂房面积113709平方米。其中，高新技术产业9家，光电机电产业8家，包装印刷产业6家，服装及其它产业13家。工业区全年新增高新技术企业8家，市级产业升级项目2个，市级创新能力建设项目3个；市级两化融合示范项目1个；成立省级市级企业技术中心2个，市级企业技术中心1个；全年累计申报专利256件，授权专利152件，有8项产品被认定为安徽省新产品。

（赵　明）

【企业选介】 合肥奥瑞数控科技有限公司 成立于2005年7月，总部位于庐阳产业园区天河路328号，是一家集智能CAD/CAM系统研发、生产、销售、服务于一体的国家级高新技术企业，产品应用领域涉及服装、箱包、玩具、制鞋、车饰、家居、广告、包装等八个行业，是目前国内CAD/CAM系统领域唯一一家具备软件自主研发和硬件规模化生产双重能力的国家双软企业。

合肥奥瑞数控科技有限公司车间（局部）

辖区商业企业——“依立腾”门店形象

安徽依立腾工贸有限公司 于2009年5月20日成立，主要经营服饰系列产品的生产和销售，是集服装设计研发、生产、销售、运动休闲商场经营、物业管理等于一体的多元化民营企业。目前业务网点已覆盖安徽省内各市、县，经营网点200余家。公司除经营依立腾、秋艳2个男装品牌外，旗下拥有腾百运动休闲广场和华锋制衣2个分公司，并控股腾洋服饰有限公司。2013年主营收入2.33亿元，利税415万元。

2009年通过ISO9001质量体系认证，并先后荣获“安徽省著名商标”“安徽省名牌产品”“合肥市著名商标”“安徽十大商业品牌”“质量先进管理单位”“安徽优秀自主服装品牌”“安徽十大创新服装企业”“安徽市场最畅销品牌”等荣誉称号。

志邦厨柜股份有限公司 是民营股份制企业，成立于1998年，作为中国厨柜行业的先驱，是国内著名的厨柜产品制造基地；集产品研发、

志邦橱柜车间（局部）

生产、销售和经营的专业化厨柜企业。

产品先后荣获"安徽省著名商标""中国厨柜产品十环认证""国家高新技术企业""中国驰名商标"和50多项设计和技术专利等荣誉。志邦现代化生产基地占地13万平方米。全套引进德国豪迈(HOMAG)的专业生产设备,以标准单元产品的设计形成规模化生产,年产厨柜可达30万套。产品各项指标均达到或超过国家标准,符合欧洲标准,同时通过了ISO9001;ISO14000;GB/T28001质量/环境/职业健康和安全国际管理体系认证,并获得国际市场出口许可证,产品出口到欧洲/美国日本/东南亚地区。

公司设立北京、上海、合肥、南京、武汉、无锡、苏州、杭州8家直营分公司,全国分设十大区域运营管理中心,加盟连锁1000余家服务于中国市场,覆盖31个省自治区和直辖市。并与全国性地产公司如万科、恒大等形成战略性合作,为精装修房持续提供整体厨房设计生产、安装交付业务。志邦凭借技术和规模的优势和完整的市场销售网络,综合实力稳居中国厨柜行业前三强、厨卫百强之列,是华东厨柜第一品牌。2013年收入8.6亿元,利税1.2亿元。

民间传说——李鸿章轶事

李、翁、左斗嘴

据传,李鸿章做直隶总督兼北洋大臣后,倚仗慈禧撑腰,不免颐指气使,鼻子翘得高高的。一天早朝,刚好和户部尚书翁同龢站在一起,等候皇上登殿。原来,翁同龢是光绪的老师,与李鸿章各保其主,扭的是两道劲。今见李鸿章装腔作势,不由气闷。暗想你利用手中大权,刮地皮,发横财,却把自己装扮成清官。略作思忖,便对李鸿章拱拱手,说:"现偶成一联,请中堂大人赐对。"随即念道:"宰相合肥天下瘦。"

李鸿章听了,心中也有气。心想,你这个老家伙,屁股也有屎,不是什么干净货色,还取笑他人。于是,冷笑一声,对道:"司农常熟世间荒"(翁同龢系常熟人),念毕,拱一下手说:"尚欠工整,请司农大人指教。"

翁同龢听了,一时语塞,涨红了脸,从此翁、李更加不和。

又有一天,左宗棠去拜会李鸿章。李鸿章慢出来一步,左宗棠心里不高兴,想起以往曾听人说李鸿章为姨太太洗脚的事,于是就顺口问曰:"与如夫人洗足?"意思是说李鸿章忙着为小老婆洗脚,才怠慢大臣。

谁知李鸿章毫不示弱,随口应道:"赐同进士出身。"不仅对得工整,而且狠狠挖苦了左宗棠一番。原来,左宗棠的进士不是考中的,而是清廷念他镇压太平军有功,赐给他的。

李鸿章这个玩笑开得过火,从此,李、左不睦。

(资料来源:《安徽掌故》黄山书社 1990年4月)

商贸·旅游

□商　务
□旅　游

商务

【概况】庐阳区商务局成立于2002年，主要职责是研究提出流通体制改革意见，培育发展城乡市场，推进流通产业结构调整，发展连锁经营、物流配送、电子商务等现代流通方式，指导流通领域信息化建设和内外贸企业建立现代企业制度的工作；负责引导、扶持区内商贸经济发展，做好协调工作，对辖区内的社会商业实行行业服务；负责对区内商品市场和商业网点的规划、论证、建设和管理；负责各类商品市场建设项目的初审和呈报；引导市场提升品位，规范管理；加快商业街建设与发展；推进区内商业服务业现代化；负责对外经济合作工作；拟定对外经济合作政策；指导和监督对外承包工程、劳务合作、设计咨询等业务工作；拟定全区境外投资管理办法和具体政策；推进进出口贸易标准化体系建设等。2013年，全区实现社会消费品零售总额367.1亿元，比上年增长14%。全区实现进出口交易总额8.1亿美元，比上年增长24.6%；直接利用外资实现1.42亿美元，增长2.4%。

【商业网点规划】庐阳区商务局推动四牌楼商贸功能区、三孝口文化功能区、濉溪路总部经济和金融集聚区组成的合肥市中心中央商务区发展。参与旧城旧村改造，引导社会资本参与建设。截至2013年底庐阳区有11条形成规模效应的商业特色街，街区沿街店面积约130万平方米，入驻企业近2000家，500强企业43家，就业人数近2万人。淮河路步行街、女人街、豆瓣汇步行街、新天地广场餐饮特色街区、阜南路特色餐饮街、寿春路婚庆一条街、义井路民俗花卉街、三十岗汉代风情美食街和东瞿农家文化美食村等商业特色街区形成规模。

城隍庙小商品市场

【楼宇经济】2013年，全区有商务（商业）楼宇167幢，入驻企业数7377家。四牌楼商贸楼宇群集聚商贸企业197家，合作经济广场文化楼宇集群集聚文化企业65家，北一环总部经济楼宇集群集聚总部企业89家，东怡广场金融楼宇集群集聚金融企业15家，全区楼宇企业世界500强、中国500强、中国民营500强企业数量居全市各县区之首。全区有税收千万元以上楼宇17幢，亿元以上楼宇8幢，楼宇内网店近600家。

【电子商务】庐阳区商务局与省内知名电子商务平台“万家热线”合作，组织区内商贸零售企业、贸易代理企业、个体工商户等各类商户分年度、分批参与电子商务平台的网上运营，引导商户加入平台会员业务。建设“庐阳区中国著名商业街网站”，发展智慧商街，开创街区消费新模式。打造“天空之城——庐阳区楼宇经济网”，整合全区四大楼宇集群下写字楼基本信息，搭建庐阳区楼宇O2O网络运营平台。2013年庐阳区出台《庐阳区电子商务人才培训方案》，培训重点企业经理、网络应用管理层和从业技术人员，全年培训电子商务人员1500余人。

【优化市场运营管理】 2013年,庐阳区商务局争取项目资金640余万元,市政府奖补资金50余万,改造全区9个菜市场,全区设立20余个社区蔬菜直销店和一批平价蔬菜流动车,开展社区蔬菜直销店和平价蔬菜流动车服务。

【特色商业示范社区建设】 2013年,庐阳区商务局统计普查全区400余家进出口企业、70家外资企业、30余家服务外包企业;核查登记116家酒类流通备案企业;逐月调研和走访限额以上商业企业277家;督查11条特色街区(其中:国家级1条——淮河路商业步行街区,省级2条——老报馆、女人街,市级5条——老报馆餐饮特色街区、阜南路特色餐饮街、凤台路风味美食街、义井路美食街、新天地广场餐饮特色街区),引导其创品牌、创特色。至2013年底,全区创建国家级商业示范社区3家、省级商业示范社区3家、市级商业示范社区7家、区级商业示范社区23家。

【肉类蔬菜流通追溯体系建设】 截至2013年底,庐阳区商务局完成20家试点单位(屠宰厂1家——板桥屠宰场,菜市场3家——杏花菜市场、阜阳北路菜市场、阳光拓佳菜市场,超市12家——合家福颍上路店、合家福沿河路店、合家福四牌楼店、合家福百花井店、合家福CBD店、永辉明发店、红府红星路店、红府宿州路店、乐购濉溪路店、世纪联华杏花店、北京华联蒙城路店、大润发庐阳店,团体消费单位4家——蜀王美心省立医院、蜀王美心市一院、金色王朝黄山大厦店、金色王朝省发改委餐饮中心)肉类蔬菜流通追溯设备安装、调试工作。

(郭腾飞)

2013年分企业类型限额以上批零和住餐业销售额

表5　　　　单位:万元

品　种	销售额(营业额)			零售额		
	12月	1–12月累积	比上年增长(%)	12月	1–12月累积	比上年增长(%)
批发业	997641	11417875	2.2	34174	324866 (320914)	41.7
零售业	329137	3576888	12.3	267132	2807879 (2732682)	11.7
住餐业	12684	150048	-1.3	11212	133405 (117025)	-0.4
国有企业	11173	146186	-1.1	6324	93386	-10.3
集体企业	103	1549	-31.6	53	1491	-33.9
股份有限公司	592333	8047550	-1.9	72827	716373	23.7
有限责任公司	690345	6450567	12.9	190480	1985226	11.3
"三资"企业	44797	492496	13.0	42123	463239	14.8
个体经营户	711	6463	11.4	710	6436	11.9
国有控股企业	910770	11144492	3.3	138920	1484865	10.8

注:该表不含市统计局产业活动单位调整后数据,()内为庐阳区数据。

(张　慧)

旅　游

【概况】 庐阳区以安徽省合肥老城区为主体，是一个具有深厚文化底蕴的城区。庐阳老城区是历史上的古庐州城，众多的人文景观、深厚的历史文化底蕴和强烈的时代气息交相辉映。"张辽威震逍遥津"古战场，至今游人如织；曹操点将"教弩台"，依旧古木森森；具有1400多年历史的明教寺，仍然香火鼎盛；清末北洋大臣李鸿章故居。老城区内，素有翡翠项链之称的环城公园环绕拥抱，西山、银河、包河、浮庄、杏花、逍遥津等景区点缀其间，形成城园交融的特色园林景观；城区北部，南淝河穿城而过，上游董铺水库、大房郢水库碧波荡漾，三国遗址公园和规划建设中的城市森林公园、大房郢水库坝下区公园相互辉映，形成了"一河襟两水带三园"的独特生态环境。

李鸿章故居（正门）

【旅游景点选介】 李鸿章故居　建于清朝光绪年间，属于典型晚清江淮地区民居建筑，结构严谨，雕梁画栋，风格古朴典雅，占地面积3500平方米。分为东西两院，西院由南向北依次分为大门、前厅、中厅（福寿堂）、走马楼（小姐楼），东院为淮系集团展馆。中厅和走马楼主体构架为当年建筑，中厅内部采用"明三暗五"结构形式，技法流畅的木雕勘称我省北派古建木雕中上乘之作。走马楼造型精致，为上下两层回字型木雕楼，楼下正中为一方天井，融合了南北建筑风格。1998年，故居被公布为省级文物保护单位，1999年9月正式对外开放。作为目前国内唯一以李鸿章为主题的陈列馆，故居内陈列了《晚清军政重臣李鸿章》、《李鸿章墨宝》《李鸿章与招商局》以及《淮系集团与中国近代化》等一系列展览，展现李鸿章风云变幻的一生以及那段屈辱与抗争的近代历史。自开放以来，故居共接待200余万游客，前国家主席、军委主席江泽民、全国人大委员长吴邦国、全国政协主席贾庆林等曾参观。2000年，《李鸿章家族住宅旧址陈列》荣获99年度全国文物系统"十大陈列展览精品"提名奖和"安徽省优秀陈列展览"。2006年，"李府春秋"荣获合肥"新十景"称号。2010年，《李鸿章系列展》荣获首届全省博物馆六大陈列展览精品评选"精品奖"。2011年晋升国家AAAA旅游景区。

明教寺　坐落逍遥津公园南侧，原名铁佛寺，又称明教台、曹操点将台。该寺始建南朝前梁，至隋末，寺院荒废。唐大历年间(766—779)在废墟中掘得铁佛一尊，庐州刺史裴绢

明教寺（正门）

上奏朝廷，准奏重建，定名为“明教院”。明代改称“明教寺”。后迭经兴废，至清咸丰三年(1853)，复毁于战火。光绪年间重建。1937年冬，寺院部分建筑被日军飞机炸毁。新中国成立后，政府有关部门多次拨款修缮。1983年，该寺被定为汉族地区全国重点寺院。明教寺历史悠久，建筑雄伟。在清代，居合肥城众寺之冠。现存建筑有山门、天王殿、大雄宝殿、地藏殿、客堂、寮房等。

三国遗址公园（正门）

三国遗址　三国遗址公园为国家AAAA级旅游景区，1998年5月，省人民政府公布“三国新城遗址”为安徽省重点文物保护单位。公园占地约35.33公顷，分为遗址保护区、三国文化区、行政生活区、旅游服务区。公园于广种牡丹并举办牡丹节，周边众多游客前来游览观赏。

三十岗景区　庐阳区三十岗，距合肥市中心15公里，距合肥新桥国际机场12公里，南临董铺水库，北依滁河干渠，有着丰富的自然资源，悠久的历史文化，奇幻的民间传说，美丽的自然景观，其交相辉映，使得这方神奇的土地诱人无比。森林覆盖率达60%以上，安徽省环境优美乡镇，国家AAAA级旅游景区，安徽省优秀旅游乡镇，安徽省生态农业旅游示范乡镇。生态旅游资源丰富，自然田园风光、休闲观光体验农业、农家乐和三国新城遗址公园等

桃蹊水果农场

历史人文景观已融入省会景区群，正逐步形成短线游的新热点。年接待游客近150万人次，实现旅游总收入2亿元。三十岗生态农业旅游区依托良好的区位优势和丰富的旅游资源优势，每年定期举办“西瓜节”“牡丹节”“三国文化节”“音乐节”“乡村旅游节”“自行车嘉年华”“土特产年货节”“桃花节”等旅游节庆活动。

安徽省博物馆　安徽省博物馆成立于1956年11月14日，是当时全国四大样板馆之一。2010年12月28日更名为安徽博物院。建馆以来，安徽省博物馆以文物资源为基础，陈列展览为平台，文保科研为推力，宣教服务为保障，跻身国家一级博物馆行列，获评全国古籍重点保护单位，展陈大楼被省政府纳入安徽省级文物保护单位。安徽省博物馆现藏文物近22万件套，特色藏品包括商周青铜器、楚国货币、汉画像

安徽省博物馆（外景）

石、文房四宝、元代金银器、新安书画、徽州雕刻和古籍善本、徽州契约文书、潘玉良美术作品等类别。2007 年 1 月 16 日,安徽省博物馆新馆奠基,新馆建筑面积 4.1 万平方米,展览面积 1 万平方米,建筑造型体现了五方相连、四水归堂的徽派建筑独特风格。2011 年 9 月 29 日建成开放。从 1956 年到 2011 年,半个世纪栉风沐雨,万件珍宝文化惠民。两馆共建,双葩并蒂,不仅标志着安徽省博物馆在硬件设施上跻身国内先进馆行列,更会促进省博物馆营运管理水平进一步提高,为更好地保护历史遗产,宣传安徽地域文化,提升安徽文化整体实力作出更加积极的努力。

逍遥津公园(正门)

逍遥津公园　逍遥津公园位于合肥市老城区东北隅,是一座历史文化悠久、造园艺术风格独特、服务设施完善、环境优美、景色宜人的综合性公园;同时又是三国时代著名的古战场,"合肥新十景"之一。1949 年新中国成立后,人民政府开始将逍遥津辟建为公园。经过多年的精心建设经营,逍遥津公园现占地 31.3 公顷,其中陆地 20.1 公顷,水面 11.2 公顷。露地植物种类及数量 190 种,约 1.4 万棵,草坪(含其他地被)约 2.1 公顷。逍遥津公园平面成扇形,全园由水系自然地分为东西两园。东园水域辽阔,草坪宽广,主要是青少年活动区、文化活动区。这里有张辽塑像、逍遥阁、渡津桥、逍遥墅、逍遥湖、游船码头、儿童乐园、游乐场、草坪广场、文化宣传长廊、以及徽商会馆茶社、餐馆等各类服务设施。西园境内溪流交织,地形地貌多变,主要是安静休息区。这里绿荫覆地,亭廊曲回,疏影横斜,曲径通幽,给人以步移景异,闹中取静之感。园内以植物造景为主,建筑和园林小品起点缀作用,植物同山石、建筑、水体相互烘托、配合,构成浓墨重彩,宁静幽深的景观意境,形成了长廊、水榭、报春亭、梅花山、牡丹园、杜鹃园、藏幽园、张辽衣冠冢和三国历史文化馆、动物表演乐园、孔雀园、鳄鱼园、匹特博彩弹射击运动场、等风光各异的景区和景点。公园先后获得"安徽省旅游行业职业道德竞赛先进单位""合肥市创建国家卫生城市卫生先进单位"、"合肥市文明单位""合肥市社会治安综合治理先进单位""合肥市创建文明行业活动达标单位""合肥市拥军优属模范单位"等光荣称号。

杏花公园　杏花公园位于合肥市老城区西北角,南临淮河西路,北靠清溪东路,东寿春路,西邻环城西路、琥珀潭,年接待游客 300 万人。公园于 1992 年开工建设, 1997 年初步建成,园区占地约 22.73 公顷(其中水面约 5.27 公顷),有各类乔灌木 127 种,总数 152547 株,各类草坪面积约 15 万平方米,绿地总面积 18 万平方米。公园北部交通便利,建有全市老城区单体面积最大全民健身广场;公园西部水域开阔,湖中心"欢乐岛"游乐场是目前合肥较具规模和档次综合性大型游乐场;公园南部苍松翠柏,植被茂密,矗立有杰出无产阶级革命家、军事家,中国工农红军和新四军高级将领罗炳辉将军纪念铜像。2004 年 10 月 1 日,杏花公园在合肥市率先实行免费开放。

(郭腾飞)

建设·环保

□城乡建设
□重点工程
□国土资源
□城市管理
□市政园林
□环境保护

城乡建设

【概况】 庐阳区住房和城乡建设局（以下简称“庐阳区住建局”）成立于2010年5月，根据职能调整，2012年4月将工程建设职能移交区重点建设管理局，实现“建管分离”。2012年11月，将市政管理职能移交区市政园林局，率先在全市实现园林管养体制改革。庐阳区住建局主要职能有：负责“大建设”项目、城市支路、财政投资项目等政府重点工程的前期手续办理及相关协调服务；负责辖区老旧小区环境综合整治；负责工业园区、财政性投资及基础设施建设项目和二次装修工程建筑施工许可、竣工备案、质量安全监督、建设领域农民工维权和文明创建工作；负责辖区建设项目的征收、拆迁许可审批和监管，承担大建设项目、城市支路及危旧房、城中村（棚户区）改造等重点建设项目的征收协调，具体负责程序完善、方案制定、答复应诉、登记丈量、协议签订、审核认证、资金拨付等工作；负责辖区保障性安居工程建设计划报建，负责辖区物业企业考核、业主大会、业主委员会登记备案以及监督管理，负责辖区房屋租赁管理等工作。

【旧城改造】 2013年，庐阳区开展橡胶厂宿舍、五金二厂、平楼、淮河路336#大院D级危楼、花园宾馆一期、市化轻公司改造地块、白水坝、五金二厂、自行车二厂、工投公司集中安置点、长沟埂10个改造项目，占地约21.22公顷，拆迁面积14.16万平方米。结转2012年续建项目13个（东怡金融广场、救助站、亳州路菜场、蔚老郢、工商银行新华书店、华泰、刘冲、柏大郢A地块、柏大郢城中村改造B地块、四河片区周湾地块、四河片区李洼地块、梅小店、李小郢、大杨龙王城中村），总占地面积约130.72公顷，截至2013年12月，已拆迁面积64.56万平方米。

【老旧小区改造】 2013年，全区完成红星路1号大院、荣事达小区、金笔厂、预制厂305号、寿春四巷、杏林老北村、金寨路生活小区、可苑小区（C区D区）、油泵厂小区、908库小区、路苑小区、九狮桥小区、汽贸小区、安北小区、杏花南区、杏林南村、绿都新村、四河小区、公交四公司小区和电子工业局小区20个老旧小区环境综合整治，占地面积40.6万平方米，建筑面积68.8万平方米，惠及居民10211户，27582人。翻修新建道路面积7.7万平方米，铺设雨污水管道5.8万米，屋面

2013年，路苑小区物贸楼前场地改造前后对比

保温防渗 9.5 万平方米，安装路灯 356 盏，新建停车位 892 个，围墙粉刷 4.7 万平方，安装健身器材设施 181 套等。

【水源地整治工作】 2013 年，庐阳区董大水库水源地保护区土地整治项目搬迁群众 3628 户 10753 人，房屋面积 83.52 万平方米。截至 2013 年底，项目搬迁工作共涉及群众 4338 户 12747 人，房屋面积 97.82 万平方米，已完成搬迁 4284 户，房屋面积 96.5 万平方米。2013 年，正在建设卫庄、小钱郢、三十岗集镇（一期）3 个复建点，在建总建筑面积达 45 万平方米。

【物业管理】 庐阳区编制人事部门批准成立住房管理办公室，隶属庐阳区住建局，配备专人从事物业管理工作。全区 11 个乡镇、街道设立专门的社区物业管理办公室，57 个社居委配备人员从事物业管理工作。2013 年，庐阳区住建局制定《庐阳区物业管理投诉受理处理制度》《庐阳区物管理工作考核规定》《庐阳区住宅小区物管理工作考核办法》等规章制度，多渠道受理物业信访投诉。全年协调化解中央花园、香港广场、水晶苑、新华文景苑 4 起物业矛盾纠纷，调解回复安达小区、碧水家园、新华文景苑、天达物业、庐阳馨苑 5 件省、市信访投诉件，调处 30 多个电话投诉，在投诉时限内办结率 100%。推进业委会建设，完成备案登记 5 家。审核转报物业服务企业资质设立、核定、延期、变更 148 家，备案物业服务项目 126 个。参加合肥市房产局组织的住宅小区季度流动红旗及市优、省优、国优的评比，全区有 22 家物业企业获得流动红旗称号，2 家小区（大厦）获得市优，3 家小区（大厦）获得省优。荣获 2013 年度合肥市物业管理工作目标考核第一名。

【住房保障工作】 2013 年，全区保障房性住房项目新开工任务目标任务 2200 套，其中棚户区改造 2000 套，廉租房 200 套，基本建成任务 672 套。全区实际新建刘冲廉租房 200 套，棚户区改造 3041 套，基本建成棚户区改造 672 套，完成 2013 年任务目标。

【旧城改造】 2013 年，庐阳区开展橡胶厂宿舍、五金二厂、平楼、淮河路 336# 大院 D 级危楼改造、花园宾馆一期、市化轻公司改造地块、白水坝、五金二厂、自行车二厂、工投公司集中安置点、长沟埂 10 个改造项目，总占地 318.34 亩，拆迁面积 14.16 万平方米。结转 2012 年续建项目 13 个（东怡金融广场、救助站、亳州路菜场、蔚老郢、工商银行新华书店、华泰、刘冲、柏大郢 A 地块、柏大郢城中村改造 B 地块、四河片区周湾地块、四河片区李洼地块、梅小店、李小郢、大杨龙王城中村），总占地面积约 130.72 公顷，截至 2013 年 12 月，已拆迁总面积 64.56 万平方米。

【农村公路建设】 2013 年，庐阳区住建局指导、协助杨岗路新建并通过验收；协助林店井湾社区完成修复井湾社区 11 条沙石路；完成瞿塘路、岗合路中修工作；改造桃花店街中心路工作；新建大杨镇良余路工作。

【建筑管理和农民工维权】 全年发放建筑施工许可证 41 项：其中补发施工许可证 2 项，建筑面积约为 69.98 万平方米，35 个建筑单体；二次装修项目 5 项，面积约为 3.97 万平方米；发放区级投资、市政基础设施施工许可证 12 项，面积约为 48.38 万平方米，21 个单体；受理质量安全报监 23 项，面积约为 41.34 万平方米，32 个单体，办理工程竣工备案 44 个单体，建筑面积约为 46.43 万平方米。下发建筑施工质量安全巡查意见书473份，排查质量、安全隐患3586条，整改率98.52%。下发停工意见16份，印发处理通报8份，通报批评25家企业18位责任人；约谈16个项目36家在建企业的各方责任主体负责人。在合肥建设网记录在建项目的28家企业记不良行为，记录28位项目经理、监理总监不良行为。庐阳区住建局2013年处理农民工工资投诉案件89起，涉及金额5616万元，案件处理率100%，结案率98%，月平均处理案件数量和金额分别比上年增长86.5%、50%。

（管　丽）

【住房保障工作】 2013年安置房项目共计13931套。完成本年度目标任务，新建四里河畔小区A地块680套，四里河畔小区李洼地块1288套，昆仑花园二期三标段248套，梅小店复建点2981套，大杨镇小钱郢复建点936套，庐阳区建材一厂（工投地块）复建点2、3地块1106套，三十岗集镇复建点一期1147套；续建卫庄1606套，蔚老郢248套，昆仑花园二期一、二标段1146套；森林公园三期复建点4个地块2545套完工并交房。

（李毅娜）

重点工程

【概况】 庐阳区重点工程建设管理局于2012年4月1日成立，主要负责政府投资的项目建设过程的组织、管理和监督工作，包括参与政府投资项目的施工、监理单位的招投标工作；负责政府投资项目的建设过程中的现场管理协调、工程质量、安全生产、技术档案管理、按项目进度拨付经费、编制工程决算、竣工报告、参与工程竣工验收等工作。

【支路（桥）建设】 2013年，完成潘集路、双水路、金桔路等15条支路网项目，建成长度约6.35公里。完成位于清源路与盘古路交口的清源路公交始末站建设，占地约5.15亩。新建高皇路、华祖路、杨庙路、凤祥路等11条道路，总长约7.81公里，完成李郢孜路、固镇路3、固镇路4等11条路开工前期工作。

【农村路桥建设】 2013年，新建位于三十岗乡和长丰交界的滁河干渠蔡郢桥，桥宽10米，长62米，跨径55米。新建杨岗路、自行车环道两条道路，总长约11.9公里。

国土资源

【概况】 国土庐阳分局于2002年3月成立，直属合肥市国土资源局，办公地点位于濉溪东路国土大厦。2013年，国土庐阳分局以有效保护和节约集约利用国土资源为主线，以服务地方经济社会发展为重点，贯彻落实严格土地管理的一系列重大决策部署，各项工作有序开展。在2013年度全市集约节约用地目标管理考核中，庐阳区获全市四城区第一名。

【项目用地】 2013年，庐阳区上报15宗新增建设用地项目，用地面积71.89公顷。其中，农用地45.79公顷，建设用地26.1公顷。农用地中耕地面积33.48公顷。全年获批土地24.37公顷，供地24.36公顷，供地率99%以上。办理划拨供地手续25宗，总面积90.68公顷；划拨补办出让手续21宗，总面积0.24公顷；收储土地14宗75.73公顷，上市土地14宗47.6公顷。

【土地整治】 2013年，庐阳区融资4亿元，推进董铺和大房郢水库水源地保护区土地整治项目，搬迁水源地保护区29个村民组、3404户，房屋面积 57 万平方米，复垦土地 50 公顷。截至 2013 年底，庐阳区水源地整治项目融资 9.9 亿元，启动 4 个批次搬迁工作，搬迁 4338 户、1.27 万人，搬迁房屋面积 97.82 万平方米，涉及宅基地 154.67 公顷。开工建设卫庄、小钱郢、集镇一期 3 个复建点项目，总投资 18.2 亿元，总建筑面积 45 万平方米。

【土地登记】 2013 年，庐阳区办理城镇居民私房发证 12643 户，发证面积 18.51 万平方米。办理 153 宗土地抵押（备案）登记工作，抵押金额 15.33 亿元。办理 31 宗土地分割备案登记手续，涉及 1.88 万户。

【土地监察】 庐阳区按照“预防为主、事前防范和事后查处相结合”原则，创新巡查督导模式，重点加强对主干道沿线、城乡结合部及基本农田范围内用地情况的巡查监督，及时发现和制止各类土地违法行为。2013 年，国土庐阳分局巡查 100 余次，做到“早发现、早处置”。国土部下发庐阳区疑似违法用地图斑 34 个，监测面积 13.85 公顷，其中耕地面积 9.52 公顷。

（石接友）

城市管理

【概况】 庐阳区城市管理局（以下简称“庐阳区城管局”）承担全区 480 多万平方米道路清扫保洁、67 座直管公厕管理、全区每年 20 万吨垃圾收运工作。负责全区市容和环境卫生责任区、户外广告和店招标牌、“牛皮癣”清理整治、季节性瓜果市场、摊群点的管理工作。依法集中行使 134 项行政执法权（包括市容、规划、市政、园林部门的全部行政处罚权，环保、工商、公安交通管理、文化、卫生部门的部分行政处罚权）。2013 年 5 月庐阳区城管局根据区编委《关于整合区城管局下属事业单位有关事项的通知》的文件精神及城市管理承担的职能分类，对局属各二级机构的职能设置进行改革：第一清洁队更名为区城市管理局环境卫生管理中心，第二清洁队更名为区城市管理局设施管理中心，第三清洁队更名为区城市管理局指挥考评中心，车队更名为区城市管理局生活废弃物转运管理中心，重点路段管理办公室更名为区城市管理局城市容貌管理中心。上述 5 个中心于 2013 年 5 月 6 日正式挂牌运行。保持区城市管理行政执法大队、区文化市场管理办公室职责不变。庐阳区城管局连续 20 年取得全市城市管理工作目标考核第一名的成绩。

【市容管理执法】 2013 年，庐阳区城管局规范夜市摊群点管理，划出 10 处 247 个夜市摊群点供商贩规范经营。摊点管理过程中，在全市首创摊群长联保自治管理制度并采取“三不六统一”的管理标准，即不占道、不扰民、不污染，统一经营设施、统一定点划线、统一制式遮阳棚（伞）、统一垃圾容器、统一编号定位、统一悬挂摊位证。2013 年 10 月，投资 4500 万元的阜阳路、北一环、淮河路立面整治工作开工，开展主次干道两侧违规广告牌专项整治行动和户外广告安全排查工作，全年排查存在安全隐患的户外广告牌 45 处，违规设置的户外广告标牌 141 处，到期违规设置的楼顶广告字 23 处。开展公益广告设置工作，严格按照墙体公益广告设置面积 20%、围挡公益广告设置面积 30% 的标准进行设置，增加“讲文明树新风”公益广告面积 22000 平方米。庐阳区城管局以“一栏两桶三图”为内容，把城市管理工作与服务群众相结合。“一栏”是指在六安路与淮河路交口设置农民工信息发布栏，免费发布农民工信息，解决农民工街头劳务市场占道揽活现象。“两桶”是指为夜市排档经营户免费配发固体垃圾收集桶和泔水收集桶，所产生的垃圾由城管局负责收运。“三图”是指西瓜销售点地图、停车场（位）地图和公厕地图。在夏季划定72处西瓜销售点并印制西瓜销售点地图免费发放给瓜农，引导其进点销售。

【行政执法管理】 庐阳区城管局实行7小时徒步巡查和“三单制”执法网格化管理方式，严格案件量化考核，严格渣土管理、严厉打击违法建设。截至2013年底，查处违停查车辆7.2万余辆（次）。查处摊点占道经营5800余（处），取缔出店经营4500余（处），收缴非法出版图书3632册，督促“五小”履行办证手续32家，清理立面标牌、条幅、乱悬乱挂、牛皮癣等3450余（处），清理乱堆乱放730余（处），拆除违法建设91处，查处渣土违规运输车辆485辆，责令整改工地14家。庐阳区城管局在全市首创城管执法队容风纪纠察制度，开展队容风纪纠察16次。开展城管执法案件群众公议制度和城管执法群众监督员制度，开展12次群众公议，完成51起案件的公议，组织开展执法队伍法律知识与业务培训、行政执法资格培训6批（次），共培训行政执法队员320人（次）。

【文化市场管理】 2013年，庐阳区城管局开展“扫黄打非”行动，取缔流动书商、地摊图书32处，端掉盗版光盘窝点1处，收缴非法书刊、盗版音像制品、淫秽音像制品等3万余件。开展网吧专项整治工作。全年庐阳区城管局文管办出动执法人员500多人（次），检查辖区网吧457家（次），受理网吧举报电话23件，下发整改通知书20份，立案调查22件、罚款金额近7万元，召开网吧业主会议3次。庐阳区城管局通过健全网吧管理长效机制、与网吧业主签订《庐阳区网吧目标管理责任状》、严查网吧接纳未成年人、严格实名制登记制、联合区文化局、区关工委开展集中整治行动、发挥“五老”作用、向社会公布举报电话等方式，加强对网吧的监督管理。庐阳区城管局开展“安全生产标准化建设”“安全生产月活动”“安全隐患大排查”等活动，推进娱乐场所安全生产标准化建设、排除安全隐患，对存在消防安全隐患的场所函告消防部门。在重要节庆及中、高考期间，下发娱乐场所《中、高考期间加强文化场所娱乐场所管理的通知》要求各场所在高考、中考复习期间要严格遵守营业时间的规定和边界噪声的标准。全年出动执法人员196多人（次），检查娱乐场所180多家（次），下发整改通知书8份，召开娱乐场所业主会议2次。庐阳区城管局规范营业性演出市场，严厉查处违法演出行为。严格审核营业性演出团体现场表演的节目内容等事项，对演出活动实行全程监控。2013年庐阳区城管局组织文化执法人员120余人（次）在辖区范围内专项检查打字复印场所，加强对打字复印经营单位的监管。

【垃圾处理】 2013年，庐阳区城管局将北一环外44条道路303万平方米道路保洁作业通过公开招标实行市场化运作，中标的保洁公司负责日常作业，庐阳区城管局成立督查室，建立督查考核制度，每天两次上路督查，监管保洁公司履职履责。

截至2013年底，庐阳区城管局有各类环卫车辆140余台，机械化作业率95%（除不适合实行机械作业的路段，其余路段全部实行机械化作业）。自2012年开始，在全市率先试点水洗道路作业并推行至全区11条重点道路，实现环卫作业从“人扫”到“机扫”再到“水洗”作业模式的转变，2013年7月，获得全市水洗道路工作评比城区组第一的好成绩。2013 年 5 月，庐阳区环卫基地暨永青固体废弃物转运站投入使用，该站总投资 6000 多万元，占地面积 1.06 公顷，是全省最大、最先进、华东一流的垃圾转运站，填补了安徽大容量、智能化、机械化垃圾转运设施建设的空白。垃圾运输车从进门、称重，到分泊位、装运、压缩、过滤，全部实现了智能化、机械化操作，垃圾倾倒时间由原来的 40 分钟 / 车缩短到 7 分钟 / 车，日转运垃圾达 500 吨，预计远期日转运垃圾量将达 1000 吨，垃圾转运全程无臭、无污染，最大限度减少对周边环境影响。永青固体废弃物转运站投入使用后，市区原有 6 座小型垃圾中转站大幅减少转运量，进行分批改造，除在技术上升级排水、转运设备外，还在垃圾站周边种植绿植，打造城市中的花园式垃圾中转站，解决垃圾中转站周边环境较差问题。自 2013 年 5 月 24 日起，庐阳区城管局设施管理中心升级改造 67 座直管公厕，对 25 座有残疾人专用蹲位的公厕安装“帮助电铃”，此举措全省尚属首次。

（米　雁　姚文勇）

市政园林

【概况】 合肥市庐阳区市政园林局成立于 2012 年 11 月 20 日，内设办公室、督查应急中心、市政设施管理中心、道路绿化管理中心、广场游园管理中心、林业办公室、项目办（总工室），下辖杏花公园、逍遥津公园、三国遗址公园。主要职责是依法办理庐阳区市政、林业、园林绿化行政许可事项，负责庐阳区区管市政设施、林业、园林绿化、农村公路管理、养护和应急处置工作，牵头组织、协调庐阳区城市防洪工作。2013 年投入市政设施和园林绿化建设、维护资金 6867 万元，完成绿化面积 104.43 万平方米，其中新增绿化 77.06 平方米，提升绿化面积 27.37 平方米，管理养护全区各类市政道路 186 条，约 145 公里，面积 370 万平方米，桥梁通道 20 座，路灯 2 万余盏以及道路范围部分附属设施。

【市政道路养护】 2013 年，庐阳区市政园林局开展全区市政道路普查，编制养护计划，结合文明城市创建、扁鹊奖申报等活动，开展 3 次主题养护工作。全区道路进行全覆盖养护维修，更换阜阳路、寿春路、红星路等重点路段人行道面砖，改造提升大众巷、人民巷等小街巷道路设施。维修 14 条道路人行道和四里河北路等 3 条砼路面 3.19 万平方米。整体改造九狮桥路，提升原有道路通行等级，铺设透水混凝土人行道，增设花箱隔离。更换含山路人行天桥天梯工程；维修 11 座人行天桥附属设施，整体改造人民广场地下通道、逍遥津地下通道，完成 14 座桥梁年度常规检测工作。

【市政路灯管理】 全年维修路灯 2487 盏，维修配电柜 187 台（次），电缆 13600 米，实施路灯杆标号，163 台配电柜进行喷漆标识。2013 年 2 月，庐阳区市政园林局选用新型大功率电子镇流器，在临泉路、四里河路、合瓦路 3 条道路进行试点应用，节电率 44.9%。同年底，引入合同能源管理机制，招标确定节能改造单位，路灯日常管养职责同步并入，在全区范围内逐步推广。

【防汛抗旱】 庐阳区市政园林局为庐阳区政府防汛抗旱指挥部日常办事机构。2013 年，牵头制定《庐阳区 2013 年城市防洪应急预案》，组建 1 支防汛巡查队伍、4 支 40 人应急队伍，采购移动泵车 2 台、高压冲洗车 1 台，储备各类防汛物资；拉网式排查、整改辖区低洼地带、易涝点，循环清淤养护区管排水管网系统，汛期对北含山路、省公路局材料站仓库等积涝点进行紧急排涝，出动排水泵车设备50台（次）、人员300人（次）、处置险情40起。2013年夏季联合城管、消防等部门，循环浇灌城区绿化430万平方米，出动人员3980人（次）、水车5606车（次）、水泵390台（次），浇水40500吨。

【道路绿化管理】 庐阳区市政园林局全年完成蒙城路、颍上路、合瓦路、固镇路、茨河路、嘉山路、可苑路、一环路等道路基础资料调查，对辖区内主次干道、失管道路等进行招投标，落实养管单位。对四里河路、肥西路、安庆路博物馆机非带绿化提升工作、安然小区门口绿化改造、阜南路、宿州路、六安路的绿化补植工作以及北二环中铁国际城桥上绿化补植、北二环与蒙城路交口机非带、蒙城北路与濉河路交口绿化恢复、五河路与蒙城路交口东北角花坛、省政府门口西侧花坛、阜阳路与阜南路交口西北角花坛、环卫基地围墙外绿化等节点绿化工程进行项目监管。对直管的长江中路、寿春路、金寨路、蒙城路等9条道路进行修剪、除萌、除杂、清垃圾、打药、浇水、抗旱、应急抢险。完成长江路地铁2号线金寨路站点、宿州路站点苗木统计、迁移工作。对长江中路团省委大门东侧、省委大门两侧等处进行法梧的增植和换植，增植法梧12株、换植长势不良的法梧5株。夏季组织抗旱保苗工作，庐阳区市政园林局直属养管队伍及各养管单位2013年夏季抗旱期间浇水20000吨。组织50家社会单位在沿街门前庭院申请绿化景观提升项目并制定实施方案。截至2013年4月26日，50家社会单位绿化提升全部完工、完成23个点老旧小区零星空地绿化改造提升。庐阳区市政园林局全年编印5期《病虫害简报》，督促各绿化养管单位有针对性打药防治，避免病虫害大量爆发。2013年庐阳区市政园林局完成"环卫基地绿化工程""四里河立交桥下绿化补植""省政府花坛、阜南路阜阳路花坛""肥西路绿化提升""北二环与蒙城路交口西北机非带绿化补植""中铁国际城四里河桥上红叶石楠补植""蒙城北路与濉河路交口绿化恢复""安庆路博物馆前绿化提升""徽天乔木补植"等工程的送审工作。

【林业工作】 2013年，庐阳区市政园林局完成新增森林面积约152.53公顷的目标任务。实际完成新造林任务约171.53公顷，为市级目标任务的112%。全年申报三十岗乡创建省级森林城镇，申报三十岗乡东瞿村、崔岗村、汪堰村及大杨镇岗西村、谢岗村创建省级森林村庄。检查验收符合政策标准的造林项目，申报市、区奖补。2013年度兑现市级奖补资金276.9万元，区级奖补资金979万元。2013年度庐阳区申报市级奖补17项，通过市级验收。2013年庐阳区政府和省、市总工会在三十岗乡共同承办"工会林"义务植树活动。庐阳区市政园林局为企业办理林权证和林权抵押贷款登记。2013年，新申报的安徽森绿成刚生态园林科技发展有限公司、合肥桃蹊现代农业开发有限公司、安徽华艺园林景观生态建设有限公司、安徽皖城春意生态园林有限公司四家企业，复审安徽卓正林业发展有限公司、安徽省蓝斯凯园林工程有限公司、安徽省生态经济发展有限公司、安徽省兰君园艺有限公司、安徽鑫苗园林景观建设有限公司，被评为省级林业产业化龙头企业。全区有省级林业产业化龙头企业9家。2013年，庐阳区市政园林局为全区现登记在册的19棵古树名木制定保护方案。国庆花展期间，全区摆放鲜花近20万盆；苗交会布置特装展台1个，组织近10家林苗企业参加标展，处理和打击乱砍滥伐林木、非法占有林地等不法行为，进行火灾隐患巡查、排查工作，印发森林防火宣传材料200余份，全年全区无一起重大森林火灾发生;保护管理野生动植物和湿地等森林资源,印发《保护野生动物,建设美丽中国》宣传单500余份;成立区林业园林有害生物监测预警工作领导小组,开展巡查,报送月报,全区全年无重大林业病虫害发生。完成林地年度变更工作,制定完成全区林地保护利用规划方案,完成专家评审和政府审批上报。

【游园、景观带管理】 2013年,庐阳区市政园林局实施瑞园、五处节点绿化提升改造项目,提升面积10000平方米。完成南淝河景区、森林公园绿化养管的招标。修复四里河生态工程,完成选址意见书与环境影响评价报告办理、四里河河道清淤量的测绘等工作;编制、报审《环城公园绿道完善及景观提升工程方案》;完成人民广场全年绿化养护、卫生保洁、设施设备维护及日常管理,补植色块5700株,刚竹1800株。清理了广场人行通道泵房淤泥约10立方米,维修广场大理石铺装300平方米,更换公益广告牌13块,组织广场公益活动7场(次),修剪环城公园内绿篱、球类及乔木下垂枝、萌芽枝,预测及防治病虫害,清理死树60余株,清理枯死枝、杂草及砖石瓦块等600余车(次);补植庐阳区环城公园范围内黄土露天地点,补植地被约26300平方米、色块400平方米;2013年7月–8月投入人员300多人(次),水泵6台(柴油水泵4台、汽油水泵2台),水车3辆,浇水4000多吨,完成抗旱保苗工作;加固和扶正公园内120余株歪斜大树,清除安全隐患。巡查、维修和更换庐阳区环城公园内的灯饰,维修草坪灯、照树灯300余盏,更换灯泡400余盏、镇流器200余个,更换电缆等1000余米,保持环城公园内灯饰亮灯率95%以上。制定人民广场举办大型公益活动的安全防范措施和应急预案。

【督查执法】 庐阳区市政园林局督查应急中心对市政设施、林业、园林绿化管养工作进行督查、协调、考核,建立完善市政设施、林业和园林绿化突发事件应急预案和应急机制。全年处理紧急情况20余起,完成辖区内园林类砍伐、移植树木行政许可初审、临时占用绿地行政许可初审、改变绿地使用性质行政许可初审61件,办结率100%。全年查处各类绿化问题240件,其中整改229件,整改率95%。处理绿化违章案件18起,处理交通事故26起(含3起未办结),挽回损失约117万元。受理市长热线359起,接听市民咨询、投诉1928起,及时处置率、回复率、办结率100%。

【第五届合肥牡丹节】 2013年4月4至5月5日,第五届合肥牡丹节在合肥三国遗址公园隆重举办。三国遗址公园万福牡丹园占地2公顷,栽植9种色系50多个品种3万株牡丹、3000株芍药和2万株杜鹃。牡丹节期间还有室内精品牡丹展、植物造型盆景展、歌舞表演、马戏杂技表演、“走进春天”蝴蝶画展、花车巡游、美食嘉年华、儿童游乐园、真人CS丛林枪战等活动,节假日及周末安排24场文艺演出。第五届合肥牡丹节期间,三国遗址公园接待国内外游客20万人(次)。

【第八届合肥三国文化节暨航天航空科技文化节】 2013年10月1—7日,第八届合肥三国文化节暨航天航空科技文化节在合肥三国遗址公园举办。文化节有表演、三国文化展览和航天航空等特色主题22个旅游项目,接待非洲、巴基斯坦、柬埔寨、英国等国内外游客5万人(次),旅游收入51万元,同比分别增长45%和86%。

(孟海涛)

环境保护

【概况】 庐阳区环境保护局成立于2010年8月，为庐阳区人民政府组成部门。主要负责组织贯彻国家和省、市制订的环境保护方针、政策，编制全区环境保护规划，审批全区建设项目环境影响评价文件，负责全区主要污染物总量减排、环境监察、污染物排放许可、排污费征收和“三同时”验收，调查处理全区环境信访和污染事故，协调开展全区环境监测工作，监督农村生态环境保护，处理群众环境保护方面的来信来访，组织开展全区环境保护宣传教育。2013年，庐阳区环境保护局围绕庐阳区委、区政府以及合肥市环境保护局确定的年度工作目标，以水环境治理为重点，扎实推进污染减排和环保专项整治等特色工作，严格行政审批，严厉打击各类环境违法行为，着力服务全区经济社会发展。

【主要污染物总量减排】 2013年，区环保局制定全区主要污染物总量减排督察调度机制，建立全区污染物总量管理台帐，对全区新增总量实施确认并对全区总量减排工作跟踪督办。落实河道、水库边和工业区内企业减排措施。一是加强餐饮等服务业排水管理；二是强化重点废水排放企业环境监管；三是加强对工业、医疗等危废单位的管理；四是严把辖区重点排污单位总量控制关，列入省环保厅强制清洁生产审核的9家企业（名单附后）作为监管和服务的重点。

【排污申报与排污费征收】 区环保局严格排污许可证管理，全年完成26家重点排污单位排污许可证换发工作；加强排污申报登记，完成申报155家；严格排污费征收，按照排污收费程序依法征收，全年征收排污费计21.21万元。

【水环境治理】 2013年，庐阳区建立全区河（段）长管理制度，出台《关于全面开展河（段）长制管理工作的实施意见》。成立“庐阳区河段长制领导小组”，由区四大班子主要领导和区委分管副书记分别担任河长，联系乡镇、街道的区级领导担任副河长，区段内的各乡镇、街道的党政主要负责人分别担任段长、副段长。总体目标是：四里河水质达到《地表水环境质量标

列入省厅强制清洁生产审核的9家企业

表6

序　号	企业名称	强制审核原因
1	安徽中铁材料科技有限公司	双有（酸、碱、沥青等）企业
2	安徽思润谷物油精炼有限公司	双有（废油脂等）企业
3	天威保变（合肥）变压器有限公司	双有（废矿物油等）企业
4	合肥环宇电缆有限公司	双有（塑料护套等）企业
5	合肥虹达电线电缆有限公司	双有（塑料护套等）企业
6	合肥星辰电线电缆有限公司	双有（绝缘漆等）企业
7	安徽动力电缆有限公司	双有（塑料护套等）企业
8	合肥杏花印务股份有限公司	双有（显影水、废油墨及包装容器等）企业
9	安徽新华印刷股份有限公司	双有（显影水、废油墨及包装容器等）企业

准》Ⅳ类标准，板桥河及南淝河水质达到Ⅴ类标准，“一渠两库”稳定在Ⅲ类水标准。

开展排水设施整改 投资7700万元完成200处污染点和34个排口雨污分流整改，完成板桥河、四里河河道清淤。开展机动车洗车店集中整治，对36家未按要求设置沉淀池，将污水直接排放到雨水管网的经营户予以停业整顿，取缔13家无证经营、污水乱排放的洗车店。

开展面源污染清理 对水源地保护区内的污染源进行全面调查，加大对重点污染源的监察力度和频次，禁止在生活饮用水源一、二级保护区内建设畜禽养殖场，关闭包括大杨镇十张村戚良伟塑料加工厂、易拖机械加工厂在内的7家污染重、能耗大的工业企业，取缔河道保护区内的畜禽水产养殖场、小家具厂、花卉蔬菜种植户和其它经营作坊301家。废旧家电、物资收购点12处，地沟油加工点2个，拆除圈舍8.1万平方米，15万多只鸡和9300多头猪、牛、羊等畜禽被迁出董·大水库一、二级保护区或河道两侧范围。拆除围库造塘、违规开垦和违法建设、简易违章搭建72处8700平方米。严格查处向饮用水源地倾倒工业废物、危险废物和生活垃圾违法行为。

有序推进农村环境连片整治项目 总投资2006万元的三十岗乡农村环境连片整治项目竣工。

【建设项目“环评”审批和“三同时”验收】2013年，区环保局规范审批程序，制定严格审批制度和服务措施、办理时限；严格建设项目管理。严把新项目审批关，对新建项目坚持增产不增污，全年接待咨询服务项目272个，审批建设项目386个，拒批项目27个，验收建设项目76个。（环境影响评价，简称环保，是指对规划和建设项目实施后可能造成的环境影响进行分析、预测和评估，提出预防或者减轻不良环境影响的对策和措施，进行跟踪监测的方法与制度；三同时，是指建设项目中防治污染的设施，应当与主体工程同时设计、同时施工、同时投产使用。）

【环境信访查处】区环保局以12345热线和12369环保热线为重点，以人为本，文明执法，全年共受理12345热线及区长信箱投诉案件396起，市局12369转办384起，已办结780件，结案率100%。认真开展环境污染纠纷的排查化解，对群众反响强烈的阜阳路高架临泉路至北二环段建设和电厂、零五库等污染问题及时协调相关部门进行处理，确保全区环境投诉渠道畅通，各类环境污染问题得到及时解决。

【环境监察执法】*严格执法检查* 严惩污染企业，全年下达环境违法违规行为责令改正通知书191份，立案查处12起，罚款22.10万元。对各类污染企业和社会单位进行分类治理，对园区企业在企业自查基础上开展全面排查，重点排查庐阳工业区企业排水管网，确保废水达标排入市政污水管网。

辐射环境安全监管 开展放射源及射线装置专项整治，加强现场监督检查，全年共配合合肥市环保局对25家持有辐射安全许可证的单位进行核查，督促企业、单位按照规范标准和要求，落实各项防护措施。

固废、化学品环境监管 对危险化学品贮存、产生、使用单位进行执法检查，督促产废单位实施危险废物科学规范贮存和处置，并由市指定的固废中心定期收集送吴山处理厂处置，全年实现危险废物处置利用率100%；加强辖区工业企业和区管医疗机构废水、废气监管，督促企业按照规范要求，严格落实各项污染防治措施。

环境安全大检查　开展庐阳工业园和大杨产业园园区企业排污检查和危废规范化管理大检查，严格按照“三个不放过”（事件原因没有查清不放过，事件责任者没有严肃处理不放过，整改措施没有落实不放过）。要求开展易次生突发环境事件行业领域大检查；开展环境风险隐患整治处理，将化工企业及涉重金属企业环境风险整治作为检查重点，先后对涉重金属企业合肥明光电镀厂等进行检查。

应急管理　督促辖区企业编制环境应急预案，组织合肥市环境保护局、安徽省气象科学研究所、安徽省化工研究院环境科学研究所、合肥工业大学相关专家对辖区内13家存在风险源或环境安全隐患的企业编制的突发环境应急预案进行评审。2013年，投入100余万元，建成专门针对水体出现重大污染事故时启用的环保应急仓库。

【环保专项行动】全区“整治违法排污企业保障群众健康环保专项行动”自7月份启动，为期6个月的环保专项行动出动环境执法人员600多人次，检查企业100多家。在环境督查执法中，严格实施“六个一律”的整治措施（不符合国家产业政策、属于国家明令淘汰的，一律取缔；未经环评或达不到环评要求的，一律停产整治；环保“三同时”未执行或执行不到位的，一律停产整治；无污染治理措施、不正常运行或超标排放的，一律停产整治；不能依法达到防护距离要求的，一律停产整治；未按规定完成应急预案编制、备案，且应急措施落实不到位、不能确保事故状态下污染水体不出厂界的，一律整治到位），通过实地调走访调查，摸清辖区企业环境保护基本情况，理顺辖区内企业规划环评执行情况、雨污管网分流情况，对企业固体废物产生、储存、处置进行网络填报登记，并对部分企业执行情况进行抽验核查，纠正了庐阳工业园区和工业聚集区一批企业违反建设项目环保法律法规的行为。

【环保宣教】大力开展环境宣传教育，通过开展中高考禁噪、秸秆禁烧等专项执法行动大力进行节能降耗、使用清洁能源、推广洁净生产的环境宣传教育。

围绕“6·5世界环境日”、油烟、噪声整治和小锅炉专项整治等活动，向公众发放环保专项行动宣传册1000余份，《我们身边的环保》等科普读物600余份。与“合肥论坛”联手招募志愿网友，开展“最美庐阳——徒步探访水源地董铺水库环保行”活动，开展“小手拉大手，共同保护碧水蓝天”和“我的绿色中国梦”大学生志愿者环保教育活动，全力营造“保护环境、人人有责”的良好氛围。

（吴阿敏）

财政·税务

□财　政
□庐阳国投
□国　税
□地　税

财 政

【概况】 庐阳区财政局是庐阳区政府主管全区财政工作的职能部门。截至2013年底，庐阳区财政局行政编制9名，领导职数3名。内设科室6个，分别为综合科、预算行财科、金融管理科、农财和社会保障科、资产管理办公室、民生工程工作办公室；二级机构4个，分别为会计核算中心（财政国库支付中心）、预算编审中心、政府采购中心、投融资管理中心。2013年，庐阳区财政局荣获全市民生工程“社情民意调查奖”。

【财政收入】 2013年，全区财政收入完成24.61亿元，比2012年增收2.5亿元，增长11.31%。其中，地方财政收入15.17亿元，增长13.02%；中央财政收入9.44亿元，增长8.68%。全年实现私人出租房屋房产税委托代征3713万元、个体零散税收1199万元。

【财政支出】 庐阳区财政局执行中央“八项规定”和《党政机关厉行节约反对浪费条例》，2013年，压缩“三公”经费等一般性行政支出；保障重点支出，全区教育、医疗卫生、社会保障和就业等民生类支出实现137216万元，占全区财政总支出77.05%。

【促进经济发展】 2013年，庐阳区完善三大产业政策，促进实体经济发展，拨付民营经济扶持资金2000万元。落实结构性减税政策，3926户试点企业完成营业税改征增值税，“营改增”政策减税16209万元。助推重大项目建设，拨付昆仑花园、支路网建设、阜阳北路高架拆迁等资金28900万元，老旧小区改造资金20000万元，立面整治资金1400万元，环巢湖地区生态保护修复工程专项资金1366万元。加大农林建设投入，安排绿化大会战资金3500万元、产业结构调整资金1500万元。促进财政金融结合，引入广发银行、火花创投等金融项目，引导地方金融业注入省外资金23700万元；发行“滨湖春晓”二期8000万元，惠及15家企业，融资担保公司全年提供担保贷款54.81亿元，惠及829家中小企业和个体工商户；跟踪培育9家拟上市企业，其中徽商银行已成功登陆香港联交所。

【改善民生】 2013年，全区民生支出增幅高于财政支出增幅9.6个百分点，新增财力的八成以上用于保障和改善民生。安排民生工程项目后期管护资金830万元，实现项目建后管养制度全覆盖。推进美好乡村建设，拨付3000万元改造刘冲路、杨岗路，安排600万元开展岗西、十张、东瞿等村庄整治建设。发展社会事业，拨付义务教育保障资金1300万元，惠及学生42215人；拨付城乡居民最低生活保障资金1204万元，受益群众2583人；拨付购买居家养老服务资金635万元，建成开放28个居家养老服务中心（站）、57个老少活动家园；拨付基本公共卫生服务资金1667万元，促进基本公共卫生服务逐步均等化；统筹安排3500万元，推进廉租房等保障性安居工程建设；发放“一卡通”补贴资金447万元，落实惠农补贴政策。2013年，我区被合肥市人民政府授予民生工程“县区社情民意调查奖”。

【深化财政改革】 2013年，庐阳区财政局在全市城区中率先建立预算决算会商机制，首次开展工程类项目事前评审。推进预决算信息公开，完成年度区级“三公”经费预算公开。加强信息化建设，建立财政一体化管理信息系统，国库集中支付改革和公务卡改革同步完成。严格政府采购管理，全年完成政府采购项目568个，中标金额26亿元，节约率36.4%，推进小额零星工程定点采购改革，创新政府采购管理。优化经营性资产管理，各镇街和教育系统累计移交国投公司经营性资产633处、面积13.06万平方米，合同年租金6009.9万元。建立健全全区投融资建设项目库，入库项目83个；健全财政、税务、工商与镇街之间综合治税横纵联网，综合治税信息平台掌握税源户信息32824条。

（魏　平）

庐阳国投

【概况】 庐阳国有资产投资控股集团有限公司（简称庐阳国投集团）成立于2007年11月，是以国有资产经营与管理、城市基础设施和基础产业及公益性项目投融资、房地产开发为主，多元化发展的国有全资公司。由庐阳区人民政府批准，庐阳区国资委出资授权，具有独立法人资格国有大型企业，公司注册资本1亿元人民币。截至2013年底，公司总资产达18.7亿元，净资产14.5亿元。

通过深化改革促进发展，建立现代化企业制度和创新发展模式，逐步形成以资产运营、房地产、金融和旅游业为主的产业格局。现辖全资、参股企业共计11家，其中全资子公司5家：合肥庐阳国有资产经营有限公司、合肥市庐阳房地产开发公司、合肥中菜市商业运营有限公司、合肥绿州国际旅行社、安徽庐泰保安服务有限公司；参股企业6家：合肥百大、马钢股份、兴泰担保、兴泰小贷、时雨小贷、合肥中小担保公司。

【项目建设】 2013年，庐阳国投集团重点投资建设惠民工程项目，投资2.38亿元建设中菜市复建点。新中菜市项目总建筑面积为59082平方米，经营面积为20064平方米，由地上四层和地下一层组成，设经营门面和摊位1200多个，停车位200多个。新中菜市成为合肥最大的集配送、批发和零售等为一体大型综合性农贸市场之一。2013年8月搬迁经营户数量为760户，从业人员达8000余人。中菜市二期建设正在申报中。

2013年在建项目庐阳佳苑E组团总建筑面积为25000平方米，计划投资约1.5亿元，可售236套商品用房。该项目于2013年7月13日开盘，截至2013年12月31日，已成功签约213套，总共实际销售金额为1.6亿元。截至2013年底，庐阳国投集团已投资开发庐阳佳苑A、B、C组团、庐阳馨苑、柳林苑、庐阳瑞园等项目，累计完成房地产开发90万平方米。

【资产管理】 庐阳国投集团现有固定资产219处，总建筑面积约30.9万平方米。2013年，通过招商、招标、拍租等形式签订的合同有162份，合同年租金增长1398.26万元，租金增长率20%。截至2013年底，集团固定资产面积约28.2万平方米，租赁合同550份，实收年租金7135.2万元，租金收缴率约90%。

代管资产共计212处，总面积约15.2万平方米。2013年3月完成区属11个乡镇街道及30所学校经营性资产（含空置校舍）接收工作，接收资产总面积约14.7万平方米，租赁合同687份，合同年租金约6615万元。截至2013年底，实收租金4274.8万元，租金收缴率约96%。

2013年合肥市轨道2号线拆迁工程及老城区七桂塘改造等项目牵涉到我司多处房产（当涂路1号、长江东路976号、宿州路15号和金寨路288号等），拆迁房产面积共达4590.6平方米。在拆迁过程中，集团公司及时提供相关资料，避免国有资产流失，使补偿收益最大化。截至2013年底，金寨路288号和宿州路15号拆迁协议签订，部分补偿款到帐。

【投融资】 庐阳国投集团不断完善投融资体系，筹措资金。2013年，对合肥市兴泰融资担保公司及合肥市中小企业融资担保公司各投资1000万元；扶持庐阳区中小民营企业，借款1000万元给城隍庙投资公司注册资金，支付5000万元购买合肥蓝钻商务中心8183.46平方米房产，以盘活资产。替庐阳区工业科技发展有限责任公司信用担保5000万元银行贷款。截至2013年底，国投集团实现融资1.52亿元。

（刘锦秋）

国　税

【概况】 合肥市庐阳区国家税务局（以下简称“庐阳区国税局”）成立于2005年9月。内设办公室、监察室、人教科、收入核算科、政策法规和征收管理科、纳税服务科和4个税源管理科等10个科室，在职干部职工86人，其中中共党员58人，研究生12人、本科61人，负责庐阳区范围内企业纳税人和个体工商户的国税征管工作。

【税收收入】 2011年庐阳区入库税款33.95亿元，2012年入库税款38.05亿元，2013年入库税款42.64亿元，年均增长12.07%。

【税收法治】 2013年，庐阳区国税局落实税收优惠政策，落实结构性减税、促进就业、出口、自主创新以及支持小微企业发展等方面的优惠政策。加强税收规范性文件制发、会签和备案管理。开展税收执法检查和效能督查，对税收政策执行情况进行跟踪问效，确保各项政策落实到位。

【税种管理】 2013年，庐阳区国税局开展营改增试点工作，接受各类咨询243次，对新办户进行知识培训，开展政策宣传、业务培训、实地核查、税务登记等。开展对14户一般纳税人机动车销售企业使用销售统一发票进行税款系统的推广应用；对海关进口增值税专用缴款书实行“先比对后抵扣”政策，对60户涉税企业进行培训宣传，确保顺利实施。

【纳税服务】 2013年，庐阳区国税局推行服务受理零推诿、服务方式零距离、服务质量零差错、服务结果零投诉；推行免填单服务、同城通办、一窗通办、集中审批、网络发票等服务。开展服务之星评比，定期开办“纳税人学校”，宣传税收法规及业务办理流程。

【税收征管】 庐阳区国税局实行“一户籍管理”，加强催报催缴工作，开展财务会计报表数据补录工作和疑点核查。2013年，专项清理检查16户农产品收购发票使用情况。强化培训纳税评估，定期组织汇报交流，实行季度授课和分月自学制度。

【队伍建设】 2013年，庐阳区国税局开展道德讲堂系列活动；做好省级文明单位和市级卫生先进单位申报工作；坚持党建带团建，开展志愿者服务，形成以“日常志愿服务”“三关爱”和“文体志愿服务”为服务内容的品牌运作。

（周　雷）

地　税

【概况】 合肥市地税局庐阳区分局（以下简称“庐阳分局”）负责庐阳区范围内9个街道、1乡1镇和1个省级工业园的地方税费征管。为辖区2.5万余户纳税人（其中企业户近2万户，个体工商户5000余户）提供税务登记证、税款征收、发票业务、纳税咨询、二手房交易等纳税服务。先后获得“安徽省地税系统先进集体”，“安徽省社会保险基金征收先进单位”“安徽省巾帼文明岗”、全省地税系统“纳税服务星级分局”、全省地税系统“星级办税服务厅”“合肥市地税系统绩效考评优秀单位”。被评为“第八届、第九届安徽省文明单位”，2013年获得“合肥市文明单位”“合肥市卫生先进单位”和“合肥市双拥合格单位”等荣誉称号。

【依法纳税】 2008年，庐阳分局各项税费收入总量13.42亿元，2012年，收入总量超过31.42亿元，同比增长15%（其中地方税收入16.25亿元，同比增长18%）。2011年5月，庐阳分局开展个体税收社会化管理试点，选择6个试点街道，在安庆路街道杏花社居委成立合肥市首家街道个体零散税收综合服务站，开出合肥市第一份个体税收委托代征税收完税证，并汇缴成功。2013年，庐阳分局实现辖区内个体税收委托代征全覆盖。开具委托代征税票8019份，委托代征私房出租税收2456.39万元、个体税收税款632.97万元，委托代征印花税2044.75万元。2013年，庐阳分局落实支持民营企业发展各项税收政策。全年受理1341户企业办理各项备案申请，涉及企业所得税1999.72万元。

【征收管理】 2013年，庐阳分局组织税费收入40.56亿元，比上年增收8.02亿元，增长18.84%。其中入库地方税21.85亿元，增收4.09亿元，增长18.72%；入库社保及基金费18.71亿元，增收3.93亿元，增长21.01%。对4747户企业进行2012年度企业所得税汇算清缴，比2012年增加722户，增长15.21%；申报应纳税所得税1.89亿元，同比增加0.63亿元，增长33.33%。开展企业所得税优惠备案，605户企业申报享受所得税优惠政策，其中小型微利企业513户，减免企业所得税138.11万元。开展个人所得税征管，推进全员全额扣缴明细申报，补缴税额192.65万元；加强财产转让、股息、股权转让、红利等非劳动所得和合伙企业、中介机构生产经营所得的个人所得税征收管理。严格控管建安行业税收资格认定。全年对2521户建安纳税人征收“企事业单位承包承租经营所得”个人所得税3774.68万元，成为税源增长新亮点。

【纳税服务】 庐阳分局通过发放税法宣传册、送税法进校园等各种宣传形式，丰富宣传内容。规范办税服务厅触摸屏管理，窗口根据不同业务及流程，印制“业务办理提示卡”，针对多为自然人来办理的代开发票、二手房交易、契税业务编印精美的系列宣传册，2013年度，庐阳分局免费发放各类宣传材料15000余份。

【党风廉政】 2013年3月26日，庐阳分局签定《党风廉政建设目标责任制》，出台《庐阳区分局廉政、勤政暂行规定》，实行局领导巡查制，开展向纳税人述职述廉活动。

（沈　萍）

民间传说——李鸿章轶事

铐百金

李鸿章做了直隶总督，每每酒足饭饱之后，想起幼年受到周先生的教诲，想报答老师的教导之恩，于是就派人回合肥，邀请周先生进京过一段日子。先生进京后，李鸿章给他住的是雕梁画栋的房子，穿的是绫罗绸缎的衣服，吃的是山珍海味的佳肴。周先生初次进京，受到这样的礼遇，简直像刘姥姥进了大观园，不知所措。

周先生在衙内闲住了一些日子，无事可干。一天，他散步来到厨房，看见了一大堆无头的鱼，感到奇怪，就问伙计：这么多的鱼，怎么没有头？伙计告诉他，鱼头全部都取下来做龙涎菜了。“龙涎？”周先生好奇地问，伙计笑笑说，你这几天吃的糊状的菜，就是龙涎菜。周先生惊叹一声：原来如此。

周先生在衙内过了一段日子，每天是无荤不餐，而且吃的都是衙内的高级菜肴。正是宫中一席酒，穷人一年粮。周先生在家时，每天粗茶淡饭，得以温饱，已感足矣。清贫的生活过惯了，现在过这样的好日子，总觉得奢侈过分。他每每在鸿章面前说：菜蔬要简单一点，这样我的心就安了。李鸿章总觉得先生是那么迂腐，听起来不是滋味。一次先生说：我要回去了。鸿章也就未再挽留。

周先生走的那天，李除送了几盒御用糕点外，出人意料地送给周先生一副手铐，一副脚镣。他虽未给周先生铐上，但却派了两名佩刀差人护送。周先生满肚子不高兴，不知李的葫芦里卖的是什么药？有一伙强盗，听说李鸿章的老师周先生走了，猜测李鸿章一定送他很多金银财宝，于是伺机尾随出京。到了山东某地，这伙强盗趁无人时，搜查周先生和两个差人，但除手铐、脚镣、衣服、糕点外，仅有几两散碎银子，这伙强盗大失所望。

周先生一路风尘仆仆，颠沛流离，靠沿途官府的接济，回到合肥家中，两个差人丢下了脚镣手铐后走了。周先生越想越气，大骂李鸿章忘恩负义。恰巧这时周先生的儿子从外边回来，看到父亲如此气愤，不由得放声大笑。儿子说：我接到中堂大人的手谕，说他本想送点金银，怕路上遇到盗匪抢去，就设法把金子包在这副手铐和脚镣内。周先生用钳子剥去铁皮，露出了黄金百两。

从此，“铐百金”的故事在周老先生的家乡传开了。

（资料来源：搜集整理：孙本宏）

教育·科技·卫生·体育

教 育

【概况】 2013年，庐阳区有区属省级示范高中1所，在校生2035人；初级中学7所，其中2所“一校两区”，在校生12009人；小学29所，其中4所“一校两区”，在校生32093人；幼儿园7所，其中4所“一园两区”，在园幼儿11129人（含公办园、企事业园、普惠园、民办园、公建民营幼儿园）；有青少年校外活动中心1个。全区在职教职工2717人，离退休教职工1400多人。国家级先进体育社区6个，省级体育先进社区4个，省级示范乡镇1个。国家级体育社区俱乐部1个，省级社区体育俱乐部6个，市级社区体育俱乐部3个。笼式多功能健身场1个，全民健身广场4个，农民体育健身场地13个，全民健身苑193个。20所学校体育设施对外开放，90余处全民健身晨晚练点。人均体育用地面积1.25平方米。

【教育投入】 2013年，全区公共财政教育拨款43721.47万元，比上年增长13.71%。公用经费小学提高至每生每年150元，初中提高至每生每年200元。安排义务教育均衡发展经费300万元，用于城乡“捆绑”学校一体化发展经费等。庐阳区政府拨付教体局“义保统筹资金”476万元，用于奖励各学校参加各项重大活动以及重要比赛的奖补，首次将教师奖励性绩效工资纳入教师住房公积金缴存基数，教职工人均工资实现年增长。首次调整教师岗位设置基数，出台《庐阳区事业单位岗位设置基数调整实施细则》。

【学前教育】 2013年，庐阳区全面完成三年行动计划。面向社会公开招考40名幼儿教师。新增合肥新华幼儿园、合肥永红幼教十张幼儿园、合肥荣事达小区幼儿园、合肥幸福人家幼儿园、合肥美菱新村幼儿园、合肥林旭幼育幼儿园等6家“普惠性幼儿园”。对公办园分园实施补贴机制。继续推进公建园管办分离管理模式、公建民营发展模式，将辖区92所幼儿园及看护点结成7个“学前教育互动发展联盟”，确保师培一体、教研一体、资源一体。

【义务教育】 2013年，庐阳区建成合肥市第四十五中学、合肥市长二小橡树湾校区投入使用。出台《庐阳区建立城乡一体化义务教育发展机制试点项目实施方案》。推进学校标准化建设，合肥市南门小学恒盛皇家花园小学、合肥市第四十五中学庐阳工业区分校已完成标准化建设任务，义务教育阶段学校标准化建设达标率100%。与长丰县、巢湖市、阜阳市、合肥经开区建立教育结对合作运行机制。

【高中教育】 2013年，庐阳高级中学以总分全省第一名晋升为省级示范高中，2014年高考中三本以上达线人数263人，比2012年增加近100人，获合肥市高中教育教学质量二等奖。参加第十三届中国青少年机器人竞赛，该校“机器人创意项目”夺得高中组创意金奖第一名。第四届“安徽省暨合肥市校园健身操大赛啦啦操”比赛，荣获特等奖，连续四届蝉联第一。

合肥市育新小学（外景）

【素质教育】 2013年,成立新“庐阳区青少年校外活动中心”。12所中小学荣获合肥市首批“素质教育示范学校”称号。本年中考人均分保持第一,被合肥市一、六、八中学录取的特长生占全市40%,三位合肥市中考状元全部花落合肥市第四十五中学。在第28届“全国青少年科技创新大赛”上,合肥市第四十五中学朱涧箐获金奖,获“高士其科普奖”;合肥市南门小学获“基层赛事优秀组织奖”。参加“安徽省第十三届青少年机器人竞赛”,获10项一等奖,9项二等奖。在“第十四届全国中小学电脑制作活动暨第二届中国国际学生信息科技创意大赛”上,合肥市第四十二中学获人形机器人一等奖。在“世界VEX机器人锦标赛”上,合肥市红星路小学获亚军。在第四届“熊博士”全国青少年科学影像节上,合肥市六安路小学和合肥市逍遥津小学作品获科学DV一等奖,合肥市第四十五中学工业区分校和寿春中学作品获科普动漫一等奖。朱涧箐、袁浩宇和张琪悦三位同学获合肥市第11届青少年科技创新“市长奖”。

【教师队伍建设】 2013年,庐阳区首批名校(园)长工作室成立。首开“校长特色课堂”,59位校(园)长参与授课。组织校园级干部到浙江大学进行高规格培训,首次将辖区内有资质的民办园园长纳入培训队伍,单独开设园长培训班,独立开设课程。张道琼校长获“江淮好校长”称号。新招聘、选聘92位中小学教师。首建“名师工作室”,在全教育系统组织评选“最美庐阳教育人”活动。出台《教研员深度蹲点联系制度》。全区市级及以上规划立项课题研究实现“全覆盖”。参加首届“全省中小学交互式电子白板学科教学大赛”,21节课例获奖。参加“全国第五届SMART杯交互式电子白板教学应用大奖赛”,18节课例获奖。参加“中国教育电视优秀教学课例”评选,1人获一等奖,5人获二等奖。参加安徽省首届“教学资源应用新星”评选,3名选手获省义务教育学校“教学资源应用新星”称号。参加教育部组织的优秀教育资源征集活动,3名教师的课例入选,被国家基础教育资源网收集、发布。参加全市中小学教师多媒体教学应用学术作品评比,47件作品获奖,其中一等奖13件。喻巧月在“全国第十一届深化小学数学教学改革观摩交流会”的优质课评比中荣获一等奖,陈光宇获全国初中数学优质课比赛一等奖,宣宜蒙获“全国演讲大赛”特等奖。庐阳中学被确立为“合肥市中学语文学科教师培训基地”。

【社区教育】 2013年,庐阳区教体局、四里河街道、亳州路街道、三十岗乡等单位开展的“数字化学习资源开发的实验”项目被教育部立项,实验项目数量居全省首位。全区11个乡镇街道300名代表参加2013年全民终身学习活动周开幕式。全区实现“省级社区教育示范街道(乡镇)”全覆盖。

【校园安保】 2013年,庐阳区建立数字化校园安全监管系统。育新小学等8家单位被评为合肥市第六批“平安校园”,目前全区已达35所。

(李　睿)

科　技

【提高自主创新能力】 2013年,庐阳区科技局建立庐阳区高新技术企业申报库,入库科技型企业65家。鼓励和支持企业申报国家级、省级、市级高新技术企业和创新型企业。11家企业成功申报国家级高新技术企业,5家企业成功申报省级高新技术企业,12家企业成功申报市级高新技术企业，7家企业成功申报市级创新型企业。全区专利申请量1001件，比上年增长71%；专利授权量531件，增长12.7%。合肥流明新能源科技有限公司、合肥力威汽车油泵有限公司、安徽友特自动化设备有限公司3家企业被合肥市科技局授予“合肥市知识产权示范企业”称号。

【科技创新平台建设】 2013年，庐阳区科技局组织企业、高校、科研院所的科技工作者围绕企业技术难点、产品研发中的问题进行技术攻关、提供决策建议、推广新技术。安徽新华传媒股份有限公司、中国电子科技集团第十六研究所两家企业成功组建省级工程技术研究中心。合肥山立信息工程技术有限公司与合肥工业大学、安徽省科学技术研究院合作开展的“安徽省农村信息化乡村综合信息服务平台开发与应用”项目成功申报国家星火计划；合肥永信信息产业股份有限公司与合肥工业大学合作开展的“智慧校园系统和智慧城市系统”项目，取得软件产品认定证书；合肥瑞纳表计有限公司与中国科学技术大学合作开展的“超声波热量表内腔测量结构研究开发”项目，申请多项专利，发表学术性较强的《基于PIV测量的超声波流量计内流场特性研究》论文。金鹏广告股份有限公司与蚌埠财经大学合作开展的“植入式广告的组合叠加曝光效果及其激活路径研究”项目，成功申报“2014年国家自然科学基金”。

【科技创新宣传】 2013年4月26日，以“知识助推经济转型”的全国知识产权周活动开幕，庐阳区科技局邀请区内知识产权重点培养企业参加活动，展示其科技成果，起到了良好的宣传作用。5月19日到25日科技活动周期间，庐阳区科技局组织开展街头宣传、专业知识讲座、专利产品展示等一系列宣传活动，散发科技创新知识、专利法、知识产权保护法、科普知识读本等2000余册。全区94个科普画廊更新为以“科技政策宣传”“科技创新”“低碳生活”等为主题的内容，营造良好的科技活动周氛围。

【制定科技奖励政策】 2008年，庐阳区《关于促进企业科技创新若干奖励政策（试行）》（庐政[2008]20号文件）颁布实施。2013年对《关于促进企业科技创新若干奖励政策（试行）》进行修改和完善，8月12日第50次区政府常务会议原则通过。

（尹　亮）

卫　生

【概况】 截至2013年，全区有直属独立核算单位12家，其中公共卫生单位3家（区卫生监督所、区疾病预防控制中心、区妇幼保健站），社区卫生服务中心7家（亳州路街道社区卫生服务中心、杏林街道社区卫生服务中心、双岗街道社区卫生服务中心、逍遥津街道社区卫生服务中心、三孝口街道社区卫生服务中心、大杨社区卫生服务中心、林店街道社区卫生服务中心），卫生院1家（三十岗乡卫生院）和专科医疗机构1家（区牙病防治所），在岗人数346人（其中高级职称5人，中级职称51人，初级职称242人）。批准138家社会力量办医（其中医院7家，门诊部14家，单位医务室、卫生所64家，村卫生室12家，个体诊所41家），业务归口管理7家市级以上单位（主要负责传染病防治、母婴保健、放射技术检测、计划免疫管理、生化实验室监管等）。管理28家社区卫生服务机构，其中9家社区卫生服务中心（区政府举办7家、企业职工医院转型1家、社会力量举办1家），

19家社区卫生服务站，直接从事社区卫生服务的人员400余人。2013年，庐阳区获得“全国社区中医药工作先进单位”“安徽省示范社区卫生服务区”称号。

【社区医疗改革】 2013年，庐阳区社区卫生服务机构、乡镇卫生院、村卫生室实行药品零差率销售，按照药品单价实行7%~20%的梯度补偿，引导使用价格低、效果好的基本药物，凸显社区卫生服务机构公益性；全年社区卫生服务中心门诊量和业务收入分别上升25.7%、11.8%，居民看病平均费用下降15%以上，患者对社区卫生的认可度、满意度逐步上升。

【社区医疗体系建设】 2013年，全区建成三孝口社区卫生服务中心，根据街道的重新区划，合理调整社区卫生服务中心布局，重新规划三牌楼、逍遥津、杏花、林店中心的服务范围，确保服务方便、快捷和全覆盖。在全市率先启动家庭医生签约式服务，全区组建50多个家庭医生服务小组，设立家庭医生工作站，签约服务19835户家庭，签约人数40578人（其中重点人群22613人），开展6000多次家庭服务。双岗、杏林和亳州路3个中心成功创建“全国示范社区卫生服务中心”，逍遥津、大杨中心成功创建市级示范社区卫生服务中心。

【社区卫生工作】 2013年，庐阳区在全省率先创新开展糖尿病、高血压选择性药物免费治疗和健康管理，列入区政府“扩面”的民生工程项目。免费为21349名（人次）高血压患者和9840名（人次）糖尿病患者发放药物，免费金额72.5万元，减轻了困难患者的家庭负担，提升了全区高血压、糖尿病患者的规范管理率。全区完成居民健康档案423958份，城乡居民健康档案规范化电子建档423439人，建档率68.91%；建立老年人健康档案46713份，高血压档案37023份，糖尿病档案6992份，65岁以上老年人、高血压患者、Ⅱ型糖尿病患者规范管理率分别达69.02%、42.55%、45.95%，重性精神疾病患者规范管理率98.84%，在全市率先完成省市下达的居民健康档案65%的建档任务。

【中医事业】 截至2013年底，全区9个社区卫生服务中心和1个卫生院设置中医科，亳州路、双岗、逍遥津中心建成特色中医馆，中医门诊量逐步提高。2013年庐阳区成功创建为全国中医药特色社区卫生服务示范区。

【医政管理】 2013年，庐阳区卫生局推进管理信息化，录入区辖179家各级各类医疗机构信息，规范医疗机构的合法性。全年开展医疗机构专项检查3次，监督检查覆盖率100%，下达卫生监督整改意见书167户，违法案件查处21起，其中一般程序14起，简易程序7起。全年办理卫生许可证1095户，其中：公共场所480户，二次供水17户，保健食品180户，餐饮服务单位418户。联合区公安部门，建立联动机制，打击非法行医。每月至少开展1次联合集中整治，全年取缔无证行医52户次，收缴药品72箱，罚没款3000元，移送刑事案件6件。

【公共卫生服务】 庐阳区实现“早孕建卡在社区、高危管理进医院、产后访视回社区”的运转模式。加快妇幼保健能力建设，拓展智力筛查、五官保健等新型服务。2013年，全区孕产妇死亡率为0，5岁以下儿童死亡率5.74‰，婴儿死亡率5.53‰，均低于全市平均水平；发放孕产妇保健服务券5273人，提供孕产妇保健服务35300人（次），孕产妇系统管理率95.68%；发放 0–6 岁儿童保健服务券 5158 人，提供儿童保健服务 67176 人（次），3 岁以下儿童系统管理率 96.42%；全年免费婚检人数 12694 人，婚前医学检查率为 99.56%，检出疾病 1294 人，疾病检出率 10.19%；发放 492 名农村孕产妇住院分娩补助，为 570 名农村孕龄妇女增补叶酸。庐阳区加快卫生应急队伍建设，全年处理各类突发卫生事件 30 起，其中，一般级别突发公共卫生事件 1 起，未达到突发公共卫生事件级别的 29 起，突发公共卫生事件信息报告率 100%。庐阳区卫生局全年调查处置各级医疗机构报告的人感染 H7N9 禽流感监测病例和疑似病例 27 例，其中 H7N9 监测病例 12 例，疑似病例 15 例；报告处置托幼机构手足口病班级聚集性疫情 6 起，全年未发生手足口病暴发疫情；协查处置 1 起外市霍乱疫情，采集外环境霍乱监测样品标本 192 份；报告并管理艾滋病感染者及病人 63 例（其中艾滋病病人 30 例、死亡报告 2 例、HIV 报告 31 例），救治艾滋病人 31 人，发放救助款 14.88 万元，建立艾滋病实验室 23 个（其中艾滋病初筛实验室 7 个、艾滋病检测点 16 个），全年开展各类人群 HIV 检测 151476 人，发现 HIV 筛查阳性病例 185 例，报告艾滋病确诊阳性病例 121 例；全面实施结核病控制策略，加强结核病归口管理，全区医疗机构结核病人报告率、转诊率和系统管理率分别达到 95% 以上，发现率 72.6%，达到国家标准，救治贫困结核病人 53 人，完成省定民生工程任务 177%。实施全人群肿瘤登记报告工作，2013 年全区登记新发病例 1127 例，发病率 242/10 万，报告死亡病例 748 例，死亡率为 162/10 万。2013 年全区一类疫苗接种 137607 针（次），接种率、完成率、建卡率分别达到 99.9%、112.69%、100%；适龄儿童建证数 6453 人，建证率 100%。全年开展两次麻疹疫苗查漏补种及补充免疫，总目标及分年龄组接种率均高出麻疹查漏补种指标 95%。全年辖区医院报告疑似麻疹 313 例（其中有 79 例麻疹确诊病例、27 例风疹确诊病例、排除病例 207 例），本辖区报告疑似麻疹 93 例（22 例麻疹确诊病例、4 例风疹确诊病例、排除病例 67 例），采血率 100%。

【卫生执法监督】 庐阳区建立“全面覆盖、职责明晰、分级管理、高效运转”的区、乡镇（街道）、村（居）三级食品安全网格化监管体系，提高食品安全综合执法效能。2013 年，对学校、幼儿园及工地食堂、大中小型餐饮企业、旅游景区餐饮单位等 2353 户重点单位全覆盖监管。全年取缔地沟油加工点、废油加工点各 1 个、“黑豆腐”作坊 3 个，开展食品安全集中整顿 12 次，处理举报投诉问题 41 起。推行餐饮信息公示牌制度，开展 A 级餐饮单位创建活动，严防食品安全事件发生。辖区内大、中型餐饮单位中，A 级单位 15 户，B 级单位 362 户，C 级单位 1919 户；学校食堂 A 级单位 47 户，B 级单位 88 户。开展食品安全、医疗机构、公共场所 3 大类 30 次专项执法检查，全区餐饮服务许可证、从业人员健康证发放率分别达到 90% 和 95% 以上。受理食品及医疗安全举报投诉 86 起，立案查处卫生行政处罚案件 177 起，申请法院强制执行 2 起，移交公安机关 9 起。对元旦、春节、清明、五一、中秋、国庆等重大节日及省、市人大会议、政协会议、中高考、中日韩围棋大赛、三十岗旅游节等 14 次重要时间节点和重大活动进行保障，期间没有出现一起公共卫生安全事故。

【“社区名医”评选】 2013 年，评出庐阳区首届“社区名医”12 名（王翠华、赵其梅、汤立疆、魏洪林、方平西、杨华、葛怀玉、俞进川、周丽媛、韦奎、胡宗云、夏鑫）。“社区名医”中，杨华先后荣获合肥市首届“十大医德医风标兵”“合肥市金牌职工”称号，当选2013年8月“中国好人”。方平西荣获“安徽省卫生系统先进工作者”和“合肥市金牌职工”称号。

【爱国卫生运动】 庐阳区完善卫生城市创建组织体系和责任机制；组织各职能部门每月对全区健康教育、公共场所及餐饮单位监管、除“四害”等创卫工作进行暗访。对紫桐新村、拱辰街、长丰路、龙王小区等市里挂牌农贸市场进行综合整治，协调开展老旧小区除“四害”工作，开展爱国卫生宣传月活动、城乡环境卫生集中整治、禽流感防控宣传排查、春季灭鼠、爱国卫生法制宣传周等专项行动，积极动员社会力量完成无偿献血任务。全年创建市级卫生先进单位101家、市级卫生先进社区6家。

（张国强　汪　建）

体　育

【学校体育设施开放】 2013年全区20所学校体育设施向社会开放。区财政投入专项经费144万元，用于全年开放期间安保、卫生保洁、健身指导等人员的补贴以及场地器材的维护保养和水电费等项目开支。

【学校体育工作】 2013年，合肥市跃进小学获首届中国郑州“信达杯”全国少儿足球邀请赛亚军。该校足球新星王芙蓉入选全国足球U13女子集训队，成为安徽省女子足球队员入选国家队的第一人。双岗小学获得“中国中小学生围棋锦标赛”小学组团体第一名，永红路小学获得“体育彩票杯”安徽省少儿手球比赛冠军和“体彩杯”安徽省首届青少年三项球类全能赛特等奖，庐阳中学女子手球队喜获2013年“柔和·种子”杯省手球传统项目学校比赛冠军，庐阳中学、虹桥小学获得“全国青少年校园足球冠军杯赛潍坊分区赛”二等奖。跃进小学、十九中荣获“2007—2012年全国亿万学生阳光体育冬季长跑活动优秀学校”称号。

【社会体育设施建设】 2013年，庐阳区完成农民体育建设工程1个、全民健身苑工程11个、笼式多功能健身场地工程1个。全年区财政投入254.5万元，为75个老旧小区添置和更换全民健身路径91套。

【社会体育组织建设】 截至2013年底，全区11个乡镇（街道）成立庐阳区体育总会分会，基层体育总会分会实现全覆盖。成立庐阳区钓鱼运动协会。举办两期三级社会体育指导员培训班，培训人数343人。全区有国家级、一级、二级、三级社会体育指导员1030名。

【群众体育活动】 2013年，庐阳区举办庆祝第五个全民健身日系列活动启动仪式暨晨晚练点健身团队展示活动。各乡镇街道定期举办包括晨练展示、健身表演、运动项目比赛等综合型运动会。各社区开展“一社区一品牌”全民健身活动。海棠街道连续两年举办“农民工趣味运动会”，三孝口街道举办“残疾人趣味运动会”，双岗街道举办“老年人太极拳”比赛。

【体育品牌赛事】 2013年4月30日，首届“庐阳杯”中日韩三国围棋名人混双赛在合肥庐阳三国新城遗址公园开幕。中国选手常昊、王晨星组合获得冠军，韩国刘昌赫、崔精组合获得亚军，日本结城聪、铃木步组合获得季军。安徽、四川、湖北三省18名业余选手分别代表魏、蜀、吴古三国的围棋对决，湖北队获得冠军，安徽队获得亚军。4 月 30 日晚央视《新闻联播》作了报道。举办庐阳区第二届社区体育运动会、第三届三十岗自行车嘉年华活动。承办全国钓鲫精英赛、首届“中国铁建”杯钓鱼大赛，安徽合肥“祥源杯”钓鱼大赛、安徽合肥“志邦杯”钓鱼邀请赛，四场比赛吸引全国近 1000 人次钓手同场竞技。

【美国雷夫到庐阳做讲演】 12 月 26 日，由区教体局、《当代教育家》杂志社联合主办的以“没什么能阻挡我们成为优秀教师”为主题的“2013 雷夫合肥庐阳行——中外教育者的高端对话”活动在安徽大剧院举行。庐阳区教体局中层以上干部、局属各单位校（园）长、教师以及全省各地的教育同仁 1000 多人与会。局长殷硕景致欢迎辞，《当代教育家》杂志总编辑、北京亦庄实验学校校长李振村先生主持。

【主要荣誉】 2013 年，庐阳区获“安徽省首批义务教育发展基本均衡区”称号，在全省率先通过“义务教育发展基本均衡区”国家督导检查；获“全国社区教育实验区”称号、国家基础教育质量检测优秀组织奖、国家全民终身学习活动周优秀组织奖、“全省学前教育工作先进地区”等 15 项国家省市级奖项。2013 年，庐阳区荣获 2009—2012 年度全国群众体育先进单位、CAA 全国优秀竞赛组织单位、合肥市群众体育工作突出成绩单位，体育彩票即开型销售工作“突出贡献奖”；庐阳区第二届社区体育运动会被评为“安徽省全民健身品牌活动”。

（李　睿）

2013 年 4 月 30 日，首届“庐阳杯”中日韩三国围棋名人混双赛在合肥庐阳三国新城遗址公园开幕

人事 人口 民政

□人力资源和社会保障
□人口与计划生育
□民　政

人力资源和社会保障

【概况】 区人力资源和社会保障局（以下简称“庐阳区人社局”）2010年成立，由原区人事局、劳动和社会保障局及区民政局低保管理中心（除大病救助职责以外）合署组建。负责全区人事人才工作、公务员管理、事业单位管理、军转干部安置、就业创业、社会保障、低保管理、机关事业单位养老保险、企业退休人员社会化管理、劳动保障监察和劳动人事争议仲裁等。

【人事人才工作】 2013年，庐阳区人社局首次直接到大学面试录用优秀应届毕业生，招聘庐阳区重点局紧缺急需专业技术人才3人。全年组织或参与公务员、事业单位人员、教师、社区工作人员、城管协理员等10批次人才招考工作，计划招录365人，实际录用333人，招录批次和人数均为历年之最。其中录用公务员26人、小学幼儿园教师128人、事业单位工作人员41人、城管协理员和社区工作人员73人，招募“三支一扶”人员4人，招聘公益性岗位高校毕业生58人。全年完成13家区属重点企业人才需求调查。依托社区户政平台为登记的300名应届毕业生提供就业信息、政策咨询等服务，253人实现就业。同年庐阳区人社局办理毕业生就业

区人社局联合江淮晨报、省工商联人才市场等，举办“晨报大联盟”专场招聘会

协议书鉴证310人，新增流动人员档案650份，其中大中专高校毕业生档案437份，新增办理人事代理380人，办理人才集体户52人，核定初级职称98人，调整代理人员档案工资726人次，办理档案转移88份，档案查阅780人次。办理194名2012年招考的事业单位人员以及中小学教师转正定级工资审批工作。完成48家人才服务机构年检工作，通过年检42家。审批合格职业中介机构3家。上报人力资源服务机构信用等级评定单位4家，被合肥市人力资源和社会保障局评定为“A”级人力资源服务机构。7月11日，庐阳区人社局与省工商联人力资源市场等联合举办“2013高校毕业生缤纷就业季”专场招聘会，现场70多家企业参会，提供1400多个岗位，吸引近千人入场求职，85%以上为高校毕业生。

【公务员管理】 2013年起，庐阳区人社局承担党群和法检系统公务员登记工作，全年梳理2007年至今未登记人员45人，完成所有应登记人员公务员登记工作，组织200余名政府公务员参加“安徽省干部教育在线”学习，按照程序办理4名公务员转任手续，完成全区581名公务员（不含市管干部）年度考核工作，评定优秀等次公务员106人。

【事业单位管理】 庐阳区出台《关于引进优秀人才的补充规定》，印发《关于2013年度机关事业单位工作人员正常晋升工资有关事项的通知》。2013年庐阳区人社局办理142家事业单位薪级工资晋升4068人、岗位工资变动77人、职务工资变动25人、工资转移11人，核定试用期工资153人、转正定级工资38人。办理工作调动手续16人，其中外区调入14人、区内调动1人、转入外区1人。办理到龄退休手续101人。组织116人参加2013年度机关事业单位工勤人

人社部督查组督查调研庐阳区劳动人事争议效能建设

员技术等级考核和技师考评工作，技术等级考核合格 31 人、技师考评合格 7 人。完成 992 名事业单位工作人员（不含教育系统）年度考核工作，评定优秀等次 166 人。

【军转干部安置】 庐阳区人社局全年接收团级以下军队转业干部 11 人，其中行政编制 8 人、事业编制 3 人，行政编制 8 人分配至区委办、区文明办、区住建局、区农水局、区检察院、区安监局、区民宗局、三孝口街道。

【就业创业】 2013 年，全区新增城镇就业 2 万余人，失业人员实现再就业近 9000 人，就业困难人员再就业 3775 人，转移农村劳动力 1074 人。庐阳区人社局全年完成就业技能培训 17 个专业 2779 人，完成率 104%，发放培训直补资金 212.4 万元。办理公益性岗位补贴 100 家 11300 人次，灵活就业社保补贴 2039 人次，企业单位社保补贴 26 家 4980 人次。办理用工信息导入、录用备案 13480 人；就业实名登记 18503 人；办理企业劳动保障事务代理 33 家单位 918 人。先后组织 2013 年庐阳区春季首场大型人才招聘会、大杨镇春风行动专场招聘会、庐阳区城区街道大型人才联合招聘会等 16 场招聘会，提供就业岗位 1.2 万个，帮助 2000 余人达成就业意向。发布辖区 500 余家企业招工信息。同年，庐阳区新增非正规就业劳动组织 307 个，完成年任务 131%；带动就业 2410 人，完成年任务 134%。新增孵化成功企业 160 家，完成年任务 107%；孵化成功企业带动就业 2700 人，完成年任务 113%。建立创业实训基地 15 个，完成年任务 100%。开办创业培训 10 期，培训学员 300 人，学员创业成功率近 70%，完成任务 100%。完成小额担保贷款和整贷直发 4161 万元，完成年任务 134%；劳动密集型小企业贴息贷款 2845 万元，完成年任务 135%。2013 年 4—6 月，开展“进园入企送服务、助企稳岗促发展”大走访活动，走访企业 200 余家，受理小额贷款申请 60 余户、1500 余万元，认定劳动密集型小企业 11 户。2013 年 11 月 22 日，庐阳区人社局与安徽职业技术学院、安徽工商职业学院联合举办“2013 年合肥市庐阳区高校创业项目征集大赛”，部分创业项目获合肥市第四届“挑战杯”创业项目征集大赛一等奖。

【社会保障】 2013 年，全区城镇居民医疗保险登记参保 144000 人，其中一类低保户 868 人、重度残疾 979 人，完成目标任务 115.2%；城乡居民社会养老保险参（续）保 39696 人（其中新参保 1111 人），完成率 105%，12978 人（其中新办到龄 518 人）按月享受养老待遇。保障被征地农民 28935 人，7145 人（其中新增保障人员 365 人）享受被征地农民养老保障待遇。申报续缴养老、医疗保险失业人员和自由职业人员 17630 人次；办理本市社保关系转移 1510 人，跨省转移 277 人；为外区参保人员开据调函办理调动 71 次，接收档案 94 份；办理退休人员医保到龄认定 1473 人；办理社保卡、社保卡升级、居民医保卡错卡更正、漏卡补制 21000 张。接收失业人员档案 4080 份，转出 2719 人，失业保险关系异地转出 82 人，查阅档案 667 人次；办理失业登记手续 3365 人次，发放《就业失业登记证》2928 人，审核发放失业金25054人次、181万元;办理失业人员生育补助5人、10558元;办理失业人员生活补助金补贴16人、58104元;办理再就业退发失业金131人、19.8万元;办理失业备案624人;办理失业人员、自由职业者、劳务公司、公益性岗位等人员退休1600人,办理退休后一次性计生补助516人、154.8万元。

【低保管理】 2013年,全区13936户次、19121人次享受城市低保,发放低保金823.58万元,累计月人均补差430.72元;8261户次、11734人次享受农村低保,发放低保金380万元,累计月人均补差323.85元。低保资金社会化发放率100%。安徽省民政厅《2013年上半年全省城乡居民最低生活保障情况通报》显示,2013年上半年庐阳区城市低保人均补差位居全省第二,农村低保人均补差名列全省第一。

2013年庐阳区人社局新接收低保申请226户,民主评议听证未通过39户,公示、入户调查未通过49户,实际新增低保对象138户。认真审核老户,停保185户(15户死亡,8户领取失地农民养老保障,51户再就业,18户经查询社保信息已就业,6户主动退保,户口迁移等其他情况停保87户),实现应保尽保,应退尽退。邀请中国社会报安徽站记者旁听庐阳区大杨镇十张村低保民主评议听证会,同年3月7日《中国社会报》刊登《低保谁享受谁不享受,领导说了也不算》专题报道。同年10月,庐阳区人社局举办以"保民生、促和谐"为主题的庐阳区城乡居民最低生活保障工作业务知识竞赛,邀请部分低保民主评议成员和低保户代表580人互动。

【机关事业单位养老保险】 2013年,全区参保单位115家,其中全额拨款事业单位69家、差额拨款事业单位14家、自收自支事业单位32家。参保人员6151人,其中在职3657人、离退休退职2494人。享受遗属补助23人。应缴保险费6633万元。应拨养老金支出9463万元,其中离退休退职人员养老金社会化发放支出9374万元、丧葬费抚恤金支出86万元、其他支出3万元。

【企业退休人员社会化管理】 2013年,庐阳区人社局新接收企业退休人员近4000人,全区社会化管理服务对象41387人,其中党员5775人;成立772个退休人员自管小组和54个文体活动组织。企业退休人员养老金认证应认证46167人,涉及485个单位,单位数同比增加32家,认证人数同比增加2608人。庐阳区人社局纳入社会化管理企业退休人员认证率99.89%。全年开展"十送"为主要内容情暖人心活动657次,走访慰问42631人次,发放慰问金219.45万元。

【劳动保障监察】 2013年,庐阳区人社局接待举报投诉案件385起,受理12345政民直通车热线460件,受理网络投诉案件5起。检查用人单位454户,涉及劳动者13000余人,清欠工资4317万元。下达《劳动保障监察询问通知书》185份、《劳动保障监察整改指令书》122份,办理行政处罚案件19起、行政处理案件14起,移交法院强制执行8起,移送公安机关案件2起,结案率98%以上。依法批准非标准工时制企业36家。调查摸底用人单位劳动用工情况1236户,赠送企业《中华人民共和国劳动合同法》及宣传资料7600份、劳动合同文本4500份,向劳动者发放宣传资料3200份。完成劳动保障年度书面审查2563户,涉及劳动者35623人,审查合格率92%,补签劳动合同4265份,督促社会保险登记56户,涉及劳动者869人。庐阳区人社局联合区建设、公安、工会等部门开展建设领域农民工工资专项检查活动,检查建筑工地45户,涉及农民工2500余人，清欠工资3000多万元。联合区公安、工商等部门开展清理整顿劳动力市场秩序专项行动，检查职业介绍机构196户次，用人单位21户次，取缔非法职业介绍机构65户，退还求职者费用6952元。全年受理工伤认定案件711件、实际认定681件，工伤认定按期结案率100%。庐阳区人社局做好因行政决定引起行政复议、行政诉讼应诉工作，全年复议11件、诉讼12件，均维持认定决定。

【劳动人事争议仲裁】 2013年，庐阳区人社局受理劳动人事争议案件621件，结案532件，其中调解成功384件，调解率72%。为劳动者落实各种待遇1680万元，为用人单位挽回经济损失740万元。开展春季“集体劳动合同”签订活动，审核通过单独集体合同及区域性集体合同819份，覆盖职工16745人，完成目标任务256%。成立庐阳区劳动人事争议仲裁委员会。出台《庐阳区劳动人事争议兼职仲裁员管理办法（试行）》，召开全区劳动仲裁工作会，向10名仲裁员现场颁发聘书。在乡镇、街道建立劳动争议调解组织，四里河街道在桃花园社区建立金牌调解室，合肥晚报、安徽商报等媒体予以专题报道。2013年9月，省人力资源和社会保障厅与人社部检查组通过调研，对庐阳区仲裁调解工作给予肯定。

（张祥生）

人口与计划生育

【概况】 庐阳区人口和计划生育局（以下简称“庐阳区计生局”）成立于2010年，前身是“庐阳区人口和计划生育委员会”。2012年10月1日至2013年9月30日，全区出生人口4034人，出生政策符合率97.05%，综合节育措施落实率92.37%。

【依法行政】 2013年，全区集中开展打击“非医学需要的胎儿性别鉴定和非医学需要的人工终止妊娠”专项治理行动2次，查处性别比案件3起，处罚3人。处理计划外违法生育案件70例，其中未达年龄生育第一孩44例，计划外生育第二孩17例，未持证生育第三孩9例，计征收社会抚养费147.5万元。接待办理来信、来访、呈办单198件，涉及违法生育举报、生育证件办理、计生法定奖励兑现、服务态度方面，办结率100%，群众满意度98%。

【推进优质服务】 2013年，庐阳区计生局开展计划生育“三项工程”建设即：“城市人口和计划生育管理创新工程”“新居民计划”促进工程、和“家庭发展能力建设”促进工程。城区9个街道分别建设“城市生活驿站”，通过设置“家庭生活指导室”“e智空间”等2+N个功能区域，为辖区居民提供网上冲浪、就业培训、心理咨询、知识讲座、留守儿童入托入学、计生服务、体育锻炼服务项目。开展流动人口计划生育基本公共服务均等化试点工作。落实流动人口“一单制”免费计生技术服务，即流动人口的上环、取环、引产、流产手术均由区财政承担经费。全年为189名流动人口开取“一单制”手术单。开展避孕药具免费发放示范点创建工作。亳州路街道水西门社区、杏林街道望城社区和四里河街道四河社区通过合肥市药具站的验收，实现所有街道都有1处避孕药具免费发放示范点。

【免费孕前优生健康检查】 2013年，庐阳区针对一方或双方是农业户口的育龄夫妇开展国家免费孕前优生健康检查服务，从源头上降低出生缺陷发生的风险，提高出生人口素质，全区有304对夫妻参加此项检查。

【推进“家庭发展能力”项目建设】 杏花村街道“天使之家”、林店街道“就业直通车”、三孝口街道“情暖夕阳”、杏林街道“健康素养进社区”、海棠街道“多元文化进家庭”5个项目被安徽省卫计委列为“社区家庭发展服务机构建设研究”项目点。

【完善人口和计划生育利益导向政策】 庐阳区计生局针对农村双女户或独生子女家庭的奖励扶助制度以及独生子女死亡伤残实行特别扶助制度。全年全区确认奖扶、特扶对象509人,其中农村计划生育家庭奖励扶助对象208人,计划生育家庭特别扶助对象301人,发放扶助金149.74万元。2013年庐阳区在人口和计划生育利益导向上“提标扩面”,将农村奖扶对象的享受年龄由60周岁提前至55周岁;对农村政策内生育后上环的对象给予一次性奖励。

(孙茜茜)

民 政

【概况】 庐阳区民政局主要职责是编制民政事业发展规划;监督检查有关民政法规政策实施情况。负责全区救灾、减灾和防灾,慈善事业,社会救济,敬老院和五保供养,优抚安置双拥和烈士褒扬,基层政权和社区建设,区划地名,社团管理,婚姻登记和儿童收养工作,殡葬管理,生活无着的孤儿和流浪乞讨人员救助,福彩管理,社会福利和老龄工作。

【重点工作】 2013年,区民政局承担省级民生工程3个:城乡医疗救助、城乡养老服务体系建设(五保供养),生活无着人员社会救助。承担市级民生工程3个:五保供养对象长期医疗护理保障制度,政府购买居家养老服务,社区“老少活动家园”建设。

城乡医疗救助 2013年4月1日,合肥市出台《合肥市城乡医疗救助实施办法》(合民〔2013〕65号),统一各县区救助政策,区民政局通过召开专题会议、举办培训班贯彻城乡医疗救助新政策。建立医疗救助“一站式”服务平台结算系统,更新各社区区划调整后的信息,方便困难群众的医疗救助结算。全年省、市级拨付医疗助资金135.08万元,区配套医疗救助资金92.64万元,计257.72万元,对5142名城乡特困群众实施医疗救助。

城乡养老服务体系建设(五保供养) 从2009年起庐阳区提高农村“五保户”供养标准,与城市三无人员待遇并轨。2013年,登记五保户139人,其中集中供养116人,分散供养23人,供养标准均为7320元(610元/月),(不含各种补贴)。集中供养管理率100%,截止年底,分散供养+集中供养累计支出118.28万元。

生活无着人员社会救助 2013年,登记孤儿7名,2013年1月起提高孤儿生活费发放标准,由原每人每月600元提高至1000元。

建立临时救助点81个、引导牌24块,制定流浪乞讨救助网格化管理手册,购买棉被大衣等救助物资。11月份完成国家生活无着流浪乞讨人员救助检查;全年拨付流浪乞讨救助资金43万元。护送和协助救助返乡的未成年人和精神病人31人次,其中流浪未成年人有(19人),精神病人12人(次)。全年救助流浪乞讨人员132人(次),其中外省籍24人。应救尽救率100%。

五保对象长期医疗护理保障制度 2013年,按照每人150元/年的标准为146名五保老人购买医疗护理保险,支出2.19万元。

政府购买居家养老服务 2013年9月,按合肥市民政局的要求完成与中标服务企业签订

副省长梁卫国（右前）调研社区养老服务工作

合同。10月1日开始，启动政府购买居家养老服务工作，对庐阳区户籍满70周岁低保、空巢（无子女）老人，90周岁高龄老人“三类”老人发放政府购买居家养老服务券。截止年底，登记居家养老服务保障对象为997人，标准为每人每月600元，其中市级财政承担300元，区财政承担300元。

社区老少家园建设　2013年，建成19个社区老少活动家园项目。2012–2013年共投资1100余万元，建成57个老少活动家园，城区社区老少活动家园达到全覆盖。

【救灾救济】家庭经济状况核对　自8月份开始，启动困难家庭经济状况核对暨低收入认定工作。通过社区、街道上报200户特别困难家庭，给予每户慈善救助1000元。

冬令春荒救灾　全年，市级拨付救灾款20万元，区民政局根据受灾面的不同，及时购买大米、油和其他救灾物资，及时拨付至各乡镇街道，开展冬令春荒救助。

全年省、市下拨临时救助资金120万元，区财政实际配套120万元。共救助因病因灾致贫448人，发放临时救助金92万元。

防灾减灾　2013年，组建一支由142人组成的应急灾害信息员队伍，2000人的社区防灾减灾志愿者服务队伍和81个应急救援小组，开展防灾减灾应急演练和宣传，建成多个自然灾害监测点，健全区级自然灾害灾情统计保障体系；突出“综合减灾主题”创建活动，全区7个社区先后被评为“全国综合减灾示范社区”。

【双拥优抚】双拥工作　2013年8月，作为全市县区代表迎接省双拥检查，12月份安徽省双拥工作委员会授予亳州路街道古城社居委“爱国拥军模范单位”。拓宽退役士兵就业门路，协调人社局，招考23名优秀退役士兵为社区工作人员（城管协理员）。慰问优抚对象420人次计20余万元，“春节”“八一”节期间慰问驻区部队。

同年7月30日，在庐阳区大礼堂举办“共建和谐庐阳共筑中国梦想”联欢会军民联欢会。庆祝人民军队建立86周年、纪念延安双拥座谈会70周年。

优抚安置　建立优抚对象信息库。完成重点优抚对象调标工作，按时发放残疾军人抚恤金750.2万元，伤残护理费31万元；发放546名义务兵家属优待金；发放28人老复员军人及带病回乡军人定期定量生活补助14.6万；发放34名“三属”抚恤金39.8万元。与公安户籍管理部门协调，核实优抚对象户籍信息，清理去世和调入其他县市区的优抚对象32人，杜绝漏发、错发和冒领。2013年冬季累计接收退役士兵（官）335人（不含三期士官）。2013年上半年发放优抚对象经费531万元，为24名现役军人发放立功奖励金4.4万元。

区委、区政府高度重视双拥工作，为合肥市争创“双拥模范城”八连冠做出积极的贡献，多次受到合肥市委、市政府、市警备区联名表彰，被授予“拥军优属先进单位”和“拥政爱民先进单位”。

【社会事务】 收养登记 2012年1月1日至2014年6月30日共办理收养登记19件、解除收养登记1件。

婚姻登记 2013年，办理结婚登记8403对，离婚登记2626对，补领婚姻证1369对，出具《无婚姻登记记录证明》26127份，查档及开证明1279次，登记合格率100%。

婚姻登记处“庐州和事佬咨询站”揭牌 1月18日上午，“庐州和事佬”庐阳区婚姻登记处“咨询站”揭牌。

开展婚姻家庭辅导 依托“庐州和事佬咨询站”邀请婚姻家庭咨询师，每周三、周四，驻点庐阳，从人情世故的角度去处理矛盾纠纷，为婚姻当事人提供专业免费的法律咨询、情感辅导、心理疏导、矛盾劝解、离婚劝和等服务，帮助婚姻当事人排解各种婚姻、家庭危机，保护婚姻、维护家庭稳定，保障当事人的合法权益。此举是政府、社会工作者和媒体合力创新服务方式，采取全社会共同参与为民服务，创建和谐家庭的有效尝试。

代表安徽省参加全国婚姻登记颁证大赛 2013年8月，区民政局婚姻登记处选派人员组队，代表合肥市组队参加全国首届婚姻登记颁证大赛，在南方赛区初赛中进入前八名。于10月代表安徽省参加全国首届婚姻登记颁证大赛，获三等奖和优秀组织奖，其中参赛选手李颖获得国家级银牌颁证员、高宇涵获得国家级优秀颁证员。

首创“婚礼式颁证” 11月20日上午10点18分，新郎马明明和新娘胡飞的婚礼仪式在庐阳区民政局婚姻登记结婚宣誓颁证大厅举行。婚礼由婚姻登记颁证工作人员主持，在30余位亲友的见证下，两位新人在庄严的国徽面前共同宣誓结婚。

庐阳区婚姻登记处率先尝试这种做法，是倡导新婚俗的探索。“把婚礼从酒店移至发证机关，不仅仅是形式的变化，更重要的是新的结婚理念的体现，民政部门非常乐意为婚姻当事人搭建和谐婚姻家庭平台。”庐阳区民政局表示，“可以根据新人的预约和需求，开展个性化的婚礼式颁证服务，倡导庄重、节俭却不失高雅的新婚俗。”

台湾中华救助总会关怀两岸婚姻家庭参访活动 8月21日，在民政部社会事务司及安徽省民政厅工作人员的陪同下，台湾中华救助总会理事长张正中率参访团一行到庐阳区婚姻登记处参访交流，开展“关怀两岸婚姻家庭参访活动”。

台湾中华救助总会一直致力于开展两岸婚姻家庭辅导、交流和调研，服务两岸的婚姻家庭，协助大陆配偶，使其能适应台湾的生活环境，融入台湾社会。

截至6月底，大陆与台湾通婚的夫妻有321216对，安徽有6961对。

【社区和基层政权建设】 创建全国和谐社区建设示范单位 2013年，庐阳区举全区之力开展“全国和谐社区建设示范单位”第二次创建工作。调整以区委主要负责人为第一组长、区政府主要负责人为组长、区四大班子分管领导为副组长、乡镇街道和区直部门为成员的“庐阳区和谐社区建设领导小组”，负责指挥和协调全区创建活动。全区创建成员单位各领任务，加强协作，合力创建。街道按照“一居一品”的创建目标，广泛宣传、精心组织创建工作；引导辖区单位、社会组织、社区居民等积极主动参与。在全市进行社区换届直选试点并推广，完善民主，推进自治。加大社区建设资金投入，开展标准化社区创建，结合老城区的特点，采取购买、整合等措施，以社区基础设施建设“十有”为重点，建成含社区警务、社区卫生等功能的社区服务和活动用房，全区各社区用房面积平均达869平方米。建成社区老少活动家园57个，松鹤苑老人日间照料中心、廻龙桥社区“城市生活e站”等一批社区养老、流动人口服务设施建成并投入使用。

建设社区工作平台，改革社团管理机制，探索社区、社团、社工“三社”联动的社会管理运行机制，拓展服务领域。推进社工协会建设，实现街道乡镇基层社工协会全覆盖，引入社工和社工组织介入社区服务，实现“专业的人做专业的事”，在特殊群体帮扶、流动人口服务、病残家庭扶助等项目实施服务，提升社区服务水平。

社区建设　双岗街道万小店社区、杏林街道望城社区、北都社区、杏花村街道金都社区，被评为2012–2013年度市级标准化示范社区。

基层政权建设　2012年10月，庐阳区启动合肥市第二次“两委”换届选举。全区56个社区采取选民直接选举。共有选民266211名，登记选民192548名，平均登记率72.3为%；实际参选为143008人，投票率达74.3到%。选举产生新一届社区居委会成员262人，其中主任55人，副主任100人，委员107人，平均年龄36.5岁，比上届年轻2.5岁。其中：男性123人，占46.9%，女性139人，占53.1%；大专以上学历212人，占80.9%；党员215人，占82.1%，书记和主任职务“一人兼”14人，占25%。

村务公开　贯彻落实《村民委员会组织法》，推行农村“三资”委托代理服务制，开展村级事务流程化管理，制定《关于进一步加强村级事务流程化管理工作的意见》，规定涉及村级重大事项，要实行“四议五公开一监督”工作法。在征地拆迁等重大村务事项中，严格按照流程图操作，确保群众的知情权、参与权和决策权。创建“全国村务公开民主管理示范单位”成效明显，受到全国村务公开领导小组的表彰，荣获民政部颁发的“全国村务公开民主管理示范区”奖牌。

大杨镇、陈龙村、谢岗村被命名为全省“村务公开民主管理示范乡镇（村）”，全区一乡一镇和14个村均被命名为合肥市“村务公开民主管理示范乡镇（村）”。

【社会管理】2013年，全区登记（备案）社会组织275个，其中社团29个，民办非企业138个，社区社会组织108个。

建立193人的社会工作义务工作者队伍，实行社工资质注册登记，注册人数为24人。确定杏林街道、三孝口街道为社会工作人才队伍建设试点单位。

社会工作宣传周活动　2013年4月15日，庐阳区承办的合肥市暨县（市）区“社会工作宣传周”主场活动在杏花公园广场举行，活动主题为“社会工作服务、建设美好合肥”。

同时，现场还招募“怡养家园—失独特殊家庭养老关怀服务项目”职业社工与义务工作者，将对失独家庭进行走访慰问，关爱空巢老人。此次活动旨在宣传社会工作理念，普及社会工作知识，扩大社会工作影响，营造社会工作发展良好氛围，促进社会和谐建设。

【社会福利】福利企业年审工作　宣传福利企业发展政策，协调落实福利企业优惠待遇。2013年，成立残疾人安置单位年审工作组织。完成福利企业的年审工作。开展社会福利机构年检工作，全年在册登记14个社会福利机构，床位总数1327，入住养员697人，入住率达52.5%。

老龄福利工作　全年为全区11293名80周岁以上高龄老人发放高龄津贴677万多元，为26名百岁老人发放长寿保健费9.36万元。办理老年人优待证6514本，其中办理60岁老年优待证3924本，70岁老年优待证2590本。

建设日间照料中心和社区养老服务站，开展新型居家养老服务。全面实现养老机构公办民营的运行模式，发挥德泽居家养老区级信息中心功能和金谷医院等民营企业的经营理念，打造机构养老、社区养老、居家养老三位一体的养老服务体系。即区级“2460”居家养老信息化服务平台；3个街道、1个乡镇居家养老服务中心；24个社区居家养老服务站。打造的机构养老、社区养老和居家养老相互补充机制，有效的提升养老服务水平和老龄化承载能力。

健全社区老龄工作组织，完善社区老龄工作网络。推进协会和各类社会组织建设，在乡镇街道实现老年协会全覆盖，开展经常性的为老服务，真正实现“六个老有”。乐年长者之家被评为“全国爱心护理工程建设基地”

承办合肥市第四届敬老月活动 2013年9月17日上午，合肥暨庐阳区“贯彻老年法·造福老年人”敬老月活动启动仪式在杏花公园东门广场举行。敬老月期间，免费为老年人放电影、向老年文体团队赠送音响设备、组织老人合肥一日游，开展老年维权优待、走访慰问送温暖、为老志愿服务、老年文化体育、敬老爱老宣传等活动。区政府向全区70岁以上的残疾、大病、失独、空巢、低保、高龄等六类计2293位老人发放居家养老服务“夕阳通”专用手机。区政府还向“全国爱心护理工程建设基地”——乐年长者之家老年公寓捐赠两台特殊老人提升机。

逍遥津街道松鹤苑居家养老服务中心

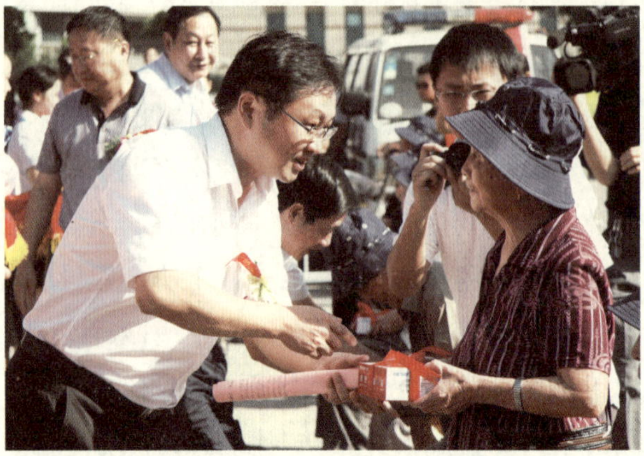

区领导代表区委区政府看望老人并赠送爱心手机

副省长梁卫国调研庐阳区社会养老服务工作 2013年11月19日上午，副省长梁卫国到庐阳区亳州路街道居家养老服务中心调研庐阳区养老服务工作。

对庐阳区形成的以居家养老为基础、以社区服务为依托、以机构养老为支撑的社会化养老服务格局予以肯定。指出，要进一步增强完善社会养老服务体系的紧迫感，要坚持政府主导、多方参与，通过市场化运作，引导鼓励社会力量投资兴办养老服务机构，承担日常管理，提供专业技术服务，实现政府、市场和社会的良性互动。

【主要荣誉】 2013年，庐阳区城乡医疗救助、五保供养、生活无着流浪乞讨人员救助均实现提标扩面，标准全省第一，全国领先，将改革成果惠及辖区群众。全年按照各项目标任务安排和序时进度的要求，按时按质按量完成年度目标任务，取得较好的成效。

区民政局被合肥市民政局评为“全市民政工作综合考评先进单位”“全市民政政务信息和宣传工作先进单位”。

民政局婚姻登记处李颖获得十佳“行业能手”，区老龄委办公室获得十佳“卓越团队”。

（禹贤柱）

乡镇·街道

- □三十岗乡
- □大 杨 镇
- □杏花村街道
- □林店街道
- □四里河街道
- □双岗街道
- □亳州路街道
- □杏林街道
- □三孝口街道
- □海棠街道
- □逍遥津街道

三十岗乡

【概况】 三十岗乡位于合肥市西北部，距合肥市中心15公里西与肥西县接壤，北与长丰县以滁河为界，东与大杨镇相连，南临董铺水库与井岗镇相望，面积32.4平方公里，下辖崔岗、堰稍、瞿嘴、三十岗、陈龙、东瞿、风景、汪堰、柴冲9个行政村，人口1.4万人。三十岗乡解放初期属肥西县岗集区，1958年划归合肥市郊区管辖，成立园林公社。1968年并入优胜公社，1973年又从优胜公社分出，成立三十岗人民公社。1983年农村体制改革，撤社建乡，成立三十岗乡人民政府，2002年从原郊区划入庐阳区，乡政府驻地三十岗村至今。

三十岗乡是国家AAAA级生态旅游景区、安徽省环境优美乡镇、安徽省优秀旅游乡镇。现存三国新城遗址公园，始建于公元233年，系三国时期曹魏屯兵抗吴之地。

2013年，三十岗乡成功举办首届“庐阳杯”中日韩三国围棋名人混双赛、“庐阳杯”全国钓鲫精英赛（合肥站）、首届合肥市庐阳区三十岗桃花节、合肥市庐阳区第十届西瓜旅游文化节暨首届桃蹊仙桃节、首届庐阳区三十岗东瞿美食文化活动周、崔岗艺术家村开村仪式暨《生生不息》当代艺术设计展等体育文化活动，全年共接待游客突破100万人次，实现旅游总收入5000余万元。

2013年，先后获得安徽省社区教育示范乡镇、合肥市农业农村工作先进单位、合肥市计划生育先进乡镇、合肥市植树造林20佳乡镇、合肥市科学发展先进乡镇分类考核第一名等殊荣。乡成功申报安徽省文明乡镇，东瞿村申报安徽省文明村。

【经济发展】 全年实现地区生产总值3.6亿元，比上年增长12.5%；完成全社会固定资产投资13.67亿元，增长29.5%；实现财政收入1058万，增长10%；完成工业产值2.21亿元，工业增加值0.55亿元，分别完成任务数219%和276%；招商引资完成省外资金16.4亿元，完成外资300万美元，引进项目3个，其中亿元以上项目2个；实施1346项目4个，年度投资6.9亿元，占年计划144 %；农民人均纯收入达13196元，增长16%。

【城乡建设】 快速推进董大水库保护区土地整治项目。2013年，搬迁762户、3143人，拆迁房屋面积约17.7万平方米，复垦土地426亩；东瞿生态湿地完成湖面开挖4500平方米，河道拓宽1.4公里，土地平整面积23万平方米；种植向日葵3万平方米，苗木种植工作基本完成；关闭3家污染重、能耗大的工业企业，拆除房屋2.2万平方米。实施百河千渠专项行动。完成11条渠道41公里清淤。完成乡域董铺水库一、二级保护区内39家重点污染源面源污染清理工作；投入资金2000万元，完成集镇、东瞿大郢、风景、崔岗大郢22.5公里污水主管网建设，修建东瞿水库双龙桥段和瞿嘴西河大姚路段2座截污坝，购置道路保洁、生活垃圾收集和转运设备，为全乡的旅游发展打下基础。

【民生工程】 惠民资金发放到位，全年发放粮食直补资金29万元，水库移民人口扶持资金33.7万元，退耕还林和水源涵养林补助资金430多万元，外环长廊及租地绿化补助资金96万元；继续推进低保“阳光听证”制度，为534人农村低保、96人城市低保发放低保金191万元；为206位重度残疾人、111位大病患者、26位贫困精神病人共发放救助金56万余元；为66人办理居家养老服务，发放购物卷12万元；发放80岁以上老人高龄津贴330人；为10位贫困白内障患者申请实施复明手术；养老保险、医疗保险参保人数分别为6964人、10368人，超额完成目标任务；为失业人员办理小额贷款90万元。

【人口与计划生育】 2013年，三十岗乡继续推行“村为主”工作机制，对计生工作实行动态管理，季度考核。加强留守儿童启智乐园管理，高规格配备软硬件设施。圆满完成全年计划生育各项指标任务，累计发放各类奖特扶资金和计生补贴34.4万元。2012、2013连续两年荣获合肥市计划生育先进单位。

【司法综治】 充分发挥群防群治作用，坚持打防并举，将万人发案率控制在全市最低。全年元旦、春节、“五一”劳动节、国庆等重要时段开展安全大检查8次，安全巡查67次，共检查企业达122次，发现隐患29处，消除隐患29处，提出相关整改意见34条，全年无重大安全事故发生，全乡九个村创建无传销社区。坚持领导接待日和领导干部包保重大信访案件等制度，畅通群众信访渠道，努力把矛盾解决在萌芽状态。受理“12345市长热线”136件，办结136件；人民来信4件，办结4件。全乡共排查矛盾纠纷412起，为困难群众办理法律援助25起，调解矛盾纠纷392件，调解成功率100%。

【文明创建】 2013年，三十岗乡落实市、区“三城同创”精神，完成创建全国文明城市测评体系工作，成立有1388人组成的13个志愿者服务队，开展志愿者活动40余次。成功申报安徽省文明乡镇，东瞿村申报安徽省文明村。

【中日韩三国围棋名人混双赛】 4月30日下午，首届“庐阳杯”中日韩三国围棋名人混双赛在合肥三国新城遗址公园开赛，此次赛程为期三天。中国队的常昊、王晨星获得冠军。赛事现场安排了观众席供合肥棋迷亲身感受高手风范，由中国围棋协会主席王汝南对比赛进行大盘讲解。由于围棋比赛要求安静的环境，现场容纳的观众人数有限，比赛通过“合肥在线”“新浪体育”等网站进行直播。据统计，在线观看棋局的网友达数十万人。

举办此次高规格的国际赛事，旨在使围棋文化与合肥独特的地域文化更加深入地融合在一起。主办方表示，将把三国遗址公园作为此项赛事的永久举办地，每年举办一次，力争将赛事举办成一项持续性、常规性的国际品牌赛事，为合肥乃至安徽围棋事业发展和竞技水平提高做出贡献，进一步促进合肥体育、旅游和文化事业全面发展。

【全国钓鲫精英赛】 12月14日，“庐阳杯”全国钓鲫精英赛（合肥站）在庐阳区三十岗乡禾润国家级垂钓基地开竿，本次赛事由国家体育总局社会体育指导中心、中国钓鱼运动协会主办。来自全国各地353名专业选手参加挑战。禾润国家级垂钓基地位于庐阳区三十岗乡柴冲村俞大郢村民组，毗邻三国遗址公园和科学岛，距合肥市中心15分钟车程。基地占地10万平方米，一期建有4口标准国家级竞技钓塘和2口休闲垂钓塘。4口竞技钓塘长100米，宽25米，池深2.1米，水深1.8米，分别放养小、中、大鲫鱼以及一口混养塘，可同时容纳400人同场竞技。

【桃花节】 3月23日，首届合肥市庐阳区三十岗桃花节开幕，活动主题为“浪漫桃花源　美好三十岗。”举办地位于庐阳区三十岗乡桃蹊水果农场。该农场项目总占地5000余亩，园内栽种有近70种桃树，此外，还种植李、杏、樱桃、果桑、日本甜柿等多种特色果树。桃花节期间，除了桃园美景，还有民俗风情表演、桃林惊喜寻宝、桃花节相亲拍拖会、踏青赏花摄影大赛等丰富多彩的主题活动项目。据不完全统计，桃花节当天游客突破2万人，整个桃花节期间游客量超过15万人次，实现旅游收入1000余万元。

【西瓜节】 5月25日，合肥市庐阳区第十届西瓜旅游文化节暨首届桃蹊仙桃节在三国新城遗址公园的金汤虎台前广场开幕，当天吸引游客近2万人。据不完全统计，整个活动期间，游客量超过20万人次，实现旅游收入超过1500万元。

2013年，三十岗西瓜节

三十岗乡有着悠久的西瓜种植历史，素有“三十岗西瓜红到边，吃在嘴里，甜在心里”的美誉。三十岗乡采用新品种、新技术（温室大棚、一藤一花一果）、新模式（销售模式、经济合作组织模式），大力发展农业设施栽培。目前，全乡已形成以西瓜、蔬菜、草莓等为主的生态农业生产基地6000亩。2001年注册了“三十岗牌”农产品商标，“三十岗”牌西瓜通过国家级“绿色食品”认证，被评为安徽省著名商标。2013年，全乡西瓜种植面积近3000亩，总产量约6000吨，主要品种有“欣兰”“甜妞”“早春红玉”“黑美人”“蜜兰”等十多个品种，以改良小果型瓜为主。

【东瞿美食文化节】 9月30日，首届庐阳区三十岗东瞿美食文化活动周在三十岗乡东瞿村开幕。同时，东瞿农家美食文化村也在当天宣布正式开村。整个活动周从9月30日举办到10月7日。开幕当天吸引游客近1万人，据不完全统计，整个活动周期间游客量超过5万人次，实现旅游收入500余万元。

东瞿美食文化村位于庐阳区三十岗乡东瞿村东瞿路两侧，街区全长约500米，宽240米，占地约179.9亩，现有住户273户。截至2013年底，已发展农家乐41户，24家乡村客栈，可同时为2500多位游客提供用餐，为350多位游客提供住宿。

崔岗艺术家村

【崔岗艺术家村】 11月2日，崔岗艺术家村开村仪式暨《生生不息》当代艺术设计展在三十岗乡崔岗村开幕。共有80多名国内外艺术家参展，吸引了1000多名省内外知名艺术家和艺术爱好者观展。

崔岗艺术家村位于崔岗村崔岗大郢，肥西县、长丰县与庐阳区三县交汇处，北临滁河干渠，自然环境优美、地理位置优越。艺术家通过租赁农户闲置的房屋，改造为艺术工作室或乡村客栈等活动场所。截至2013年底，已有49户签约，14户摄影、绘画、雕塑门类艺术家入驻。

（朱潘林）

三十岗桃蹊桃花节

大杨镇

【概况】 大杨镇位于合肥北大门，是合肥地区重要的生态廊道，具有“三路夹一镇、一镇托两水”的独特地理优势（四里河路、206国道和北二环路穿镇而过，东西为大房郢、董铺水库）。

大杨镇原名优胜公社，1983年更名为大杨店乡。1987年撤乡建镇，更名为合肥市郊区大杨镇。2002年，市级区划调整为庐阳区大杨镇。全镇辖五个行政村、九个社居委，区域面积35平方公里，总人口近12万人，是安徽省小城镇建设试点镇和省市新农村建设示范镇。

【生态农业】 2013年，大杨镇从生态镇建设入手，发展生态都市农业产业，提升生态农业发展水平，打造以发展旅游、休闲、观光、娱乐、运动集一身的景观村镇规划。引进安徽皖城春意生态园林有限公司、上海锦展园林有限公司等单个流转在千亩以上的园林企业7家，形成以经营苗木花卉种植为代表企业39家。

苗圃一角

【民生工程】 2013年，全镇约有1.2万多居民参加城乡居民社会养老保险，实现了“老有所养”。为70岁以上低保老人、80岁以上空巢老人和90岁以上老人三类人员购买每人每月600元居家养老服务，并配发650部手机，24小时开展居家养老热线服务。加大对失地农民的政策扶持，重新修订《大杨镇被征地农民补助办法》，对男年满60周岁、女年满55周岁被征地农民，镇财政将原每人每月70元生活补助提高至90元。落实大中型水库移民后期扶持政策，按时足额打卡发放移民后期扶持人口直补资金。新成立清源社居委，实现中铁、明发、湖畔家园等小区管理全覆盖。完成清源、夹塘、草塘社区标准化社区建设前期工程和“社区老少活动家园”建设等。大杨镇行政服务中心被评为省级2011—2013年度优质服务窗口，大杨镇及岗西村分别被评为合肥市农村社区建设示范镇、村，夹塘社区被中国残疾人联合会评为“自强健身示范点”。

【经济建设】 2013年，全镇3个项目列入省“861”

项目，5个项目列入“1346”项目。全年社会固定资产投资70.6亿元，占年初任务的113.9%；其中工业投资8.66亿元，占年初任务的101.9%；规模以上工业总产值49.84亿元，占年初任务的101.7%；规模以上工业增加值12.14亿元，占年初任务的102.9%；限额以上零售额2.56亿元，占年初任务110%；招商引资内资65.8亿元，占年初任务182.78%；完成境外招商引资1500万美元。工业生产总产值、固定资产投资获得区级优秀奖。

【社会事业】 2013年，全镇最低生活保障户数495户，人数697人，支出291.9万元；医疗救助95人，金额36.9万元，为552名低保户购买医保4万余元，临时性困难救助33人。各类优抚对象23人，农村籍退伍军人110人。大杨敬老院床位70张，收养城市三无，五保人员18人。办理100周岁以上老人长寿津贴1人3600元，80周岁以上高龄津贴674人40.44万元，实现应保尽保，全面覆盖。社区服务中心8个，社区服务站8个。低保户重度残疾人生活救助249人，7.08万元。筛查白内障患者182人。药费补助贫困精神残疾人40人4.8万元；36名重性精神病人免费领取住院治疗卡，4名残障儿童申报残疾儿童（0~6周岁）康复项目。残疾人农民技能实用培训班2期110人；救助残疾人家庭子女上大学9人，帮助12名有创业意愿的残疾人申请了“万人就业”扶持项目；组织2名脊髓损伤残疾人参加“脊髓损伤者中途之家”活动，投入15万元建设大杨镇夹塘社区残疾人文体活动广场和夹塘社区残疾人康复站，让残疾人在家门口享受康复等各种服务。

【人口计生】 全年统计年度内全镇总人口38005人，已婚育龄妇女8612人，新出生751人，政策符合率、早孕发现率、手术落实率、性别比

美丽大杨

均能达到上级考核要求。强化管理创新，推进诚信计生管理模式，目前诚信计生协议签订率达到90%以上。10月10日，成功举办以“和谐家庭、和谐计生、和谐发展、繁荣昌盛”为主题的第三届生育文化节。全年开流动人口“一单制”免费手术单50多张，发放计生利益导向资金124.61万元，受益人群3124人，发放计生宣传品10000余份，为5000余人提供免费避孕药具，举办计生讲座15场。完善独生子女家庭奖励制度，全市首家实施独保费提标扩面政策，对镇域范围内282个双农户口领取独生子女父母光荣证家庭，在子女年满16周岁后，每户每月发放30元独生子女家庭奖励金，直至与奖扶制度接轨。2013年大杨镇被合肥市计生领导小组授予“2013年度合肥市人口和计划生育工作先进镇”称号、被庐阳区委区政府授予“2013年度人口和计划生育工作先进镇”称号，7个集体、9名计生工作者受到区委、区政府表彰。

【社会保障】 2013年，新增就业人数1357人，登记失业人员再就业人数145人，安置就业困难人员就业目标数36人，转移农业劳动力218人，就业技能培训210人，就业技能培训发证210人，技能提升培训36人，创办企业培训30人，城镇居民基本医疗保险参保人数19838人，参保率100%，城乡居民社会养老保险参保人数12042人，参保率100%。被征地农民生活保障参保达10595人。非正规就业劳动组织31个；非正规

就业劳动组织新增吸纳人数229人,建立创业示范点1个,新增孵化成功企业户数16个,建立创业实训基地1个,创业实训30人,区级小额担保贷款320万元。劳动合同签订率97%,全年受理投诉12起,投诉结案12起,完成率100%。

【拆迁安置】 2013年7月10日,为加强水源保护区城乡规划、基础设施建设和生态保护工作,董铺、大房郢两大水库水源保护区土地整治大杨镇村庄搬迁二期项目正式启动。2013年11月1日,水源地土地整治三期项目启动。两次项目涉及大杨镇十张、水库2个行政村计18个村民组,搬迁面积65.82万平方米,安置群众2725户7586人。遵循"三榜公示""两级证照审核"制度,按照成熟一批公示一批,申报一批,加速拆迁安置工作逐级推进,并在2013年9月29日完成一期搬迁项目一榜公示工作。

2013年8月11日,随着合肥市森林公园拆迁安置二期分房工作结束,至此,自2004年4月始,跨时近10年的合肥市城市森林公园、明发商业广场和北二环路拓宽项目涉及到的房屋拆迁安置工作基本结束,该项目共分配拆迁安置房5999套,安置面积528417.8平方米。

【文明创建】 2013年,针对薄弱环节,对各村居开展活动情况进行巡查,整治"死角"和"盲点",对国道沿线、老旧小区等重点难点地段,集中对乱搭乱建、乱堆乱放和占道经营、环境卫生脏乱差等现象进行集中清理整治。对检查中出现问题较突出的紫桐农贸市场、草塘小区等地点,落实责任到人,限期整改,针对整治过的问题安排人员巡查,防止问题反复。全年共清理垃圾53吨,拆除违规广告牌52个,拆除违章搭建120处,绿化30亩,治理污水4处,购置垃圾桶200个,修建更新56个垃圾池或垃圾房,配备1台大型垃圾车,6台微型垃圾车,74辆人力三轮车,各村居、产业园共配备180名保洁员保障农村垃圾及时、有效处理。全年纠正取缔各类违章行为2000余次,暂扣违法工具灯箱等284件,办理市长热线、城管热线共计95件。清理主干道霓虹灯活动,共拆除了四里河路、合淮路沿线商业霓虹灯46个。对镇域内四里河路,紫兰街,丁菲路,玉兰街,大杨南路等道路两旁的一店多招、乱张贴乱悬挂进行了集中清理,共拆除大型户外广告牌17件,店招店牌286个,铲除牛皮癣4654块,确保了公路铁路沿线环境干净、整洁、美观,居民生活环境得到美化,全镇环境形象得到整体提升。

【群众文化】 2013年,镇综合文化站投资5万元维修场馆内场地、器材,并在综合文化站外围、建材三厂拆迁回复楼(2处)、大杨湖滨花园、蜀山湖老年公寓、森林公园拆迁恢复楼共建6处体育健身路径,投入资金达建造体育健身路径,共花费16万元;由区文化局拨付2.6元给我镇八个社区书屋和五个村农家书屋购买新书籍。

2月份,由合肥市青年美术家协会举办的年会在我镇综合文化站召开,市文广新局及美协领导,上百余名美协会员们开展现场笔友会,挥毫泼墨,画作赠与我镇;4月,大杨镇综合文化站承办了庐阳区老体协举办的首届老年人乒乓球比赛;3月份,举办首届老年人太极拳培训班,10月,组织第二期"32式太极剑"培训班。为期三个月,每周一次课,共15次课时。参加了由合肥市举办的合肥市县区篮球赛、获得优胜奖,组织参加区教体局举办的第二届社区体育运动会并获得团体总分第二名的好成绩。我镇被评为省级文化体制改革先进单位,镇综合文化站被评为省级一级文化站。

(葛传红)

杏花村街道

【概况】 杏花村街道东邻庐阳工业区、南邻海棠街道、西接大杨镇，北与林店街道相邻，区域面积6.9平方公里，人口4.7万人，下辖五里、林店、汲桥新村、松竹、灵璧路、金都6个社区居民委员会。辖区有中铁四局八公司、安徽省化工研究院、皖能合肥发电厂、市城建医院等多个中央、省、市驻地单位和天然轩、天赐园、梧桐家园、舒馨花园、金都华庭等5个生活小区。

【经济建设】 全年完成全社会固定资产投资33.66亿元，其中工业投资12.48亿元，增速达11.3%，工业产值23亿元，工业增加值6.39亿元，新增规上企业1家为合肥市绿香米业有限公司。实现限额以上批零住餐业销售额9.46亿元，零售额5.8亿元，新增恒信汽车城项目众和、东顺、星凯等3家汽车销售服务公司。服务业企业净增27家，限额以上服务业主营业务收入增速达到113%。全年引资24.3189亿元，其中内资23.3523亿元，外资1564万美元。地方财政收入1872万元，纳税企业301户，其中年纳税10万元以上企业55户。街道荣获区经济建设目标考核优秀街道等6项表彰。

【重点项目】 2013年，街道完成电厂周边150米范围内环境整治项目征迁工作，受到区政府嘉奖。该项目位于合肥电厂南大门周边，涉及林店社居委许岗、张小郢等居民组、232户居民，系电厂6号机组保驾护航的重点项目。完成五里片区项目（2013年市政府重点工程）前期立项、选址、勘测地界、人口摸底等工作，共丈量房屋3481户，为后续启动该项目打下坚实基础。完成柏大郢城中村改造项目的一期工程收储、上市及建成6家汽车4S专营店并投入使用，二期已落实47.74亩土地指标，等待收储。

【征地拆迁】 2013年，街道完成耀远路拆迁扫尾工作，推进梅小店、李小郢城中村改造，开展拆迁结算工作。完成五里井1814户、童大郢1667户两个居民组的房屋丈量摸底及附属物登记工作。市房屋证照确认小组对梅小店、李小郢城中村改造人口进行市级认证，共计上报852人，通过836人。对蒙城北路项目拆迁下剩缺房户进行回迁安置工作，安置地点为荣城花园北苑，涉及林店社区和原杏花村街道陈塘、井湾等88套，需安置面积5280平方米。完成梧桐嘉园土地分割手续办理，这标志着梧桐嘉园400多住户将在全市范围内率先取得大建设国有土地使用证。申报六水厂复建点和梧桐嘉园二期房产证工作。截至年底已完成梧桐嘉园二期房产证申报50套，六水厂复建点房产证124套。对梧桐嘉园自来水压力过小等问题，进行泵房改造，解决住户用水难问题。

区委书记吴劲调研杏花村街道拆迁工作

【就业和社会保障】 全年街道辖区新增就业人数800人，其中下岗失业人员再就业736人，就业困难人员再就业85人，转移农业劳动力120人次。街道组织就业技能培训140人，办理城镇居民医保7291人，办理城乡居民养老保险3291人，推荐申报小额担保贷款8户，发放贷款资金253万元，申报创业实训基地1家，组织创业实训人员30名，发展非正规就业劳动组织21个，百帮新增吸纳人数168人，申报创业示范点1个，发表新闻报道86篇，2013年发放失业金2176人、金额1429632元（其中，生育补助1839.6元）。

街道成立残疾人阳光e站，发放慰问金41000元；完成753名企退职工养老金资格认证工作，慰问企退人员793人，发放慰问金41000元；城市低保及各项补贴累计资金支出66.8万元、累计1144户次。12月份享受城市低保待遇为97户，全年低保金62.3万元。农村低保及各项补贴累计资金支出9.7万元、累计165户次。12月份享受农村低保待遇为13户，全年低保金9.1万元。医疗救助全年为420人次的群众提供216004元医疗救助及参加居民医保补贴。

【社区建设与服务】 2013年，街道共建成老少活动家园5个，实现街道老少活动家园全覆盖。金都社区新建近1000平米社区服务中心，创建市级标准化示范社区，通过市民政部门验收。金都社区创建“全国综合减灾示范社区”。7月，汲桥社区开展创建全国和谐社区工作，通过省级验收，已上报至民政部。12月，在汲桥社区成立街道首个社区社会组织联合会，备案社会组织18家，促进社区居民有序参与社会管理，满足居民多层次、多元化的需求。

【物业管理】 辖区有爱民、新远、仁和3家物业公司，健全小区物管人员负责人及辖区民警公示牌6块。2013年，街道对辖区704处窨井盖进行登记建档，对88处破损的进行维修。做好房屋租赁信息采集，共收缴房屋租赁税1.49万元。金都华庭小区荣获“合肥市第二季度优秀物业管理住宅小区流动红旗”。

【人口与计划生育】 2013年，街道辖区内出生婴儿226人，出生人口政策符合率95%，性别比99.61%。发放独保费847户计267345元；发放奖特扶对象户31人计84480元；发放退休一次性奖励15人计45000元。共计发放计生宣传材料3000余份，制作宣传展板20余块，免费发放避孕药具1523人次，开展生殖健康、孕前优生等讲座11场。

主动适应人口计生工作新形势，把促进“家庭发展能力建设”列入街道人口计生工作中长期规划。9月30日，圆满举办促进“家庭发展能力建设”启动仪式，打造以促进“家庭发展能力建设”为主题的网站，以现代平面媒体信息交流为载体调动社会资源共推计生家庭发展，获评“全区人口计生工作荣誉奖”。

【安全生产】 全年街道共召开安全生产工作会议14次，发放各类宣传资料5000余份，展示宣传展板60余块，安全知识橱窗72版面，联合辖区企业开展应急救援演练2次，组织企业和居民700余人观看安全生产警示教育和消防安全知识宣传片，督促企业57名“三项岗位”人员参加培训。同时，严格落实“一岗双责”制度，认真开展各类安全隐患排查，特别对危险化学品、烟花爆竹、建筑施工、人员密集场所和特种设备等行业（领域）安全隐患进行专项整治、打非治违，共下达检查文书1936份，排查治理各类事故隐患152处。督促合肥三川热镀锌有限公司、合肥永青印务有限公司和合肥顺达电力设备制造有限公司开展企业安全标准化创建工作。

【文明创建】 2013年，街道抓好城管网格化建设，对幸福家园小区、井泉小区等一批三无小区进行道路硬化、绿化等环境整治。对涡阳路沿街407平方米商铺门头进行亮化整治。加强责任区和占道经营管理，全年共制止、取缔占道经营、店外店等1200多处，与区执法大队、相邻街道开展联合执法行动10余次，取缔违章摊点160余处。在蒙城北路与北二环交口东北角设置规范性的摊群点1个。规范夜间摊点管理，共集中整治20多次，宣传、取缔乱摆放摊点600多处次。加强季节性瓜果市场管理，设立2处西瓜销售点。为6个社区新增购202个标准垃圾桶。重点加强违法用地和城中村新建违法建设的督查，全年共拆除违法建设3000余平方米。

推进志愿服务工作，投资近4万元打造汲桥、金都两个志愿服务广场，其中汲桥新村社区被评为“合肥市二星级志愿服务社区”。组织志愿者开展文明交通劝导工作、广场志愿服务和公民道德宣传活动。开展户外公益广告宣传工作，设置以宣传中国梦为主题的户外墙体广告100米（高1.6米），制作遵德守礼牌100余块。开展身边好人、道德模范的学习宣传和投票评选活动。做好植树节、学雷锋、文明餐桌活动。

【社区文化】 两节期间，开展迎春联谊活动和拔河、跳长绳比赛；“三八”节期间，开展“孝顺好儿女”演讲比赛；4月，举办北门地区第29届“杏花村街道杯”棋牌比赛活；5月上旬，举办残疾人趣味活动；“六一”期间，举办汲桥新村社区假日学校广场少儿文艺演出；8月，组织参加区举办的家庭才艺大赛活动，参赛节目《笛子独奏》荣获一等奖；9月，参加“大湖名城、创新高地”合肥市第七届合唱节庐阳区专场合唱比赛；10月，参加区第二届社区体育运动会，荣获团体三等奖；举办区第八届文化艺术节暨街道第四届文化艺术节；12月，举办庆元旦，迎新春“五人制”篮球比赛。汲桥新村社区农家书屋获得“安徽省百佳农家书屋”荣誉称号。

【司法综治】 创新形式，推进“法律六进”活动。两节期间，在合肥发电厂六号机组开展法律援助进工地；开展5.18法律宣传周活动，就《宪法》《食品安全法》等进行法律宣传；联合五一小学创建合肥市第一所“新市民”普法学校，辖区所有外来流动人员都可以成为学校的新学生，进行免费听课、免费咨询，此做法在全市得到推广；全年各级人民调解委员会排查矛盾纠纷370余件，调解成功率达100%。完善刑释解教人员回归后的衔接工作机制，加强重点对象的管控，做到一月帮教两次，现有6名刑释解教人员回归，均较稳定。完善社区矫正人员监管措施，新增社区矫正人员13名，期满解除10名，正在接受社区矫正人员15名。

在汲桥新村社区中心设立一间治安岗亭，配备6辆巡逻电瓶车和13部对讲机以及一套红外线高清监控设备，社区内安装监控探头30个，共投入88万余元。同时聘用26名巡逻队员和11名专业信息采集员，分为三班，24小时不间断的巡逻。对传销活动突出、群众反映强烈的重点区域，联合工商、公安、城管、社区和物业等部门进行集中清查，共取缔传销窝点70余处，清理和驱散传销人员200余人，笔记本电脑2台，现金2万多元，收缴传销书籍和笔记本若干。

【老龄工作】 2013年，街道健全老龄工作组织，6个社区成立老年协会，完善各项规章制度，为符合居家养老条件的老人建档立册，进行规范化管理，其中五里社区成立居家养老服务站。为392名适龄老人办理老年证，为302位80岁以上老人发放每人600元的高龄津贴，共181200元。为28位符合条件的“特殊群体”老人申报办理“购买居家养老服务”，共发放4.92万元的服务券。重阳节期间，为31名90岁以上老人每人发放200元的慰问金；为辖区576位65岁以上老人安排免费健康体检。

【党建工作】 开展“责任建设年”活动。2013年，街道制定49份岗位责任书，22份流程图。先后成立合肥恒兴房地产开发有限公司、安徽君鸿市政园林工程公司等11家非公企业党支部，出台《关于在非公有制企业党组织中开展创建服务型党组织活动的实施方案》，不断实现党的组织和党的工作在非公企业双覆盖。5月10日，启动“一线为民工作法”，开展首个驻点日活动，全年开展驻点活动12次。在汲桥新城社区打造区“3·20”工程党建示范点，

汲桥新村社区获得“合肥市廉政文化进社区示范点”“合肥市基层党校示范点”称号。

【群团工作】 2013年，辖区新建工会组织41家，新增工会会员246人，实现私营企业建会率达90%以上。组织辖区44家企业开展民主评议活动，并建立厂务公开民主管理台账。安徽合肥恒信众和汽车销售公司获评“合肥市2013年省级标准化职工书屋”荣誉。

街道完成6个社区团组织换届工作。成立“杏树花香”流动儿童活动中心，系庐阳区首家由政府和公益机构共同创办的流动儿童活动中心，获得团市委关爱农民工子女项目基地10万元经费支持。汲桥新村社区青年志愿者服务队获“合肥市志愿服务先进集体”称号。

评选20户街道五好文明家庭，接待维权咨询对象4人，提供法律援助1次。关爱贫困妇女儿童家庭12户，救助资金3600元。组织维权、暑期安全知识等讲座3次，开展各类活动12次。

【主要荣誉】 2013年，街道获“合肥市人口计生目标管理先进街道”“合肥市安全社区单位”“合肥市社会管理综合治理先进集体”“合肥市共青团工作‘以奖代补’优秀单位”“安徽省‘双创建’基层关工委先进集体”“合肥市五好基层关工委”。

（陈　颖　陆　艳）

【概况】 2012年3月，庐阳区区划调整，老城区6个街道合并精简至2个，位于老城区的原安庆路街道撤销，整建制搬迁至庐阳工业区内，新成立林店街道，与庐阳工业区管委会实行一个机构两块牌子的管理模式。林店街道位于庐阳北部地区，东至板桥河，西临大房郢水库，南到涡阳路，北与长丰接壤，辖区面积约23平方公里，辖金池、官塘、天河、景湾、菱湖、连水、永清七个社区，辖区总人口约5万人。辖区各类企业1400家，其中工业企业200余家，规模以上企业69家。同年，街道为1657户2456人办理低保；新增就业岗位1590个。

【党建工作】 2013年，街道落实"320工程"，打造党建示范点。按照区委组织部的部署要求，召开工业区（林店街道）社区党建和非公企业党建工作座谈会，征求各党组织对创建党建示范点的意见、建议。确定上报徽商钢材市场、合肥力威、合肥炭素、鑫鹏包装、康富机械弹簧厂、亚星玻璃、依立腾、志邦厨柜、新鸿伟钢构、三一重工等十家企业，官塘、连水两个社区重点打造党建示范点。主动试点街道大工委制和社区大党委制。选聘7名具有一定影响力的驻地单位、企业党组织负责人担任街道党工委"兼职委员"，选聘25名企业党组织负责人担任社区党组织"兼职委员"。扎实开展"责任建设年"活动。

【城市管理】 2013年，街道共取缔摊点500处，清理店外标牌640处，拆除灯杆旗260处，拆除破损及逾期违规设置的商业大型广告牌26处，商业桁架15处，楼顶独立字9处。劝阻乱晾晒60处，规范夜市排档70起。办理市长热线、"数字城管平台"各类挂网督办案件1688件，并及时整改回复得到解决；加大对大房郢水库周边及板桥河沿线垃圾保洁清运的投入。利用水库周边3个岗亭，实行24小时不间断巡查，对偷倒渣土的企业和个人进行严厉打击，严防死守，共查处偷到渣土行为15起，确保市民喝上放心水。同时，执法队、市容办加大对私自违建房等方面的管理查处力度，坚持每日巡查到位，街居网格队员互动，并重点记录官塘、景湾、永清等社区每天的违法建设报表。强制拆除违法建设12起，面积达6140平方米，巡查发现并及时制止或当场拆除违法建设20起,有效地打击遏制住辖区违法建设的蔓延趋势。

和谐征迁 妥善安置 2013年,街道完成涡阳路、凤翔路(金池路)等征迁工作。启动了天河路、淮北路、铁路北货场、金马用地、合蚌线等多个项目的结算工作。共涉及被结算户714户。除京福线下剩138户正在加快结算进度外,其余已基本完成;启动荣城花园北苑小区分房工作。完成公租房、黄桥地块、东方大道项目的生产安置界定工作。完成东方大道项目拆迁认证资料准备工作,启动外调工作。

发挥综治作用 维护和谐稳定 街道与7个社居委、53家规上企业签订社会管理综合治理责任书,进一步落实综治工作责任制。在7个社居委设立36个综治网格,配置73名网格员,有72名居民组长和16名楼片长。重点对辖区3个大型回迁安置小区——荣城花园、荣城北苑、荣凤苑进行地毯式排查,对小区内治安薄弱环节提出合理化整改意见。

加强法律服务 推动普法工作 以"法律进社区""法律进学校""法律进企业""法律进机关""法律进单位"为载体,开展法律"六进"工作。加强社区调委会组织建设,完善矛盾纠纷排查调处分析例会制度。全年共排查民间矛盾纠纷件350,其中重大疑难纠纷165件,调解成功165件,调解率为100%。12345市长热线共受理投诉287件,回复率100%。共接待群众来访来信82次,人数近千人。

推进安全生产工作 2013年,共计检查生产经营企业(门店)4000家次,发现隐患1200处,下达《责令改正指令书》52份,通过跟踪复查,隐患已全部落实整改。积极督促企业与中介评审机构对接。10家企业与标准化评审机构签订技术服务合同,积极推进标准化创建工作。

区第二届社区体育运动会暨老年人健身活动展示会开幕式

【七个社区范围调整并更名】 2012年12月31日,林店街道召开辖区7大社区调整范围并更名大会。自2013年1月1日起,启用新的社区范围及名称。社区具体调整范围为:金池社区(原兴业):东起铁路线,西至阜阳路,南起汲桥路,北到庐阳长丰边界。永清社区(原园艺场):东起阜阳路,西至蒙城路,南起汲桥路,北到庐阳长丰边界。天河社区(原尚店):东起铁路线,西至蒙城路,南起天水路,北到汲桥路。官塘社区(原陈塘):东起铁路线,西至蒙城路,南起连水路、时雨路,北到天水路。连水社区(原邵大郢):东起板桥河,西至丽水路,南起涡阳路沿铁路线折向时雨路,北到庐阳长丰边界。菱湖社区(原刘冲):东起铁路线,西至蒙城路,南起涡阳路,北到时雨路。景湾社区(原井湾):东起蒙城路,西至大房郢水库堤岸,南起时雨路,北到庐阳长丰边界。

【"城市生活e站家庭服务中心"成立】 2013年11月8日,林店街道"城市生活e站家庭服务中心"在连水社区揭牌成立。该中心是计生办、财经办、社会事务办等多部门联合打造,为合肥市首家。林店街道在建立该中心的基础上,携手合肥万家家庭服务公司计划在北城打造合肥最大的家政人才培训基地、最大的家政劳务输出基地,旨在促进合肥北部地区万名失地农民及下岗失业人员就业。该中心开通“就业直通车”项目，为失地农民、下岗失业人员、计生特扶人员进行免费技能培训。目前，该中心培训课程涉及厨艺、熨烫、插花、心理、育婴、月嫂等多个方面。经过学习培训及考试，学员可以取得国家认可的职业资格证。同时，该中心积极与用工企业对接，向参与培训并结业的人员提供就业岗位。此举带动了辖区失地农民、下岗失业人员和计生特扶人员就业。林店街道“城市生活e站家庭服务中心”于2013年底顺利通过市级和省级验收。

【拆迁复建点分房】 荣城北苑小区总占地面积24.05公顷，规划总建筑面积约54.61万平方米，总投资达9亿元，于2010年5月动工，涉及居民2万人6286户。2013年4月23日，荣城北苑一期选房选房共涉及菱湖、官塘、林店、连水四个社区及大建设蒙城北路、涡阳路、京福铁路直管公房等项目共计596户缺房户，完成安置房源701套。同年9月22日，荣城北苑二期选房工作正式启动，安置涉及四期缺房户、金马用地、天河路、淮北路、铁路北货场、合蚌线等项目共计595户回迁户，完成安置房源1725套。

【主要荣誉】 2013年，林店街道连水社区城市生活e站获得安徽省人口计生委命名授牌，街道荣获合肥市人口和计划生育工作先进单位、合肥市“雷锋式”执法中队、庐阳区大建设先进单位、庐阳区2012年度协税护税工作先进单位等称号。

（王舟瑞）

庐阳工业区夜景

四里河街道

【概况】 四里河街道于2012年3月9日区划调整后正式成立，下辖3个社区18个小区或村民组。位于庐阳区城郊结合部，横跨“三干道”即北一环、临泉路、北二环，纵贯“两河流”即四里河、南淝河，片区成“沙漏”状。街道东起肥西路，西南至南淝河，北至大房郢水库，辖四河、桃花园、银河湾三个社区，面积约7平方公里，常住户4798户，常住人口12171人，流动人口4646人。街道辖1个机关党总支、3个社区党支部、1个“两新”组织党委，共有党员428名。四里河街道作为区重点项目建设区域，未来3~5年的中心工作就是推进城中村改造，改善群众居住环境，提升城市形象，拓展发展空间，打造庐阳区商业副中心。

四里河街道行政区域一览表

表7

社居委名称	小区（村民小组）名称	小计（个）
桃花园社居委	十里头村民组、姜万郢村民组、大房郢上片居民组、大三景小区（东区、西区）、桃花园（南区、东区、西区）、桃花店居民组	9
四里河社居委	周湾居民组、四河村民组、梁郢村民组、李洼村民组、四泉花园小区（南区、北区）、思和苑小区	7
银河湾社居委	天竹园小区、省农科委宿舍	2
合计（个）		18

【经济发展】 全年招商引资实际到位资金总量27.79亿元，其中外资1709万美元；完成固定资产投资29.4亿元；完成限额以上批发零售住宿餐饮销售额7.15亿元；完成限额以上批发零售住宿餐饮零售额2亿元；地方财政收入累计完成466万元。各项经济指标均超额完成区下达的年度目标任务。

【区域党建】 2013年，街道实施“七彩志愿”工程，推进社区服务创新，结合城郊商业服务业态缺乏、有偿服务定位与城郊居民需求不对等、弱势群体服务需求强烈区位特点，整合社区义工、吸纳驻地单位专业人士加入志愿者队伍，将“合肥志愿者之家”“中澳学院志愿服务队”“文艺志愿者和谐艺术团”等优秀团队引入社区。采取街道党工委统筹、多部门联动、社会力量参与方式，借助标准化社区阵地，实施“七彩志愿”服务工程。组建七支志愿服务分队，设立红色爱心传递项目、橙色阳光心灵项目、黄色助老扶弱项目、绿色环保志愿项目、青色爱心助学项目、蓝色助残助困项目和紫色特色服务项目，全面打造社区公共管理与志愿服务相结合的新型服务模式。2013年6月，四里河街道党员志愿服务中心在桃花园社区落成，成为七彩志愿服务实施载体，集志愿招募、培训、拓展为一体。四里河街道招募志愿者1600余人，其中党员志愿者600余人。

【城中村改造】 2012年6月，启动四河片区2300户7300余人地拆迁工作，9月，全面完成包括周湾、李洼、四河和梁郢村民组在内的四河片区剩余拆迁户和国有企业的搬迁工作，协调完善企业征收评估补偿扫尾。4月，启动二环路桃花园片区以南区域房屋、人口丈量登记和资料收集工作，进行三榜公示及人口认证阶段。加大城中村"三无"小区基础设施改造。

【项目建设】 2013年，街道新引进项目9个，服务业企业单位新增数21个。其中，红星美凯龙在安徽第一个直营项目，由集团直接进行土地交易、建设、运营，项目总占地面积4万平方米，总建筑面积约15万平方米，总投资14.5亿，已进入施工阶段。安徽广大置业有限公司商务中心项目，11月29日，取得国有土地使用权，位

四里河街道"七彩志愿"首届青春负重毅行赛

四里河街道"三无"小区路灯维修

于临泉路以南，肥西路以东，项目计划总投资2亿，占地面积5.7亩，2015年4月竣工。安徽华力建设集团有限公司建设总部基地项目，位于四里河路与潜山路交口以西，项目计划总投资2亿元，占地面积13.65亩，建设商业、办公商业综合体。蚌埠商会总部项目，为工业用地升级改造项目，位于北一环和肥西路交口西北角，由合肥博天化工有限公司投资建设，项目计划总投资2亿元，占地面积12.85亩，建筑面积6.93万平方米，集商业办公楼、商场、餐饮等娱乐休闲一体，目前该项目主体结构建成封顶。

【社会事务】 2013年，街道两次举办"春风行动"农民工失地就业招聘会，提供岗位信息1800个，现场达成工作意向500多人，为失地农民提供就业渠道，开创庐阳区首举。全年就业技能培训130人，创业培训30人，100%完成全年任务。街道建立创意示范点1个，创业实训基地1个，扶持30人加入百帮组织实行自主创业，为符合条件的16名创业人员发放小额免息担保贷款275万元。全年城镇新增就业人数509人，转移农业劳动力全年目标数40人，完成城镇居民医保2980人，完成城乡居民社会养老保险1721人，均超额完成计划。桃花园社区建立金牌调解室成功为辖区企业调解劳资纠纷争议案件，属本省首例。摸排24符合重度贫困救

助和大病救助条件困难对象，残疾救助金补贴每人每年1200元。完成辖区内29名白内障患者登记、上报。全年慰问贫困残疾人64人次，发放提货单30张，34人次发放慰问金11200元，慰问券30张，现金11200元。街道社区全面实行低保听证制度，街道有38户65人，累计全年发放低保金23.52万元。

【综合治理】 2013年，街道采取主要领导亲自抓，分管领导分层抓，部门负责人具体抓落实总体思路，通过建立会议及经费保障制度、实行领导接待制度、完善街道班子成员走访下访制度、推行信访工作目标责任管理方式，坚决把矛盾纠纷在萌芽状态。深化基层平安系列创建活动，街道建立“点、线、面结合，人、物、技防意识结合，机关、群众组织相结合”的立体化社会治安防控体系，实行一体化运作、组团式服务。搭建平台，三社区划分网格22个，在网格包保责任人基础上建立以专职信息员为主，楼院长、出租房东为辅，社区志愿者为补充的专兼职工作队伍，助力平安四里河打造。建立“律调对接”机制，加强信访接待“窗口”建设。全年街道登记流动人口约11050人，出租房屋约1431户，并建立台账。制作人民调解协议书15份，排查解决矛盾纠纷100起，其中解决邻里15起，征地拆迁、安置52起，婚姻纠纷7起，其他16起，涉及人数160多人，均以成功结案，无一起因民事转为刑事案。调处率100%，成功率达98%以上。

【市容环卫】 2013年，街道先后7次开展城中村环境卫生集中专项整治，清运垃圾近25吨95车次，清除小广告45处，覆盖“牛皮癣”2500余张，取缔违章占道70处，铲除居民小区小菜园3处450㎡，城中村安装文明温馨提示牌30块，引导居民垃圾袋装化定点投放，自觉营造和谐创建氛围。组织施工队伍，投入1.9万余元，对四河小区漫溢下水管道疏通，清理建筑垃圾和乱堆放物20车，并对小区200平方米的缺绿地块绿化施工。投入3万余元，组织大型机械2次对京福铁路沿线周边的环境进行集中清理，清理建筑和生活垃圾18车，210多立方米、约30吨。落实河段长责任制。4月初，街道投入2.32万元，对南淝河、四里河道、沿岸及桥下偷到垃圾开展集中清理，并在河道沿线桥梁周边设置防护拦网和卫生容器，遏制偷到垃圾行为。街道预算投入19万余元，对桥下的居民种菜行为进行铲除，拆除15平方米简易搭建棚1处，联系园林施工队伍对桥下近3000平方米的缺绿地块补植花木300余颗及铺设草坪1000平方米。

四里河畔居民楼林立

【主要荣誉】 2013年度，街道先后荣获机关档案工作目标管理安徽省一级单位、合肥市双拥合格单位、合肥市信访工作先进基层单位、合肥市人口和计划生育目标管理先进街道、合肥市工会系统先进帮扶站、合肥市关工委“五好基层关工委”、卫生先进单位、庐阳区残疾人就业安置先进单位、庐阳区大建设先进集体、庐阳区“青年文明号”、庐阳区招商引资先进奖、庐阳区2013年度安全工作先进单位、区妇联系统先进集体（2011—2013）。

（康　旭）

双岗街道

【概况】 庐阳区双岗街道办事处成立于1958年，现有辖区面积2.67平方公里，人口12万余人。原有11个社区：劳动村社区、小岗社区、大岗社区、五河新村社区、高河埂社区、濉溪新村社区、白水坝社区、深圳花园社区、一里井社区、钢铁新村社区、绿都花园社区。2012年庐阳区街居管理体制改革，钢苑新村社区、可苑新村社区（可苑路以东）、和煦园社区划归双岗街道管辖，同年8月，14个社区重新划分合并成6个社区，即虹桥社区、白水坝社区、高河埂社区、万小店社区、一里井社区、小桥湾社区。

【经济工作】 2013年，街道坚持项目引领，经济转型升级。全年，招商引资计完成内资28.18亿，超额完成全年任务41%；外资7000万元；新引进大项目2个，完成任务200%；新引进重点项目22个，超额完成全年任务175%。完成税收4.5亿元，地方财政收入0.99亿元。实现房产税267万元；个体工商户税收97万元；固定资产投资34亿元。完成限上批零住餐业零售额22.6亿元；限额以上批零住餐业销售额39.3亿元。

【民生工程】 坚持“以民为本、为民服务”核心理念，以群众满意标准，以网格化管理为统揽，大力实施民生工程。2013年，发放失业金4685人次，金额338.27万余元；发放军转干部补助196人次，金额56.45万余元；发放协保金35.17万人次，金额26.28万元；发放《就业失业登记证》3121本，完成就失证实名登记数3121人。为700人发放城乡居民社会养老金58.8万元。为1903户2457人低保家庭发放低保金105.59万余元，月人均补助429.76元。为128名重度贫困残疾人发放救助金12.36万元。为50名重度贫困精神病患者发放服药补贴6万元。辖区15名贫困白内障患者享受免费复明手术。为260人进行SYB培训和技能培训。给14名创业人士发放小额贷款260万元。全年新增非正规就业组织18家，新增孵化成功企业12家，使168人实现再就业；建立6个老少家园，5个日间照料室。

【文化体育】 2013年，街道在辖区举办卡拉OK大赛、《我家园我梦——居民眼里双岗》摄影展等文体活动，为居民放映电影10余场，在深圳花园小区、小桥湾居民区安装健身体育器材。万小店社区城市生活e站正式启动，为居民提供集休闲、娱乐、宣传、教育一体网络平台和活动空间。组建艺术团、庐剧社、京剧社、秧歌腰

2013年1月26日，双岗街道举办双岗地区第三届民俗文化节

鼓队、合唱团、舞蹈队、健身操队等14个群众文体性组织，人员200余人。

【人口综治】 以网格化管理为基础，进一步完善人口、计生、安全生产、综治维稳等信息报送、处置制度。辖区6个社区划分为118个责任网格，每个网格确定7~8人的服务团队，制定《双岗街道社区信息网格化管理工作实施方案》和《双岗街道网格化管理工作督查考核办法》。全年审核申报独生子女家庭1848户，发放独生子女保健费合计592350元；为56人购买“特别扶助”家庭综合保险；审核发放无业居民、非国有企业职工奖励优惠47户，合计金额14.5万元；为8户困难家庭申报了子女成才教育助学金，共计1.15万元。

【主要荣誉】 2013年，街道先后获“全国城市体育先进社区”“全国婚育新风进万家先进街道”“全省基层政务公开先进单位”“安徽省档案工作一级单位”“全省城市人口和计划生育创新工程建设示范街道”“省级社区教育示范街道”“合肥市廉政文化进机关示范点”“合肥市平安街道”“合肥市社区建设先进集体”“合肥市先进街道工会”“合肥市残疾人工作先进单位”“合肥市卫生先进单位等荣誉称号”。

（王　任）

地名掌故

百　花　井

相传唐朝末年，合肥人杨行密为人宽厚仁信，且有智谋，在军事斗争中不断取得胜利，被唐昭宗封为吴王，成为一名唐朝藩王，是合肥历史上第一位王侯。杨行密发迹后，女儿百花公主不愿住在乡下，于是在外征战的父亲便为女儿在合肥城内建造一座府第，院中有一口老井，此井深不见底，井水清澈，冬暖夏凉，且不论旱涝常年保持充足水源。而百花公主每日必以井水为镜，临井化妆。百花公主梳洗打扮用过的水井自然叫百花井。后来，人们称这个地方叫做百花井。

（资料来源：郎早正、郎章正《“吴王”杨行密与合肥有啥关系？》）

亳州路街道

【概况】 合肥市庐阳区亳州路街道成立于2002年3月，下辖水西门、滨南、鲁园、畅园、南河湾、古城6个社居委，辖区面积2.89平方公里。商业网点1139个。2013年社会商品零售总额22.5亿元，比上年增长64%，有国家级商业示范社区1个（原柏景湾社区）；辖区商务楼宇11幢，入驻企业668家，从业人数为8816人，其中世界500强企业26个，中国知名品牌企业21个，房地产企业18个，IT企业20个，律师事务所15个，商务楼宇2013年末税收约3亿元，财政总收入1.02亿元，比上年增长41%，税收总额5.29亿元，辖区有中国工商银行、中国银行、民生银行、汇丰银行、徽商银行等国内外各类金融机构50家，营业网点22个。辖区重点项目华润欢乐颂商业中心于2013年4月正式营业。

全年新增就业人数1783人，完成目标任务100%；下岗失业人员再就业846人，完成目标任务170%；就业困难人员再就业232人，完成目标任务101%；就业实名制完成1523人。完成百帮新增非正规就业劳动组织20个，完成任务数100%；孵化成功企业14家；申报创业实训基地1家；申报发放小额担保贷款19人260万元。企业退休人员社会化管理总数6251人。全年办理96名老同志丧葬抚恤140余万元，按政策为12名遗属办理抚恤金。元旦、春节对所接收管理的5780名企退人员进行慰问，发放慰问品价值30余万元。对其中82名特困人员进行特别慰问，发放慰问金1.39万元。辖区企退人员领取养老金认证率达99.81%。

帮助90名残疾人申请贫困残疾人生活特别救助，救助金额9万元；贫困白内障复明项目筛查60人，成功手术15人；贫困精神残疾人服药补贴47人，金额5.64万元；完成11名0~10岁贫困残疾儿童申请抢救性康复项目，为19名重性精神病人发放救助卡，为25名残疾人申请辅助器具，上报2名残疾人免费装配假肢；申报3名贫困易肇事肇祸精神病人彩金住院项目，推荐三名残疾人参加在畅园社区开展的电子商务免费培训。

全年享受低保1409户次，1987人次，发放低保金83.81万元，人均享受低保金421.9元。慰问低保一类家庭99户，二类低保家庭12户，三类低保家庭8户，民政优抚对象21户，其他困难户204户，发放实物和货币计13.8万元，为低保家庭子女开具贫困生助学卡29份。91人享受城乡医疗救助金24.88万余元；12人享受困难家庭子女入学救助金1.48万元；上报廉租住房270户；建成2个社区“老少活动家园”；办理城镇居民医保7671人；办理城乡居民养老保险1022人；161人参加就业技能培训。

【开展“一线为民”进楼宇活动】 2013年，以“党建带团建”为契机，组建8个非公团支部，其中四有达标团组织7家，四好优秀团组织2家。开展非公企业团建工作培训4次，开展区级、市级“青年文明号”创建申报工作，开展“文明交通劝导”“助力高考学子”“广场便民服务”等志愿活动21次，街道妇联与社会服务中心、工会联合开展就业技能培训2场，2013年，街道人大工委在辖区6个社区分别建立“人大代表工作站”，负责资料收集归档等工作，将辖区21名人大代表均衡编入到六个代表工作站，结合庐阳区正在实施的“一线为民工作法”，把人大代表接待选民、反映问题与驻点干部联系基层、解决问题相结合。

【“六个一”普法】 开展“六个一”普法模式，即有一组月月更新内容的法制宣传栏，有一组固定的法制宣传标牌、有一个法律图书角、有一支法制宣传志愿者队伍、每季度为居民上一堂法制课，每年举办一次法制宣传和法律服务主题活动。5月18日设立“法律宣传月活动”咨询点，邀请专业律师现场解答50多位社区居民提出的各类法律问题，发放法制宣传材料1000余份；7月15日组织普法志愿者对武警医院建设工地、祥源广场建设工地200多名农民工开展法律法规教育；开展矛盾纠纷大清查活动，辖区8个人民调解委员会，调处民事纠纷264件，调处成功率100%，其中有5件制作成卷宗，2件得到区法院的司法确认；与10名帮教对象签订帮教协议书和责任书，帮教安置率达100%。

【“平安街道”建设】 全年，街道回复市长热线912条，排查化解居民内部纠纷182起，成功处置滨南社区冷却塔迁移纠纷、民生银行职工车祸闹丧纠纷、畅园老旧小区违章建筑、畅园社区学区纠纷等重要事件；全面推进平安社区、平安校园、平安企业、平安家庭、平安单位、无邪社区等系列基层平安创建活动；探索责任单位自管和服务外包模式，率先打造安全停车工程示范点，引进专业机构新建4处标准化非机动车停车场，建设2处看管点，实现非机动车停车点电子监控全覆盖；2013年，街道投入3万元购进1万个电子门窗报警器，免费派发给老旧小区住户。

市委副书记凌云（前排左）调研亳州路街道畅园社区居家养老服务中心工作

以街道安全大网格为中心，建立6个社区中网格，60个片区小网格，落实网格责任人和网格管理人员。梳理辖区安全监管企事业单位共1500余家，大部分都涉及消防安全，其中消防重点防火单位40余家、食品安全90余家，交通安全40余家。街道组织辖区单位负责人和员工参加各类形式的安全生产学习培训1000余人次，组织三期安全执法人员和安全监管人员学习培训，参训人员36人次。全年组织日常安全生产检查1400余次，检查单位2800多家，开展13次专项整治工作，共查出大小安全隐患4000余起，现场整改3800余起，限期整改200余起，下发整改通知书120份。规范10家烟花爆竹经营点，责令停业整顿2家液化气灌装点。

【三城同创】 2013年，街道在六个社区设立“三城同创”（即创建全国文明城市、全国未成年人思想道德建设工作先进城市和全国卫生城市）宣传站点，对40处宣传栏进行统一布置与更换，张贴宣传海报，提高辖区居民对“三城同创”工作的知晓率和支持率；4月中旬，由街道城管中心牵头成立由专业的清洁工人、社区工作人员、志愿者及市容执法队员组成的20人“清洁家园、美化社区”小分队，结合前期的摸底状况，利用10天的时间对辖区15个老旧小区内的卫生死角、乱种菜及“牛皮癣”现象进行全面整治。

【创建双拥模范单位】 亳州路街道古城社区，面积0.67平方公里，居住人口约11312人。辖区驻军部队有安徽省武警总队医院、省武警部队招待所。社区建立“双拥”工作站，军地双方共同搭建“双拥”工作平台，做到“一站（工作站）、一室（活动室）、一栏（宣传栏）、一簿（工作登记簿）、一档（资料、图片文档）”，与驻军部队签订军民共建协议，成立拥军优属志愿者队伍。2013年，按政策解决18户优抚对象生活难、治病难问题，发放慰问资金1.2万元，41人次领取优待金13.4万元，发放2户抚恤金21546元，帮助32名复退军人走上新的工作岗位。

坚持通过“互助、常态、共赢”，建立开展共建活动的长效机制，巩固和发展“同呼吸、共命运、心连心”的新型军民关系，在社区形成“军爱民、民拥军”的社会氛围。武警安徽总队医院派出医疗队深入到单位、社区居民家中，进行送医送药，特别是对社区老弱病残的党员，开展定期上门义诊，送医送药。社区与176名退役军人进行沟通联系，及时掌握生活状况和思想动态，化解矛盾、解决困难，并在重大节日时多方筹措资金进行上门慰问59人次1.98万元。

【老旧小区综合整治】 畅园新村位于亳州路322号，小区为原建材一厂宿舍区，始建于20世纪70年代，无人防技防加物防设备，属于典型的老旧小区。2012年畅园新村小区纳入合肥市第一批老旧小区综合环境整治改造计划，并于同年10月正式开工，全部工程至2013年9月完工。整治工作范围包括小区内建设年代早于2000年之前所建的39栋楼，涉及1476户，改造工程包括新装天燃气、翻新改建下水管网、新种补种绿化、楼面屋顶破损修复、沥青路面铺设等项目。

【打造老年日间照料中心】 2013年，畅园社区东起昆仑路，西至肥西路，南临亳州路，北到临泉路，辖区面积0.54平方公里。辖区现有4210户，13149人，其中：老年人口达1819人（空巢老人256人、独居老人70人、其他1493人），90%为原合肥建材一厂的退休工人。

为满足老年人安度晚年的实际需要，实现“六个老有”目标（即“老有所养、老有所医、老有所为、老有所学、老有所教、老有所乐”），根据街道“1139”（即一家康复医院（金谷医院）、一家卫生服务中心（亳州路卫生服务中心）、三支专业服务队伍（志愿者服务队，家政服务队，老年文化活动队）、6条社区服务热线、社区养老建设目标，依托社区居民服务中心，于2011年12月26日建成面积800平方米社区老年日间照料中心，包括阅览室、网络室、舞蹈室和影视厅、手工技能展示室、手工技能实施室、休息室、餐饮室、预防保健室、康复训练室、医疗保健室等功能室。

【主要荣誉】 2013年街道获得“全国敬老文明号”“五好基层关工委”“合肥市城市管理工作先进单位”“合肥市卫生先进单位”等称号。

（陈晓辉）

地名掌故

辛公与杏花村

据说在南宋时期，有一位姓辛的老者随难民来到合肥，孤身一人在城北搭了一间草棚住下，白天打草鞋为营生，晚间则挑灯夜读。老汉终日寡言少语，也极少出门。他打制的草鞋结实耐穿，价钱又便宜，买者络绎不绝。老人心地善良，有时遇有逃难者和饥民路过，就以草鞋相送，非但不收分文，还以茶水饭食相待。时间一久，辛公便成了一位远近知晓的大善人。出于对辛公的敬佩和感激，凡来此的人，都按照老人的嘱托，或捐赠杏苗，或相送杏核，辛公均把这些杏苗、杏核一一栽种于棚舍附近的空地。

寒来暑往，光阴荏苒。一日，朝廷忽遣人来合肥寻找一个名叫辛子豪的人，当时，人们只知有一姓辛的老者，却不曾听说有叫辛子豪的人。差人只得如实禀报州府老爷。州府老爷在心里着磨：会不会姓辛的老者就是辛子豪？第二天，州府老爷轻装微服，亲往辛公舍下，与辛公寒暄。交谈中，辛公见来者并无异常，无意中流露出真实身份。州府老爷听后大喜：“辛老先生，下官今特奉朝廷东台王御史之命，前来恭请大驾赴京。”说罢，随手将王御史亲笔书信递辛公阅看。辛公阅信后，知道身份已暴露，不好再瞒，但又不愿相从，便略加思忖后说：“请大驾先回，待我收拾一下，明早动身不迟。”

次日清早，待到州府老爷前往辛公住处接驾时，辛公早已去无踪影。

辛公这一去就再也没有回合肥，然辛公在其住处悉心栽下的杏苗、播下的杏核种子，却日渐繁茂，终成一片杏林。每年春后，杏花烂漫，姹紫嫣红。由于“辛”与“杏”字近音，人们为纪念这位慈祥善良的老人，便把此处叫做杏花村。此址即在今合肥市杏花公园附近。

【概况】 杏林街道成立于2005年6月，地处合肥市北部，东至板桥河，与新站区接壤；南至临泉路，与双岗街道相连；西至蒙城北路，与海棠街道为邻；北至砀山路、涡阳路，与杏花村街道相接。下设望城、北都、上城和丽都4个社居委。总面积3.39平方公里，人口6万人。

【经济发展】 2013年，街道引进安徽肛泰肛肠医院、安徽旅游产业研究院、香山国际科技发展有限公司等重点项目8个，引进生活性服务业大项目1个（祥源特色美食街区），商务服务业大项目1个（机械工业第六设计研究院安徽分院）。全年完成外资800万美元，内资21亿元，完成限额以上批发额17.2亿元，完成限额以上零售额4.2亿元。全年新增3户限上服务业企业，重点打造凤台路风味美食街区和望城商业示范社区。完成地方财政收入2985万元，完成个人出租房屋税收83.54万元，个体户税收28.31万元。

【社会事业】 2013年，街道积极创建全国和谐示范街道、打造北都精品社区及丽都社区残疾人体育文化进社区工作。完成“智能化便民服务亭”建设任务布点3个。辖区在领失业金165人，共计13.51万余元；新增就业人数1502人；新增下岗失业人员再就业545人；就业困难对象再就业132人；城镇居民医疗保险参保5602人；城镇养老保险参保1767人，职业技能培训137人，创业培训合格30人，非正规就业组织25家，孵化成功企业13家；完成小额贷款150万元，打造合瓦路商业一条街为创业示范点；申报合肥智通汽车销售服务有限公司作为创业实训基地。上报失地农民到龄人员12人，死亡6人；办理失地农民社保补贴174人。享受低保的户数共61户，85人，新增低保户15户，停止18户，共发放低保金257920元，各类补贴73121元。围绕“六个老有”，牢记“五心”要求（“六个老有”是指：老有所养、老有所医、老有所教、老有所学、老有所乐、老有所为。“五心要求”是指：细心、耐心、热心、爱心、孝心），共认证企业退休人员和遗属领取养老保险待遇资格2649人，认证遗属19人，接收退休档案2974份并进行了入库管理。申报481名80周岁以上老人高龄津贴600元/年，共计金额28.86万元；申报2名100周岁以上老人长寿保健费；办理老年优待证110本；配备SOS夕阳通亲情手机71台。申报大病救助5人，发放救助金0.97万元，临时救助11人，发放救助金1.53万元，申请残疾人生活特别救助，救助资金53880元，低保重残人员重残补贴金达到了"应补尽补"，春节期间临时生活救助45人，救助金额1万余元，办理第二代残疾人证497份。申请办理免费乘车卡65张。

【城市建设】 2013年，街道进行大小立面整治5次，蒙城北路已验收达标，评为庐阳区立面整治示范道路。不断加大违法建设的查处力度，依法按照相关程序查处辖区内的违法建设。三城同创，多途径营造浓厚创建氛围，深入开展爱卫创卫工作，清洁家园活动。争创全国文明城市，迎接全国文明城市创建检查。制作"中国梦""讲文明 树新风"公益广告20余处，"遵德守礼"宣传牌150份，在各重要路口、人流量较大的公共场地和农贸市场悬挂宣传横幅50条，张贴宣传海报百余张。在辖区的金龙酒都开展"向舌尖上浪费宣战"启动仪式，合肥晚报、新安晚报、合肥电视台、中安在线网络视频作详细报道。

【计生服务】 全年，街道办理《生殖保健服务证》198本，《独生子女父母光荣证》132本，《流动人口婚育证明》12本，《再生育证》26本，开具流动人口"一单制"25例，全员数据修改4173例。兑现各项惠民政策，发放独保费34.1万余元。上报病残儿鉴定3例，成功3例；发放退休一次性奖励7.1万元，23人次；奖特扶人员合计8人，发放扶助金4.81万余元。

【治安管理】 2013年，街道签订社会管理综合治理目标管理责任书243份、防范和处理邪教责任书187份。治安防范试点工程，指派专人上门入户安装门窗报警器240余个，根据小区实际组建了三支群防群治队伍开展24小时联合巡逻、巡查，全面负责小区安全守护工作。开展"皖剑-2013"打击传销专项行动，取缔传销窝点85户，收缴各类非法传销书籍、通讯录1500余本，清剿、驱散、教育非法传销人员230余人。

【主要荣誉】 获"2012年度省级社区教育示范街道"称号，辖区内四家社区，均统一设置"中国社区"标识及标牌；丽都社区被列入"全国残疾人文化体育进社区试点单位"；整治辖区12条主次道路，30多处三无、老旧小区，清理辖区近2公里铁路沿线和板桥河沿线。动用机械设备5台次、清运垃圾80余车，清理楼道堆放、"牛皮癣"无数。

（阚　丹）

民风民俗——李天馥轶事

公子片刻掷千金

当年李天馥认为他儿子呆板，有钱都不会花。一次他为了测试儿子滞钝情况，于是，给了一方钱（即是用在四方大桌面上堆集一定高度）。这笔钱相当可观，儿子便派人将这方钱换成"金页子"，拿到手上双手向上一撒，顿时就像小燕子上下翻飞，顷刻间飞尽一个不剩，正所谓公子"片刻掷千金"。旧时老人骂子孙不爱惜钱财，挥霍浪费常引用此事作比喻，津津乐道。

（资料来源：《合肥文史资料》）

三孝口街道

【概况】 三孝口街道地处合肥老城区，东临六安路、桐城路，西、南、北三面皆至环城路，辖区面积2.92平方公里，总人口约9.5万人，其中，城镇常住人口8.2万人。街道下设廻龙桥社区，龚湾社区、西平门社区、城隍庙社区、大夫第社区、杏花社区等6个社区。

三孝口街道是2012年3月份庐阳区对老城区街道进行区划调整，由原光明街道、原安庆路街道六安路以西区域和原益民街道桐城路以西区域整合后新成立的街道。街道办事处位于益民街23号。

【经济建设】 2013年，街道实际招商引资内资39.55亿元、外资1100万美元。5亿元以上大项目1个、重点项目6个。固定资产投资57.76亿元，较2012年增加8.1亿，其中，亿元项目比例72%。限额以上零售额80.91亿元。工业投资3.02亿元，工业增加值9121万元，工业总产值完成36367万元。

【商业特色】 三孝口街道特色商业街区优势显现。辖区内有东怡金融广场、CBD中央广场、仁和大厦、金城大厦、润安大厦等几十座商业楼宇和城隍庙、女人街、老报馆、长江饭店等一批商业特色街区。其中，东怡金融广场、老报馆餐饮休闲广场、城隍庙市场在全省乃至全国具有较高的知名度、美誉度，对辖区的经济发展产生较强影响力、辐射力。

【重点项目】 2013年，街道成立重点项目工作组，明确党政主要领导为第一责任人，分管领导为具体责任人，分解任务，落实责任，排定时间进度表，实施“倒逼机制”，确保重点项目按期完成。先后完成地铁二号线金寨路站拆迁和七桂塘改造项目的拆违工作，落实工大北区、汇鑫宾馆等项目的前期储备工作，加强推进东怡金融广场B地块的开工建设。同时，以服务协调为抓手，确保地铁二号线金寨路站、四十五中新校区、七桂塘改造等项目的顺利施工。

【就业和社会保障】 2013年，辖区范围内享受低保政策的总户次和总人次分别为1698户次、2267人次，发放低保金及生活补贴94.69万元；开展廉租房申报受理工作，451户家庭享受实物配租和租赁补贴政策；建立健全再就业政策咨询和回访制度，认真落实再就业政策，发放《就业失业登记证》600余本，切实做好就业困难人员、灵活就业人员认定工作，全年完成新增就业人数3929人，完成年计划的96%，完成下

在全市率先开展以“服务型”为重点的“学习型、服务型、创新型”党组织创建活动

岗失业人员再就业年计划215%，完成就业困难人员再就业年计划的280%。

【党建工作】 2013年，街道以“党员活动日”为新的平台，组建7支党员志愿服务队，174名党员定期开展形式多样的志愿服务。以市、区“双千计划”为抓手，扎实推进非公党建全覆盖，全年共新成立非公有制经济和社会组织党组织18家。开展“大工委制”和“大党委制”试点工作，省财政厅等27家驻地单位党组织负责人担任了街道“大工委”和社区“大党委”兼职委员，通过建立制度、明确职责，拓展载体，积极探索区域化党建工作新模式。

【综治维稳】 2013年，街道建立每周“律师会诊日”制度。通过律师在街道社区矛盾调解室坐班的方式，以专业人员、专业手段调处化解社区内各类矛盾纠纷，全年累计接待社区群众150余人次，解答法律咨询60余人次，调解居民纠纷65起，开展法律援助2例，有效维护了辖区群众的合法权益。举办各类普法培训、法制讲座8场次，受教育人数1500余人次。全面推行重大维稳问题领导包案制度及重大情况通报制度，针对各类矛盾隐患特点，有的放矢的制定应急和处置方案，成效明显。

【文明创建】 2013年，街道以“三城同创”为契机，不断提升城市管理工作水平。在创建全国文明城市和省级卫生先进城市中，采取地毯式排查问题、责任制整改销号、班子成员包片社区等方式，确保了我街的36个样本点检查过关。建立城管徒步巡查与“三单制”执法的工作机制，及时处理日常工作中和市、区督察中出现的问题。完成了杏花南区等2个老旧小区改造、绿化大会战、“三线三边整治”等重点工作，坚持做到高起点、高标准、高质量推进，区域环境得到明显改善。加大对违法建设的查处力度，全年拆除违法建设300余处、6000余平方米。

【社区建设】 2013年，街道将龚湾社区用房由400余平方米扩大到1200余平方米，将大夫第社区用房由300余平方米扩大到780余平方米。坚持“淡化行政办公、强化服务活动”的理念，投入近130万元对两个社区用房进行装修改造，在满足城市生活e站功能需求的前提下，新增了老年书画室、消防体验室、青少年科普活动室等场所。出台《社区服务大厅管理制度》《为民服务全程代理制度》《办事大厅窗口服务承诺》等规章制度，进一步优化办事流程，完善服务规范，提升社区公共服务质量和效率。三孝口街道和杏花社区分别被省民政厅公示为全国

三孝口社区食堂

和谐示范街道、社区候选单位。

【地铁二号线金寨路站拆迁和七桂塘改造项目拆违】 2013年街道完成地铁二号线金寨路站拆迁和七桂塘改造项目的拆违工作：用40天时间完成七桂塘改造拆违217处，4100余平方米；在不到两个月时间里，完成地铁二号线金寨路拆迁任务，拆除14700余平方米，保证施工单位按期进场。

【主要荣誉】 2013年，三孝口街道先后获中共合肥市委、市政府颁发的“2012年度人口和计划生育管理先进街道”、合肥市人民政府办公厅颁发“第二批合肥市安全生产监管示范单位”、合肥市精神文明建设指导委员会颁发“合肥市星级社区志愿服务广场”荣誉。

（王经纬）

民间传说——李鸿章轶事

李鸿章与打“乡谈”

传说李鸿章在掌权时期，凡是合肥来人谋事，总是亲自接见，量才任用，作为亲信。对一些目不识丁的老乡，也设法安插在亲军小队，担任护卫。以致一些无路可走的人，就冒充合肥老乡，纷纷来找李鸿章混碗饭吃。李鸿章在多次受骗之后，便指示承启官要事先问清来人是否会打“乡谈”，然后才准引见。

一次，有合肥来人求见。承启官当即问他是否会打“乡谈”？不料来人不懂“乡谈”是何用意，加上千里而来，十分困乏，便气呼呼地回道：“小搗姐姐，好大架子，不让见就‘歇作’，还要打哄个‘乡谈’”！

这位承启官是天津人，听不懂合肥方言，以为是在骂他。但因弄不清来人与中堂大人是何关系，不敢随便发作，只得据实禀报。

李鸿章听后哈哈大笑说：“道地老乡来了，一口‘乡谈’，请他进来。”见面略问数语，就补进亲军小队。当时，李鸿章的亲军小队是清一色的合肥人，讲起话来“弄妈”“搗姐姐”不绝于口。于是，在江苏、北京、天津一带还流传一道民谣：“弄妈的，搗姐姐，都是李鸿章的亲军小队子。”

（资料来源：牛耘《趣话合肥方言》《国风》 2006年12月）

【概况】 海棠街道因驻地临近大型居民生活小区海棠花园得名。街道的前身是藕塘大队（村民委员会）。2005年6月，区委、区政府为促进城乡一体化发展，加快北部地区城市化进程而成立海棠街道。街道辖藕塘、清华、荷塘、平楼4个社区居民委员会。2013年末街道总面积2.21平方公里，常驻人口5.9万人。辖区内有都市清华、荷塘月色、庐阳馨苑、华润橡树湾等住宅小区30余处，各类商业经营网点500余家，农贸市场2处（领域菜市场、金谷园菜市场）。

【经济发展】 2013年，完成全社会固定资产投资33.2亿元，工业总产值6.05亿元；完成限额以上销售额69.65亿元，限额以上零售额0.996亿元；实现地方财政收入1.21亿元；引进、上报招商引资项目40个，省外资金32.48亿元，境外资金800万美元，其中瑞地国际大酒店单个项目投资5.8亿元；完成私房税代征370.5万元。辖区有市级商业示范社区1个，区级商业示范社区2个。

【重点项目】 2013年，街道按计划推进华润橡树湾、金宏豪庭、徽商集团物资三库B、D地块三个在建项目；平楼城中村拆迁改造项目（徽商地块）签订收储合同；临泉路徽商宿舍地块签报前期工作基本完成；长沟埂项目完成本测算和区审工作；藕塘社居委及杏花街道地块（海棠商业中心）完成规划红线和规划预条件；熊小郢城中村改造项目完成丈量摸底工作；8月份藕塘工业园1号生产综合楼开工。

【特色街区】 以创建市级商业示范社区为契机，打造芙蓉苑美食特色街区，目前芙蓉苑小区餐饮美食已初具规模，近20家餐饮美食店入驻，主要以农家土菜为主，下一步实施整体环境绿化改造，做好沿街亮化、美化；初步完成华孚市场提档升级，对广场及周边乱象专项整治和立面改造，指导华孚进一步调整经营业态，初步形成九大专区的市场格局；谋划华润橡树湾“九余三”（忙九闲三，代表的是一种生活理念）特色商业街，引导该区域商业发展优质化、高端化、品牌化。

【文化体育】 街道设有文化站1处，社区文化活动室6处,各类图书室6个,藏书1万余册,舞蹈、声乐、健身、器乐及书画等业余创作团队6个;学校体育场4个,看台设座椅2000张,所有小区均安装有健身器材。成立荷塘体育俱乐部,经常参加体育活动的人员占常住人口的20%。举办藕塘社区第四届留守儿童运动会、“金婚老人集体婚礼”、中秋月“语”志愿者之夜等活动,被新华社、新浪网、华盛顿邮报、安徽日报等国内外知名媒体报道,产生很大社会影响力。

海棠街道清华社区首创“一线为民直通车”

【社会事业】 全年街道承担民生工程18项,投入资金80万元。城镇最低生活保障累计户数315户,人数483人,低保支出19.27万元,月人均398.88元;医疗救助29人次,民政部门资助参加居民医疗20人次,共支出1050元;社区服务设施7个,其中社区服务中心1个,社区服务站6个,有慈善超市1个,全年接受社会捐款捐物约1万元,使50人(次)困难群众受益;参加城镇居民养老保险1153人,参保率98%;完成创业培训30人,建立创业实训基地1个,转移农业劳动力54人,认定非正规就业组织29个,完成就业技能培训120人,小额担保贷款申报233余万元。

【市容管理】 先后出台《城市管理目标考核奖罚及责任追究办法》等文件,强化城市管理工作奖惩措施,严格督查考核,落实长效管理;在全街道范围内推行包路领导、城管网格责任人、社区创建责任人三级监管制度,全面落实城市管理徒步巡查制度。针对重点区域、路段集中开展专项整治活动,全年取缔拆除违章广告、标牌、LED电子屏151处,取缔占道灯箱、标牌31个,清理“牛皮癣”乱张贴920处,处理各类违章1231起,立案查处318起,拍照查处违章停放机动车1653辆,散发创建宣传品1000余份。

【综合治理】 构建由街面防控、小区防控、重点部位防控、综治信息平台组成的“四位一体”综合治理防控体系。由街道应急小分队与辖区民警组成街道巡逻队,社区志愿者和物业保安人员组成社区巡逻队,加强街面防控;由街道群众工作中心安排专人不定期对各小区物业保安人员值班在岗情况进行督查,为老旧小区安装视频监控设备,强化小区防控;在华孚城隍庙、超市、校园周边等重点部位安放温馨提示牌,并不定期安排人员蹲点,进行重点布控;以“数字庐阳”信息系统为抓手,完善基础信息,实现对重点人群、流动人群等群体的动态管理。街道综治工作创新举措被省政法委《治安瞭望》杂志报道,华孚城隍庙广场、新安驾校停车场获得区“安全停车工程示范点”等称号。开展打击非法传销专项行动8次,清理传销窝点79处、驱散传销人员420余人,查缴各类传销资料318本(台)。打传工作始终保持高压态势,荷塘社区获得全市第一批“无传销社区”称号。

【安全生产】 开展安全生产百日大检查等专项活动。排查检查单位1017家次,查处各类隐患251处,现场整改91处,下达责令改正指令书55份,限期整改160处,隐患整改率83%;查处烟花炮竹非法储存点和私家车库非法存储危险化学品窝点各一处，及时消除安全隐患；安全生产双推工作有序推进，投入 25 万元用于安全隐患排查、整改等；出台政策对年底前安全生产标准化验收达标的企业，按级别分别以奖代补，超额完成区级规下企业创建任务。

一线连民心新春汇演

【党建工作】 在全区率先开展“一线为民直通车”活动，变“坐访”为“走访”，在“走访”中“服务”，既创新“一线为民工作法”活动形式，又进一步丰富“一线为民工作法”内涵，共接待群众来访 580 人次，直接解决群众反映的各类问题 156 件，有效解决老百姓急难愁问题，群众满意率 95% 以上。按照“党建带群团，党建带市场”的总体思路，以“服务市场抓党建，抓好党建提效益”为主题，集党建、文明创建、工会、妇联、计生、安全等工作于一体，并组织开展党员先进经营户评比、“激情一夏——党员群众趣味运动会”等一系列党建主题活动。华孚城隍庙市场楼宇建成两新组织党建示范点。召开海棠街道“大工委制”第一次会议，研究商讨街道“大工委制”联席会议制度、工作例会制度、共建服务等问题；举办海棠街道“大工委制”资源共享签约仪式，共同开展“五联五建”活动，街道“大工委制”机制已建立，作用逐步呈现。坚持“党建带群团”的工作思路，完成 405 家非公企业工会组建任务和 5 家非公企业团组织建设；慰问各类困难群体 130 余户，送去救助金 8.3 万元。

【北方置业园概况】 藕塘社区北方置业园区地处阜阳北路与天水路交口，始建于 2003 年，总建筑面积 54788.9 平方米，其中厂房 49757.9 平方米。现入驻企业有 31 家，涉及行业有机械加工、制造、印刷包装、塑料制品、化工研发、商务等；从业人数约 600 人。园区年收租金 520 万元，入驻企业及园区年上缴国家税收约 1100 万元。2013 年藕塘社区根据园区实际情况，投入 4800 万元建设一栋 22000 平方米的 15 层标准化生产综合楼，强化园区整体形象，引进高、新产业入驻园区，提升园区工业水平向精细化和高附加值方向发展。

【主要荣誉】 2013 年，街道荣获全省计划生育依法行政示范单位、“第二批合肥市安全生产监管示范单位”“2012 年度合肥市卫生先进单位”“2012 年度合肥市城市管理工作先进街道”“2012 年度合肥市无新增违法建设街道”，街道工会荣获“2012 年度全市先进乡镇（街道、社区管理委员会）工会”、老年大学荣获“第三批省级老年学校师范校”、清华社区荣获“合肥市星级社区志愿服务广场”、荷塘社区荣获“合肥市创建无传销社区示范点”。

（张子兴）

逍遥津街道

【概况】 逍遥津街道因区划调整于2012年3月，在原整建制基础上，新增三牌楼、县桥街道和益民街道部分社区。省委、省政府、省政协等省直单位坐落于此，是全省政治、经济和文化中心。

辖区面积2.92平方公里，辖红旗、四牌楼、九狮桥、义仓、县桥、拱辰6个社区，总户数29759户、总人口13万余人，网格123个，驻地单位2573家。

辖区历史文化底蕴厚重，有三国古战场逍遥津、晚清重臣李鸿章故居、古朴精美的高家祠堂；宗教场所汇集，明教寺、基督教堂、清真寺分布其中；交通便利，“安徽第一路”长江中路等主干道穿城而过；商业高度繁荣，有中国著名商街淮河路步行街、寿春路婚庆街等特色时尚街，聚集着合肥百大、苏宁电器、百盛、银泰等一批大型商业零售企业；合肥市人才市场，合肥六中、合肥四十二中、南门小学、宿州路幼儿园等中小学校及省立医院等教育、医疗公共服务机构齐全。

2013年，街道实现财政收入4.5781万元，招商引资总量完成40.85亿元，固定资产投资完成83.2万元，完成限上批零住餐业销售额（营业额）378亿元，完成限上批零住餐业零售额164亿元。淮河路步行街摘得“中国著名商业街”。先后完成淮河路336号大院D级危险房屋拆除、花园宾馆一期项目、轨道交通2号线房屋征收等项目。

【发展特色行业】 *寿春路婚庆特色街* 成立寿春路婚庆联盟，会员达46家，制定《婚庆联盟章程》《婚庆联盟公约》。从婚庆公司、婚纱影楼、喜糖铺子到婚庆礼仪企划、婚庆化妆等一应俱全，经营面积6000余平方米、直接从业人员1000余人。

桐城路亲子文化街 聚集亲子商家26家，涉及早教、亲子摄影、母婴护理、儿童商城、亲子书城、儿童餐饮等行业。围绕打造“亲子文化街”，引导商家诚信经营，开展“公开承诺”活动；以“亲子”为主题，开展社会公益活动，为居民发放亲子书籍、向困难家庭赠送亲子照和服装。

【城市管理】 按照“还路于民”的原则，重点整治环城东路、含山路、宿州路、创新街（九狮桥街）、逍遥津路等五条路段流动摊点，通过梳堵结合、实现规范管理。推行城市管理网格化，每个社区网格分别安排一名城管队员，具体负责接收市、区、街有关信息，做到及时处理。对辖区41条重点路段实行“路段长”责任制，落实绩效考核、追究责任。

【社区服务】 全年新增城镇就业5963人、下岗失业人员再就业1521人、就业困难人员再就业616人，全面消除零就业家庭。办理医保数14644人、办理居民养老保险1347人。累计保障低保户1548户2112人，共发放低保金96万元。发放优待金75人共计63.58万元。资助5名白内障患者完成手术，帮助7名残疾儿童进行康复治疗。组建义仓社区腰鼓队、红旗社区“天籁女子”老年合唱团、县桥社区健身操队等团队，定期开展“趣味运动会”“社区邻里节”等群众性文化活动。

【综合治理】 街道成立维稳小组进行社会风险评估，落实“居警共创”制度，组织102名“4050”治安巡逻员24小时治安巡逻。全年共受理信访案件200余件，确保及时解决。共排查矛盾纠纷336起，其中较大调解纠纷19起。推行“六清六到位”工作法，针对29名矫正人员制定29套矫正方案，送服务上门。开展“百日安全大检查”专项行动，共检查驻地单位1456家，排查隐患46处，当场整改35处，限期完成整改11处。

千年古刹明教寺

【党建工作】 2013年，街道开展“亮身份、展风采”活动，党员佩戴党徽上岗、亮出党员身份、设立“党员示范岗”“党员责任区”。争创党建示范点“3·20”工程，在20幢楼宇推广“六六”楼宇工作法。开展“一线为民工作法”，区街干部驻点社区、楼宇为群众解难题197个。

全省首创“家庭组团”志愿服务 成立街道党员志愿者分中心、社区志愿者服务站。明确转入社区大学生、退伍士兵和预备党员必须参加志愿服务，作为转正考察重要依据。先后成立8支党员志愿者服务队，志愿者113名，其中街道机关“情暖夕阳”党员志愿者服务队，全省首创“家庭组团”服务，倡导党员带着家人、朋友、同事组团服务社区孤寡老人。

率先探索“大党委” 街道党工委聘请驻地单位省委办公厅、省政府办公厅、省政协办公厅、省委组织部、银泰中心等单位党组织负责人担任兼职委员。各社区通过公开征求意见和党员、群众代表推选、公示、选举等程序，从驻地单位、居民党员中选出了3~5名兼职党委委员。

结对共建 创全省先河 2008年12月28日，逍遥津街道党工委与省委组织部机关党委开展结对共建活动，被誉为开创全省省直机关党组织与基层党组织结对共建活动先河。近年来，不断总结运用结对共建经验，扩大结对共建工作面。街道社区分别与32个驻地机关、企事业单位、驻肥高校开展结对共建活动，将共建范围拓展到周边市县，与安庆市岳西县来榜镇党委、黄山市岩石村党支部共建，形成上下、城乡、政企、高校等全方位、多层面的结对共建新体系。

巩固党建全覆盖　采取“单建”“联建”、“派建”等方式，集中开展组建活动，不断延伸党建工作触角。对符合组建条件的企业，采取“单建”方式组建；对不符合组建条件的企业，采取“联建”方式，将行业相近、地域相邻的企业联合起来组建党组织；对部分没有党员或党员人数不够、但具有一定规模的企业，采取“派建”的方式，由街道、社区派驻 1~3 名党员进驻企业，开展党的工作，帮助组建群团组织、发展党员。截至 2013 年底，共组建党组织 51 家，其中“单建”27 家、“联建”8 家、“派建”16 家，成立工会组织 39 家、团组织 20 家、妇联组织 18 家。

【主要荣誉】 2013 年，被省人口计生委授予“全省人口和计划生育依法行政示范街道”、市人民政府办公厅授予“全市安全生产监管示范单位”、市社会管理综合治理委员会授予“全市社会管理综合治理先进集体”、市人口计生委授予“全市城市生活 e 站示范点”等称号。

自 2012 年以来，先后获“全国文化先进社区”“全国城市体育先进社区”“全省社区党建工作示范社区”“全省先进基层党组织”“全省和谐社区建设示范街道”“全省人口和计划生育依法行政示范街道”“全市安全生产监管示范单位”“全市社会管理综合治理先进集体”。2008 年 1 月 13 日，原中共中央总书记、国家主席胡锦涛亲临义仓社区视察。

（漆　武）

淮河路商业步行街

地名掌故

四牌楼的变迁

四牌楼是合肥老城的中心，亦名魁楼，又叫魁星楼，位于长江路与宿州路交叉口。宋代始建，为二层木楼，上奉魁星（又称文昌帝君）。后历遭兵燹，破败不堪。清乾隆二十四年（1759年），知府王宬重建，并竖新建魁楼碑记。嘉庆八年（1803年），知府左辅重修。嘉庆《合肥县志》载："四牌楼，在镇淮楼南，先圮。乾隆二十四年，知府王宬重建。""嘉庆八年，知府左辅重修。"民国17年（1928年）重建，改作马、王二公祠，以纪念坚守合肥两月有余、拒直鲁联军张宗昌10万之敌于城外的马祥斌、王金韬二将军。

20世纪初，四牌楼为砖木结构三层楼，底层东西南北各有一门，可通马拉车。民国16年（1927年）毁于火，有"范家小朝奉秉烛夜读蜡油燃火"和"范家炸油条碰翻油灯"两说。翌年，合肥各界人士捐资万元，重建四层之楼，均为钢筋混凝土结构，底层四门可通卡车，二楼设有马、王二公牌位。民国20年（1931年），"九一八"事变后，楼外曾竖"抗日救国"匾额。民国27年（1938年）5月，日本侵略军攻占合肥城后，用炸药将四牌楼炸平。

四牌楼东西两侧原先叫小东门街、四牌楼街、前大街、西门大街，街宽不过5～7米，最窄处汽车不能错过，对面街上搭上根长竹竿则可晾晒衣服。从东往西，街市上竖着董氏等孝女节妇牌坊、孝义牌坊、龚大司马的皇恩浩荡牌坊等几十座牌坊。抗战胜利后，自小东门至大西门2500千米长街定名为中山路。合肥解放后裁弯取直拓宽，1955年更名长江路。由于四牌楼西边二三百米的范巷口，从1958年起两三年内建成合肥市百货大楼、新华书店、供电大楼、省轻工大楼，长江路、徽州路在此交汇，四楼四角相掎，又因长江路宿州路口之四牌楼不复存在，故范巷口就被误称为四牌楼，说明四牌楼作为合肥一象征性故地名已长久留在人们记忆中——牌楼不存，"四牌楼"长在。

大事记

□ 2006 年
□ 2007 年
□ 2008 年
□ 2009 年
□ 2010 年
□ 2011 年
□ 2012 年
□ 2013 年

2006 年

1 月

23 日　省公安厅厅长崔亚东一行到杏花派出所慰问。

2 月

9—12 日　庐阳区第一届人民代表大会第四次会议召开。

22 日　省公安厅来庐阳分局检查队伍正规化建设。

是月　庐阳产业园被省政府正式批准为省级开发区，并更名为合肥庐阳工业园区，同时被省发改委列为全省循环经济试点建设园区。

2 月至 4 月　全区新造市级生态水源涵养林 667 亩。

3 月

1 日　区委书记章义率区招商局、商务局、规划局、大杨镇，杏林、杏花村街道办事处、工业园等单位一行 13 人赴珠三角、闽东南发达地区拜访名企，并在广州举办招商推介会。

3 日　表彰首届“庐阳十大女杰”和第一、二名提名奖。

8 日　伊朗商务投资考察团来区考察。

21 日　公安部执法服务队驻杏花派出所。

26 日　中共中央政治局委员、书记处书记、中宣部部长刘云山在省委书记郭金龙，省长王金山，省委常委、宣传部部长臧世凯等陪同下，来到工业园区入园企业安徽出版集团下属安徽新华印务股份有限公司、安徽出版传媒产业园视察。

是月　区妇联获全省妇女普法先进集体称号。

4 月

9 日　中央电视台《新闻联播》栏目对区市容局局长许才义进行专访，以市容“问责”为重点，对庐阳区效能建设工作进行专题报道。

17 日　中国老龄科研中心助理研究员翟德华、合肥市老年委事业处副处长刘庆武等一行来到安庆路街道杏花社区进行调研。

19 日　取缔安庆路中段的非法“保姆一条街”。

20 日　合肥警备区司令员孙家玉来区三十岗乡检查武装工作。

21 日　合肥市庐阳区国家税务局已故干部张雷被安徽省人民政府追授为安徽省“五一”劳动奖章获得者，被安徽省总工会追授为“安徽省优秀职工”荣誉称号。

23 日　庐阳分局首次以民警汤顺俊、牛忠永“冠名”警务区。

24 日　上海安徽宝钢建成开业；明发商业广场落户大杨镇。

25 日　庐阳区工会被省总工会、省安全生产监督管理局评选为“安康杯”优秀组织单位；全总保障部及省、市总保障部领导视察区职工维权帮扶站。

26 日　庐阳区首届青年文化艺术节举办，至 6 月止，历时一个半月。

27 日　庐阳区开展古树名木现状调查，调查结果全区有古树名木共计 27 株。

28 日　庐阳工业园区开始第四期征地拆迁，拆迁群众回迁在“荣城花园”小区。

29 日　区人民法院被安徽省人民政府授予第七届省级文明单位。

30 日　安庆路街道获 2005 年度全省预防青少年违法犯罪工作先进集体。

是月　安庆路街道和安庆路派出所在全国率先推行“街所共建、居警共创”新机制。

5 月

14 日　参加全省“三基”工作会议的全省各地市公安局长莅临亳州路、安庆路派出所视察指导。

是日　全省公安系统的现场会分四批来到安庆路街道杏花社居委，对安庆路街道、安庆路派出所联合开展的街所共建、居警共创活动进行现场调研。

16 日　合肥市健身气功工作经验交流会在安庆路街道召开，省、市、区有关领导参加会议。

20 日　安庆路街道党工委书记宣丽玲被合肥市公安局庐阳分局聘请为“名誉教导员”。此举在全国尚属首例。

20—28 日　庐阳区举办第三届三十岗乡西瓜节。

26 日　合肥市“十一五”大建设拆迁安置小区“荣城花园”开工奠基仪式隆重举行。市委副书记、市长吴存荣，市委常委、纪委书记、副市长安列及庐阳区各大班子领导参加开工奠基仪式。小区位于刘冲水库旁，规划设计 63 栋恢复楼，建筑面积 30.73 万平方米，商用面积 24779.84 平方米，配套六安路小学“荣城花园”分校，建筑面积 10300 平方米。小区合计总建筑面积 34.238 万平方米。小区建成后将安置 1744 户，5620 人。

27 日　中国发展研究基金会秘书长卢迈一行来逍遥津街道调研贫困家庭问题。

28 日　大杨青年中心荣获全国优秀青年中心。

29 日　庐阳区开始实施新农村建设，对三十岗乡柴冲、陈龙、大杨镇岗西等 9 个示范村进行村庄整治，道路修建，发展农村经济。

是日　安庆路街道志愿者服务站荣获“安徽省志愿者服务先进集体”。

30 日　区人民法院档案室晋升为省特级。

6 月

1 日　安庆路街道成立安徽省首家“邻里守望协会”。

2 日　区政府召开收支分类改革动员会，决定从 7 月 1 日起，新老收支分类科目并轨运行，2007 年 1 月 1 日起，正式实行新的政府收支分类科目。

是日　合肥市纪委书记黄同文率领有关人员到海棠街道办事处颍上路视察大拆违情况。

5 日　海棠派出所与杏花派出所办理交接完毕，正式展开海棠辖区的各项公安基础业务工作。

6 日　《人民公安报》安徽记者站、《安徽警方》编辑部领导来安庆路派出所采访调研。

是日　区委书记章义、区长王贤泰接待大连万达集团董事长王健林一行。

9 日　国家税务总局局长谢旭人在省国税局胡道新局长、市国税局汪宝平局长陪同下到合肥市庐阳区国家税务局检查指导工作。

26—28 日　中共庐阳区第二次代表大会胜利召开。

27 日　经合肥市机构编制委员会批准，庐阳区成立统计普查中心，为区统计局下属全额拨款事业单位，新增专业项事业编制 7 名。

是日　庐阳区禁止在二环以内办养殖场，二环以内的养殖场全部被取缔。

28 日　逍遥津街道党工委被中共安徽省委授予“全省先进基层党组织”称号。

29 日　区政府非税收入征管改革被确定为首批改革试点单位，从 2007 年 7 月 1 日起正式实行新的政府非税收入征管。

是日　大杨镇水库村发生龙卷风，造成房屋破损 10 间，无人员伤亡，镇及区民政发放救济款 3000 元。

30日　大杨产业园被市发展计划委员会确认为合肥市第一批乡镇工业聚集区（包装印刷、电线电缆）。

7　月

7日　省地方志办公室领导班子在市志办主任葛政的陪同下对区地方志工作进行调研。

14日　区农村改水改厕工作领导小组召开第一次会议，启动农村地区改厕工作。

22日　安徽省计生委主任陪同全国计生有关负责人到海棠街道办事处“计生示范点”——清华社区参观。

25日　辖区发生一系列持刀片伤人案。

27日　合肥市人大常委会主任黄同文等视察安庆路派出所和安庆路街道的杏花社区服务站。

是月　安庆路街道被市委市政府评为查处违法建设“先进单位”。

8　月

5日　举办柏景湾社区第二届家庭运动会，省体育局群体处卢节生副处长、市体育局汪杰局长、市体育局群体处高山处长和区委区政府区文体局的领导参加开幕式。

11日　市委常委、政法委书记张晓麟到亳州路街道调研流动人口和出租房屋管理工作。

16日　共青团合肥市市委书记杨恒新、副书记胡宏月调研亳州路街道基层团建工作。

19日　公安部科技强警示范城市宣讲团莅临亳州路派出所视察。

9　月

22日　市政协副主席王世清率市政协社会法制委员会的委员们来区三十岗乡，调研妇女儿童权益保障和农村妇女工作。市委常委、区委书记章义、区委常委刘观宝陪同调研。

23日　庐阳公安分局巡警大队组建。

是月　中央政法委一行3人及市领导张晓麟来街道检查社区矫正工作。

24日　吉林省保障部及省、市总保障部领导视察区职工维权帮扶站。

25日　区卫生局与安徽省立医院达成协议，将庐阳区人民医院整体移交给安徽省立医院运营管理和使用，新成立的医院名称为“安徽省立医院庐阳分院”，双方确定合作期限为15年。

26日　逍遥津街道办事处被中央文明办、国家体育总局授予“全国城市体育先进社区”称号。

30日　三季度，庐阳分局圆满完成旅馆业治安管理信息系统软件安装任务。

10　月

19—20日　区委组织部、区委党校举办合肥市第二十九期流动团校暨庐阳区第二期（社区）共青团干部培训班，首次面向社区团干部开展培训。

20日　庐阳工业园区通过ISO9001质量管理体系和ISO14001环境管理体系审核，成为全市省级开发区中率先通过质量/环境管理体系双项认证的工业园区。

21日　区组团参加第六届中国合肥高新技术项目—资本对接会。

23日　中国青年报社副总编辑张坤、驻安徽记者站和发行站站长黄勇等一行在团市委副书记胡宏同等人陪同下，到亳州路街道调研社区共青团工作。

24日　姚燕良等12位优秀民营企业家当选首届合肥市“优秀社会主义建设者”。姚燕良等19位会员企业家当选合肥市新一届工商联执委，姚燕良会长被市工商联增补为副会长、庐阳区第二届精神文明“十佳人物”。

26日　大杨镇被列为合肥市十个新农村建设示范镇之一。

29日　安庆路街道荣获全国“体育先进社区”称号。

11　月

3日　团省委权益部部长王琦、学校部副部长李国阳一行来庐阳区召开合肥市大学生志愿服务安徽基层计划座谈会，并对社区共青团工作进行调研。

是月　参加“2006中国·合肥苗木花卉交易大会”，荣获“综合特等金奖”和“苗木质量奖”。

12　月

11—12日　省卫生厅、民政厅组织专家组对区创建省级社区卫生服务示范区进行复核评估。

16—18日　区长王贤泰率招商局、杏花街道、区政府办公室相关负责赴深圳、东莞考察引资企业和园区建设情况。

20日　经安徽省新闻出版局批准，全省首家出版物印刷产业基地在庐阳工业园揭牌。

是月　合肥市公安局庐阳分局获得合肥市委、市政府授予的合肥市查处违法建设先进集体称号，分局副局长李维被评为先进个人。

是月　合肥市公安局庐阳分局第三次荣获“安徽省优秀公安局”称号。

是月　国家司法部、民政部对大杨村在“四五”普法中开展“民主法制示范村”创建活动给予表彰。

是月　安庆路街道被合肥市授予“平安街道”荣誉称号。

是月　三牌楼派出所获“全国老年维权示范岗”荣誉称号。

是月　团中央授予庐阳区永红路小学教工团支部“全国五四红旗团支部标兵”称号。

是月　实施“金保工程”建设，在全区开展劳动保障信息工程登门入库采集工作。采集城镇人口劳动保障信息11.2万户，涉及34.9万人。

是月　区审计局出台《庐阳区政府性投资建设项目审计监督暂行办法》(庐政〔2006〕19号)；区审计局获全市审计系统先进集体，获全省党风廉政建设先进单位。

是月　区在逍遥津街道和杏林街道进行针对80岁以上空巢老人的“守望工程”试点，取得很好的成效。年底，区民政工作荣获最高荣誉——全国民政工作先进区。2007年在全区推行。

是月　随着商务局系统合肥百货供应站改制工作完成，庐阳区企业改革改制工作全面完成，83家企业(不含二级企业)退出国有(集体)序列，近2万名职工与原企业解除劳动关系。

是月　庐阳区政府召开区第二届人民代表大会。

全年　庐阳区完成地区生产总值140亿元，比上年增长20%；实现财政收入6.57亿元，增长23%，其中地方财政收入4.11亿元，增长21.6%；全社会固定资产投资106.03亿元，增长80.2%；城镇居民人均可支配收入、农民人均纯收入分别达12035元、6053元，均增长12%以上。

2007年

1　月

1日　省委常委、省政法委书记、省公安厅党委书记、厅长徐立全等领导到亳州路派出所视察工作。

10日　大杨镇召开第十三届人民代表大会第一次会议，提出大力实施“城市化、经济强镇、城乡统筹和谐发展”三大战略。

21—25日　政协合肥市庐阳区第二届委员会第一次会议于在庐阳区政务中心大礼堂召

开,选举任传英为区政协二届委员会主席、王家满、彭守海、周健、祁强、宣丽玲、唐亮为副主席。

是月 安庆路街道城隍庙社区党建网站(http://www.chmdj.cn)正式开通,在全市首开先河。

2 月

8日 区改水改厕领导小组召开第二次会议,总结和部署改水改厕工作。

25日 益民街道回龙桥社居委获全国妇联、司法部、全国普法办联合命名的“全国妇女法制宣传教育示范点”。

是月 全区新造市级生态水源涵养林,至4月计946.8亩。

是月 安庆路街道杏花社区卫生服务站被省卫生厅、民政厅授予“安徽省社区卫生服务示范站”荣誉称号。

3 月

2日 安徽省信息产业厅厅长贺凌、副厅长汤达祥,省委组织部部务委员张从军等一行视察杏林街道党员干部远程教育“电视上网”工程终端站点工作。

14日 中央电视台《新闻联播》报道亳州路派出所社区警务工作。

22日 合肥市公安局庐阳分局首次被公安部评为全国县级公安机关执法示范单位

23日 《合肥市志·庐阳区篇》在区三十岗乡三国遗址公园举行评审会。

24日 召开区农村改厕工作交流会,对2006年先进单位和个人进行表彰,布置2007年工作任务,发放补贴资金,并组织各成员单位向改厕农户赠送价值1万余元的改厕配套物品。

25日 迴龙桥社区获全国妇联法制宣传教育示范点。

28日 省人事厅、省档案局皖人发[2007]21号文件《关于表彰全省档案系统先进集体和先进工作者的决定》,表彰区档案局为“十五”期间全省档案系统先进集体。

30日 亳州路地区科学技术协会成立。

4 月

6日 武警安徽省总队五支队团支部50余名团员青年,来庐阳区学习考察基层团建工作。

13日 合肥市公安局庐阳分局法制科获“全省优秀公安基层单位”称号。

18—20日 区长周善武率队赴上海拜访、考察企业。

20日 中央“六部委”自行车专项整治督察组一行莅临双岗派出所辖区视查。

27日 庐阳区国家税务局陈正清被安徽省人民政府授予“安徽省先进工作者”荣誉称号。

29日 合肥市“1346”重点工程,大杨明发商业广场举行开工建设典礼。省委常委、市委书记孙金龙在市领导董兆礼陪同下参加开工建设典礼。并到大杨镇岗西村新农村“示范点”视察、指导。

5 月

10日 团省委书记王宏一行来庐阳区调研共青团工作,并看望广大基层团干部。

17日 区工商联一届四次执委会在黄山召开。

是日 法制日报头版头条《合肥:给平安建设插上创新的翅膀》一文,大篇幅报道安庆路街道“邻里守望”新模式。

19日 区12个乡镇、街道共150多人分三批来到安庆路街道杏花社居委就社区退管工作进行交流和探讨。

20日 安徽省副省长文海英、合肥市副市长雍成翰慰问固镇路社区残疾人王家怀。

24日 省政协主席杨多良看望辖区县桥派

出所、逍遥津所全体民警。

25 日　合肥市公安局庐阳分局局长赵甄赴京参加全国公安系统英雄模范立功集体表彰大会，合肥市公安局庐阳分局荣获“全国优秀公安局”称号。

28 日—6 月 18 日　举办第四届三十岗乡西瓜节。

是月　区人民法院法官姚维家的先进事迹刊登在 29 日《安徽日报》头版。6 月，姚维家被安徽省高级人民法院荣记一等功。7 月，姚维家的先进事迹刊登在 1 日人民法院报头版，并被省高院推荐为全国模范法官候选对象。8 月 6 日，最高法院模范法官考核团来区法院院对姚维家推报为全国模范法官进行考核。

是月　省政协主席杨多良到逍遥津街道视察工作。

是月　区审计局出台《庐阳区审计结果公告办法（试行）》（庐政〔2007〕10 号）。

6 月

2 日　合肥市公安局庐阳分局开展“三考”工作的做法和经验被公安部向全国进行介绍。

15 日　合肥市青年联合会邀请 40 余名市青联委员在三十岗乡举办“统筹城乡发展，共建新农村”三十岗发展青年论坛。

29 日　全省关爱流动 / 留守儿童工作的 14 个市、县区分管县（区）长和妇联主席到庐阳区考察。区委副书记韦弋接待各位代表，区委常委刘观宝、区政府副区长潘士琴陪同考察。

是月　协调合肥团市委、少先队合肥市工作委员会在全市中小学中开展“走进城市水源保护地——绿色三十岗”生态环保系列活动。

是月　庐阳区直机关工委开展“是共产党员就闪光，是公务员就奉献”征文、演讲活动，纪念中国共产党成立 86 周年。

是月　四里河路南段建成通车。

是月底　庐阳区外贸进出口累计完成总额 18709 万美元，同比增长 47.68%，占市下达计划 51.83%。

二季度　合肥市公安局庐阳分局“三基”建设论文被公安部《2006 年警学论文集》收录。

7 月

4 日　财政部专员办来区检查就业和再就业资金使用情况。

5 日　庐阳区举办第三期社区（村）党组织、书记培训班。

11 日　省委组织部城市组织处处长张强一行来到逍遥津义仓社区就开展党建工作“规范化建设年”活动进行专题调研。

16 日　省经贸委副主任赵炳云一行调研庐阳区工业发展情况，并实地参观天威合变有限公司和合晶电子有限公司。

18 日　巴西共产党中央委员玛丽亚·杜苏科罗·戈麦斯·科埃略率领巴西共产党干部考察团来庐阳区考察和谐社区建设，并参观栢景湾小区。

19 日　合肥市社区矫正试点工作现场会在庐阳区召开。

21 日　合肥市“市民讲坛”首讲在庐阳区举行，市委常委、宣传部长林存安、合肥警备区政治部主任王庆年为“市民讲坛”揭幕，中国武警十大忠诚卫士——丁晓兵做首场报告。

24—26 日　庐阳区四大班子领导慰问驻区官兵。

27 日　市民生办检查组对庐阳区“十二项”民生工程实施进展情况进行综合检查。

31 日　庐阳区开展电子政务专项检查。

是月　国家财政部来逍遥津街道检查再就业资金使用情况。

是月　中央政法委来庐阳区检查反邪教工作。

是月　全省关爱流动、留守儿童项目推进现场会在庐阳区召开。

安徽省文化厅来逍遥津街道调研社区文化工作。安徽省民政厅来逍遥津街道调研、检查低保工作，并为九狮桥社居委荣获“低保工作先进社区”授牌。

是月　区领导韦弋、周善武接待深圳茂业集团、大连万达集团，商谈长江中路旧城改造。

是月　庐阳区在全省率先启动社区卫生服务“药品集中采购、统一配送”和“收支两条线管理”改革。

是月　庐阳区率先在全市开通财政非税收入征管网络系统。

是月　庐阳区纪委、区检察院和区农委联合出台《关于共同加强全区社会主义新农村党风廉政建设和职务犯罪预防工作的实施意见》，全力保障全区现代化农业快速、健康发展，推进社会主义新农村建设。

是月　合肥城市森林公园复建点建设第一批 72 栋住宅楼和 13 栋公共建筑全面竣工，完成综合验收。

是月　庐阳区城市管理获全市第一。

8　月

1 日　庐阳区委中心组学习中共总书记胡锦涛在中央党校的重要讲话和市委九届四次全会精神。

是日　一环内最大棚户区——劳动村危旧房改造全面启动。

3 日　省委常委、市委书记孙金龙与市委常委、市委秘书长张晓麟，市委常委、市委宣传部部长林存安，市人大常委会副主任甄长琢、市政协副主席余成培等一行，调研杏林街道上城社区人口和计划生育工作。

4 日　庐阳区四大班子领导慰问市容城管人员。

8 日　深国投商业中心暨沃尔玛购物广场在庐阳区开工建设。

18 日　中共庐阳区委二届五次全体会议召开。

24 日　庐阳区召开“查细节、摆问题、找原因、补措施、创实效”活动动员大会。

28 日　庐阳区 4 所新建学校——南门小学上城国际分校、海棠小学、南国花园小学、栢景湾小学揭牌。省委常委、市委书记孙金龙参加揭牌仪式。

是月　合肥市首家农贸市场工会组织在安庆路街道辖区合工大北区农贸市场成立。

9　月

3 日　庐阳区法院荣获全国法院系统“人民陪审员工作先进单位”称号。

5 日　全市“五小”行业整治工作会议在庐阳区召开。

6 日　合肥市首家社区读书社在庐阳区三牌楼街道辖区成立。

12 日　由团中央权益部、中国青少年犯罪研究会组成的调研组来区杏林街道调研青少年权益保护工作。

17 日　全国妇联副主席赵少华等一行调研庐阳区社区妇女工作和社区家庭文化、留守儿童情况。

21—22 日　中共庐阳区委举办“构建和谐社会专题”书记理论学习班。

25 日　全省最大影视文化中心安徽国际影视城在庐阳区南淝河边动工兴建。

是月　庐阳区人大常委会调研区政府非物质文化遗产保护工作。

是月　庐阳区王强、刘宠、章林成为2008年北京奥运会火炬手。

是月　庐阳区百帮创业园被省政府授予“全省创业示范园”

是月　庐阳区工会荣获“安徽省育才关怀行动先进单位”称号。

10　月

7日　庐阳区四大班子领导调研三十岗乡新农村建设。

15日　庐阳区广大干群3000余人收看十七大盛况。

18日　省义务教育经费保障机制改革调研组专项调研庐阳区义务教育经费保障机制改革落实情况。

21日　市长吴存荣调研庐阳区为旧房改造和工业区建设情况。

是日　庐阳区荣获“全省综治模范县区”称号，至此，连续三年获此殊荣。

31—11月1日　中共庐阳区委组织召开中心组理论学习（扩大）会议，再次学习宣传贯彻十七大精神。

11　月

1日　零时，庐阳区开展安徽省1%人口抽样调查登记。

2日　庐阳区政协召开二届四次常委（扩大）会议。

7日　市委常委、合肥警备区政委许立华调研庐阳区基层民兵正规化建设。

9日　省“双拥”考核组考核检查庐阳区双拥工作。

17日　庐阳区第三届全民健身运动会开幕。

21日　中共庐阳区委、庐阳区政府召开全区工青妇工作会议。

22日　省人大常委会副主任朱维芳，市委常委、副市长方军，市人大常委会副主任陈栋等一行检查指导庐阳区12项民生工作。

12　月

7日　省教育厅副厅长金燕调研庐阳区义务教育均衡发展情况。

10日　中国人民政治协商会议庐阳区第二届委员会第二次会议召开。

11日　庐阳区第二届人民代表大会召开。

26日　庐阳区华侨饭店区域旧城改造项目正式启动，标志省城老城区改造工作正式拉开帷幕。

是年　全面建立城镇居民医疗保险制度，全区完成参保10.6万人。根据市政府124号令，启动事业单位全面参加社会保险工作。

全年　庐阳区完成地区生产总值170.83亿元，按可比价计算，比上年增长17.8%；实现财政收入8.97亿元，净增2.4亿元，增长36.5%，其中地方财政收入5.24亿元，增长27.6%；全社会固定资产投资164亿元，增长55%；城镇居民人均可支配收入达13800元，增长14.7%；农民人均纯收入达6800元，增长12.2%。

2008年

1　月

1日　区委副书记、区长周善武督查逍遥津街道华侨饭店区域老城改造项目。

是日　合肥市、庐阳区工商联组织开展2008“元旦、春节”捐助特困家庭活动。该活动共组织企业给下岗、贫困人员捐款5万多元，提供72个公益岗位，捐助40多个家庭，有108名下岗人员重新上岗。市人大常委会副主任邓石如、市政协副主席孙志刚、市委统战部副部长兼工商联党组书记汪达升、庐阳区委副书记虞基浩、庐阳区政协副主席兼统战部长彭守海等和捐赠企业负责人以及来自市区的部分下岗、贫困职工和特困家庭代表40多人参加受捐仪式。

2日　区安庆路街道团工委荣获“全省五四红旗团委”称号。

3日　庐阳区举办出席合肥市第十四届人民代表大会代表培训班，区二届人大二次会议选举产生的49位区代表参加培训。区人大常委会党组书记、常务副主任武永新主持培训，区委书记、区人大常委会主任韦弋出席并讲话。

4日　区长周善武主持召开区政府与区工会第五次联席会议，区直机关工委、区政府办、发改委、财政局、人事局、行管局等部门主要负责人参加。

是日　区政府印发《关于进一步规范全区政府性投资基建项目审计的意见》。

7日　庐阳区响应市文明委号召，在全市公开选聘文明创建工作市民义务督导员。

是日　区三十岗乡敬老院接受合肥市圣华有限责任公司捐赠款物1万元。

8日　区妇联荣获省“三八”先进集体称号。

10日　中华全国总工会企业工会组织情况考核检查组一行10人来区两家非公企业——盛臣好世界大酒店和天柱混凝土有限公司，调研工会组建和规范情况。省、市总工会和区委、区工会领导陪同调研。

是日　劳动村改造拆迁工作全面完成。劳动村位于南淝河与板桥河交口西北角，建于20世纪50年代初，是全市一环内最大棚户区。自2007年7月28日启动拆迁工作，历经近半年时间，全面完成近900户、5万平方米拆迁任务。

13日　中共中央总书记胡锦涛考察区逍遥津街道义仓社区民生工作，并看望省劳动模范褚维道。省委书记王金山，省委副书记、代省长王三运，省委常委、市委书记孙金龙、市长吴存荣，区委书记韦弋、区长周善武等陪同考察。

16日　区委中心组召开集中学习会，传达学习中共中央总书记、国家主席、中央军委主席胡锦涛考察区逍遥津街道义仓社区时的重要讲话精神。

是日　区卫生监督所在银瑞林大酒店对辖区承办“年夜饭”餐饮单位进行食品安全卫生知识培训，区域60余家大中型餐饮单位负责人及食品卫生管理人员100余人参加培训。

17日　区妇儿工委与区委党校在区政务中心三楼1号会议室举办“庐阳区实施流动留守儿童关爱工程培训班”。

18日　中共庐阳区委二届六次全体（扩大）会议在区政务中心大礼堂召开。会议的主要任务是，深入学习贯彻党的十七大、中央、全省经济工作会议和市委九届五次全会精神，全面总结2007年工作，研究部署2008年任务，动员全区上下进一步解放思想，自我加压，再鼓干劲，乘势而上，把现代化核心城区和全省首善之区建设不断推向前进。区委书记、区人大常委会主任韦弋代表区委常委会作工作报告。区委副书记、区长周善武主持会议并作总结讲话。区委委员、候补委员出席会议。区人大、政府、政协党员负责人，区委督查组正、副组长，区纪委委员，区人武部正副职、各科室主要负责人，区法院、检察院党员正副职和纪检组长，调研员、副调研员，各乡镇、街道、系统、工业区班子党员负责人；区直各单位、各部门正职及党员副职，区人大、政协各工（专）委会党员负责人，区委督查组成员，工商、国土、房产、规划、地税、国税、环保、质监庐阳分局党员主要负责人，各派出所所长、教导员，各事业单位党员正职，部分企业党员正职，各村居党组织书记列席会议。邀请区人大、政府、政协党外负责人列席会议。

是日　中华全国总工会书记处书记、经审会

主任张秋俭慰问区益民街道全国劳模姜之匡。

中旬　全区乡镇卫生管理体制改革完成，三十岗乡、大杨镇、杏花和林店卫生院上划区卫生局。

23日　区政协主席任传英慰问区益民街道庐江路社区低保户颜从贵。

是日　区逍遥津街道在义仓社区召开座谈会，贯彻落实中共中央总书记、国家主席、中央军委主席胡锦涛考察时的重要讲话精神。

24日　区物价局开始对辖区亳州路、双岗农贸市场粮食、食用油、肉禽蛋奶等重要商品每日市场价格的变化进行监测，实施监测数据的“一日一报”，3月21日结束。

25日　区四大班子领导慰问武警医院、消防特勤大队、合肥警备区、武警直属总队等驻区部队。

26日　庐阳区印发《关于动员和组织文明单位清扫积雪的紧急通知》，要求辖区各级文明单位全力以赴防雪减灾。

29日　省委书记王金山，省委常委、合肥市委书记孙金龙，省委秘书长张世平一行检查区大杨镇、三十岗乡蔬菜种植和大棚防护情况。市委常委、秘书长安列、副市长张进、区委书记韦弋、区长周善武等陪同。

31日　区卫生局组织食物中毒应急演练，对相关单位突发公共卫生事件应急处置能力进行考核。

是月　全省首台500KV超高压变压器诞生庐阳工业区。该产品由天威（合肥）变压器有限公司研制，填补全省在超高压大容量变压器生产领域一项空白，标志全省大型电力装备制造业历史翻开新的一页。

是月　区司法局组织开展“法律六进”（进机关、进社区、进学校、进企业、进单位、进乡村）活动。

是月　区法院民一庭成立涉老年人权益案件合议庭并首案告捷。

是月　区科技局通过2005—2006年度全国科技进步考核；辖区煤炭工业合肥设计院获得省级科技进步一等奖。

是月　连续半个月的持续降雪严重影响全区工农业安全生产和人民生活，尤其是蔬菜生产损失严重，产销形势非常严峻。全区蔬菜受灾面积达1474亩，三十岗乡柴冲、风景村蔬菜基地、大杨镇十张村绿尔康蔬菜基地等受灾尤为严重，77亩蔬菜大棚被大雪压坏，另有117亩露地蔬菜受损，损失蔬菜品种包括乌菜、上海青、大蒜、草莓、芹菜、辣椒、黄瓜等，损失估计近290万元。区委、区政府组织、指导各行业单位开展生产自救，消除安全隐患，抗击冰雪灾害，将国家救灾资金10万元重点投入绿尔康、康绿、瑞丰园等5家受损较重的蔬菜基地。至3月，庐阳区取得抗雪救灾工作整体胜利。

是月　区检察院被省委组织部、省检察院授予2004—2006年度“全省检察机关先进集体”称号。区检察院检察长魏竹梅荣获第七届“中国优秀检察官”称号。

是月　区检察院向教育系统发出的检察建议被最高人民检察院表彰为全国检察机关预防部门“十佳检察建议”。在全省检察机关中，庐阳区检察院唯一获此殊荣。

是月　在全市率先完成企业改制任务的基础上，区经济委继续深化企业改革，出台《庐阳区经济委系统国有（集体）企业机构改革方案》《合肥市庐阳工贸投资控股有限责任公司房屋租赁管理办法（试行）》《庐阳区经济委财务管理暂行办法》等一系列文件。。

是月　区法院杏花法庭被省最高人民法院评为全省优秀法庭。

是月　区劳动和社会保障局被中国劳动保

障报社授予“2007年度全国劳动保障宣传先进单位”称号。

是月　区国税局被省委、省政府授予第八届“安徽省文明单位”。

2　月

1日　区卫生局派出医疗小分队进驻东门客运站、新亚汽车站开展抗雪救灾卫生救治、宣传活动。此次活动救助伤员45人次，发放药品30余份，散发各类宣传资料300余份，对人群聚集的侯车室、购票大厅、公共厕所及生活垃圾消毒达1500多平方米。

2日　中共中央政治局委员、国务院副总理回良玉率工作组一行察看区三十岗乡雪灾受灾情况及农业生产自救情况，并看望慰问受灾群众。省委书记王金山，省长王三运，省委常委、市委书记孙金龙，市长吴存荣，市委常委、秘书长安列，区委书记韦弋，区长周善武等陪同。

是日　省物价局局长王建中至区七桂塘农贸市场和合家福超市，了解雪灾期间农副产品的市场供应和价格情况。省物价局党组成员、检查分局局长陈骏，市物价局局长叶和章陪同。

4日　中菜市西大棚和惠民菜场关闭，实施拆迁。

10日　常务副市长张晓麟慰问渡江英雄马毛姐，马毛姐居住辖区淮河路378号。

12日　区经济委与系统16家企业法人代表签订《2008年度工作目标管理责任状》，对企业的资产经营管理、招商引资、党建纪检、安全生产、信访稳定等工作目标实行年终考核。

13日　区计划生育服务中心被安徽省人口和计划生育委员会授予“计划生育优质服务站”称号。

15日　区妇联荣获全省“五好文明家庭创建活动先进集体”称号。

16日　义井路、涡阳路拆迁动员会召开，掀起新年大建设首个高潮。义井路、涡阳路是区“大建设”安置点昆仑花园、梧桐嘉园的配套设施工程。义井路（蒙城北路—凤台路），全长861米，工程总投资800多万元；涡阳路（阜阳北路—蒙城北路），全长1064米，道路宽30米，双向四车道，工程投资约1800万元。

18日　区机关食堂开业，机关500余名干部职工中午就餐问题得到解决。

是日　寿春西路改造工程开工，此为2008年全市大建设首条道路。

20日　庐阳区农村低保提标扩面任务提前完成。2008年区保障资金约75.8万元，区级财政承担51万余元，年人均补差为4041.4元，其中省指标人数年人均补差达600元，市财政保障人数年人均补差达450元。此次新扩面由区财政自筹资金保障的对象年人均补差达320元，超过省指标400%以上，保障金比2007年增加约33万元。

22日　区政协主席任传英主持召开区政协二届十次主席会议，会议讨论研究区政协2008年工作要点以及优秀政协委员、先进专委会、先进联络组、优秀提案的评选表彰办法，确定区政协二届九次常委会议召开的时间和议题。区政协副主席王家满、彭守海、唐亮出席会议。

24—25日　庐阳区召开区委中心组学习（扩大）会，学习中共中央总书记、国家主席、中央军委主席胡锦涛视察安徽讲话精神和传达落实市委中心组学习会精神，开展新一轮思想解放大讨论。全区正科以上干部120多人参加学习讨论。之后，全区掀起“思想解放大讨论”新高潮。

27日　省人口和计划生育委员会副主任李天太一行调研区杏林街道上城社区卫生服务站创新城市计生服务新模式。副区长潘士琴陪同调研。

28日　区二届人大常委会第十次会议召开。

是日　区物价局被合肥市物价局评为2007年全市价格系统服务社会主义新农村建设优秀单位。

是日　“华侨广场”开工建设,此为合肥老城区改造的第一个项目。市长吴存荣、区委书记韦弋、区长周善武等出席开工典礼。

29日　区政协二届九次常委会议在政务中心3号会议室召开。区政协主席任传英主持会议,副主席彭守海、唐亮及区政协常委出席会议。

是日　全区整治正三轮非法营运工作会议召开,部署正三轮营运普查摸底工作。副区长刘剑出席会议并讲话。

是日　市委政法委副书记王文涛慰问区光明街道2005年“全国见义勇为先进分子”合肥叉车厂退休职工孙华德。

是日　副区长张军指导益民街道地区长江中路拆迁工作。

2月　全区第一次全国农业污染源普查工作启动,普查共分入户清查、入户调查、数据录入三个阶段。区政府安排指导员5名,普查员21名,建立清查底册,开展清查核查,并上报清查结果,至5月,共填报表格400多份,走访农户230多户。

是月　区三十岗乡和大杨镇乡镇机构改革工作完成,两个乡镇34名公务员、68名事业编制人员定编定岗。

是月　区检察院荣获“全市先进检察院”称号。

是月　区发改委被评为全省发改委系统综合工作先进集体,在全市县区中唯一获此表彰。

是月　区法院高级法官姚维家被最高人民法院授予全国模范法官称号。

3　月

4日　庐阳区召开北二环道路拆迁现场动员会,启动北二环道路改造工作。

7日　区长周善武指导益民街道地区长江中路拆迁工作。

是日　合肥市首次生活污染源普查在区县桥街道辖区红玫瑰富康大酒店启动。此次普查的标准时点是2007年12月31日,时期资料为2007全年度,整个普查工作包括前期准备、普查登记、数据审核处理、普查结果发布等阶段。至6月,普查结束。

8日　区政府综合楼交付使用,区教育局、档案局(馆)搬入办公。

10日　全区乡镇村民委员会换届选举工作完成。

是日　全区民兵整组工作全面展开。区人武部组织300多民兵在合肥市国防教育学校集结,进行为期15天的封闭式训练。

13日　区工会召开一届七次全委(扩大)会议,会议表彰2007年度目标责任制考核先进工会,为30家三星级“职工之家”授牌。区委副书记虞基浩代表区委与各单位分管工会工作领导签订工会工作目标责任书并讲话。

是日　区红领巾捐助暨教育志愿者服务站揭牌仪式在三十岗乡古城中心学校举行。

19日　长江中路综合改造拆迁动员会在区政务中心小礼堂召开。长江中路(环城东路—环城西路)综合改造拆迁涉及区逍遥津、三牌楼、县桥、益民、安庆路等5个街道,全长2.9公里,涉及省市区单位28家,拆迁面积约6.1万平方米。改造后的长江中路,道路宽46米,双向8车道。

20日　区建设局荣获“合肥市2007年度建设领域农民工维权先进单位”称号。

中旬　全区反腐倡廉制度建设推进年活动

全面展开。按照“坚持、完善、废止”的要求，组织对涉及“用权、用钱、用人”的反腐倡廉制度规定进行清理登记。至12月底，清理各种制度880项，废止48项，完善203项。

24日　区疾控中心举办国家扩大免疫规划工作培训班，全区医疗机构计划免疫门诊负责人及计免医生参加。

是日　池州市贵池区党政代表团来区考察城市拆迁安置工作。

是日　合肥市政府通报表彰庐阳区为“2007年度全市安全生产目标考核优秀单位”。

25日　市长吴存荣、副市长李红视察长江中路综合改造拆迁工作，区长周善武、副区长张军陪同视察。

26日　庐阳区被省人口和计划生育工作领导小组授予“2007年度全省计划生育优质服务先进区”称号。

28日　全区安全生产工作会议在政务中心小礼堂召开。会议传达全市安全生产工作会议精神，总结2007年全区安全生产工作，部署2008年目标和任务，通报表彰2007年度全区安全生产先进单位、大建设安全奖、先进集体、先进个人。副区长姜鸿杰主持会议，区人大、区政协分管领导参加会议，区长周善武出席会议并讲话。

是日　区百帮创业园五期厂房开工建设。厂房位于庐阳工业区天水路与金池路交口，建筑面积1.7万平方米，建成后，区百帮创业园建筑面积达4万平方米，将成为全省规模最大的下岗失业人员创业基地。

是月　庐阳区面向社会公开招考工作人员14名（其中事业编制4名，编外聘用10名），报考人数662人，录取比例平均达1:47；面向社会公开招考中小学教师50名，报考人数达3700人，录取比例为1:74。

是月　区档案局接收“抗战时期人口伤亡及财产损失”调研档案633件。

是月　区文管办出动稽查人员45人次，检查文化娱乐经营场所68家，收缴非法图书170册，盗版音像制品2355张，PS游戏电脑板19块，取缔无证流动书商2处，查处违规经营网吧4家。

是月　庐阳区被省教育厅评为安徽省义务教育均衡发展先进区。

4　月

6日　市委、市政府授予庐阳区“2007年度人口和计划生育工作先进区”称号。

10日　国际“第二期妇女人权与社会性别高层研修班”参观团来区参观。澳大利亚人权与平等机会委员会国际项目处项目官员莫林·哈里斯和国家7部委及18个省、市维权协调机构成员单位的有关部门负责人近100人，参观区大杨镇大杨村新农村建设中妇女儿童维权工作。

是日　区工商联会长（扩大）会议召开。

11—13日　庐阳区代表队在合肥市科技馆举行的安徽省第二十三届青少年科技创新大赛中获得2个一等奖和2个二等奖。

17日　区卫生局组织对辖区内“农家乐”餐饮卫生状况进行专项检查。

18日　天威保变（合肥）变压器有限公司（简称“天威合变”）在庐阳工业区投产，并举行三菱电机、天威集团合作协议签字仪式。省委常委、市委书记孙金龙，中国兵装集团党组副书记、副总经理、天威集团董事长尹家绪，市人大常委会主任黄同文，市委常委、副市长魏晓明，市委常委、统战部长章义，河北省保定市副市长刘宝玲，区委书记韦弋，区长周善武，区政协主席任传英，区委常委、庐阳工业区管委会主任谢涛，副区长姜鸿杰，天威集团党委书记、副董事长丁强，日本三菱电机株式会社董事中谷义昭等出席签字仪式。

19日　区委组织部、区委党校在安徽大学举办新一届村“两委”成员培训班。11个区直部门负责人、14个村82名“两委”成员、16名致富带头人、示范户、种养大户参加培训。

24日　区文明办与市工商局市场处、工商鼓楼分局、城隍庙分局、庐阳分局和相关街道联合“会诊”中菜市东大棚、逍遥菜场、双岗农贸市场、杏花菜市场、亳州路农贸市场、城隍庙市场、七桂塘小商品市场等7家农贸（商品）市场文明创建工作。

27日　由安徽省教育厅主办“讯飞杯”第八届中小学生机器人比赛在铜陵市举行，区长江路第三小学获得1个第一名和1个第二名，四十二中获得1个第二名。

28日　庐阳区2005—2007年度先进单位、先进集体和先进个人表彰大会暨“劳动者之歌”大合唱比赛在区政务中心大礼堂举行，表彰全区先进单位13个、先进集体31个和先进个人101人。区委常委、副区长王连贵主持会议，区委书记韦弋出席会议并讲话。

是日　区长周善武视察区档案局新馆投入使用情况。新馆位于综合楼，总建筑面积800平方米，设有档案库区、档案技术用房区、档案利用区（含政务信息公开场所）、宣教活动区及办公区。档案库房配备密集架，设有温湿度控制系统、监控系统、灭火系统。

是日　区杏林街道办事处被市委、市政府授予“合肥市2005—2007年度先进单位”称号。

是日　区双岗街道团工委荣获“合肥市五四红旗团委”称号。

30日　区二届人大常委会第十一次会议召开。

是日　合肥市委、市政府召开2005—2007年度先进单位、先进集体、先进个人表彰大会，全区受表彰先进单位4个、先进集体6个、劳模4名和先进个人8名。

下旬　全区89个基层企事业单位开展民主评议工作。其中，事业单位64个，企业（民营）单位25个。全区参加民评职工人数达3385人，被评议干部232人，其中优秀153人，称职79人。

是月　区纪委（监察局）查办大杨高桥、照山社居委、杏花村街道陈塘社居委部分人员在工程建设和拆迁安置中违法违纪谋取私利3起案件。

是月　原宿州路山羊村酒店以92万元/年的租金公开拍租成功，此举标志着区政府国有房产管理方式走出市场化和规范化的新路。

是月　区检察院获市“优秀青少年维权岗”称号。

是月　区法院对拆迁“钉子户”洪道明强制执行，维护司法权威和法律尊严，保障行政机关依法行政。

是月　团区委申报的《开展社区公益活动，体现团员先进本色》案例在团省委开展的全省城市社区优秀主题团员和城市青年中心优秀案例评选活动中获一等奖第一名。

5　月

3日　区疾控中心召开紧急工作会议，进一步部署手足口病（EV71感染）防控工作，并邀请市疾控中心专家按新标准对单位内专业技术人员进行全员培训。同时印发宣传材料7万份。另外，区疾控中心分4个小组对辖区定点医院报告的17例病例进行流行病学调查。

5日　全区夏季爱国卫生运动暨传染病防治工作会议召开，会议着重部署手足口病防治工作。

是日　大杨镇被省委、省政府授予“安徽省创建文明乡镇工作先进乡镇”称号。庐阳地区18家单位荣获第八届“安徽省文明单位”称号。

7日　逍遥津公园南侧景观改造工程启动。此次改造的区域沿寿春路北侧，西起市园林局办公楼，东至环城东路，改造面积约17500平方米，涉及5家单位，拆迁面积约6000平方米。改造中新增面积达7800平方米的大型地下停车场1个，为省城首个公园景区的地下停车场。

8日　银河湾社区卫生服务站根据“安徽中医药防治手足口病临床技术方案”中的中药方剂配制2000人份药品，连续3日对3岁以下儿童和特困家庭儿童免费发放。

是日　区“同一片蓝天下，共迎奥运”残疾少年儿童运动会在市特殊教育中心举办，红星路小学等12支代表队165名运动员参赛。省残联副理事长刘同鑫、宣文处处长陈海涛、市残联理事长李明安、区领导任传英、武永新、焦福斌、潘士琴出席开幕式。这在全省尚属首次。

是日　庐阳区选手在安徽省第八届青少年电脑机器人大赛中摘得“五金”，另外获得15个二等奖和15个三等奖。

12日　全区开展法律宣传周活动，宣传贯彻《劳动合同法》《安徽省人民调解条例》《物权法》《道路交通安全法》等法律法规和政策。

15日　香港远航集团总裁桂四海一行7人来区考察，区长周善武、区委常委、副区长王连贵会见考察团一行。

17—18日　区长周善武，区委常委、工业区管委会主任谢涛，区委常委、副区长王连贵等一行赴黄山市参加第四届中国国际徽商大会，签约安徽迎驾集团特种印刷包装基地和合肥金润米业有限公司粮油加工、稻壳发电项目。

18日　安徽省暨合肥市“残疾人法律援助进社区、进家庭”活动启动仪式在区亳州路街道濉溪路社区举行。

是日　区工商联工业区分会成立。

18—19日　共青团合肥市庐阳区第二次代表大会在区政务中心大礼堂召开，全区各行各业、各条战线150名代表参加大会。团市委、区四大班子领导、区属团组织所在单位党组织负责人及区属市青联、青企协成员、兄弟县区团委负责人120名特邀代表参加大会。

26日　区政府组织6000人参加奥运火炬在肥传递活动，受到市里表扬。

是日　CNAG中国区总裁Gary chen、CNAG中国区总经理Chris chen、上海豫园商城进出口有限公司董事长赵卫恩及合肥美科制冷技术有限公司董事黄剑一行来区考察。

28日　区委政法委、区文明办、区残联联合召开会议，部署组建依法取缔正三轮车非法营运“包保小组”工作。

29日　区政协经济科技委员会组织企业界部分政协委员就如何加强对科技创新型企业的帮扶进行专题调研。区政协副主席唐亮参加研讨会。

是月　区人事局制定《庐阳区公务员交流实施办法（试行）》（草案）。

是月　全区新增苗木花卉产业面积1590亩，全年苗木花卉产业面积达4356.2亩。

是月　区检察院、市房产局庐阳分局等18家庐阳地区单位被省委、省政府授予第八届“安徽省文明单位”。

是月　四川和陕西地震灾区的22名学生来区就读。

是月　全区种粮农民农资综合补贴及粮食直接补贴发放工作启动。两项补贴资金合计128.95万元，其中粮食直接补贴资金26.9万元，粮食综合补贴资金102.05万元，资金总额比2007年增加79%。

是月　区大杨镇被省文明委评为“安徽省创建文明乡镇工作先进单位”称号。

6 月

5日　宿州路、淮河路商业街创建“百城万店无假货”示范街启动仪式在淮河路百盛广场举行。市委常委、宣传部长林存安，区委书记韦弋，区委副书记虞基浩，区委常委、宣传部长焦福斌及市、区“百城万店无假货”活动领导小组成员参加启动仪式。

是日　区杏花村街道汲桥社区、双岗小学、红星路小学、大杨中心小学、45中学、47中学及沈国风等40户家庭被省文明委命名为全省未成年人思想道德建设“百千万”工程第二批示范社区、学校、家庭。

是日　区政协召开二届十二次主席会议。

10日　区委统战部检查社区统战试点工作。

是日　庐阳工业区工商业联合会分会挂牌成立，为全市七个县区级开发区中首个成立该组织的园区。

12日　截至12时，庐阳区慈善协会累计收到区内各部门、单位和社会各界捐赠的抗震救灾捐款6975623.88元，区委组织部代收5254名党员自愿交纳用于支援抗震救灾工作的“特殊党费”975481.9元。

15日　庐阳区10所学校体育场馆对公众开放授牌仪式在庐阳中学体育馆举行，庐阳区成为全国第二批学校体育场馆向公众开放试点区，也是合肥市唯一试点区。此次10所试点学校为：庐阳中学、19中、42中、47中、铝厂中学、寿春中学、南门小学、淮三小、亳州路小学、双岗小学。

19日　区法院审理首例行政首长出庭应诉案件—《恒兴房产公司告分局一案》，市房产局局长石新民出庭，这是合肥市首例。6月20日，《安徽商报》以“民告官，一把手首上法庭应诉”为题进行报道。

是日　区法院在益民街道回龙桥社居委公开审理汪某与丁某邻里纠纷案。区法院将庭审开到社区，在全市尚属首次。

19—20日　全区2008年卫生防病暨培训工作会议召开，全区各级各类医疗机构100余名防保人员参加会议。

20日　区残疾人代步车发放仪式在杏花村街道举行。市领导吴存荣、凌云、张进，孔向阳，区领导韦弋、周善武、虞基浩、杨献付、刘剑、王家满参加发放仪式。

23日　区二届人大常委会第十二次会议召开。

27日　区政协二届十次常委会议在政务中心3号会议室召开，主席任传英，副主席王家满、彭守海、周健及区政协常委出席会议。会议回顾总结上半年区政协工作，协商确定下半年目标任务；讨论通过《关于加强合肥市庐阳区政协社情民意反映和信息工作的意见》。

28日　纪念中国共产党成立87周年暨表彰大会在区政务中心礼堂召开，表彰全区近两年在经济社会发展和“大建设”、抗击雪灾、抗震救灾等重点工作和重大自然灾害中表现突出的先进基层党组织、优秀共产党员和优秀党务工作者。区四大班子领导成员出席会议。区委书记韦弋在会上作了讲话，区委副书记、区长周善武主持会议。

是日　庐阳区举办正三轮车主就业推荐专场招聘会，189家单位提供1010各就业岗位供正三轮车主们选择。

是月　区人事局完成机关工作人员工资晋级、晋档和事业单位人员调整薪级工资工作，共涉及机关人员滚动晋级108人、考核晋档519人、事业单位薪级调资3183人、审批教师职称变动兑现岗位工资104人。

是月　区逍遥津街道义仓社居委获市委颁发“优秀先进基层党组织”称号。

是月　市地税局庐阳分局组织24个检查组对辖区内事业单位、中介机构、娱乐业、餐饮业、建安和房地产业等重点行业集中开展检查。至7月结束，期间共查补税款584.92万元。

上半年　区检察院打击各类刑事犯罪，批准和决定逮捕193人，其中故意杀人、故意伤害案24人，强奸、绑架案11人，"两抢一盗"案114人，诈骗案12人，毒品犯罪案49人，团伙犯罪案92人。依法对177名被告人提起公诉。

7　月

1日《庐阳区城乡困难群众医疗救助实施意见》施行，庐阳区在全省率先取消城乡困难群众医疗救助对病种的限制。

是日　区杏林街道党工委被市委评为"先进基层党组织"。

1—3日　区妇女第一次代表大会在政务中心礼堂召开。全区各条战线的190余名代表参加。会议审议通过庐阳区妇女联合会《工作报告》和《庐阳区妇女第一次代表大会代表联系制度》，选举产生庐阳区妇联新一届领导班子。市妇联主席江玲，区委书记、区人大常委会主任韦弋，区委副书记、区长周善武和区四大班子领导成员任传英、虞基浩、武永新、焦福斌、谭峰、王辉、沈思军、曹佑华、谢涛、王连贵、王岚、杨献付、潘士琴、王家满等出席会议。

2日　全市首个城区复建点—昆仑花园交房，成为四个城区承建的"大建设"复建点中首个交付使用工程。昆仑花园由区海棠街道承建，为两幢18层的拆迁安置楼，共272套房，主要安置对象为临泉西路、北一环、徽州大道建设中的部分拆迁户。

8日　由市委宣传部主办、市文化广电新闻出版局协办的"庐州放歌·百场文艺下基层巡演活动"启动仪式暨首场演出在庐阳工业区荣凤苑小区举行。市委常委、宣传部长林存安，副市长杨增权，市委宣传部副部长、市文化广电新闻出版局局长姚卫东，区委常委、宣传部长焦福斌等出席启动仪式。

9日　省委组织部机关党委"送书进社区"赠书仪式在区逍遥津街道大东门社区举行，赠送逍遥津街道所属5个社居委的结对共建图书角图书5套，价值2万元。省委组织部机关党委书记张从军等参加仪式。

是日　省档案局标准化建设处处长胡华平、市档案局局长李广宏、副局长王继锋等指导区档案局创建国家二级档案馆工作。

是日　区委宣传部、区文明办、文化（体育）局在人民广场（原市府广场）联合举办北京奥运会倒计时30天庆典活动。

12日　市长吴存荣带领有关县区、开发区、市直有关部门和在肥金融单位负责人深入庐阳工业区天威合变、伟宏钢构等工业企业，调研"工业立市"战略在庐阳区实施情况。区长周善武、副区长张怀科和区经济委有关负责人陪同调研。

14日　区三牌楼街道天籁女子合唱团在第五届国际合唱节上获得室内合唱组铜奖。

是日　庐阳区代表队参加在湖南省长沙市举行的第八届中国青少年机器人竞赛，至18日夺得1金3银2铜。

15日　市政协副主席王明杰率市国资委、司法局、信访局和市维稳办有关负责人督查区奥运期间信访稳定工作。区领导韦弋、沈思军及区直相关部门负责人陪同督查。

16日　区职工维权帮扶站被省总工会授予"全省工会帮扶工作先进单位"称号。

是日　市公安局庐阳分局安庆路派出所所长李加权当选市第五届"十大杰出青年"。

18日　区政府召开第三次全体会议。会议主要任务是回顾总结上半年政府工作，深入分析当前的发展形势，研究部署下半年工作任务，动员全区上下进一步解放思想，开拓创新，锐意进取，确保全面完成全年各项目标任务。会议由区委常委、副区长王连贵主持。区长周善武作重要讲话。副区长王连贵、潘士琴、张怀科、张军、刘剑分别简要总结各自分管的工作，并提出明确要求。区统计局、财政局、招商局、建设局、市容局、双岗街道、庐阳工业区管委会等单位代表分别作了发言。区委常委、庐阳工业区管委会主任谢涛，区委常委、副区长王岚，副区长姜鸿杰，区人武部政委彭建军出席会议。

是日　滁河干渠路开工建设。该道路全长10.1公里，路面宽6米，总投资780万元。起点为大杨镇的岗西村雷水路终点到三十岗乡姚庙大桥，西连肥西县，东通长丰县，途经岗西村、柴冲村、汪堰村等6个行政村，直接沟通瞿塘路、三国路、东瞿路等6条“村村通”道路。

是日　省劳动保障厅厅长朱勇调研指导区就业和社会保障工作，先后视察区义井路花鸟鱼虫再就业服务特色一条街、百帮创业园、逍遥津街道就业服务大厅、义仓社区、区就业和社会保障服务大厅以及正在装修中的区创业服务大厅。市劳动保障局副局长高峰、区委书记韦弋、区长周善武及区劳动保障局负责人陪同调研。

20日　安粮·东怡金融广场开工建设。该项目位于蒙城路和阜南路交口，占地面积21235.7平方米，总建筑面积201592平方米，总投资约10亿元，由3栋办公楼和4层商业裙楼组成，其中B座48层，高190米，为市“1346”行动计划项目之一。

21日　区文明办举办“道德模范巡讲网上行”报告会，组织辖区诚实守信、爱岗敬业、孝老爱亲等各类思想道德建设先进典型，深入社区、村镇、校园、企业、机关、军营等单位进行巡讲，报告会共安排10场。

是日　区直机关12个窗口单位、18个服务窗口正式实行“朝九晚五”工作制度。

24日　中央文献研究室《中国1978—2008》大型电视文献纪录片摄制组来区逍遥津街道义仓社区，对年初受到中共中央总书记胡锦涛亲切看望的省劳动模范褚维道进行摄像和采访。

25日　中共合肥市庐阳区委二届七次全体会议在区政务中心大礼堂召开。会议的主要任务是：以党的十七大精神为指导，深入学习贯彻胡锦涛总书记视察安徽重要讲话、全国省市区和中央部门主要负责人会议以及省委八届八次、市委九届六次会议精神，认真总结上半年工作，分析当前形势，研究部署下半年工作任务，动员全区上下以科学发展观为统领，进一步解放思想，抢抓机遇，再接再厉，实干争先，确保全面完成全年各项目标任务，不断开创全省首善之区建设新局面。区委常委韦弋代表区委常委会作工作报告。区委副书记、区长周善武作总结讲话。区委委员、区委候补委员出席会议。列席会议的有：区人大、政府、政协党员负责人；区委督察组组长；区纪委委员；区人武部正副职、各科室主要负责人；区法院、检察院党员正副职和纪检组长；副调研员；个乡镇、街道、系统、工业区班子党员负责人；区志各单位、各部门正职及党员副职；区人大工委会党员负责人；区委督察组成员；工商、国土、房产、规划、地税、国税、环保、质监庐阳分局党员主要负责人；各派出所所长和教导员；各事业单位党员正职，部分企业党员正职；各村居党组织书记。区人大、政府、政协党外负责人应邀参加会议。

27日　区群众文化团队三牌楼天籁女子合唱团赴维也纳格拉维资参加国际第五届世界合唱节巡回演唱，荣获铜奖。

28日　市卫生局纪委书记李邦国率领由市

卫生局、文明办、工商局、市容局等部门组成的督查组督查区“五小”行业整治工作。副区长姜鸿杰陪同检查。

是日　庐阳区首次面向全省公开选调部分公务员开始报名。

是月　区人事局完成全区公务员规范津补贴工作。此次审核涉及全区在职公务员525名、机关工勤人员30名、机关离退休人员298名。

是月　区林业局于三十岗乡柴冲村退耕还林坡耕地补造林78.5亩，补齐因城市建设征占用的林地。

是月　全区集体林权制度改革工作全面完成，发证面积6587.49亩，发放林权证2100本。

是月　区检察院民事行政检察科办理的宇汝斌、汪永忠、徐霞、汪芸、潘雪英、庞华、丁黎光等7人不服与安徽省医药工业有限公司劳动争议仲裁提起申诉一案，获区法院判决调解，7人均获合理赔偿。

是月　区农远工程中小学教师教育技术培训工作启动。

是月　264名外来务工农民子女在区农民工子女定点学校入学。

是月　庐阳区荣膺“数字安徽”五年建设先进单位，是全市唯一获此殊荣的城区。

8　月

1日　省档案局标准化建设处处长胡华平、科技信息处副处长周建武来区档案局指导信息化建设工作。

3日　中央组织部老干部局局长毛子炎一行来区考察调研社区老干部党支部建设工作。省委常委、组织部部长段敦厚，省委老干部局局长詹福稳，副局长魏广林，市委常委、组织部部长凌云，市委组织部常务副部长汪德满，区委书记、区人大常委会主任韦弋，副书记虞基浩等陪同调研。

是日　市房产局庐阳分局、区教育局、市危房鉴定办联合对区内校舍危房进行鉴定。

5日　区农业普查办公室获第二次全国农业普查省级先进集体。

7日　区政协二届十一次常委会议在区政务中心3号会议室召开。会议听取区政府上半年工作情况通报，传达区委二届七次全体会议精神。区政协主席任传英主持会议，副主席王家满、彭守海、祁强、唐亮及政协常委出席会议，区委常委、副区长王连贵应邀出席会议。

8日　区民政局在北京奥运会开幕日为389对办理结婚登记手续，受到国家民政部通报表扬。

12日　庐阳区代表队在乌鲁木齐市举行的全国第二十三届青少年科技创新大赛中分获二等奖和三等奖。

13日　市“百城万店无假货”示范街创建工作汇报会在庐阳区召开。市委常委、宣传部长、市“百城万店无假货”示范街创建活动领导小组组长林存安及各创建相关单位主要负责人参加会议。市委宣传部副部长郑家余主持会议。

14日　市人大常委会副主任杜昌寿一行来区检查《中华人民共和国水法》和《合肥市水资源管理办法》执行情况。区委书记、区人大常委会主任韦弋，区长周善武，区委常委、副区长王岚、区人大常委会副主任杨献付等参加会议。

16日　庐阳区召开文化产业特色街建设座谈会，来自省文化厅产业处、中国科技大学的专家学者和金娟广告、袭人花卉等辖区内部分企业家代表及相关单位、街道负责人参加座谈会。副区长刘剑、区政协副主席唐亮出席会议。

17日　“合肥市大房郢水库庐阳区移民安置指挥部办公室”更名为“合肥市庐阳区水库移民管理办公室”，原机构性质、人员编制不变。

是日　庐阳区出台《关于促进企业科技创新若干奖励政策（试行）》，以加大对区域企业科技创新及发展的扶持力度。

20日　庐阳区《关于贯彻审计署6号令的实施意见》出台。

是日　区物价局复查宿州路以西40家沿街经营单位执行明码标价政策情况，对20余家经营单位提出整改意见。

是日　区3家企业：安徽伟宏钢构有限公司、安徽新鸿伟钢结构有限公司和合肥建工金鸟集团有限公司被市总工会命名“合肥市抗震救灾重建家园‘工人先锋号’”称号。

中旬　区经济委组织举办“理论政策进企业”培训班，全区100多家规模以上工业企业的法人代表参加培训。学习宣传省政府《关于促进经济平稳较快增长的若干意见》、市政府《关于推进中小企业振兴计划解决企业流动资金问题的若干政策》和区政府《关于促进工业企业做大做强的若干奖励政策》，引导区域工业企业用好用足政策，形成政企合力。

21日　区三十岗乡卫生院为全乡30余名留守儿童免费体检。

26日　区工商业联合会第二次会员代表大会在区政务中心大礼堂召开。大会以科学发展观为指导，贯彻落实区委二届七次全会精神，总结回顾区工商联过去五年的工作，研究部署今后五年的目标任务，选举产生区工商联新一届领导班子。区领导韦弋、周善武、任传英、虞基浩、武永新、焦福斌、谭峰、谢涛、王连贵、杨献付、彭守海出席会议，市委统战部常务副部长黄永祥、市工商联副主席朱正强应邀出席会议。区各民主党派主要负责人，区工商联会员代表，各乡镇、街道、工业区党（工）委书记及区直相关部门负责人，工青妇主要负责人参加大会。

27日　市动物防疫指挥部、市动物卫生执法大队、市动物疫病预防控制中心、区农委、逍遥津街道联合组织30多人取缔位于群力巷的1处制售病害猪肉的窝点，收缴病害猪肉近2000公斤，并按照规定程序进行无害化处理。

28日　区创业服务大厅揭牌仪式在区政务中心行政服务大厅举行，此为全省首个开业创业服务大厅，省劳动保障厅副厅长陈晓玲、市人大常委会副主任梁虹、副市长卢仕仁、市劳动保障局局长朱正跃参加揭牌仪式。当日，区创业服务大厅开办全省首期《改善你的企业》（IYB）培训班，有30名成功创业者参加。

下旬　区经济委筹集资金150多万元，为系统内新中服装厂、五金衡器厂因企业改制遗留的190名退休职工建立个人医保帐户。

下旬　庐阳区实施规范公务员津贴补贴工作，制定《庐阳区规范公务员津贴补贴及事业单位福利待遇工作实施方案》，核定全区公务员津贴补贴标准并于8月份全面实施。

是月　合肥市中院终审维持区法院对开发商与中央花园小区业主委员会纠纷案的一审判决，依法维护小区业主权益。

是月　庐阳区首次建立道路交通安全联席会议制度，联席会议成员单位由区政府办、文明办、综治办、农委、建设局（交通局）、教育局、市容局、安监局、交警四大队、各乡镇、街道和庐阳工业区组成。

是月　庐阳区首次建立妇女儿童维权联席会议制度，联席会议成员单位由区委政法委、区人大内务司法工委、区政协社会法制委、区政府法制办、区法院、区检察院、公安庐阳分局、区工会、团区委、区司法局、民政局、劳动和社会保障局、教育局、卫生局、计生委、信访局、妇联等单位组成。

是月　区检察院、区司法局共同制定《关于轻微刑事案件适用“刑事和解”的规定》（试行）。

通过对轻微刑事案件,在当事人自愿赔偿和谅解的基础上促成和解,最大限度地化解矛盾,修复因犯罪而损害的社会关系,减少社会对抗。

是月　区三十岗乡人民政府被国家统计局授予“农业普查先进集体”称号。

是月　区政府网站被安徽省政府网建设办公室表彰为优秀网站,为全省15个县(区)级优秀网站之一。

9　月

1日　受区政府委托,区外经贸局开始行使外资审批职能,行使投资总额在3000万美元以下(不含3000万美元)国家产业目录中鼓励类、允许类外商投资企业合同章程核准权。

是日　区三十岗中心小学开通校车接送瞿咀、堰稍、崔岗3个村25个自然郢的学生,区政府一年支付租用两辆校车经费14万元。

5日　区工会2007年度职工互助保险工作被市总工会评为一等奖。

是日　安徽省档案局(馆)受国家档案局、中央档案馆委托,对区档案馆创建国家二级档案馆进行测评验收。区委副书记虞基浩、副区长刘剑与会。

6日　区卫生局举办“2008年全区母婴保健专项技术及计划生育服务技术”培训班。辖区省立医院、市一院和市妇幼保健院等10多家医疗保健机构263名医务人员参加培训。

9日　国家文明委检查组一行2人深入区海棠街道藕塘社居委芙蓉苑西村对30户家庭作问卷调查

11日　市委常委、政法委书记杨思松率市检查组来区检查指导依法取缔正三轮车非法营运包保及政策落实工作。区领导虞基浩、杨献付、姜鸿杰、王家满陪同检查。

是日　全区“邻里守望”工作现场会在市公安局庐阳分局召开,推广安庆路街道“邻里守望”协会的经验做法。市委常委、政法委书记杨思松、省综治办督导处处长张兵、区委副书记虞基浩、区委常委、政法委书记沈思军出席会议。会议由副区长姜鸿杰主持。

是日　区档案馆晋升国家二级档案馆。

15日　长江中路改造竣工通车。

17日　全国政协人口环境资源委员会调研组调研区三十岗乡陈龙村生活污水处理项目工程利用情况。

18日　全区44所中小学45000多名学生于上午九时同时开展防空疏散演练。

19日　区委书记韦弋率队到卫生系统调研社区卫生服务和公共卫生管理等工作。区委常委、宣传部长焦福斌和区委办主任陪同调研,区卫生局班子成员和卫生系统11家单位主要负责人参与调研。

是日　区妇幼保健站开始对食用“问题奶粉”儿童进行初筛,包括免费做尿常规、B超检查等,并对筛查情况进行日报告。

是日　区长周善武会见安徽碧城置业投资有限公司董事、副总经理杨茂钢一行,双方洽谈合钢三厂宿舍区地块规划方案。

20日　区卫生局再次召开“奶粉事件”专题紧急会议。辖区21家医疗、卫生、保健和社区卫生服务机构负责人参加会议。

是日　区招商局赴上海拜访虹尚海照明科技有限公司设计总监刘东来及上海铭大实业(集团)有限公司总裁秘书林慰思,洽谈LED及创意产业项目。

中旬　全区2008年机关工作人员工资晋级、晋档和事业单位调整薪级工资工作完成。

22日　区招商局拜访上海黄浦区经济委员会南京路地区功能开发办公室主任朱登和,详细了解并学习南京路及外滩金融区功能定位、设计、建设等情况。

是日　区物价局对辖区内商场、超市销售的国产、进口奶粉价格、明码标价情况进行专项检查,为期一周。

25日　市防治艾滋病工作委员会对区实施《合肥市遏制与防治艾滋病行动计划(2006—2010年)》进行半程考核督导。副区长姜鸿杰和区防治艾滋病工作委员会成员单位负责人陪同检查。

26日　全市首次低保听证会在区逍遥津街道义仓社区举行,市低保中心主任陈先发参加听证会并肯定此举措。

是日　江西省党政代表团来区考察市容创建工作。

27日　“中国未成年人网脉工程安徽行”启动仪式在淮河路第三小学举行。淮三小、南门小学、红星路小学、安三小、永红路小学、长三小等校被确定为“中国未成年人网脉工程实践基地”。

是日　全区安全生产和消防安全工作会议召开,区长周善武到会并讲话,副区长张怀科、姜鸿杰出席会议。

28日　区外经贸局核准首家外商投资企业,合肥市禧旺食品有限公司成为区独立行使外商投资企业设立核准权后第一个落户的外资项目。

是月　区编办开始全面清理全区行政、事业编制,加强编制管理,至11月结束。

是月　庐阳区首次对全区种植小麦、水稻及养殖母猪的农户办理保险,保费由市、区财政全部承担(农户交纳的部分由区财政全部承担),全区所有种植小麦、水稻及养殖母猪的农户均办理农业保险。

是月　区大杨镇被省政府命名为“非公有企业专业集群镇”,被市爱卫会命名为“合肥市卫生镇”。

是月　全区充分就业社区达51家,居全市各县区之首。

是月　区劳动和社会保障局开始对符合保障条件的女55周岁、男60周岁以上的被征地农民每人每月发放260元养老金,发放金额从2008年5月开始计算。

10　月

1日　质监庐阳分局执法检查全区大型游乐设施,至7日出动执法人员14人次,车辆7台次,检查大型游乐设施38台,确保无一例设备带病运行。

7日　区委书记韦弋会见金润米业总经理林建清、腾辉置业董事长王木水及九特龙洋服董事长陈志生等考察团一行。

8日　区文明办被市委、市政府授予“依法取缔正三轮车非法营运先进集体”称号,区县桥街道办事处被市委、市政府授予“依法取缔正三轮车非法营运先进单位”称号。

9日　区教育局举办全区教育系统第四届普通话大赛。

11日　省委组织部信息室主任张军一行调研区双岗街道一里井社区基层党建信息工作。

12日　江西省民政厅党组书记、厅长徐毅一行来区亳州路街道亳州城社区进行考察。省民政厅党组书记、厅长刘健、市民政局局长方东平、区长周善武、副区长潘士琴陪同考察。

13日　合肥市先进县区和合格乡镇(街道)工会表彰暨经验交流现场会在庐阳区召开。区工会荣获“全省先进工会”称号,成为唯一获此殊荣的城区工会,并荣获“全市合格县区工会”称号,区安庆路街道、亳州路街道、双岗街道工会荣获“全市合格乡镇(街道)工会”称号。区委副书记虞基浩荣获“全省优秀工会之友”称号,区工会主席王继仙荣获“全国先进工会工作者”称号。

是日　市总工会主席叶和章、副主席张吕金在区委副书记虞基浩、区工会主席王继仙等陪同下来到区亳州路街道亳州城社区，为全市首批全国工会“职工书屋”示范点揭牌。

是日　红星路小学鼓乐团在省暨合肥市庆祝少先队建队59周年鼓管乐队展示评比活动中获得特等奖，六安路小学、虹桥小学鼓管乐队获得金奖，大杨镇中心学校“腰鼓队”、育新小学“彩旗队”获得最佳表现奖。

是日　区“扫黄打非”工作领导小组办公室组织公安、工商、文化、市容部门对辖区新闻出版物进行专项检查。区委常委、宣传部长焦福斌、副区长刘剑参加检查。

14日　省文明委考评组对区大杨镇岗西村和合肥45中学未成年人思想道德建设工作予以考评。

是日　市人口与计生委主任查凯调研指导区益民街道计生网格化管理工作。

16日　市交警支队交警大队更名揭牌仪式在原交警四大队院内举行。市公安局副局长张华、副区长姜鸿杰共同为原交警四大队揭牌，原交警四大队更名为合肥市公安局交通警察支队庐阳大队。

17日　区二届人大常委会第十五次会议在区政务中心人大常委会会议室召开。会议听取和审议区检察院关于履行法律监督职能情况的报告和区政府关于贯彻落实《劳动合同法》情况的报告；表决通过有关人事任免事项；传达学习全省人大工作会议精神。区人大常委会副主任杨琼主持会议。

20日　区建设学习型城区指导委员会特邀中国社会科学院副研究员、服务经济理论与政策研究室副主任、中国人民大学博士后姚战琪来区就现代服务业的发展趋势、重点领域以及如何提升中心城区竞争力等问题进行专题讲座。

21日　市妇联副主席吴红率市妇女儿童维权示范社区考察组检查验收区亳州路街道亳州城社区和逍遥津街道义仓社区妇女儿童维权示范点工作。

是日　区招商局接待天虹商场股份有限公司拓展部经理段志鹏等一行。

22日　区县桥街道辖区市委大院小区整治工程开始施工，这是全区2008年启动的第二个老旧小区整治工程，工程总投资272万元。此前投资160万元的益民街道辖区德胜门小区于9月份开工，11月底竣工，实现“路平、水畅、灯明、有绿、环境优美”的整治目标。

23日　区政协二届十四次主席会议召开。区政协主席任传英主持会议，副主席王家满、彭守海、祁强、唐亮出席会议。会议传达学习市政协十二届三次常委会议精神；通报全区政协工作会议的筹备情况，并重点讨论有关文稿；审定推荐5名区政协委员为公安庐阳分局行风监督员；研究筹备召开区政协二届十二次常委会议的有关事项；部署加强委员管理工作和年底前工作任务。

23—24日　区工会举办厂务公开民主管理业务知识培训班，全区乡镇、街道、系统、机关、社区工会联合会和部分非公企业工会干部120人参加培训。

24日　区政府召开“绿化乡村，清洁家园”活动动员会。

是日　团区委、区招商局举办青年企业家“齐聚庐阳话发展”沙龙。安徽置地投资、天威保变、苏宁电器、中信银行、百大集团等企业青年企业家代表40余人与会。团市委书记吴娅娟、副书记许汉生、市青企协会会长周鑫、区委书记韦弋、副书记虞基浩、区委常委、副区长王连贵、王岚参加沙龙活动。

25日　区招商局接待韩国希杰CGV影院

开发经理阎姝、合富辉煌房地产商业经理单其纯等一行，客人重点了解区商业地产布局及开发建设情况并实地考察。

27日　区妇联获全省妇联系统先进集体称号

29日　区大杨镇卫生院创成全市星级防保站。

是日　区大建设复建点—梧桐嘉园开始安置，至31日完成拆迁户456户回迁安置。梧桐嘉园位于蒙城路与涡阳路交汇处，离北二环砀山路约200米距离，一期规划建设4.45万平方米9幢安置楼456套房屋。

30日　庐阳区政府与合肥市供水集团签定庐阳区西北部（三十岗乡和大杨镇北部）农村供水工程代建框架协议。11月5日，该工程动工。

31日　合肥市第九届运动会落幕。庐阳区体育代表团在该届运动会上获得金牌总数和团体总分、奥运项目金牌总数和团体总分、非奥运项目金牌总数和团体总分六项第一，并荣获道德风尚奖。

是月　区林业局（绿化办）参加全市开展的道路绿化“大比武”活动，区境内8条道路完成绿化改造任务。

是月　区检察院获2008－2009年度省级“优秀青少年维权岗”。

是月　区应急办、教育局开展全区中小学生抗震应急演练活动。

11　月

3日　庐阳区在第二届中国（合肥）国际家用电器博览会签约仪式上分别与安徽宝钢钢材配送有限公司签下宝钢国际合肥钢材加工配送中心二期项目，与德国HAY COMPUTINGSERVICE GMBH签下电视机套料产品出口协议。

是日　区安庆路街道司法所被省司法厅命名表彰为“省级示范司法所”。

5日　庐阳区农村安全饮用水开工仪式在大杨镇谢岗村举行，该工程将解决三十岗乡16个新农村建设点和大杨镇5个新农村建设点2万余居民的饮水安全问题。

7日　全区政协工作会议在区政务中心综合楼五楼小礼堂召开。区领导韦弋、周善武、任传英、虞基浩、谭峰、王辉、沈思军、王岚、杨献付、王家满、彭守海、祁强、唐亮等出席会议；区人武部政委，区法院院长、检察院检察长，区政协常委，各乡镇、街道、工业区党（工）委书记、分管联系政协统战工作的负责人，区直各部门主要负责人参加会议。区委副书记、区长周善武主持会议，区委副书记虞基浩宣读《中共合肥市庐阳区委关于进一步加强全区政协工作的意见》，区政协主席任传英作工作讲话，区委书记韦弋作重要讲话。

9日　民建合肥市庐阳区总支组织100多名会员开展“三大推进看庐阳”活动，纪念改革开放30周年。市政协副主席王世清、区委副书记虞基浩、副区长张怀科、区政协副主席彭守海等参加活动。

10日　区招商局引荐并陪同中国平安财产保险股份有限公司副总经理严震及安徽商之都有限责任公司经理沈逢义拜访钱塘集团总经理助理田茂栋，洽谈平安财险及商之都选址入住钱塘集团北国大厦事宜。

12日　合肥市优秀党课下基层巡回报告会首场报告在庐阳区政务中心小礼堂召开，全区290名党员干部聆听报告。市委宣传部副部长郑家余、市纪委宣教室主任赵广帜、市委宣传部宣教处处长张平及区委宣传部负责人出席报告会。

是日　区招商举办系统岗位大练兵活动，组织全区招商系统近60人参加专业知识培训、素质拓展训练及爱国主义教育。

是日　庐阳工业区3074户拆迁户开始入住荣城花园住宅小区。该小区为合肥市大建设中最大的复建点，总投资4.5亿元，占地327亩，建筑面积36万平方米，可回迁安置1万余人。

14日　国家人力资源和社会保障部就业促进司副司长刘丹华一行来区百帮创业服务中心进行调研。省劳动保障厅副厅长陈晓玲、省就业服务局局长刘良骅、市劳动保障局局长朱正跃、区长周善武、区委常委、副区长王连贵等陪同调研。

15日　全国总工会副主席、书记处书记陈荣书率全国总工会调研组来市考察调研。区工会参加调研，并作主题为“庐阳区党政把更多资源和手段赋予工会组织”的专题汇报。

19日　由市委宣传部、市民族事务委员会联合开展的全市民族团结进步宣传月表彰会在庐阳区召开。市民委主任程耀广参加会议并为先进单位和个人颁奖。

20日　区招商局接待淮安市旺城新型建材有限公司执行董事俞富元一行，客人重点了解工业区及电厂周边情况，意投资建设电厂配套产品项目。

是日　省民政厅党组成员、省老龄办专职副主任侯世标、省老龄办业务处处长张敏、省老龄办综合处副处长严方才、市民政局副局长刘福享、市老龄办常务副主任方明来区县桥街道调研社会化养老服务工作。

截至是日　交警庐阳大队共处罚交通违法行为72887起，记分56012分，罚款886万余元，暂扣机动车1520辆，行政拘留11人；上传违法抓拍图片23101张，适用一般程序处罚609起，非现场处罚10812起；接报警总数21049起，其中交通事故报警18736起，交通秩序报警2170起；辖区共发生各类交通事故16687起，其中重大（死亡）事故19起，造成19人死亡，一般（伤人）事故98起，造成101人受伤，简易程序事故2321起，造成186人受轻伤，直接经济损失601万余元。

21日　区市容局清洁队掏粪班班长迟建平、庐阳工业区伟宏钢构公司总经理曹雁冰分别荣获合肥市首届道德模范敬业奉献、诚实守信模范称号，辖区居民李泽生获合肥市首届道德模范提名奖。

22日　省商务厅商改处处长陈源专题调研区城市商贸服务业发展示范区试点筹划工作。区长周善武、区委常委、副区长王连贵等陪同调研。

22—23日　合肥市六安路小学机器人代表队赴新加坡儒廊小学参加2008年第二届亚太地区VEX机器人工程挑战赛暨2009年VEX机器人世界锦标赛，获得1金1铜，成为安徽省唯一一个参加“亚联盟”锦标赛夺得金牌的单位。

23日　区大杨镇谢岗村新发现一处商周古遗址—欢堆湾遗址。

25日　区招商局接待湖北银兴影业投资管理有限公司常务副总李彤等一行，客人实地考察全市电影院线情况，并洽谈区文化地产项目。

是日　区直机关工委举行干部职工读书竞赛活动颁奖交流会。市直机关工委书记蒋峰，区领导任传英、虞基浩、焦福斌、曹佑华出席会议。

26日　省商务厅授予庐阳区“安徽省城市商贸服务业发展示范区试点单位”牌匾。

27日　区卫生监督所开展专项执法，打击四里河路周边的无证诊所，现场公开取缔5家无证诊所，对2家多次取缔仍继续经营的诊所立案查处。

28日　由河北省石家庄市市委副书记、代市长艾文礼率领的石家庄党政代表团来区参观考察城中村改造情况。副市长李红、区长周善武等陪同考察。

29日　市长吴存荣来区大杨镇、三十岗乡实地调研新形势下农村改革发展及"清洁家园、绿化乡村＂等相关工作开展情况。市领导张进、孔向阳、柴修发、何杰，区委书记韦弋、区长周善武、副区长王岚及区农委、大杨镇、三十岗乡党政负责人陪同调研。

是月　庐阳区组织参展“2008年中国·合肥苗木花卉交易大会”获组委会颁发综合“银奖”。

是月　全区超额完成市下达全年500户改厕任务，实现改厕639户，占全年任务的127.8%。

是月　淮北路（阜阳北路至蒙城北路段）改造工程开工建设。淮北路全长4.5公里，此前北二环至清源路已建成通车。此次实施改造的阜阳北路至蒙城北路段全长1124米，道路宽30米，道路抗震设防烈度7度，施工总投资1858万元，建设工期120天。此次道路改造将进一步完善全市北部地区城市支路管网，同时也是区实现2008年主要污染物减排目标重要举措之一。

12　月

1日　区长周善武会见美国篮球协会资产有限公司上海代表处商务及市场发展总监王祥宇一行，王此行专为美国NBA联赛中国赛区建设运动场馆考察选址。

2日　区二届人大常委会第十六次会议召开，会议决定2009年1月14日召开区二届人大三次会议。区人大常委会党组书记、常务副主任武永新、副主任余华炯、徐志强、杨琼出席会议，区检察院检察长魏竹梅、区法院副院长曾东生列席会议。

3日　省爱卫办考评验收区大杨镇创建省级卫生镇工作。

是日　庐阳区维稳办成立，挂靠区委政法委。

是日　全区社会治安防控专项整治工作会议在区政务中心召开，专题部署社会治安防控专项整治行动。区委常委、区委政法委书记沈思军、副区长姜鸿杰出席会议。

5日　庐阳区荣获全省首家“充分就业城区”称号。全区18.2万有劳动能力和就业愿望的劳动者中17.8万人找到工作岗位，就业率达98.2%。

7日　三十岗乡人民政府荣获“2008年度合肥市卫生先进单位”。

是日　区疾病预防控制中心、卫生监督所被正式命名为“合肥市卫生先进单位”。

7—8日　区司法局到市义城监狱、劳教所、省少管所进行第15次延伸帮教慰问活动。

8日　四泉花园开始安置。该复建点位于肥西路以西，临泉西路以北，与正在治理的四里河相临，一期建设7.26万平方米，14幢安置楼721套安置房，主要安置蒙城北路、临泉西路、肥西路、四里河南路、亳州路、北一环、寿春西路等大建设道路526户拆迁户。安置工作于12日结束。这样在庐阳区的四个大建设安置点2000余套房屋将在年内全部安置结束，实现在全市大建设回迁安置中，时间最早、面积最大、户数最多。

是日　安庆路第三小学参加首届中国农民歌会开幕式并演唱《二十四节气歌》。

10日　民政部救助司农村处处长杨光伟来区逍遥津街道义仓社区检查验收城市低保工作，省民政厅低保处处长朱先平等陪同。

是日　庐阳区在全市率先开展2009年度农村党员、干部主题教育培训班，全区农村基层组织建设领导小组成员单位负责人、乡镇机关及站所干部、村“两委“成员和部分农村致富带头人、“双培双带”示范户共150人参加培训。区委副书记虞基浩、区委常委、组织部长曹佑华出席培训班开班仪式。

12日　市委统战部副部长黄永祥率市民族宗教工作领导小组一行检查区民族宗教工作。

13—15日　政协合肥市庐阳区第二届委员

会第三次会议在庐阳区政务中心大礼堂召开。会议审议并通过常委会工作报告、提案工作情况报告和提案审查情况的报告；通过会议决议；增选王光荣、张平、黄保俊三位委员为政协常委；大会对4个先进专委会、4个先进联络组、16名优秀政协委员、5件优秀提案进行表彰。

14—16日　庐阳区二届人大三次会议在区政务中心召开。会议听取并通过政府工作报告、人大常委会工作报告、区人民法院工作报告、区人民检察院工作报告，审查批准区2008年国民经济和社会发展计划执行情况及2009年计划报告、区2008年预算执行情况和2009年预算报告，并通过各项决议。

16日　合肥市民防办，人防办章晓虎副主任带队的市检查组对庐阳区县桥街道，花园社区，五星寺社区民防工作进行检查验收。

17日　市司法局局长沈自怀带领市综治重点工作检查组检查区海棠街道社区平安创建工作，区委常委、区委政法委书记沈思军等陪同检查。

是日　全区安全生产工作会议在区政务中心召开。区长周善武出席会议并作重要讲话。

是日　区政协二届十五次主席会议召开。区政协主席任传英主持会议，副主席王家满、彭守海、周健、祁强、唐亮出席会议。

19日　市委书记孙金龙来区调研就业和社会保障工作。市委常委、秘书长安列，副市长卢仕仁，区委书记韦弋，区长周善武，区委常委、副区长王连贵陪同调研。

20日　在中央文明委召开的全国精神文明建设工作表彰大会上，大杨镇荣获“全国创建文明村镇工作先进村镇”称号，庐阳区推荐的合肥市第一人民医院荣获“全国文明单位”称号，合肥市百货大楼集团股份有限公司、合肥市南门小学获“全国精神文明建设工作先进单位”称号。

是日　庐阳区开展“清洁家园绿化乡村”千村百日行动结束。该活动从2008年11月上旬开始，以改善农村环境卫生、提升绿化水平为重点，开展“六项清理”和“三项绿化”，动员广大干部群众积极参与，实现改变农村庭院、村庄、集镇的环境卫生面貌，达到全面净化，绿化村容环境的目的。至活动结束，共绿化道路21317米，植树11087株，建立固定垃圾收集站91个，安置各类宣传牌70个。

21日　省长王三运来区亳州路街道亳州城社区看望慰问社区工作人员。省长王三运强调，搞好社区工作最重要的就是要让老百姓感到满意，社区工作人员一定要围绕“五感”（安全感、归宿感、温馨感、和谐感和幸福感）把工作进一步做好，共同取得更大的成绩。省委常委、省总工会主席王秀芳，副省长文海英、唐承沛，市领导黄同文、董昭礼、熊建辉、安列、杨思松、卢仕仁，区领导韦弋、周善武、潘士琴等陪同慰问。

22日　省司法厅检查组来区安庆路街道司法所检查、指导“进社区大服务”工作。

是日　区工会在市总工会2008年度工会工作目标责任制考核中，荣获一等奖。

22日　全区卫生系统年终总结表彰大会在区政务中心小礼堂隆重召开。区直各医疗卫生单位近400人参加会议。区长周善武、市卫生局副局长陈守春、区委常委、宣传部长焦福斌、人大副主任余华炯、副区长姜鸿杰、政协副主席唐亮等应邀出席会议。

23日　经合肥市水库移民管理办公室、省水库移民管理局确认，庐阳区水库移民后期扶持名单827户、1496人。自2006年7月1日起，每人每年发给600元补助金。

是日　由省级水库移民后期扶持资金投资70万元，分别在三十岗乡、大杨镇建设农田水利、村组道路等6个基础设施项目，惠及三十岗、大杨镇的5个村2700余户、1万多村民，解决5500多亩土地灌溉问题，修复16个自然村间的道路，搬迁安置3户董铺水库移民。

24日　全区“清洁家园，绿化乡村”行动暨五好文明家庭“美在农家”示范户表彰大会在三十岗乡召开，表彰区五好文明家庭“美在农家”示范户230户。

30日　中共庐阳区委二届八次全体（扩大）会议在区政务中心大礼堂召开。会议深入学习贯彻党的十七大、十七届三中全会中央经济工作会议和省委八届九次、全省经济工作会议及市委九届七次全会精神，认真总结2008年工作，科学分析和把握当前形势，研究部署2009年工作，动员全区上下进一步坚定信心、迎难而上、抢抓机遇、奋力拼搏，努力推进庐阳各项事业在新的更高起点上继续实现又好又快发展，不断加快现代化核心城区和全省首善之区建设步伐。区委委员、区委候补委员出席会议。区人大、政府、政协党员负责人；区委督查组长；区纪委委员；区人武部正副职、各科室主要负责人区法院、检察院党员正副职和纪检组长；副调研员；各乡镇、街道、系统、工业区班子党员负责人；区直各单位、各部门正职及党员副职；区人大各工委党员负责人；区委督查组成员；工商、国土、房产、规划、地税、国税、环保、质监庐阳分局党员主要负责人；各派出所所长、教导员；部分区属企事业单位党员正职，区域部分企业负责人；各村居党组织书记；区人大、政府、政协党外负责人和区各民主党派负责人列席会议。

是日　省审计厅副巡视员、机关党委书记王运清，专职副书记王洪灯及市审计局领导调研指导区审计局精神文明创建工作。

31日　区经济委全面完成市下达区年度工业发展目标。全区规模以上工业企业完成工业总产值98.03亿元，占市下达任务的101.1%，比上年增长55.8%；实现工业增加值28.01亿元，占市下达任务的101.9%，增长37.3%；完成工业投资44亿元，占市下达任务的104.8%，增长37.1%，全面超额完成市下达庐阳区的年度工业发展目标任务。

是月　区大杨镇创建全国文明乡镇通过公示。

是月　区检察院反贪局对区海棠街道藕塘社区原党总支书记刘某某涉嫌受贿一案立案侦查，查明刘某某利用职务之便，多次收受他人贿赂，数额达九百余万元的犯罪事实。该案是区检察院办理的贿赂案件中个人受贿总额及个人单笔受贿数额最大的一起。

是月　区财政局被省人事厅、财政厅授予“2004—2008年度全省财政系统先进集体”称号。

是月　庐阳区在全省范围内率先实现农家书屋村村全覆盖。

是月　全区有高新技术企业18家，创新型企业5家，试点企业3家；专利授权93项，发明专利13项；获得国家、省、市、区项目支持30项；获得市级科技进步奖1项；企业研发中心7个。

是年　全区财政收入完成123868万元，比上年增长38.02%，总量和增速均创历史新高。全区财政支出完成74727万元（含市追加支出指标8834万元），比上年增长20.62%。

是年　合肥市地税局庐阳分局组织地方税收入8.41亿元，比上年增收1.96亿元，增长30.35%（区级收入没有完成区政府年初下达的任务，少收800万元）；社保费收入4.94亿元，同比增收1.05亿元，增长27.23%，收入总量达到13.42亿元，超额完成市局年初下达目标任务，再创历史最好水平。全年对499户企业补征2007年度入库税款851.81万元，征收2008年度入库税款1082.29万元。全年为33户企业565名下岗职工办理减免税210.82万元，为175

名个体工商户办理减免税 71.47 万元。全年入库土地增值税 4316 万元，增收 1355 万元，增长 45.74%，其中结算入库税款 1785.34 万元。全年受理年收入 12 万元以上个人所得税自行申报 211 人次，涉及收入 8290.83 万元，已纳个人所得税 773.09 万元，补缴个人所得税 67.83 万元，为纳税人开具个人所得税完税证明 1.8 万份。

是年　庐阳区招商引资到位资金首度超过百亿元大关，成为全市唯一一个突破百亿元的城区。据不完全统计，全年引进资金总量预计可达 117.4 亿元，同比增长 96.61%，超过 2006、2007 两年引资数总和；实际到位内、外资及总量在全市县区中排名第一，取得历史性突破。

是年　庐阳区全面落实义务教育阶段各项优惠政策，支持教育事业发展，全年累计拨付教育经费 14495 万元。全年投入 2600 万元重点改扩建合肥市第十九中学、钢铁新村小学、古城小学、幸福小学，兑现义务教育阶段免杂费资金 1073 万元。

是年　庐阳区全力支持“大建设”，不断加大公共基础设施和城市管理投入，全年累计拨付“大建设”资金 14800 万元，是 2007 年的 2.5 倍。

是年　区政府出台《关于鼓励现代服务业发展的奖励政策》，并宣传现代服务业政策。

是年　区审计局被评为 2007 年度全市审计系统先进集体和审计信息化先进集体。

是年　区统计局被评为 2004—2008 年省级统计系统先进集体。

是年　区信访局被市委、市政府表彰为 2005—2007 年合肥市先进单位。

2009 年

1　月

7 日　三十岗乡人民政府荣获“2008 年度合肥市卫生先进单位”。

是日　区疾病预防控制中心、卫生监督所被正式命名为“合肥市卫生先进单位”。

7~8 日　区司法局到市义城监狱、劳教所、省少管所进行第 15 次延伸帮教慰问活动。

13–15 日　政协合肥市庐阳区第二届委员会第三次会议在庐阳区政务中心大礼堂召开。会议审议并通过常委会工作报告、提案工作情况报告和提案审查情况的报告；通过会议决议；增选王光荣、张平、黄保俊三位委员为政协常委；大会对 4 个先进专委会、4 个先进联络组、16 名优秀政协委员、5 件优秀提案进行表彰。

14–16 日　庐阳区二届人大三次会议在区政务中心召开。会议听取并通过政府工作报告、人大常委会工作报告、区人民法院工作报告、区人民检察院工作报告，审查批准区 2008 年国民经济和社会发展计划执行情况及 2009 年计划报告、区 2008 年预算执行情况和 2009 年预算报告，并通过各项决议。

16 日　合肥市民防办、人防办章晓虎副主任带队的市检查组对庐阳区县桥街道，花园社区，五星寺社区民防工作进行检查验收。

19 日　市委书记孙金龙来区调研就业和社会保障工作。市委常委、秘书长安列，副市长卢仕仁，区委书记韦弋，区长周善武，区委常委、副区长王连贵陪同调研。

20 日　在中央文明委召开的全国精神文明建设工作表彰大会上，大杨镇荣获“全国创建文明村镇工作先进村镇”称号，庐阳区推荐的合肥市第一人民医院荣获“全国文明单位”称号，合肥市百货大楼集团股份有限公司、合肥市南门小学获“全国精神文明建设工作先进单位”称号。

是日　庐阳区开展“清洁家园绿化乡村”千村百日行动结束。该活动从 2008 年 11 月上旬开始，以改善农村环境卫生、提升绿化水平为重点，开展“六项清理”和“三项绿化”，动员广大干部群众积极参与，实现改变农村庭院、村庄、集镇的环境卫生面貌，达到全面净化，绿化村容环境的目的。至活动结束，共绿化道路21317米，植树11087株，建立固定垃圾收集站91个，安置各类宣传牌70个。

21日　省长王三运来区亳州路街道亳州城社区看望慰问社区工作人员。省长王三运强调，搞好社区工作最重要的就是要让老百姓感到满意，社区工作人员一定要围绕“五感”（安全感、归宿感、温馨感、和谐感和幸福感）把工作进一步做好，共同取得更大的成绩。省委常委、省总工会主席王秀芳，副省长文海英、唐承沛，市领导黄同文、董昭礼、熊建辉、安列、杨思松、卢仕仁，区领导韦弋、周善武、潘士琴等陪同慰问。

22日　省司法厅检查组来区安庆路街道司法所检查、指导“进社区大服务”工作。

是日　区工会在市总工会2008年度工会工作目标责任制考核中，荣获一等奖。

是日　全区卫生系统年终总结表彰大会在区政务中心小礼堂隆重召开。区直各医疗卫生单位近400人参加会议。区长周善武、市卫生局副局长陈守春、区委常委、宣传部长焦福斌、人大副主任余华炯、副区长姜鸿杰、政协副主席唐亮等应邀出席会议。

是月　区民政局婚姻登记处获得“2007—2008年度全国婚姻登记规范化单位”称号。

是月　区统计局被省人事厅、省统计局授予“全省统计系统先进集体”称号，为全市统计系统中唯一获此殊荣单位。

2　月

3日　全区大建设暨开发项目拆迁工作总结表彰大会在区政务中心大礼堂召开。会议表彰奖励全区2006—2008年大建设暨开发项目拆迁工作优秀单位6个，先进单位10个，先进集体33个，特殊贡献奖50名和先进个人100名。

10日　国家人力资源和社会保障部副部长张小建、中国残联常务副理事长王乃坤率国务院残工委检查组一行来区残疾人康复中心—金谷医院检查指导工作。副省长唐承沛、省残联理事长张纯和、省劳动保障厅副厅长陈晓玲、副市长卢仕仁、副区长潘士琴陪同检查。

12日　庐阳区集中清理执行积案工作会议在区人民法院召开。区委常委、政法委书记沈思军，区委常委、副区长王连贵，区政协副主席王家满，区人民法院院长许明权出席会议。

17日　庐阳区“规范交通秩序 推进交通文明”集中整治工作启动仪式在天庆大厦广场举行。市委副书记、市长吴存荣，市政府秘书长孔向阳，市公安局局长程翰、市规划局局长王爱华、市公安局交警支队政委张高潮，区领导韦弋、周善武、虞基浩、焦福斌、杨献付、姜鸿杰、王家满出席启动仪式。

是日　市长吴存荣率市直有关部门负责人深入庐阳区调研全民创业，谋划2009年合肥新的发展。先后至大东门社区、花园社区、义井路创业一条街和庐阳区百帮创业大厅视察调研。区委书记韦弋、区长周善武和区委常委、常务副区长王连贵陪同调研。

26日　区政协召开二届十七次主席会议，研究确定区政协2009年工作要点，研究筹备全国部分城区政协工作研讨会第22次会议方案。区政协主席任传英，副主席王家满、彭守海、周健、祁强、唐亮出席会议。

是日　区工会一届八次全委（扩大）会议在区政务中心大礼堂召开，会议表彰2008年度目标责任制考核获奖工会和三星级职工之家。区委副书记虞基浩出席会议并讲话，区人大常委会副主任杨献付、副区长张怀科、区政协副主席王家满出席会议。

是日　全区宣传思想工作表彰大会在区政务中心召开。区委书记韦弋出席会议并讲话。副区长刘剑主持会议。

27日　省政协副主席张学平、以色列BF农业技术公司总裁ZOHAR BENNER等参观考察三十岗乡以色列蔬菜品种示范基地,并就“有机蔬菜推广种植基地项目”进行商谈。省外办、省农委相关处室负责人、副区长刘剑陪同参观。该项目一期占地600亩,投入500万元。

是日　团区委、区劳动部门联合启动“信心2009”青年就业创业服务年工作,服务年以“青春、奋斗、信心、和谐”为主题,共涵盖“送春风”就业创业信息进社区、建立“就业创业见习基地”等六大主题行动。

是月　区妇联在区政务中心召开一届二次执委(扩大)会议。市妇联副主席王兴梅、区委副书记虞基浩、区人大常委会副主任杨献付、区政协副主席王家满出席会议。

是月　区人口计生委被国家人口计生委通报表彰为“全国流动人口计划生育工作先进集体”,成为全省四家获此荣誉的市(区)中唯一的城区。

是月　区市容环卫综合考评名列全市榜首,连续十五年获全市卫生考核桂冠。

是月　大杨镇大杨村荣获“安徽省廉政文化示范村”称号,为全市唯一获此殊荣的行政村。

3　月

3日　全区政法综治信访工作会议在区政务中心大礼堂召开。区委副书记、区长周善武主持会议,区委书记韦弋出席会议并讲话,区委常委、政法委书记沈思军向大会作全区政法综治信访工作报告。

4日　团区委、区志愿者协会在全区开展“志愿中博行、创造新生活”专项主题志愿者服务月活动,迎接第10个“中国青年志愿者服务日”和第四届中国中部投资贸易博览会的召开。

5日　全区武装工作会议在区政务中心召开。区委书记、区人武部党委第一书记韦弋,区委常委、区人武部部长王辉,副区长姜鸿杰,区人武部政委彭建军及各乡镇、街道党(工)委书记、人武部长、专武干部参加会议。

6日　区文化局获2008年度全市“扫黄打非”工作先进集体称号。

13日　三十岗乡第十五届人民代表大会第四次会议胜利召开。此次会议按照《中华人民共和国地方各级人民代表大会和地方各级人民代表大会组织法》规定,依法选举该乡政府乡长和副乡长。

14日　全区新农村建设工作会议召开。区长周善武出席会议并讲话,区委常委、副区长王岚主持会议,区农村建设领导小组成员单位及有关部门负责人参加会议。

16日　三十岗乡“村村通”道路—孙大路启动建设,该路为区2009年民生工程的首条“村村通”道路,东起三十岗乡合姚路,西至孙大冲,全长0.6公里,投资近50万元。

17日　“机关工作礼仪”知识讲座在区政务中心大礼堂举行,首都精神文明办“文明礼仪讲师团”特聘讲师、北京奥运会、残奥会礼仪培训专家杨金波应邀主讲,区四大班子领导和全区干部职工聆听讲座。

19日　三十岗乡与区法院、司法局、老龄委共同举行“敬老爱老”活动年启动仪式。三十岗乡是2009年在全市最早启动“敬老爱老活动年”的乡镇。

26日　国家人力资源部来区安庆路街道杏花社居委调研企业退管示范社区工作。

28日　区委中心组召开专题学习会，邀请全国人大代表、省社科院文学研究所所长钱念孙作“全国两会精神”专题辅导报告。区委书记韦弋主持会议并讲话，区委中心组成员、区人民法院、区人民检察院主要负责人和区委党校常务副校长参加会议。

30日　全区安全生产工作会议在区政务中心大礼堂召开。市安委办主任、安监局局长方正杰，区长周善武出席会议并讲话，区人大常委会副主任徐志强、副区长张怀科、区政协副主席王家满参加会议，副区长姜鸿杰主持会议。

是日　由市水利局720万元的自然河治理工程开工建设。这条自然河地处三十岗乡崔岗村和肥西长岗交界处，是董铺水库、大房郢水库上游唯一的进水渠。

31日　国家民政部社会救助司城市低保处处长刘喜堂、副处长靖铭来区逍遥津街道义仓社区和安庆路街道城隍庙社区调研低保工作。省民政厅低保处处长朱华平、区委常委、副区长王岚等陪同调研。

是日　区政协主席任传英主持召开区政协二届十四次常委会议，重点研究确定区政协2009年工作要点及各专委会年度工作计划。区政协副主席王家满、彭守海、祁强、唐亮及区政协常委出席会议，各专委会主任列席会议。

是日　市档案局局长董吉华一行来区调研、指导档案工作。区委副书记虞基浩、副区长刘剑参加调研。

是月　区妇联荣获安徽省“三八”红旗集体称号，并获基层组织建设创新一等奖。

4　月

1日　全区残疾人基本信息调查工作全面启动，这是全区自成立残疾人联合会以来规模最大、范围最广、项目最多的残疾人专项调查。

2日　区长周善武会见中铁房地产集团合肥置业有限公司铁铮经理等一行，双方就中铁国际城项目建设中所遇到的变电所、学校及员工就餐等问题进行商谈，并落实解决方案。常务副区长王连贵参加会见，市规划局庐阳分局、区教育局、招商局、杏花村街道和大杨镇的主要负责人会见时在座。

是日　中国法院网首页头条和安徽法院网首页相继刊载题为《铮骨柔情 大爱无疆》的长篇通讯报道，以图文形式追记全国模范法官、原庐阳区法院研究室主任姚维家。中国法院网“法院英烈纪念馆”专栏专门刊登姚维家照片和生平事迹以及纪念文章八篇。庐阳区法院报送的“再次掀起学习姚维家先进事迹热潮”一文也刊载其中。

7日　中残联副理事长申知非等一行来区考察残疾人正三轮车主的就业、生活情况。省残联理事长张纯和、副市长卢仕仁等陪同考察。

8日　志邦橱柜正式投产。志邦橱柜位于庐阳工业区，为全省最大的橱柜生产基地。

10日　合肥首届牡丹节在三十岗乡三国遗址公园开幕。坐落在三国新城遗址公园内的万福牡丹园，占地5000平方米，近11000株牡丹分为53个品种，包含洛阳红、银红巧对、黑桃皇后、墨池争润等9种色系51个品种。

11日　中共中央办公厅局长刘新生、处长薛莎莎一行来区逍遥津街道义仓社区调研指导工作。省委督查室陪同调研。

14日　全国政协委员、社会和法制委员会副主任、原劳动和社会保障部副部长王东进带领全国政协社会和法制委员会“返乡农民工与统筹城乡就业问题”专题组来区调研农民工创业等问题。省政协有关部门负责人、市政协主席董昭礼、副主席郭本道、区长周善武、区政协政协任传英、副区长张怀科等陪同调研。

17日　全区劳动保障工作会议在区政务中心召开。区委书记作重要讲话。区长周善武主持会议。市劳动保障局副局长高峰、区人大常委会副主任杨献付、区政协政协王家满、副区长张怀科出席会议。

20日　庐阳区创业者协会成立。该协会为合肥市首个创业者协会,首批会员单位45个,首任会长严正。

23日　由合肥市市委宣传部、市文广新局组织的“庐州放歌”—百场文艺下基层巡演活动来区双岗街道高河埂社区演出。

25日　省、市和谐社区工作领导小组一行检查验收区逍遥津街道义仓社区开展和谐社区创建工作。副区长潘士琴及区相关部门负责人陪同。

26日　庐阳区开展“4•26”世界知识产权日活动和商标法著作权法等知识产权法规宣传活动。

28日　区三牌楼街道党工委与省直机关工委在省直工委会议室举行结对共建签字启动仪式。省直工委委员、巡视员王志军,省直工委副巡视员郑胜源,省直工委机关党委专职副书记赵济德,区委书记韦弋,区委副书记虞基浩,区委常委、组织部长曹佑华及区三牌楼街道党工委书记出席仪式。会上,省直工委向庐阳读书社捐赠图书数百册。

是日　庐阳区召开辖区省级以上文明单位会议,调查统计省级以上文明单位与农村行政村结对共建活动情况。辖区18家省级以上文明单位参加会议。

29日　团区委召开“传承五四精神、践行科学发展”全区直属团组织负责人会议。会议传达共青团合肥市第十三次代表大会精神,集中学习省委常委、市委书记孙金龙在团代会开幕式上的重要讲话和共青团合肥市委书记吴娅娟在团代会上所作的工作报告,并通报共青团合肥市第十三届委员、候补委员选举产生情况。

5　月

5日　市总工会主席叶和章率调研组来庐阳工业区开展“同舟共济保增长、建功立业促发展”为主题的实践科学发展观专题调研。区委副书记虞基浩、区工会主席王继仙陪同调研。

6日　区人民法院在全省法院调解工作经验交流会上被授予“全省法院调解工作先进集体”荣誉称号。

是日　民建会员、纪念日服饰连锁公司总经理张燕向三十岗乡敬老院捐赠15台格力空调,价值3万多元。市政协副主席、民建市委主委王世清,区政协副主席彭守海、唐亮出席捐赠仪式。

是日　区双岗街道办事处被授予“合肥市政务公开示范点”称号。

8日　区双岗街道办事处被授予“安徽省卫生先进单位”称号。

9日　中组部老干部局一处处长史辉等一行来区逍遥津街道义仓社区调研指导社区老干部服务工作。省委组织部副部长、老干部局局长詹福稳,省委老干部局副局长魏广林,市委组织部常务副部长汪德满,市委老干部局局长马谟荣,副局长樊立克,区委书记韦弋,副书记虞基浩等陪同调研。

14日　国家人口计生委宣教司副司长施春景、北京大学人口研究所教授穆光宗等一行到庐阳区逍遥津街道义仓社区和三十岗乡的农家书屋实地查看评估婚育文化宣传阵地建设,仔细了解婚育新风进万家活动开展情况及经验做法。省人口计生委副主任殷光亚、宣教处负责人等陪同。

是日　副省长黄海嵩到庐阳工业园区天威

合变公司考察调研。

是日　区文明办组织召开各乡镇、街道、庐阳工业区文明办主任和区直各相关部门创建科室负责人会议。会上，印发《庐阳区深入开展“迎国庆讲文明树新风”活动任务分工方案的通知》和《关于广泛开展“我们的节日•端午”主题活动的通知》，对“迎国庆讲文明树新风”活动、“我们的节日•端午”主题活动以及第六届“走向文明”文艺下基层演出等相关工作进行具体部署。

21日　三十岗乡崔谭路、谭岗路、袁湾路破土动工，道路总长约8公里，投资430万元。由区修建的“村村通”工程崔谭路、谭岗路是三十岗乡道路交通建设规划“三横六纵”（即以环湖北路、岗崔路、除河干渠路为三横，以古城路、大姚路、崔谭路、柴冲路、谭岗路、东瞿路为六纵）道路网中的“六纵”之一，道路全程贯穿崔岗、堰稍、东瞿3个行政村的6个村民组，受益群众达2800多人。

22—25日　全国部分城区（市、县）政协工作研讨会第22次会议在庐阳区召开，来自全国部分省、自治区的20个城区（市、县）的80多名政协工作者参加此次会议。市政协副主席杨治茂出席会议并讲话，区委书记韦弋致欢迎词，区政协主席任传英致开幕词。区委副书记、区长周善武，区委副书记虞基浩，区人大副主任武永新，区政协副主席王家满、彭守海、周健、祁强、唐亮出席开幕式。

27日　第六届“走向文明”文艺下基层巡演活动在人民广场（老市府广场）举办首场演出，市委常委、宣传部长林存安出席并致辞。区委副书记虞基浩，区委常委、区委宣传部部长焦福斌，副区长姜鸿杰陪同观看演出。

28日　庐阳区第六届三十岗西瓜节在陈龙村汉代风情街拉开帷幕。区委常委、宣传部长焦福斌，副区长王岚出席开幕式。第六届西瓜节为期16天，至6月12日结束。本届西瓜节秉承“瓜乡风情、魅力田园”的主题，借鉴历届西瓜节成功举办和省、市其他类似节庆活动的经验，大胆创新，探索新模式、新方法，取得良好的经济、社会效应。西瓜节举办期间，各农家乐共接待游客30926多人，提供农家饭3325桌，餐饮收入约40多万元左右。

29日　中央电视台来区采访辖区荣获“合肥市功勋母亲”称号的马毛姐。

30日　市第六届少儿艺术节庐阳区专场演出在区政务中心大礼堂举行，该演出活动由中共合肥市委宣传部、市关工委、市文广局、市教育局联合举办。区杏林小学、安三小以及省委机关幼儿园的舞蹈脱颖而出，代表庐阳区参加市第六届少儿艺术节“放飞希望”综合场演出。

31日　团区委、市供水集团团委、三十岗乡团委共同开展“百企助百村、书香溢童年”系列活动。团市委书记吴娅娟为捐赠援建的古城小学“思源书屋”题词揭牌。

是月　区检察院督促起诉的百大集团一案，法院作出判决，为其挽回经济损失220余万。2008年区检察院在调查百大集团工作人员涉嫌职务犯罪案件过程中，发现该集团有200万资金存在损失风险，遂发出《督促起诉意见书》，督促该集团及时向法院提起民事诉讼，有效防止国有资产的流失。

6　月

4日　市长吴存荣来区调研城市建设管理工作。

5日　区长周善武调研淮河路步行街两侧的“非字巷”文明创建工作，并在区逍遥津街道办事处召开现场会，对“非字巷”文明创建工作提出明确要求。

6日　庐阳区农村饮水安全工程进村入户

通水仪式庆典在三十岗乡东瞿村文化大院举行。三十岗乡东瞿村和大杨镇谢岗村的几百户村民在仪式上率先品尝干净的自来水。这标志着庐阳区投资2000万元奋战8个月的农村安全引水工程正式完工，也宣布庐阳区西北2万多村民将逐渐告别守着“大水缸”没自来水喝的日子。

13日　全区创建全国文明城市工作会议在区政务中心召开。区委副书记虞基浩主持会议，区长周善武出席会议并作重要讲话，区委常委、宣传部长焦福斌、副区长姜鸿杰、区政协副主席王家满出席会议。

22日　省台办机关党委与区益民街道庐江路社区结对共建。

23日　省军区政委、少将文可芝来区人武部调研学习实践科学发展观情况。

28日　省委常委、市委书记孙金龙来区视察指导工作，并开展民办教育调研活动。

是日　省住房与城乡建设厅机关党委与三十岗乡崔岗村党支部举行结对共建签字仪式。省住房和城乡建设厅党组书记、厅长倪虹，党委书记卜建民，庐阳区委副书记虞基浩、区委常委、组织部部长曹佑华以及三十岗乡党委负责人参加结对共建签字仪式。29日，省住房与城乡建设厅机关党委与益民街道环城南路社区党委签订结对共建协议书。自此省直机关、城市街道与农村城乡党建三位一体的“三合一”结对共建新模式形成。

29日　庐阳区第六届文化艺术节·非物质文化遗产优秀作品展在区政务中心举办，共展出全区民间艺人精心制作的剪纸、植物种子画、烙铁画、丝网花、十字绣等各类作品100余幅。据统计，全区非物质文化遗产共有8大类46项，涉及民间文学、民间美术、民间手工技艺、民间知识、民间舞蹈、民间曲艺等方面。其中，区光明街道“唐氏剪纸”被评为合肥市级非物质文化遗产。剪花艺人唐定兰、葛崇云分别被评为合肥市级非物质文化遗产代表性传承人和“合肥市十大民间艺人”。

7　月

9日　庐阳区公共文明建设工作专题会议在区政务中心召开。区委书记韦弋、区委副书记虞基浩、副区长姜鸿杰，区委办、文明办、市容局、交警庐阳大队主要负责人，各乡镇、街道、庐阳工业区党（工）委书记参加会议。

23日　全区文明创建工作会议在区政务中心召开，再动员部署城市公共文明指数测评工作。区委副书记、代区长吴劲与会做重要讲话，副区长姜鸿杰主持会议。区委副书记虞基浩，区委常委、宣传部长焦福斌，区政协副主席王家满出席会议。

30日　区政府办、区直机关工委印发《庐阳区机关干部督查城市管理工作方案》，要求自7月30日起40个区直机关部门分成13个组分别与各镇、街、工业区结对包联；每组每天不少于4名机关干部深入到包联的镇、街、工业区，对主次干道、小街巷、居民小区、农贸市场、广场公园的环境和秩序，机动车、非机动车是否有序停放、是否侵占盲道以及文明创建的宣传内容、氛围等进行督查。

31日　城隍庙市场联合党委成立。城隍庙工商分局支部、城隍庙市场管理处支部、物业管理公司支部、市文化馆支部、省司法厅机关党委、古玩市场党支部、庐阳宫支部党委、安庆路派出所支部等纳入联合党委。

是月　财富广场楼宇党委挂牌成立，下设17个党组织，党员278名，成为全省首家“楼宇党委”。

8 月

4日　区委二届十次全体（扩大）会议在区政务中心大礼堂召开。

5日　区委副书记、代区长吴劲接待日立建机（中国）有限公司副总经理先锋一行8人到庐阳区考察项目，洽谈投资事宜。

12日　省委常委、市委书记孙金龙到庐阳区调研城市和流动人口计划生育工作。

22日　全国城市公共文明指数测评组对区逍遥津街道大东门社区的供电局小区和逍遥津小区内20户居民进行城市公共文明指数测评。

24日　国家民政部基层政权和社区建设司副巡视员曹国英一行来区视察社区建设，并赴区逍遥津街道义仓社区调研和谐社区建设情况。省民政厅厅长刘健、市民政局局长方东屏、代区长吴劲、副区长潘士琴等陪同调研。

是月　区检察院成功办理一起民行申诉和解案件。申诉人合肥市环亚置业发展有限公司与被申诉人安徽正中典当有限公司自愿达成和解协议，案值达185万元。

是月　区红星路小学工会被市总工会评为五星级职工之家；区杏林街道工会和庐阳工业区物业管理有限公司工会被市总工会评为四星级职工之家。

9 月

12日、18日　合肥市社区“两委”正职培训班80多人分两批来区逍遥津街道义仓社区参观学习。

14日　区海棠街道辖区古汤池国际会所一名留宿客人在四楼包间泼洒汽油纵火，会所值班人员谢松巡查发现，并及时组织扑灭，避免一起群死群伤重大火灾事故的发生。

15日　全省检察机关首个廉洁警示教育基地在庐阳区落成。市人民检察院检察长满铭安，区委书记韦弋，区委副书记、代区长吴劲为基地揭牌。该基地占地200多平方米，由“廉政长廊”“廉洁警示厅”“视听警示厅”三部分组成。

19日　庐阳区第六届文化艺术节开幕式—“唱响庐阳”千人红歌会在市人民广场举行。

28日　合肥市“把党支部建在市场上”现场会暨城隍庙市场联合党委揭牌仪式在庐阳区举行。

30日　庐阳区第六届文化艺术节益民街道分会场举行开幕式。省政协原副主席、省插花协会名誉会长张润霞，省发改委副主任余群，庐阳区政协主席任传英，区委常委、组织部部长曹佑华，区委常委、宣传部部长焦福斌等参加开幕仪式。

10 月

11日　国家人力资源和社会保障部部长尹蔚民率领国务院督查组一行来区百帮创业园督查指导创业孵化基地建设工作。副省长黄海嵩、省政府副秘书长黄晓武、省人力资源和社会保障厅厅长刘莉，市长吴存荣、副市长卢仕仁、市政府秘书长孔向阳，区领导韦弋、许华为、张怀科等陪同督查。

15日　庐阳区组团参加在合肥市国际会展中心举办的第三届“中国文化用品博览会”。

22日　教育部总督学顾问、原教育部副部长王湛率教育部中等职业学校和中小学学习实践活动巡回指导组来区检查指导工作。省委常委、组织部长段敦厚等陪同检查。

是日　庐阳区组团参加在合肥市奥体中心举办的合肥市第二届农运会。

23日　区安庆路街道办事处在市老干局活动中心举行第六届艺术节“九九重阳节，浓浓敬老情”文艺专场演出。

27日　中国关工委常务副主任闵振环、副

主任刘晓连率来自全国36个省会城市、大中城市100多位代表来区栢景湾社区参观考察。

30日 区检察院“检察工作进社区”活动在区杏林街道办事处启动，该院设立的合肥市首个“检察官法律服务站”挂牌。

31日 中央文明网“我推荐、我评议身边好人”活动2009年10月“好人榜”名单揭晓，庐阳区推荐的光明街道大西门社居委主任赵秀珍成为“助人为乐好人”。

是月 区检察院立案侦查的原庐阳区海棠街道藕塘社区党总支书记刘怀寅受贿一案，经合肥市中级人民法院作出无期徒刑判决。该案创下该院反贪历史上查处个人受贿数额之最，共计人民币920余万元，美元3.1万元，日元20万元，其中单笔受贿数额高达170余万元。

11 月

1日 零时是全国人口抽样调查、劳动力调查和群众安全感调查的标准时间。省统计局党组书记、局长汪景宁来区海棠街道海棠社居委第三调查小区检查指导三项调查工作。市统计局局长凌明、副局长王亚斌、代区长吴劲、副区长张怀科等陪同检查。

是日 庐阳区推荐的大杨镇青年丁东的事迹，当选为安徽省9月份“精神文明十佳事迹”。丁东在四川雅安出差期间为保护他人生命财产安全，挺身与持刀歹徒英勇搏斗，因伤势过重而不幸离世。

7日 区逍遥津街道义仓小区获得首届“城市人家”杯合肥十大“最具幸福感”小区之“最民主社区”称号。

12日 《合肥市庐阳区文明街道创建管理办法》以及《合肥市庐阳区文明社区创建管理办法》印发。

20日 合肥市六水厂正式向供水管网输水，每天可为合肥新增供水15万立方米，从而使合肥市日供水能力达到132万立方米。这将彻底解决合肥东部地区和北部组团供水不足的难题。市领导吴存荣、黄同文、安列、李红、倪建华，省住房和城乡建设厅副厅长曹剑及区领导韦弋、吴劲等出席了一期工程并网通水仪式。

21日 省委常委、市委书记孙金龙率市直有关部门负责人深入庐阳工业区调研。市委常委、副市长魏晓明，副市长李红，区委书记韦弋，区委副书记、代区长吴劲等陪同调研。

是日 第四届中国（合肥）徽菜旅游美食节阜南路分会场活动启动，阜南路餐饮联盟成立暨打造阜南路特色餐饮街区启动仪式在同庆楼举行。

23日 柬埔寨奉辛比克党青年协会主席、内阁办公厅副国务秘书谢塞率党青年干部考察团来区参观访问。

31日 中央文明网“我推荐、我评议身边好人”活动2009年11月“好人榜”名单揭晓，庐阳区推荐的“民间灭火英雄”谢松成为“见义勇为好人”。

是月 区检察院获得第十一届“合肥市文明单位”荣誉称号。

12 月

1日 “进一步加快推进中央商务区和北环商住区建设”专题座谈会在区逍遥津街道办事处召开。区委书记韦弋主持会议。代区长吴劲、区委副书记虞基浩、区委常委、副区长王连贵出席并讲话。

11日 区“助人为乐”好人、大西门社居委主任赵秀珍赴安徽宣城参加由中央文明办主办的全国道德模范与身边好人现场交流活动，赵秀珍获授中国好人荣誉证书。

19日 全球第三大零售业巨头英国乐购

（TESCO）安徽首家门店暨节能店——合肥濉溪路店盛大开业。

25日　省委组织部机关党委与逍遥津街道党工委召开结对共建活动座谈会。省委组织部副巡视员、机关党委书记张从军，城市组织处处长张强，机关党委专职副书记黄杏及共建联络员，区委书记韦弋，区委副书记虞基浩，区委常委、组织部长曹佑华参加座谈会。

是日　市集中清理执行积案活动领导小组检查验收区人民法院清理执行积案工作。

30日　市委统战部副部长束道银来区逍遥津街道办事处调研统战进社区工作。区政协副主席、区委统战部部长彭守海陪同调研。

31日　中央文明网“我推荐、我评议身边好人”活动2009年12月“好人榜”名单揭晓，庐阳区推荐的丁东、汪宏珍、葛杨分别成为“见义勇为好人”“孝老爱亲好人”和“敬业奉献好人”。

是月　区检察院被评为合肥市第一批廉政文化“六进”示范点。

2010年

1　月

4日　区委副书记、代区长吴劲，副区长张军视察老旧小区整治和“村村通”道路建设情况。区建设局、三十岗乡和大杨镇负责人陪同视察。

6日　省文化市场管理局局长葛光、副局长刁党班、汪年一行来区调研基层文化市场管理工作。副区长刘剑、区文化局主要负责人陪同调研。

9—10日　区委副书记、代区长吴劲率队赴深圳参加中国合肥·深圳投资项目推介会暨“合肥之友”深圳理事会成立大会，并考察华润欢乐颂项目。

12日　中共庐阳区委二届十一次全体（扩大）会议在区政务中心大礼堂召开。会议的主要任务是：坚持以科学发展观为指导，深入贯彻党的十七届四中全会、中央经济工作会议和省委八届十二次全会、全省经济工作会议以及市相关会议精神，认真总结2009年工作，分析当前形势，研究部署2010年经济社会发展目标任务和党的建设工作，动员全区上下进一步解放思想，坚定信心，再接再厉，奋力开创庐阳各项事业的崭新局面。会议由区委常委会主持。区委书记、区人大常委会主任韦弋代表区委常委会作工作报告。区委副书记、代区长吴劲作会议总结。区委委员、区委候补委员出席会议。区人大、政府、政协班子成员，区纪委委员，区人武部正副职、各科室主要负责人，区法院、检察院党员正副职和纪检组长，副调研员，各乡镇、街道、系统、工业区班子党员负责人，区直各单位、各部门正职及党员副职，区人大各工委党员负责人，区委督查组成员，公安、工商、国土、房产、规划、地税、环保、质监、烟草庐阳分局、庐阳区国税局党员主要负责人，各派出所所长和教导员，部分区属企事业单位党员正职，区域部分企业单位负责人，各村居党组织书记列席会议。

是日　区政府与区工会第七次联席会议召开。区长吴劲主持会议。会上，区政府通报全区经济、社会发展情况，区工会通报主要工作开展情况，并研究和明确区工会提请区政府帮助协调的问题。区政府办、机关工委、财政局、劳动人事局、民政局、行管局等部门的负责人和区工会全体人员参加会议。

13日　国家工商总局原副局长、中国广告协会会长、中央非公有制经济组织学习实践活动巡回指导组二组组长李东生一行来区视察财富广场楼宇党建工作。省委学习实践活动办公室副主任、指导组组长、省行政学院纪委书记贺泽群，省委学习实践活动领导小组成员、省委非公有制经济组织学习实践活动指导小组组长、省委统战部副部长、省工商联党组书记、第一副主任操建华，省委统战部原常务副部长、省委非公有制经济组织学习实践活动第一巡回指导组组长李继学，市委组织部副部长、市委第三批学习实践活动办公室常务副主任完颜绍建，区委副书记、区委学习实践活动领导小组常务副组长虞基浩，区委常委、组织部长、区委学习实践活动领导小组副组长曹佑华，区政协副主席、区委统战部部长彭守海等陪同视察。

14 日　区妇联、区女企业家协会联合开展“关爱贫困母亲工程暨爱心捐助”活动。合肥凡人商贸有限公司、庐州烤鸭店餐饮有限公司等 12 家企业向辖区 31 位贫困母亲捐献爱心款 31000 元。市妇联副主席吴红，区领导虞基浩、杨献付、潘士琴、王家满出席捐助仪式。

25 日　全区“三车”专项整治工作会议在区政务中心召开，会议传达市政府“三车”整治有关会议精神，部署下一步专项整治工作。副区长姜鸿杰主持会议。区委副书记、代区长吴劲参加会议并作重要讲话。

2　月

1 日　沈浩同志先进事迹报告会在区政务中心大礼堂举行。该报告会由省人力资源和社会保障厅主办、庐阳区协办，报告会由省人力资源和社会保障厅厅长刘莉主持。省、市、区人社系统党员干部职工和区各乡镇、街道、工业区党（工）委书记、社区党组织书记等近 600 人聆听报告。区委常委、组织部长曹佑华参加报告会并主持随后举行的座谈会。

4 日　区逍遥津街道办事处组织召开打造寿春路婚庆一条街工作座谈会。寿春路上婚庆企业、酒店等相关负责人、区招商局、区商务局负责人、街道领导班子成员，计 50 余人参加座谈会。

8 日　在 2010 年度全省教育工作会议上，庐阳区被命名为“2007、2008 年度安徽省教育强区”，并授予奖牌。

25 日　庐阳区加强师德建设主体教育活动动员大会在六安路小学召开，全面启动加强师德建设主题教育活动。市教育局副局长朱志明，区委常委、组织部长曹佑华，副区长刘剑，区教育局班子成员出席动员大会。辖区内各校园全体教职工（含聘用教师）、机关全体工作人员及辖区内部分民办校（园）教师代表 2400 多人参加动员大会。

是月　在 2009 年度全市工会工作目标责任制考核中，区工会获优秀奖。

是月　区文明办推荐的先进人物中，有 5 人在中央文明办“我推荐、我评议身边好人”票选、推荐活动中光荣登榜，成为“中国好人”，在全市 12 名“中国好人”当选者中居首位；有 2 人当选“安徽省精神文明十佳事迹”，在全市领先。5 位“中国好人”分别是：中国“助人为乐好人”—— 光明街道大西门社居委书记、主任赵秀珍，中国“见义勇为好人”—— 古汤池国际会所工作人员谢松，中国“见义勇为好人”—— 大杨镇 37 岁青年丁东，中国“敬业奉献好人”——公安庐阳分局杏花派出所教导员葛杨，中国“孝老爱亲好人”——益民街道人民巷社区 76 岁的公厕管理员汪宏珍。

3　月

4 日　庐阳区纪念“三八”国际劳动妇女节 100 周年暨表彰大会在区政务中心召开。大会对在全区经济建设和社会发展中做出突出贡献的“巾帼建功”先进集体和个人，“三八红旗集体”“三八红旗手”“先进妇联组织”“优秀妇女干部”“五好文明”家庭标兵户和“平安家庭”等进行表彰。市妇联副主席王兴梅与会并讲话，区领导黄卫东、王靖、潘士琴、王家满出席会议。

是日　全区“十二五”规划编制工作动员会召开,全面启动规划编制工作。区长吴劲在会上强调,要以强烈的事业心和责任感高质量完成编制工作。会议由区委常委、常务副区长王连贵主持。

10日　全区党建工作会议在区政务中心召开。会议的主要任务是,深入学习贯彻党的十七届四中全会精神,按照中央、省、市纪检、组织、宣传、统战工作会议要求,研究部署新形势下的党建工作,全面推进党的建设新的伟大工程,为顺利完成区委二届十一次全会和区“两会”确定的目标任务,加快实现庐阳“转型升级、提升跨越”提供强大的精神动力和坚强的组织保证。会议学习全市纪检、组织、宣传、统战工作会议精神,总结2009年全区纪检、组织、宣传、统战工作,部署2010年工作任务;签订2010年党风廉政建设责任书;表彰2009年度全区目标管理责任制考核优秀单位。区委书记韦弋出席会议并作重要讲话。区委副书记、区长吴劲主持会议。区领导任传英、虞基浩、黄卫东、焦福斌、谭峰、王辉、曹佑华、朱煜、王岚、许华为、王靖、彭守海参加会议。

上旬　全区2010年度粮食直补工作全面启动。区粮食直补及农资综合直补资金共计127.09万元,其中综合直补资金100.19万元,粮食直补资金总额26.9万元。

上旬　全区水稻受灾理赔资金发放完毕,受益农户3978户,理赔金额89775元。

13日　庐阳区城市和国有工矿棚户区调查摸底暨“城中村”危旧房改造工作会议在区政务中心召开。区长吴劲、副区长张军,区政府办、建设局、商务局、经济委、房地产庐阳分局、规划庐阳分局行政主要负责人,各乡镇街道工业区行政主要负责人及分管负责人参加会议。会议传达国家及《关于开展合肥市城市和国有工矿棚户区调查摸底及改造规划编制工作的紧急通知》等相关文件精神,全面部署城市和国有工矿棚户区调查摸底工作;通报全区前期“城中村”、危旧房改造摸底等有关情况。

17日　在全市2009年度招商引资工作表彰大会上,庐阳区获全市招商引资工作一等奖,招商引资总量全市第一,区委书记韦弋在会上作交流发言。2009年,全区立足“大招商”,着眼“招大商”,取得招商引资“量”与“质”的双突破。全区共引进内外资项目297个,招商引资总量137.5亿元,其中总量、内资、外资三项考核指标在全市继续保持领先水平;新引进项目中,投资亿元以上内资项目14个,1000万美元以上外资项目3个,并成功引进英国乐购、香港汇丰银行2家世界500强企业;新引进三产类项目个数和到位资金分别占到全区总量的91.6%和81.3%,其中金融业引资数量占到全区总量的48.5%。截至3月,庐阳区范围内已有省级和各类分支金融机构560余家,金融业的规模集聚效益日益显现。

是日　全区民生工程领导小组(扩大)会议召开。区长吴劲出席会议并作重要讲话。会议全面总结2009年全区民生工程实施工作,并对2010年工作提出具体意见;区委常委、常务副区长王连贵代表区政府与各责任单位签订目标责任书;区教育局、劳动和社会保障局两家单位作表态发言。2009年,全区共投入资金9810万元推进26项民生工程,惠及群众30多万人,连续三年荣获市政府表彰的民生工程实施工作一等奖。

18日　庐阳区政法综治信访工作会议在区政务中心大礼堂召开。会议的主要任务是,认真总结2009年度全区政法综治信访工作,部署2010年工作任务,进一步增强全区上下做好政法综治信访工作的责任感和紧迫感,为全区科学发展营造更加和谐稳定的社会环境。会上,区委、区政府对2009年度政法综治信访工作先进单位和先进个人进行表彰，并与相关单位签署2010年综治信访维稳工作责任状。区委书记韦弋出席会议并作重要讲话，区长吴劲主持会议。区领导黄卫东、朱煜、李旗号、姜鸿杰、王家满出席会议。

19日　区工会召开一届九次（全委）扩大会议，区四大班子分管和联系工会工作的领导出席会议，各乡镇、街道、系统、庐阳工业区、区直机关分管工会工作的负责人和工会主席；获三星级职工之家和女职工规范化示范单位代表100人出席会议。

25日　庐阳区“十二五”规划编制培训班在区政务中心1号会议室开班。区委常委、常务副区长王连贵出席开班仪式，并做开班动员。此次专题研修分两个阶段举办。第一阶段分别邀请省、市发改委和市政研室从事“十二五”规划的专家对省市“十二五”初步设想、未来发展趋势、皖江城市带承接产业示范区基本情况等进行指导讲解。区直“十二五”规划编制工作领导小组成员单位主要领导、分管领导和具体工作人员，以及乡镇、街道和工业区行政主要领导、分管领导和具体工作人员约80多人参加培训。第二阶段与复旦大学科技园协作，组织全区具体参与“十二五”规划编制的42名学员赴上海培训学习。至30日结束。

31日　在合肥市金融工作会议上，庐阳区时雨小额贷款公司被市政府授予“2009年度担保、小额贷款业支持地方经济发展三等奖”。据统计，从2009年2月正式营业以来，时雨小贷公司累计发放贷款132笔金额合计1.5亿元，贷款余额6800万元，所有贷款本息均按期归还，贷款收回率为100%。

是月　区检察院被评为合肥市“巾帼建功”活动先进集体。

4　月

12日　由中央农村工作领导小组副组长陈锡文、中央政策研究室副主任潘盛洲等组成的中央调研组来庐阳工业区调研。省有关部门、市、区领导任泽峰、沈卫国、张晓麟、韦弋、许华为等陪同调研。

27日　团中央城市青年工作部社区处处长郭鹏一行来区调研团建格局创新试点工作。团省委城市部副部长单强、曹隽，团市委书记吴娅娟、庐阳区委副书记黄卫东等陪同调研。

是日　庐阳区组织公安、交警、卫生、市容等部门再次到市体育馆会商安全保障、交通、卫生应急等工作，确保5月7日第四届全国体育大会首场比赛——五人制足球比赛成功举行。第四届全国体育大会期间，庐阳区负责五人制足球、航海模型、围棋、国际象棋、拔河五项比赛具体承办工作。庐阳区委、区政府多次召开专题会议研究部署“四体会”承办工作，成立宣传、接待、竞赛、综合保障四个工作组，在人员、经费上全力保障四体会。并专门制定了第四届全国体育大会庐阳赛区工作手册，明确责任，任务到人。与此同时，庐阳区还广泛开展各种以迎四体为主要内容的志愿者活动和主题宣教活动，累计组织、发动社区群众、志愿者近万人次，开展各类活动百余场。

29日　庐阳区党政代表团赴阜阳市颍东区考察，双方正式签订了《合肥市庐阳区 阜阳市颍东区经济社会发展结对合作框架协议》。此举标志庐阳、颍东两区结对合作驶入快车道。

5　月

5日　省委组织部副部长金春忠偕中部六省省委组织部有关领导来区财富广场调研楼宇党建工作。市委常委、组织部长凌云，区委书记韦弋，区委常委、组织部长曹佑华等陪同调研。

14日　省委常委、省总工会主席王秀芳来区三十岗乡看望慰问邬力群等特困残疾人。省残联理事长张纯和、市长吴存荣、区委副书记黄卫东等陪同慰问。

18日　省旅游局党组书记、局长胡学凡一行来区三国遗址公园和汉代风情一条街调研。市旅游局局长桑林兵，区委书记韦弋，区委副书记、区长吴劲，区委常委、副区长王靖等陪同调研。

26日　庐阳区与新站综合开发试验区正式签署战略合作框架协议，深度整合合肥北部资源和优势，共同承接产业转移，做大做强北部工业组团，推动经济社会更好更快发展。

28日　全国十六城区人大工作研讨会第三十三次会议在庐阳区举行。来自哈尔滨市、厦门市、襄樊市、泰州市、长春市、宁波市、天水市、佛山市、宝鸡市、昆明市、朔州市、海口市、烟台市、三门峡市、贵阳市15个城区及庐阳区人大常委会代表115人参加会议。市人大常委会副主任梁虹出席会议并讲话。

是日　庐阳区召开党政机构改革实施动员大会，全面启动全区党政机构改革工作。改革后，全区综合设置23个党政机构，其中党委机构7个，政府机构16个。

是月　界首路、藕塘路两条城市支路竣工通车，总投资约1220万元。界首路、藕塘路均是按照城市Ⅰ级支路进行规划建设，路幅宽均为18米，车行道路宽度达11米，沥青面层。界首路全长约902米，是连接北一环与中环（临泉路）的一条重要通道，改造后的界首路不仅有效缓解城市主干道的交通压力，还彻底结束界首路无排水的历史，解决了南国花园小学学生出行难的问题。藕塘路全长568米，贯通临泉中路、凤台路、茨河路、固镇路等4条道路，竣工后的藕塘路，不仅使劳动村拆迁安置点等沿线小区的群众出行更加便利，还进一步优化路网结构，实现辖区道路“微循环”畅通。

6月

9日　合肥42中、六安路小学中铁国际城校区举行开工奠基仪式。校区总占地约4.6万平方米，总建设面积达3.5万平方米，将分别配置36个班和48个班，对进一步整合全区优质教育资源，优化全区教育布局，完善北部地区服务功能具有十分重要的意义。副市长杨增权宣布开工，区长吴劲、副区长刘剑、中国铁建房地产集团合肥置业有限公司总经理铁铮等出席仪式。

17日　祥源广场奠基典礼在其项目地址北一环路与亳州路交叉口处举行。祥源广场总用地约90亩，总建筑面积约38万平方米，由11栋100米左右的高层建筑和商业裙房组成。市人大常委会主任黄同文，市人大常委会副主任谢刚，中煤矿山建设集团董事长、党委书记赵士兵，区委书记韦弋，区委副书记、区长吴劲等领导出席典礼仪式。

29日　三十岗乡敬老院“康乐园”项目落成揭牌。市政协主席董召礼、副主席王世清，区委书记韦弋、区政协主席任传英、区委副书记黄卫东等出席揭牌仪式。

1—6月　庐阳区实现招商引资总量108.64亿元，完成全年任务逾八成。实现规模以上工业总产值81.15亿元，同比增长30.4%。累计完成社会消费品零售总额103.5亿元，同比增长25.9%。现代服务业完成投资96.02亿元，同比增长35.8%。民生银行、东亚银行、汇丰银行、九江银行相继入驻，金融中心地位进一步巩固；全市1/3的印刷企业集聚庐阳区，印刷业产值总量已占全市的70%；作为全省三产第一区的核心城区，商业零售总额稳居全市各县区第一。

7 月

1日　国家发改委副主任、中财办主任、国务院医改办主任朱之鑫一行来庐阳区视察基层医药卫生体制综合改革试点工作，实地察看庐阳区双岗街道社区卫生服务中心。国家发改委社会司司长胡祖才、副司长任伟等参加视察；省委常委、副省长赵树丛，省发改委主任沈卫国、省发改委副主任余群，副市长卢仕仁，庐阳区委副书记、区长吴劲，副区长姜鸿杰等陪同视察。

7日　市政协副主席倪建华一行来区就贯彻落实《中共中央关于加强人民政协工作的意见》及胡锦涛同志在纪念人民政协成立60周年大会上的重要讲话、中共安徽省委《关于贯彻落实中共中央〈关于加强人民政协工作的意见〉的实施意见》和全市政协工作会议精神情况进行督察。庐阳区委书记韦弋，区政协主席任传英，区委副书记黄卫东，区政协副主席王家满、彭守海、唐亮等参加座谈。

是日　庐阳区2010年政策性农业保险工作全面完成。2010年，庐阳区对水稻、能繁母猪两个品种进行保险，参保率为100%，合计承保保险费为320394.15元，其中：水稻15946.61亩，保险费239199.15元；能繁母猪87头，保险费5220元，在全市第一个完成市定目标任务。

11日　市第二届残疾人运动会闭幕。庐阳区在该届残运会上获得金牌55枚、银牌12枚、铜牌7枚，金牌总数居全市第一，并荣获“优秀组织奖”。

8 月

23日　全区家电以旧换新5大类家电累计销售17861台，销售额在全省各县区中率先突破6000万元，达6204.34万元。家电以旧换新是继家电下乡、汽车摩托车下乡后的又一项重要惠民利民政策，有利于进一步促进扩大消费需求，提高资源能源利用效率，减少环境污染，促进节能减排和循环经济发展。庐阳区自2010年6月起开展家电以旧换新工作。

25日　世界顶级物业顾问公司戴德梁行正式与庐阳区签署战略合作框架协议，双方旨在依托各自的优势资源，就项目招商、地产、物业投资、评估、咨询、顾问等方面达成合作意向。戴德梁行华东区董事总经理陆逢兆，市招商局局长孙良鸿、市商务局副局长王可健，区领导韦弋、黄卫东、谭峰、王连贵、许华为等出席签约仪式。区委常委、常务副区长王连贵主持仪式。

26日　庐阳区首届道德模范评选表彰活动正式启动。区首届道德模范评选表彰设“助人为乐模范”“见义勇为模范”“诚实守信模范”“敬业奉献模范”“孝老爱亲模范”五个类别奖项。同时设道德模范提名奖。

28日　全区7个重点工程项目集中开工建设，总投资达16亿元。市人大常委会主任黄同文宣布项目开工，区领导韦弋、任传英、虞基浩、黄卫东、王连贵、许华为出席奠基仪式。七大项目既包括改善城乡群众居住环境的廉租房、大建设复建点以及三十岗乡陈龙村土地整理村民统建楼等民生类项目，又包括旨在提高工业区产业承载能力的标准化厂房项目，还有涉及社会公共管理服务的公共卫生管理服务中心、环卫综合服务基地、法院“审判综合楼”等项目。

29日　庐阳工业区原铝厂集资建房领导小组组织实施房屋分配。至9月1日，原铝厂集资房一期400余套房屋分配完毕。

30日　育新小学全体师生在位于北城区银杏大街1号的新校区举行开学典礼，纪念该校百年来的首次搬迁。区委书记韦弋与市教育局副局长朱志明共同为新校区揭牌，区委常委、组织部长曹佑华致辞。副区长刘剑及教育局相关负责人参加开学典礼。

是月　庐阳区在全省率先建立区级财政支农资金项目库，以进一步加强财政支农项目资金管理，有效整合项目资金投向，规范财政支农项目申报程序，提高财政支农资金的使用绩效。

9　月

2日　庐阳区首部志书《合肥市庐阳区志》已经通过市地方志办公室审查验收。

8日　庐阳区庆祝第二十六个教师节表彰大会区政务中心大礼堂举行。省教育厅师资处副处长卢鹏、市教育局副局长姜昌根应邀出席大会。区长吴劲到会并作重要讲话，区领导任传英、虞基浩、曹佑华、刘剑、王家满参加大会。会议由区委副书记黄卫东主持。会议对近年来全区教育战线上涌现出的一大批热爱本职、乐于奉献的优秀教师和教育工作者进行表彰。

11日　区亳州路街道办事处举办的第四届银企联谊会。区领导韦弋、吴劲、虞基浩、黄卫东、曹佑华、刘剑、唐亮等出席会议。华夏银行合肥分行、中信证券合肥营业部、民生银行、百年人寿安徽分公司、安徽创投资本基金有限公司等13家金融机构负责人，中国电子科技集团公司第十六研究所、浙江祥源投资集团有限公司合肥汇博房地产开发有限公司等30家企业负责人及区直相关部门负责人参加联谊会。

16日　区委副书记黄卫东率团赴上海市卢湾区学习考察城市管理、社区管理与服务工作。并赴上海复旦大学看望现代服务业专题学习班学员。

20日　庐阳区组织由区工商分局、卫生局、农林水务局、环保局、城管局、公安庐阳分局、质监庐阳分局等部门参加的集中执法行动。本次行动共出动人员100余人，兵分五路对聚集在刘冲社居委的“沥青鸭”加工点进行查处和取缔。本次行动共收缴“沥青鸭”1200多斤，捣毁加工点多处。收缴的“毒鸭子”被运往长丰县吴山固体废物处置公司进行无害化处理。

24日　全区家电以旧换新5大类家电累计销售28304台，销售额在全省各县区中率先突破1亿元，达10186万元。全区累计补贴家电以旧换新产品16199台，兑付补贴资金达465.97万元。家电以旧换新旧家电回收量、新产品销售量、销售额、兑付补贴量和补贴资金兑付额五项指标均居全省各县区首位。

25日　第五届中国（合肥）徽菜美食旅游节暨庐阳区第二届阜南路美食文化节开幕。

28日　区逍遥津街道办事处举行寿春路婚庆特色街启动仪式暨大型集体婚礼仪式。

是月　区三牌楼街道红旗社区通过国家商务部验收，被评为“全国社区商业示范社区”，成为继亳州路街道栢景湾社区之后又一获此殊荣的社区。

10　月

8日　省委常委、市委书记孙金龙，市委常委、秘书长安列，副市长李红，率市委副秘书长，包河、庐阳、蜀山、瑶海4个城区的书记、区长及市直有关部门负责人，集中调研以庐阳老城区为主的合肥市中心城区绿化，并在市重点办召开专题会议，研究部署老城区“增绿添彩”绿化改造提升工作。

12日　全区新任科级领导干部廉政谈话会议在区政务中心举行。区委书记韦弋在会上要求，全区广大领导干部，不仅自己要勤政廉政，还要带好班子队伍，做到一级抓一级，层层抓落实，做一名既干事又干净的好干部。全区各机关单位和乡镇街道、工业区的100余名党员干部参加会议。区委常委、纪委书记谭峰主持会议。

15日　庐阳区率先展开“绿化大会战”，旨在消灭全区所有绿化盲点，提升城区绿化品位和档次，为将合肥建设区域性特大城市“增绿添彩”。庐阳区将先行选择长江中路和寿春路两条主干道路进行试点，学习上海外滩等地的经验做法，全部撤除道路上的广告牌、小标语等广告宣传用品，改为置花置绿，取得成效、积累经验后，向徽州大道、阜阳路、金寨路、蒙城路等主干道延伸推广。与此同时，对人行天桥全面实施挂花挂绿。

是日　庐阳工业区荣城北苑三、四标段工程举行开工典礼。区领导任传英、虞基浩、黄卫东、武永新、许华为、张军等及区直相关部门负责人出席典礼。荣城北苑位于工业区丽水路中段，三、四标段工程包括13栋18层建筑，面积14.8万平米，1440套住房，是全市最大的“大建设”拆迁复建点荣城花园项目的一部分。

17日　桃花路开工建设。桃花路位于区杏花村街道，为南北走向，南起大房郢水库拆迁复建点小区，北至北二环，全长682米，路幅宽10米，混凝土路面，雨污分流，道路两旁设置绿化带，投资总预算约400多万元。

22日　庐阳区食品药品监督管理局、食品安全委员会办公室挂牌仪式在区卫生监督所举行。市卫生局党委书记董宪法、局长陈社新，区领导韦弋、吴劲、任传英、虞基浩、黄卫东、焦福斌、姜鸿杰等出席揭牌仪式。

26日　区长吴劲率团赴香港参加合肥市投资说明会暨项目签约仪式。仪式上，庐阳区分别签下香格里拉五星级大酒店、方兴地产大型商业综合体、恒盛地产商业地产开发等3个项目，投资总额达9.7亿美元。

是月底　全区共拨付强农惠农资金2782.6535万元。其中，新农村建设、水库移民、农田水利工程整治、伏缺菜奖补等支农项目资金957.1355万元；家电下乡、低保、大病救助、库区移民扶助、租地绿化等涉农补贴资金1825.5180万元。

是月　庐阳区人民法院在全省法院文化建设工作会上被省高级人民法院授予“全省优秀法院”荣誉称号。2009年，区法院共受理各类案件5259件，结案率98.1%，同比上升5.1%；2010年1至10月，共受理各类案件5076件，收案数上升18.6%，结案率提高1.2%。

11　月

1日　零时，第六次全国人口普查的普查正式登记。全区101个普查区的近3000名普查员开始为期10天的入户调查，普查对象为普查时点的现住人口和户籍人口。

2日　在2010中国（合肥）自主创新要素对接会上，庐阳区与北京奥科瑞丰机电技术有限公司、安徽久恒投资担保有限公司等5家企业签署合作协议，项目总投资约为25亿元。

4日　由安粮地产斥巨资打造的安粮·东怡金融广场A座正式封顶。省国资委副主任楚建平、招商银行合肥分行行长孟凡安，安徽国贸集团董事长范阳、总经理包祥华，安粮集团董事长陈焱华、安粮地产董事长方宗友，市工商局局长王林波，区委书记韦弋，区长吴劲，区委常委、副区长王连贵，副区长张军等出席封顶仪式。该广场于2008年7月开工建设，是合肥市“1346”行动计划项目之一。

5日　国家人力资源和社会保障部副部长信长星一行来到区创业服务大厅、就业保障服务大厅和百帮创业孵化基地，实地调研和指导创业促就业工作。省人力资源和社会保障厅党组副书记、副厅长刘志祥，市人力资源和社会保障局局长朱正跃，区委书记韦弋等陪同调研。

8日　区人大党组书记、常务副主任虞基浩一行视察全区1—10月份民生工程实施完成情况。区民生办、卫生局、财政局、教体局等民生工程责任单位负责人陪同。2010年,全区共承担省、市33项民生工程中的18项,其中工程类项目4项,校舍安全工程和农民体育健身工程已完工;廉租房一期主体已完工,二期已于8月底开工建设;12个农村卫生室全部完工,3个城市卫生服务机构有2个完工,还有1个中心将于近日完工。资金类项目11项,其中有5个项目资金已全部发放到位,6个项目按月足额发放资金。保险培训类3项,其中城镇居民基本医疗保险和政策性农业保险已超额完成任务,农民工技能培训按序时进度推进。

9日　庐阳区2010年度"119"消防宣传周暨全区火灾隐患整改月活动启动。仪式上,庐阳区为首批消防工作"四个能力"(即:社会单位的检查消除火灾隐患能力、扑救初起火灾能力、组织疏散逃生能力和消防宣传教育能力)建设达标单位和培训合格人员授牌发证。市公安消防支队支队长胡守富、副队长宋千启,区领导韦弋、吴劲、任传英、虞基浩、黄卫东、许华为、姚则邦、姜鸿杰等出席启动仪式。

19日　区委书记韦弋督查、指导全区绿化大会战进展工作。先后查看长江中路邵氏电脑城西侧、安庆西路立交桥南向匝道、寿春路与蒙城路交口东南角、阜阳路与寿春路交口工商银行门前等5处老城区绿化改造项目、义井路灯杆挂花情况、庐阳工业区菱湖公园、高压走廊景观绿化工程施工现场及蒙城北路西侧绿化工程。区委常委、副区长王靖及区农林水务局负责人陪同。

是日　区长吴劲到三十岗乡、大杨镇调研农业产业结构调整情况,先后到三十岗乡李向梅西瓜种植农民专业合作社、三十岗苗木基地、佳诚生态农业基地、皖台农业园和大杨镇岗西村千亩银杏林基地、十张村徽韵园林等地详细了解每个农业项目的运作发展及经济效益状况。

21日　财政部人教司副司长何振国一行来区调研财政工作。省财政厅、市财政局有关领导,区领导韦弋、吴劲、王连贵等陪同调研。

24日　由国家旅游局综合协调司巡视员唐洪广率队的中央综治检查组来区检查指导工作,并实地检查指导区杏林街道综治工作中心工作。省综治办领导马大伟、张兵、江良、余永东,市领导杨思松、王文涛、丁源军,区领导韦弋、朱煜等陪同检查。

是月　水利部淮河水利委员会淮河防洪除涝减灾实体模型基地征地协议签字仪式在三十岗乡举行。水利部淮委外资项目办主任彭得胜、副区长张军等出席签字仪式。

12　月

1日　市关工委主任邹淦泉等一行来区逍遥津街道办事处检查关工委"双创建"工作。区委副书记黄卫东、区关工委主任蒋守达等陪同检查。

8日　区政府决定:淮河路步行街综合管理办公室由区城管局移交到区商务局。

16日　庐阳区法学会成立暨第一次会员代表大会在区政务中心召开。大会选举产生区法学会第一届理事会及领导机构,并对区法学会今后工作进行全面部署。省法学会专职副会长路平,市委常委、政法委书记、市法学会会长杨思松出席大会并讲话,区委书记、区人大常委会主任韦弋,区委副书记黄卫东,区委常委、政法委书记朱煜,副区长潘士琴,区政协副主席王家满参加大会。

是日　庐阳区举行"中长期人才发展规划编制工作启动仪式"。区委常委、组织部长曹佑华主持仪式,区委书记韦弋、区长吴劲、副书记黄卫东以及部分区人才领导小组成员单位负责人参加仪式。安徽大学管理学院院长李财富、副院长丁先存、教授段华洽等出席启动仪式。

17日　庐阳区召开城郊及农村地区植树造林和清洁家园工作现场会。

22日　副市长卢仕仁率市政法委考核组对庐阳区2010年度政法工作进行考核。区委书记、区人大常委会主任韦弋，区委副书记、区长吴劲，区委常委、政法委书记朱煜，区政府副区长姜鸿杰，区法院、检察院、公安分局、司法局、信访局、综治办、防邪办主要负责人参加考核汇报会。

23日　区委召开二届十二次全体（扩大）会议，会议的主要任务是：深入学习贯彻党的十七届五中全会、中央经济工作会议以及省委、市委全会精神，研究部署“十二五”时期全区经济社会发展和明年重点工作，动员全区上下进一步解放思想、紧抓快干，转型升级促发展，管理创新增活力，不断提升现代化核心城区和全省首善之区建设品质。区委书记、区人大常委会主任韦弋代表区委常委会作工作报告，区委副书记、区长吴劲作会议总结。会议审议《合肥市庐阳区国民经济和社会发展第十二个五年规划纲要（讨论稿）》，并对一年来干部选拔任用工作进行民主评议。区领导任传英、虞基浩、黄卫东、焦福斌、谭峰、王辉、曹佑华、王连贵、朱煜、许华为、王靖、姚则邦等出席会议。

24日　市人防办主任陈庆跃等一行检查验收区逍遥津街道宿州路、大东门、九狮桥等3个社区的民防进社区工作。

26日　苏宁电器合肥公司在宿州路举行大型爱心捐赠活动。省民政厅副厅长周苏，副市长卢仕仁，市慈善协会会长周富如，市老年协会会长杨振坦，市民政局局长方东屏，区领导韦弋、任传英、虞基浩、黄卫东、焦福斌、潘士琴出席活动。

27日　在全国财政工作会上，区财政局被国家人社部和财政部联合授予2006—2010年“全国财政系统先进集体”称号。会上，区财政局主要负责人受到中共中央政治局常委、国务院副总理李克强的接见，并合影留念。

30日　庐阳区农村环境综合整治指挥部全体成员第一次会议在区政务中心召开。总指挥：区委副书记黄卫东，副总指挥：区委常委、副区长王连贵，区委常委、副区长王靖，区委常委、区委办主任姚则邦，副区长姜鸿杰等出席会议。

2011年

1　月

3日　合肥市公安局庐阳分局下辖三牌楼、益民、逍遥津、县桥、金寨路、安庆路、双岗、亳州路八个派出所的居民身份证办理业务、户口申报业务不再在派出所办理，移至户政中心（庐阳区政府行政服务大厅19—24号窗口）统一办理。

5日　庐阳区二届人大五次会议在区政务中心大礼堂召开。区委书记、区二届人大常委会主任韦弋主持会议，区委副书记、区长吴劲作政府工作报告。会议通过了区二届人大五次会议选举办法。

6日　政协合肥市庐阳区第二届委员会第五次会议在区政务中心大礼堂闭幕。大会通过了选举办法及总监票人、监票人名单，听取了区政协副主席周健同志所作的区政协二届五次会议提案审查情况报告，通过了区政协二届五次会议决议，补选许才义为政协合肥市庐阳区第二届委员会常务委员。

7日　三十岗乡开展“百名母亲 美化家园”活动。

8日　区二届人大五次会议在区政府中心大礼堂闭幕。会议通过了关于庐阳区人民政府工作报告的决议、关于庐阳区国民经济和社会发展第十二个五年规划纲要的决议、关于庐阳区2010年国民经济和社会发展计划执行情况与2011年计划报告的决议、关于庐阳区2010

年预算执行情况和2011年预算报告的决议、关于庐阳区人民代表大会常务委员会工作报告的决议、关于庐阳区人民法院工作报告的决议、关于庐阳区人民检察院工作报告的决议。

13日　省委副书记、省长王三运到庐阳区走访看望省人大代表,共话“十一五”成就,共商未来发展。省委常委、市委书记孙金龙等省市区领导陪同走访。

是日　安徽省暨合肥市“红红火火过大年”江淮志愿服务“我们的节日”主题活动启动仪式在庐阳区虹桥小学举行。省委宣传部副部长、省文明办主任贺懋燮,市委常委、市委宣传部长林存安,区委副书记、区长吴劲,区委副书记黄卫东等省市区领导出席启动仪式。此次活动是安徽省贯彻落实中央文明办《关于元旦春节期间组织开展“红红火火过大年”主题志愿服务活动的通知》《关于在春节元宵节期间组织开展“我们的节日”主题活动的工作方案》的重要举措,也是安徽省主题志愿服务活动开始的第一站。

15日　庐阳区垃圾中转站全部免费开放。

20日　区四大班子领导先后走访慰问合肥警备区、合肥消防支队等驻区部队官兵。

是日　庐阳区召开2010年度“零发案村(小区)”和“4050”治安巡逻工作总结表彰会。区委常委、政法委书记朱煜,副区长刘剑,政协副主席王家满参加会议。会议对三十岗乡堰稍村委会等4个“零发案村”、省委2号大院等33个“零发案小区”和68名先进个人给予表彰。

24日　市委副书记、市长吴存荣到创先争优活动联系点——庐阳区县桥街道点评县桥街道创先争优工作。

是日　市政协副主席王世清和部分企业家带着募捐的2.5万元善款到三十岗村李家桂的家中看望父子二人。副区长张怀科、区政协副主席唐亮及三十岗乡相关负责人陪同慰问。

25日　由庐阳区委宣传部(文明办)及三十岗乡联合举办的“乡村学堂”第一讲《文明宣讲进乡村,移风易俗过新年》在三十岗乡政府会议室举行。三十岗乡9个行政村村民、村两委和部分机关工作人员100余人到场听讲。此次讲座邀请安徽省精神文明研究中心副秘书长、《文明风》杂志副主编崔跃松主讲。

自2010年12月底农村环境综合整治工程开展以来,庐阳区政府共投入资金300余万元,全区共拆除乱搭建房屋152处,运送垃圾2449车,清除店外招牌及店外店550户,道路两侧清杂55000平方米,出动机械车辆近600台次,出动人员18000余人次,对城市出入口道路两边绿化植树9720棵,配备垃圾容器1145个,增配保洁人员135人,投入资金300余万元。

2　月

15日　庐阳区在合肥市就业管理中心职业大厅举办“2011庐阳区春风行动暨企业用工专场招聘会”,此次招聘会主题是服务企业用工、引导就地就业、打造首善庐阳。

18日　庐阳区召开2010年度经济发展暨效能建设总结表彰大会,总结表彰2010年度全区投资引资、商贸经济、工业经济、财政税收和效能建设工作,安排部署2011年经济工作任务。区委书记韦弋、区长吴劲分别作重要讲话。大会由区委副书记黄卫东主持。

20日　庐阳区植树造林突击月活动启动。

23日　三十岗乡集镇区污水截流工程完工,该工程总投资约245万元,投入使用后将对保护合肥“大水缸”董铺水库的水源地发挥重要作用。

28日　截至是日,庐阳区在全市各县区中率先完成对种粮农民直接补贴和农资综合补贴资金的发放工作。全区共发放粮食直补资金26.9万元,农资综补资金115.92万元,受益农户

6171户，受益人口25656人。

是月　庐阳区荣获“全国计生协会先进单位”称号和“全国计划生育优质服务先进单位”称号。

是月　庐阳区在全市再次率先提升农村低保标准，从原来的3360元/人/年提高到3840元/人/年。此标准为全省最高。

是月　庐阳区人口普查数据编审工作全面完成。

3　月

1日　庐阳区与中国农业银行股份有限公司安徽省分行营业部全面战略合作协议签约仪式在稻香楼宾馆举行。农行省分行营业部党委书记、总经理张冠军，党委副书记、副总经理陈静、刘亚光，区领导韦弋、吴劲、任传英、黄卫东、许华为、姜鸿杰及20余家辖区企业负责人出席签约仪式。

4日　庐阳区“争做文明市民，构建和谐庐阳”宣传教育活动启动仪式在人民广场举行，来自全区各乡镇街道、单位部门的干部群众庄严承诺，争当文明市民。市委常委、宣传部长林存安，区委书记韦弋、区长吴劲、区委副书记黄卫东、区委常委宣传部长焦福斌出席启动仪式。本次宣传教育活动从3月5日—10月31日，在为期8个月的活动时间里，主要开展以“人人参与构建文明庐阳”为主题的市民文明礼仪普及和创建文明城市知识学习宣传活动。

是日　庐阳区举行纪念“三八”国际劳动妇女节101周年暨妇联一届四次执委（扩大）会议，表彰2010年度庐阳区“三八”红旗手、庐阳区妇联系统先进集体和优秀妇联干部，并授予101户庐阳区“平安家庭”和101户“五好家庭”标兵户荣誉称号。市妇联副主席高玖英、区委副书记黄卫东、区人大副主任杨献付、副区长潘士琴、区政协副主席王家满等出席会议并颁奖。

10日　全区党建工作会议在区政务中心大礼堂召开。会议学习贯彻中央、省、市纪检、组织、宣传、统战工作会议精神，总结2010年全区纪检、组织、宣传、统战工作，部署2011年工作任务；表彰2010年度全区外宣工作优秀单位。区委书记韦弋在会上作重要讲话，区委副书记、区长吴劲主持会议。区领导任传英、虞基浩、黄卫东、焦福斌、谭峰、王辉、曹佑华、王连贵、朱煜、许华为、姚则邦、彭守海等参加会议。

11日　庐阳区召开宣传思想文化工作会议，学习贯彻全区党建工作会议精神，总结表彰宣传思想文化工作先进单位、先进个人，安排部署2011年宣传思想文化工作。区委副书记黄卫东出席会议并讲话。区委常委、宣传部长焦福斌主持会议。

13日　省委常委、市委书记孙金龙到大杨镇岗西村、三十岗乡东瞿村专题调研’植树造林、清洁家园”工作。市委副书记熊建辉、副市长江洪、区委书记韦弋、区长吴劲、区委副书记黄卫东等陪同调研。

15日　安徽省第五届“百城万店无假货”活动示范街（市场）、示范店命名授牌仪式在合肥百货大楼举行，淮河路商业步行街荣获示范街称号。

16日　庐阳区召开政法综治信访工作会议，全面总结2010年度全区政法综治信访工作，分析当前形势，部署2011年工作任务，表彰2010年度政法综治信访工作的先进集体和先进个人。区委书记韦弋出席会议并作重要讲话，会议由区长吴劲主持。区领导黄卫东、朱煜、李旗号、潘士琴、刘剑、王家满出席会议。

17日　全区残疾人工作会议召开。会议回顾总结“十一五”期间残疾人工作情况，全面部署2011年全区残疾人工作，并表彰残疾人工作先进单位、扶残助残先进单位、优秀残疾人工作者、残疾人自强自立先进个人、优秀文明残疾人。区长吴劲出席会议并讲话，会议由区委副书记黄卫东主持。

23日　市长吴存荣率规划、国土、房产、财政等市直相关部门负责人到庐阳区调研城中村及危旧房改造工作。区领导韦弋、吴劲、张军陪同调研。

26日　庐阳区投入1700多万元致力于老城区垃圾收运方式改革，以密闭性好、装载量大的垃圾车取代以往的收运方式。益民街道率先试运行垃圾收运方式改革。

28日　老城区范围内由庐阳区城管局直管的67座公厕全部免费开放。此次免费开放是全市范围内数量最大、涉及范围最广的一次。

29日　庐阳区召开实施民生工程工作会议，部署安排2011年全区民生工程实施工作。区领导吴劲、王连贵、李旗号、王家满出席会议。2011年庐阳区将实施民生工程共20项，与去年相比新增5项，即高校、中职和普通高中家庭经济困难学生资助制度、农村危旧房改造和清洁工程、一事一议财政奖补试点、乡镇综合文化站建设、家电下乡和家电以旧换新政策，继续实施和完善15项，退出3项。

31日　庐阳区召开2010年度安全生产总结表彰大会，区安委会主任、区长吴劲，区委常委、政法委书记朱煜，区人大副主任徐志强，区政协副主席王家满等出席会议，会议由区安委会常务副主任、副区长刘剑主持召开。会上，区政府与各责任单位签订2011年度安全生产工作责任书。

是月　庐阳区县桥街道赛康大学生创业广场被共青团中央授予“青年就业创业见习基地”，这是庐阳区第一个国家级“青年就业创业见习基地”。

是月　庐阳区召开2011年度银企对接会。区委副书记黄卫东、副区长姜鸿杰参加会议。会上，辖区五家工业企业与省农业银行长江路支行签订共计4.5亿元的战略合作框架协议。四家企业获得共1.02亿元的信贷支持。

是月　区法院在全省统一审判管理软件项目检查考核中，该院位列全省基层法院考核第一，被省高院授予“先进基层人民法院”称号，为合肥地区唯一一家获此殊荣的基层法院。

4　月

8日　由市总工会主办、区工会承办的“创先争优·劳模事迹报告会”在庐阳区政务中心大礼堂举行。报告会由市总工会副主席梁晨光主持，区委书记韦弋、副书记黄卫东和来自全区各行业580名基层工会干部和职工代表聆听劳模事迹报告。

9日　中共中央政治局常委、中央书记处书记、国家副主席习近平到合肥市庐阳区亳州路街道财富广场调研党建工作。习近平对庐阳区亳州路街道党工委全力打造楼宇党建、倾心服务楼宇经济的做法表示赞许。

11日　区委书记韦弋、区长吴劲、区委副书记黄卫东在区住房和城乡建设局主要负责人的陪同下调研指导排水设施完善工作。先后实地查看亳州路街道大杨路、逍遥津街道撮造山巷、海棠街道芙蓉苑小区、大杨镇森景大道和迎松路交口等处排水设施改造进展情况。

15日　庐阳区召开专项会议，启动“五小”行业（小餐饮、小食品店、小美容美发店、小浴池、小旅馆）集中整治行动。

19日　省委副书记、省政协主席王明方率省政协调研组到庐阳区百帮创业园就提高城乡居民收入情况进行专题调研。省委常委、市委书记孙金龙陪同调研。省政协秘书长王启敏，省委副秘书长、督查室主任张杰，省政协文史委员会主任李奎等参加调研。市政协主席董昭礼，市委副书记熊建辉，市委常委、常务副市长魏晓明，副市长卢仕仁，市政协副主席王世清、倪建华、郭本道、杨治茂等陪同调研或参加汇报会。

21日　全区人大信息工作会议在区政务中心3号会议室召开。区人大常委会党组书记、常务副主任虞基浩，副主任徐志强，常委会各工委、办公室负责，各乡镇人大专职副主席、街道人大工委主任、信息员以及“一府两院”办公室信息员参加会议。会议由徐志强副主任主持。

22日　区长吴劲主持召开街居体制改革暨聘用人员管理办法专题研讨会，就《庐阳区关于加强编外聘用人员管理暂行办法》和《杏林街道街居管理体制改革实施意见》征求有关部门的意见和建议。区委副书记黄卫东，区委常委、组织部长曹佑华等参加研讨会。

25日　区委召开二届十三次全委会，审议通过《关于召开中国共产党合肥市庐阳区第三次代表大会的决议》。

28日　第六届中国（合肥）徽菜美食旅游节庐阳区分会场活动正式揭幕。此次庐阳区设立3个分会场，分别是：阜南路分会场、老报馆分会场和新天地分会场。省市相关领导，区领导韦弋、吴劲、虞基浩、焦福斌、曹佑华、姚则邦、陆平、杨献付、徐志强、杨琼、刘剑、王家满、彭守海、唐亮分别出席开幕式。

截至是月　庐阳区工业园先后安排150余家非正规就业劳动组织入驻，吸纳近5000人入园创业和就业，孵化成功各类中小企业55家。

5　月

4日　合肥市西北部城区重要县道之一的环湖北路开始改造。环湖北路东起合淮路，西至三十岗乡古城路，全长7.8公里，是庐阳区迄今修建最长的一条道路。总投资2800万元。

5日　庐阳区召开人口和计划生育工作总结表彰大会。会议学习贯彻省、市人口和计划生育工作会议精神，全面总结2010年度全区人口计生工作，部署2011年工作任务；表彰奖励全区人口计生工作先进集体和先进个人；签订2011年度人口计生工作目标管理责任书。区委书记韦弋作重要讲话，区长吴劲主持大会。

12日　利辛路、灵璧路、凤台路东段（藕塘路—颍上路）沥青路面摊铺施工全部完成。利辛路南起北二环北至灵璧路，全长512米，路幅宽24米。灵璧路东起利辛路西至蒙城北路，全长588米，路幅宽24米。凤台路（藕塘路—义井路）全长860米，路幅宽32米。

17日　庐阳区召开2011年“小金库”专项治理工作会议，全面部署深入推进党政机关、事业单位、社会团体和国有企业的“小金库”专项治理工作。该专项治理工作至12月20日结束，主要分为全面复查、督导抽查、整改落实、机制建设和总结验收5个阶段。

19日　全区领导干部大会在综合楼礼堂召开。会议的主要任务就是结合市管领导班子及成员2010年度考核，对区委、人大、政府、政协领导班子及成员进行民主评议和民主测评，并就新一届党委、纪委组成人员进行民主推荐。会议由区委书记韦弋主持。市委考察组郭苏梅一行5人出席会议。区委委员、候补委员；区人大、政府、政协领导班子成员；区纪委领导班子成员；区法院院长、检察院检察长及其他现任副县级干部；区直各部门、各单位及公安分局主要负责人，区人大、政协常委中的中共党员及各工委、专委会主任，区委组织部副部长；乡镇、街道党政正职；近5年退下来的副县级以上老同志；区属正科级企事业单位党政正职约160人参加会议。

25日　庐阳区海棠司法所与辖区内一家酒店签订建立刑释解教人员过渡性安置点的协议，帮助刑释解教人员尽快掌握正常生活的能力。此举标志着合肥首家刑释解教人员安置点落户庐阳。

27日　质监部门工作人员走进柏景湾小学，给小朋友们上食品安全课。此举标志着庐阳区安全教育进校园暨安全生产月活动正式启动。

是日　庐阳区人民法院发出的首份缓刑犯“禁止令”。

31日　在中国香港举行的“2011两岸四地国际投资合作高峰论坛”及“2011中国最佳商业环境城区”前十强评选发布会上，庐阳区荣获“2011中国最佳商业环境城区”十强称号。

是月　庐阳区制定出台《重大行政决策合法性审查制度》，进一步加快法治政府建设，提高政府决策的法制化水平。

是月　庐阳区杏林街道试行街居管理体制改革，对社区区划进行调整，将原来的7个社区整合为4个社区。整合后的4个新社区为：望城社区、北都社区、丽都社区和上城社区。

6　月

2日　庐阳高级中学正式挂牌成立，合肥市副市长杨增权、省教育厅基教处处长缪富国、市教育局局长方东玲、庐阳区区委书记韦弋共同为庐阳高级中学揭牌。来自省教育厅、市人民政府、市教育局、庐阳区委、区政府、区人大、区政协、区教体局领导班子及成员、兄弟学校、区有关单位的嘉宾和庐阳高级中学2000多名师生参加仪式。

10日　区委召开二届十五次全会，讨论通过《中国共产党合肥市庐阳区第三次党的代表大会报告》，研究决定区第三次党代会议程和日程。

14日　中国大陆第一颗100千克级商用LED蓝宝石晶体在合肥庐阳工业园试产成功。省经信委副主任曹晓武、市人大常委会副主任谢刚、副市长卢仕仁、市政协副主席杨治茂出席试产典礼，并为蓝宝石晶体揭幕。

21日　中国共产党合肥市庐阳区第三次代表大会在区政务中心大礼堂开幕。大会执行主席：韦弋、吴劲、黄卫东、任传英、虞基浩、谭峰、曹佑华、朱煜、许华为、姚则邦、陆平、李安红、彭建军、焦福斌、胡乃峰。市委指导组组长郭苏梅出席大会。大会由区委副书记、区长吴劲主持。区委书记韦弋向大会作报告。区委常委、纪委书记谭峰向大会作纪委工作报告。大会应到代表318名，实到代表316名。

23日　中共合肥市庐阳区第三次代表大会闭幕。大会执行主席：韦弋、吴劲、黄卫东、任传英、虞基浩、谭峰、曹佑华、朱煜、许华为、姚则邦、陆平、李安红、彭建军、焦福斌、杨文勋。市委指导组组长郭苏梅出席大会。韦弋主持大会。大会选举产生中共合肥市庐阳区第三届委员会和中共合肥市庐阳区第三届纪律检查委员会及庐阳区出席市第十次党代会代表。大会通过关于中共合肥市庐阳区第二届委员会工作报告的决议、关于中共合肥市庐阳区纪律检查委员会工作报告的决议。大会应到代表318名，实到代表317名。

是日　中共合肥市庐阳区第三届纪律检查委员会召开第一次全体会议。谭峰主持会议。会议选举产生中共合肥市庐阳区第三届纪律检查委员会常务委员会委员7人和书记谭峰、副书记解正刚、张传贵。

是日　中共合肥市庐阳区第三届委员会举行第一次全体会议。出席会议的有中共合肥市庐阳区第三届委员会委员33人、候补委员6人。中共合肥市庐阳区第三届纪律检查委员会委员列席会议部分议程。韦弋主持会议。会议选举中共合肥市庐阳区第三届委员会常务委员会委员11人和书记韦弋、副书记吴劲、黄卫东；通过中共合肥市庐阳区第三届纪律检查委员会第一次全体会议选举产生的书记、副书记和常务委员会委员人选。

28日　100名大学生楼长在光明街道龚大

塘社区上岗。大学生进社区当楼长,这在合肥甚至省内还是首次。

29日　庐阳区召开庆祝建党90周年暨表彰大会,回顾党的历程,纪念党的生日,表彰先进典型,进一步激励和动员全区各级党组织和广大共产党员在全省率先基本实现现代化目标的伟大实践中奋力拼搏、再立新功。区委书记韦弋作重要讲话,区长吴劲主持会议。50个先进基层党组织、150名优秀共产党员和45名优秀党务工作者代表在会上受到表彰。区四大班子领导;区委督查组组长;各街道(工业区)党工委书记、副书记、分管领导、党政办主任、组织员,各社区党组织书记;各乡镇党委书记、副书记、组织委员、党政办主任、组织员,各村(社区)党组织书记、第一书记;各系统党(工)委书记、分管领导、政工(组干)部门负责人,所属单位党组织书记;区直各部门(单位)党组织负责人;部分"两新"组织党组织负责人参加大会。

是月　全国双拥办副主任、总政治部群工办副主任李辉,总参谋部军务部兵员局副局长李军平一行到庐阳区检查创建全国双拥模范城工作。省民政厅副厅长、省双拥办主任叶如强,市委常委、合肥警备区政委、市双拥工作领导小组副组长丁明德等陪同检查。区委书记韦弋、副区长潘士琴参加汇报会。

上半年　全区工业总产值和增加值分别完成103.73亿元、28.05亿元,分别超出2008年全年水平5.7亿元、0.04亿元。全区产值超亿元的工业企业有30家,同比增加7家,累计实现工业总产值66.61亿元,占全部规模以上工业总产值的64.2%。

上半年　全区实现社会消费品零售总额137.26亿元,同比增长23.0%,总量稳居全省各县区之首,累计增速连续6个月领跑全市各城区。全区亿元零售企业共25家,同比增加7家,已达去年全年水平。亿元企业共实现零售额90.54亿元,占限额以上零售额的比重达84.6%,同比提高6.4个百分点。

上半年　全区新引进项目57个,其中:新引进第三产业项目51个,引资103.81亿元,实现同比增长51.17%,占同期内资引资总量的85.11%;新引进固定资产投资总额10亿元以上工业大项目1个,总投资5亿元以上现代服务业大项目1个,实际到位资金9.26亿元;新引进投资总额亿元以上的项目12个;到位亿元以上项目37个,到位资金100.93亿元。完成工业引资18.20亿元,实现同比增长85.68%;其中到位资金5000万元以上工业项目引资总额15.98亿,同比增长126.35%

上半年　全区固定资产投资完成196.64亿元,同比增长31.0%,分别完成市考核目标60.5%,超序时进度10.5个百分点。其中,工业投资完成37.15亿元,同比增长17.4%;"1346"重点项目完成投资57.57亿元,完成年度计划的120.4%,提前完成年度计划;"三个一批"项目完成投资107.22亿元,完成年度计划的42.7%,占全社会固定资产投资比重达54.5%。

7　月

5—6日　全省创新城市社会管理提高计划生育公共服务水平试点工作会议在庐阳区召开。省人口计生委副主任高俊文出席会议并讲话。市计生委主任查凯,区委常委、纪委书记谭峰,副区长张怀科参加会议。会议印发《加强和创新城市社会管理提高人口和计划生育公共服务水平指导意见》。

8日　由加拿大华商张潮海博士与南京日新科技有限公司合作组建的合肥和旭继电科技有限公司与庐阳工业区签订落户协议,租赁8500平米标准化厂房,用于生产智能电表用电机式继电器。市委常委、常务副市长魏晓明，区委书记韦弋、区长吴劲、区委副书记时利民，区委常委，庐阳工业区管委会主任许华为，副区长姜鸿杰出席签约仪式。

20日　区委副书记、区长吴劲到杏建小区、荣事达小区、模具厂小区、七桂塘小区等地检查“三无小区”整治情况，并视察合肥市公安局庐阳分局设在工大北区的专业治安巡逻大队战训基地，听取合肥市公安局庐阳分局关于加强庐阳区巡逻、巡控工作的汇报。区委常委、政法委书记朱煜，副区长朱涵等陪同。

中旬　庐阳区城管局组织环卫工对老城区范围内的窨井盖进行排查，对窨井盖内的废弃物、对辖区范围内河道、桥墩下垃圾进行清理，共清理生活垃圾10余吨，建筑垃圾近百吨。

25日　全国工商联副主席李路率领全国工商联调研组一行到庐阳区安庆路街道工商联分会调研。省政协副主席、省工商联主席李卫华，省工商联党组副书记、副主席严安云，省工商联党组成员、巡视员吴成贵，市委常委、市委统战部部长张进，区委书记韦弋、区委副书记黄卫东等陪同调研。

30日　庐阳区在皖粤合作发展会议项目签约仪式上与11家粤企牵手合作，项目总投资额达190亿元，位列合肥市四个城区之首。区长吴劲，区委常委、常务副区长陆平，副区长姜鸿杰出席签约仪式。

是日　庐阳区举行军民联欢会，庆祝中国人民解放军建军84周年。

是月　庐阳区再次率先在全市城区中推行绩效预算改革，试点建立个性化绩效考评指标体系，对预算项目进行公开评审。

8　月

上旬　庐阳区制定出台《庐阳区农村低保分类施保暂行办法》。

12日　庐阳区召开上半年经济建设工作会议。区领导韦弋、吴劲、黄卫东、陆平、朱煜、姚则邦、许华为、杨琼、潘士琴、张怀科、张军、姜鸿杰、朱涵等参加会议。区委书记韦弋作重要讲话，区长吴劲主持会议。

15日　中央电视台《焦点访谈》栏目播出光明街道大西门社区积极参与第三届全国道德模范评选的情况。

中旬　庐阳区低保信息数据录入工作全面完成，成为全省首个完成此项工作的区（县）。

26日　杏花村街道千名街居干部、党员代表、人大代表和群众代表下社区、进企业、入市场，面向辖区群众开展为期一周的“问民意、听民声、知民情、促和谐”大走访活动。截止9月2日，杏花村街道共召开座谈会148场次，走访群众12000户约30000人，收集并梳理群众意见建议500多条，走访人数超过常住总人口数80%，实现常住人口全覆盖。

30日　合肥市六安路小学、42中中铁国际城校区揭牌仪式暨开学典礼举行，副市长杨增权出席揭牌仪式。

是月　合肥市第45中学“布谷鸟”少年合唱团唱响维也纳金色大厅。

是月　庐阳区新增两家国家4A级旅游景区，分别是：李鸿章故居——享堂与三十岗乡生态农业旅游区。加上之前入选的安徽省博物馆和三国遗址公园，庐阳区国家4A级景区总数达4家，占合肥市的三分之一。

9　月

3日　三国城路（原环湖北路）竣工通车。三国城路东起合淮路，西至三十岗乡古城路，道路全长7.8公里，路面宽7米，总投资2500万元。

9日　全市首家城乡流动人口计划生育服

务中心在庐阳区杏花村街道正式揭牌。该中心由庐阳区杏花村街道与长丰县造甲乡共同投资近20余万元建成，地处合肥市颍上路与茨河路交叉口。

10日　由合肥市庐阳区人民政府、合肥市林业和园林局、合肥市旅游局主办的第六届合肥三国文化节在合肥三国遗址公园开幕。本届文化节围绕“庆祖国华诞 展庐州风采 品三国文化 观文艺表演”主题，共安排演出、展览、互动等各类活动13项，至10月7日闭幕。

12日　合肥市“第14届全国推广普通话宣传周”开幕式暨庐阳区经典诵读展演活动在杏花公园东大门广场举行。

17日　中组部组织二局副巡视员韩旭率省市组织部调研督查组到庐阳工业区调研指导非公企业党建工作。省委组织部副部长何军，市委常委、组织部长凌云，区委书记韦弋，区委常委、组织部长曹佑华，区委常委、工业区管委会主任许华为等陪同调研。

30日　庐阳区召开动员会，部署开展“书记带头大走访”活动。市委常委、区委书记韦弋作重要讲话。会上传达刚刚结束的市第十次党代会精神，全面部署安排“书记带头大走访”活动。根据安排，活动从2011年9月开始，至2012年2月底结束。期间，包括区、乡镇（街道、工业区）、村（社区）三级党组织书记，区级党政领导班子成员及广大机关干部，将通过进农村、进社区、进企业、进学校，访民情、汇民智、释民惑、解民忧、惠民生。

10月

1日　由三十岗乡政府、合肥晚报、庐阳区旅游局主办的“合肥市庐阳区三十岗生态嘉年华文化旅游月”拉开帷幕。

12日　全区社会管理创新工作现场会在杏林街道召开。市委常委、区委书记韦弋在会上作重要讲话，区长吴劲具体部署下一步社会管理创新工作，区委副书记黄卫东主持召开会议。

17日　庐阳区召开“五五”普法总结表彰暨“六五”普法启动大会。市委常委、区委书记韦弋出席会议并讲话，市司法局副局长王珏，区领导吴劲、任传英、虞基浩、李安红、朱煜、李旗号、潘士琴、王家满等出席会议。

20日　庐阳区召开2011年度冬季征兵工作会议。区长、区征兵领导小组组长吴劲出席会议并讲话。区委常委、区人武部政委、区征兵领导小组副组长彭建军，副区长、区征兵领导小组副组长朱涵，区人武部部长、区征兵领导小组副组长、区征兵办公室主任郭玉玺参加会议。

21日　庐阳区老年人体育协会成立大会隆重召开。原合肥市委副书记、市老年体协主席孙志刚，原市人大常委会委员、市老年体协秘书长刘乃明，市委常委、区委书记韦弋及区领导任传英、虞基浩、黄卫东、姚则邦、杨献付、蔡维燕、王家满等出席大会。大会审议通过《庐阳区老年人体育协会章程（草案）》和《庐阳区老年人体育协会选举办法（草案）》。选举产生庐阳区第一届老年人体育协会理事、常务理事、副秘书长、秘书长、副主席。区人大副主任杨献付当选为庐阳区第一届老年人体育协会主席。

26日　国家计生委流动人口服务管理司司长王谦率调研组一行到区调研指导基层流动人口计生服务工作。省人口计生委副主任高俊文，省流动人口管理处处长张青，市计生委主任查凯，副主任黄仲凯，区委副书记、区长吴劲，副区长张怀科等陪同调研。

28日　庐阳区召开换届工作暨培训会议，全面启动区、乡镇两级人大换届选举工作。区人大常委会党组书记、常务副主任虞基浩作工作部署，区委副书记黄卫东参加会议并讲话。

根据省市委有关文件的要求，庐阳区区、乡镇人大换届选举自10月下旬开始，12月上旬结束。

11　月

1日　位于工业区金池路与沱河路交口的兴业公交始发站举行开工仪式。区委副书记、区长吴劲，区委常委、庐阳工业区管委会主任许华为，副区长姜鸿杰及市公交集团有关领导等出席开工仪式。

3日　从即日起，庐阳区将长江中路、金寨路、宿州路、徽州大道等20个重点路段作为“样板路”，打造市容环境卫生责任区示范路段。

16日　庐阳区召开中小企业家座谈会。区长吴劲，区委常委、常务副区长陆平，副区长姜鸿杰，区发统局、区经促局、区财政局、区招商局、庐阳工业区主要负责人和分管负责人及远东印务、新鸿伟钢构、星辰电缆等数十家中小企业代表参加座谈。

18日　合肥电厂6号机扩建工程项目正式获得国家发改委核准。合肥电厂6号机扩建工程是合肥“十一五”重点项目之一，项目建设60万千瓦国产超临界抽凝式燃煤发电机组，配套建设热网工程。该项目占地约10公顷，总投资21.3亿元，项目建成投产后年发电量可达30亿千瓦时。

22日　省统计局党组成员、副局长倪胜如一行到庐阳区检查指导统计基层基础工作开展情况、首席统计员推行情况，市统计局党组书记、局长王亚斌，区委常委、常务副区长陆平陪同检查。

26日　三十岗乡举办首届生态旅游风景区自行车嘉年华越野赛，来自上海、南京、湖北等全国各地近300名自行车运动爱好者参加比赛。

28日　中央文明办调研组组长杨新贵、中国志愿者服务基金会副理事长曹分田代表中宣部、中央文明办到合肥市看望慰问第三届全国道德模范胡文传。安徽省委宣传部副部长、省文明办主任贺懋燮，省文明办副主任朱训义及合肥市委宣传部副部长、文明办主任、城管局局长邓真晓，庐阳区委副书记黄卫东，长丰县委副书记夏伦平等陪同慰问。

下旬　庐阳区荣获“全市金融工作先进单位”称号，在全市城区中唯一获此殊荣。

是月　庐阳区双岗街道社区卫生服务中心、杏林街道社区卫生服务中心被卫生部评为首批全国示范社区卫生服务中心。

12　月

5日　合肥市第九届青少年科技创新“市长奖”颁奖仪式在合肥市科技馆举行，合肥市第四十五中学孔幪蜜等7名同学荣获此奖项。自1995年以来，庐阳区有5名青少年学生捧得“市长奖”，在合肥市各县区中名列前茅。

是日　合肥市第九届青少年科技创新“市长奖”颁奖仪式在合肥市科技馆举行，合肥市第四十五中学孔幪蜜等七名同学荣获此奖项。自1995年以来，庐阳区有5名青少年学生捧得“市长奖”，在合肥市各县区中名列前茅。

14日　市委常委、统战部长、区委书记韦弋深入长丰县下塘镇、庐阳区三十岗乡走访企业和慰问困难户。区委常委、区委办主任姚则邦陪同走访。

25日　庐阳区召开领导干部大会。市委组织部常务副部长李学明主持会议，并宣布中共合肥市委关于庐阳区委、区政府主要领导人职务调整的决定：吴劲任庐阳区委书记，提名为区人大常委会主任候选人；邓真晓任庐阳区委副书记，提名为区长候选人。市委副书记熊建辉，市委常委、统战部长韦弋到会并作重要讲话，吴劲、邓真晓作表态发言。区四大班子领导、全区正科级以上领导干部约120人参加大会。

29日　中国人民政治协商会议合肥市庐阳

区第三届委员会第一次全体会议在区政务中心大礼堂隆重召开。来自全区各条战线的150名委员参加大会。区政协三届一次会议主席团成员:任传英、谭峰、王家满、彭守海、唐亮、高健、杨智慧、赵建军、许才义、王章炯、陈一兵、王光荣、曹雁冰、凤仪出席大会。市委指导组组长、市委组织部副部长、编办主任郭苏梅,区委书记吴劲,区委副书记、代区长邓真晓,区人大党组书记、常务副主任虞基浩,区委副书记黄卫东,区委常委、宣传部部长李安红,区委常委、常务副区长陆平,区委常委、组织部部长曹佑华,区委常委、政法委书记朱煜,区委常委、区委办公室主任姚则邦,区委常委、庐阳工业区党工委第一书记、管委会主任许华为,区委常委、人武部政委彭建军,区人大党组副书记、区委督查组组长焦福斌,区二届政协原副主席周健、祁强应邀出席大会。大会执行主席:任传英、谭峰、王家满、彭守海、唐亮、高健、杨智慧、赵建军。任传英作区政协二届委员会常务委员会工作报告;彭守海作区政协二届委员会常务委员会提案工作情况报告。王家满主持大会。

30日 庐阳区三届人大一次会议在区政务中心大礼堂召开。206名区人大代表参加大会。市委指导组组长、市委组织部副部长、编办主任郭苏梅应邀出席大会。区委书记吴劲主持会议,区委副书记、代区长邓真晓作政府工作报告。会议通过区三届人大一次会议选举办法。大会的执行主席是吴劲、任传英、虞基浩、黄卫东、李安红、陆平、曹佑华、谭峰、朱煜、姚则邦、许华为、彭建军、杨献付、焦福斌、李旗号、杨琼。列席大会的有:区政协三届委员、区政府组成人员和其他机关、人民团体的负责人。

是月 庐阳区再次提高预算内中小学生均公用经费标准,在去年小学每生每年90元、中学每生每年110元的基础上都提高10元,分别达到100元和120元,标准为全市城区最高。

是月 庐阳区全年排查突出信访隐患188件,解决化解159件,化解率达85%。

是月 三十岗生态旅游景区晋升国家4A级旅游景区。

2012年

1 月

8日 地处华侨饭店原址的合肥银泰中心正式营业。合肥银泰中心总面积18万平方米,是集百货、写字楼、酒店公寓为一体的大型城市综合体。

9日 庐阳区举行法院新审判综合大楼工程封顶仪式。

是日 合肥市委常委、警备区司令员孙建辉在区委书记吴劲,区委常委、庐阳工业区管委会主任许华为,区委常委、人武部部长彭建军,人武部政委郭玉玺等陪同下,到天威保变(合肥)变压器有限公司、安徽中澳科技职业学院、安徽中天安保服务有限公司就国防后备力量建设工作进行调研。

12日 区召开无障碍建设及排水设施整改工作总结表彰会。2010—2011年,全区共完成无障碍改造厕位126个,无障碍厕所198个,残疾人停车位64个,无障碍电梯117部,盲道23.6公里,缘石坡道3000处,过街音响提示装置91套,无障碍设施进家庭95户,轮椅坡道2180米,扶手1758米。完成排水设施整改任务共计423处。

是月 区检察院获第九届“安徽省文明单位”、“合肥市卫生先进单位”称号。

2 月

6日 阜阳北路高架桥项目国有土地上房

屋征收工作启动。阜阳北路高架桥全长9.3公里,南起沿河路,北至东方大道,沿线涉及房屋征收总建筑面积约15.33万平方米,涉及双岗街道、杏林街道、杏花村街道和庐阳工业区,其中红线范围总拆迁户数588户,总建筑面积约8.33万平方米,另外,沿线道路景观整治、绿化、绿线范围内近7万平方米。

22日　区委书记吴劲,区委常委、常务副区长陆平及区招商局、经促局、国土庐阳分局、杏花村街道主要负责人接待红星美凯龙党组书记、副总裁蒋小忠,就投资建设大型家居市场进行交流。

23日　中共中央政治局委员、中央政法委副书记、中央综治委副主任王乐泉来合肥市视察,到杏林派出所视察“公调对接”机制。

25日　区工会联合劳动部门、技能培训学校及用人单位,开展专业技能培训,促成10多家企业与庐阳工业区内具有农民工培训资格的安广职业技术学院开展培训合作。

3　月

2日　女人街道路改造工程开始施工。女人街整体提升改造道路铺装包含节约巷和仁和巷两个项目。

5日　安徽省暨合肥市“学习雷锋好榜样”主题队日活动在庐阳区南门小学隆重举行。本次活动由共青团安徽省委员会、少先队安徽省工作委员会主办,共青团合肥市委员会、少先队合肥市工作委员会承办,庐阳区教育体育局、少先队庐阳区工作委员会、合肥市南门小学协办。团省委书记李红、副书记、省少工委主任周密,团市委书记吴娅娟、副书记赵斌,庐阳区委常委、区委副书记陈华,区教体局党委书记张振发,团区委书记杨治等出席活动。

9日　区政府召开街居体制改革动员会,部署街居体制改革工作。庐阳区启动十年来最大规模的区划调整:除了三十岗乡和大杨镇保持原区划不动,逍遥津、杏花村、杏林、双岗、亳州路、海棠等6个街道将调整区划;在撤销县桥、三牌楼、安庆路、光明、益民5个街道的同时,新增三孝口、四里河、林店三个街道。区划调整后,庐阳区将辖1个乡、1个镇,9个街道。

12日　安徽省委常委、组织部长王炯在合肥市委副书记熊建辉,市委常委、组织部长凌云的陪同下,到庐阳区财富广场调研楼宇党建工作。

28–27日　“讲大局、强责任、提能力、抓落实”主题演讲比赛启动。经过初赛、复赛环节,最终获胜者将参加市里举行的总决赛。

31日　阜阳北路高架(庐阳段)房屋征迁工作全线圆满完成。

4　月

10日　区委、区政府出台《庐阳区关于进一步推进工资集体协商工作创建和谐劳动关系的意见》,对全区推进工资集体协商工作指导思想、目标任务和主要措施作出具体规定。

11日　全区在创先争优活动中开展基层组织建设年工作会在政务中心大礼堂召开。区委书记吴劲参加会议并作重要讲话,来自各区直各单位、部门,乡镇、街道、工业区相关同志,部分非公企业党组织代表230余人参加会议。

是日　区召开“大建设”总结表彰大会,总结2009年以来区“大建设”工作,分析当前形势,布置下一步工作,并对“大建设”中涌现出来的先进单位、集体和个人予以表彰。

22日　区大建设拆迁复建点——梧桐嘉园二期安置房开始安置,共安置35户47套安置房。

24日　安徽省总工会党组成员、副主席许晓东率领市总工会党组成员、副主席梁晨光调研指导逍遥津街道职工维权帮扶站工作。

26日　省委常委、市委书记吴存荣赴庐阳

区调研，并主持召开座谈汇报会。市委常委、副市长周善武，庐阳区和市直有关部门负责人等陪同调研或参加座谈汇报会。

27日　区“大建设”拆迁复建点——四泉花园二期复建点开始安置，共安置133户196套安置房。

是日　省林业厅厅长韩柏泉在市林业和园林局负责人陪同下，来区调研造林绿化工作。区委书记吴劲、副区长姜鸿杰等接待了韩厅长一行。区农林水务局、大杨镇、三十岗乡负责人和有关企业负责人陪同调研。

是月　区成立重点工程建设管理局，将原来由区住建局管理的工程建设项目移交区重点局建设，实现建管分离。

5　月

4日　“庆建团九十华章颂庐阳十年辉煌”成人宣誓仪式在合肥市庐阳高级中学隆重举行，近500名学生面对国旗庄严宣誓。

20日　由安徽卫视、共青团合肥市庐阳区委员会、合肥热线共同举办的“定制爱情告别单身”首届5·20相亲会在杏花公园上演，截止当天下午5点，近2万人参与现场活动，其中大专和本科学历占70%。

25日　区纪念建团90周年暨五四表彰大会在区政府礼堂隆重举行。区委副书记陈华，区人大党组副书记、副主任焦福斌，区政协党组副书记、副主席王家满等出席会议并为获奖集体、个人代表颁奖。

29日　区2012年首个城中村改造项目——大杨镇龙王小区城中村改造项目启动拆迁。该项目涉及征迁面积约1.2万平方米，被征迁户75户。

是月　利辛路、灵璧路、固镇路、迎松路和凤台路5条道路建成通车，5条道路总长2.76公里，均为城市次干道。

6　月

15日　中国工程院茆智院士、美国STC公司把嶙教授、武汉大学董兵教授等一行，在副区长朱涵、区农林水务局党委书记余国金、局长项慧群的陪同下，对三十岗生态湿地保护项目进行视察。

22日　四里河街道四河片区城中村改造项目正式启动。

27日　董大水库水源地保护区卫庄复建点暨庐阳区2012年6月份项目集中开工仪式举行，市委副书记、市长张庆军等出席开幕式。此次开工项目为董铺水库水源地保护区（卫庄）复建点、中菜市复建点、区环卫综合服务基地、利辛路道排工程，总投资7.4亿元。

28日　区委书记吴劲陪同全国工商联副主席谢经荣、市委常委、副市长刘烈东参观考察庐阳区城市建设和商业建设。

7　月

13日　区法院司法警察大队被共青团省委、省创建青年文明号活动组委会命名为省级“青年文明号”。

24日　市水务局局长徐春雷和市水务局相关处室负责人，陪同省水利厅水土保持处领导和专家到三十岗乡考察生态型清洁小流域建设工作，为区申报省级水利补助项目资金进行现场考察。

27日　海棠街道、三十岗乡风景村获得全省“阳光村务工程”建设工作先进集体。

31日　省委常委、常务副省长詹夏来到区看望慰问坚守在高温一线的干部职工。省发改委副主任、省能源局局长朱也牧，省发改委副主任张天培，市委常委、常务副市长魏晓明，皖能集团公司党委书记、董事长张飞飞，区委书记吴劲等陪同看望慰问。

8 月

2 日　国家农业部市场信息司副处长陈爱云率领农业部市场信息司和都市农业重点实验室一行领导和专家，到大杨镇、三十岗乡，考察调研现代农业发展工作。

7 日　合肥市庐阳区杏花人民法庭由原农科南路搬迁至沿河路 111 号庐阳区人民法院北四楼。

8 日　安徽省、合肥市保持党的纯洁性学习教育活动督查组来区督查指导工作。

10 日　区工会推荐 12 名农民工参加合肥市职工大学"全额资助农民工上大学"活动。这 12 名农民工经过二年半时间系统学习，经考试取得国家承认学历的大专毕业证和人社部门承认的职业技能证"双证"。

17 日　庐阳区科学技术协会第二次代表大会在区政务中心大礼堂召开。区委书记吴劲和区长邓真晓到会讲话。大会选举产生区科协第二届委员会委员 61 名及二届委员会主席、常务副主席和副主席 13 名。

20 日　大杨镇董（铺）大（房郢）（大杨、草塘村民组）水库水源保护区土地整治项目搬迁工作正式启动。

是日　省委常委、市委书记吴存荣赴庐阳区调研，看望慰问一线干部群众，并主持召开调研汇报会。

25 日　东怡金融广场 B 地块改造房屋征收工作顺利完成。

是日　庐阳区法院被安徽省高级人民法院授予"全省优秀法院"荣誉称号。

29 日　区举行 2012 年"金秋助学"捐赠仪式，区委书记吴劲等区相关领导、助学捐资企业家、受资助的学生和各乡镇、街道、系统工会主席和工商联负责人 100 多人出席仪式。

是日　市水务局局长徐春雷偕市水务局相关处室负责人，陪同长江水利委员会巡视员张光富、副调研员孔力以及省水利厅总工程师金问荣等领导专家来三十岗乡调研节水型社会建设工作。

是月　在最高人民检察院开展的"全国检察机关预防部门第三届预防职务犯罪检察建议和第二届预防职务犯罪案件分析评选活动（即'百优双十佳'评选活动）"中，区检察院报送的《庐阳区人民检察院向合肥市招标投标中心提出的检察建议》获选全国"十佳检察建议"、《安徽村官第一贪创全国村官之最——刘怀寅受贿案分析》获选全国"优秀案例分析"。

9 月

4 日　区委书记吴劲率队赴济南参加"合肥投资项目推介暨合肥之友山东理事会"成立庆典，并与部分客商进行交流。

5 日　区长邓真晓，副区长、庐阳工业区第一书记、主任姜鸿杰，新加坡国际企业发展局中国司副司长王俐恩、中国司主任宋澄桦、市场部官员罗捷、新加坡裕廊国际执行副总裁毛慧英、副总裁张青玉等出席新加坡裕廊国际庐阳产业园区规划项目启动仪式。

是日　区环境监测中心更名为区环境监察大队，为区环保局管理的财政拨款事业单位，核定事业编制 10 名。

23 日　团区委举办"手拉手 心连心，游园结对迎中秋"关爱困难青少年助学活动。辖区内 10 余家优秀非公企业、青年文明号等单位为 20 名留守儿童、服刑在教未成年子女等困难群体送上助学金、新书包、新文具等物品，并组织他们参加素质拓展活动、游览三国遗址公园。

是日　水利部原副部长王守强率水利部相关部门负责人、郑州市水务局、莱州市水务局相关负责人，在合肥市水务局局长徐春雷及相关领导的陪同下，到三十岗乡实地考察水源湿地保护项目和水生态系统保护与修复工作。

24日　庐阳区举行全市市政设施分级管养到区人员交接仪式。此举标志着区顺利完成市政设施分级管养到区人员对接工作。

30日　区国家安全领导小组办公室挂牌成立。

10　月

17日　市委副书记、市长张庆军来区调研老旧小区整治及城中村危旧房改造工作。市委常委、副市长周善武，市直有关部门负责人，区领导吴劲、邓真晓、张军等陪同调研。

17日　省委常委、市委书记吴存荣赴区调研兴庐科技产业园标准化厂房项目建设情况。市委副书记、市长张庆军，市人大常委会主任黄同文，市委常委、秘书长杨思松，市委常委、常务副市长魏晓明，市委常委、副市长韩冰，市政协副主席郭本道，区委书记、区人大常委会主任吴劲，区委副书记、区长邓真晓及兄弟县区党政主要负责人等陪同参加观摩活动。

22日　区纪委监察局获得2009–2011年全省基层纪检监察信访举报工作先进单位称号。

23日　市委副书记、市长张庆军一行调研庐阳区董铺和大房郢水库水源地保护区土地整治工作。

25日　亳州路农贸市场征迁工作正式启动。此次征迁涉及被征收户90户，被征收面积约1.16万平方米。

28日　区刘冲公租房项目开工建设，它是2012年市级投资“8000套”公租房项目中一次性开工建设套数最多、面积最大的公租房项目。

29日　庐阳区百帮创业园被人力资源和社会保障部认定为首批“全国创业孵化示范基地”。

30日　庐阳区被省安监局评为“全国安全生产月”活动优秀单位。

是日　庐阳区被国家安监总局评为“全国危险化学品知识竞赛优秀组织单位”。

11　月

12日　省委常委、省军区政委宋海航到区指导民兵网络心理战分队建设工作。区委书记吴劲，区委常委、区人武部部长郭玉玺及区人武部相关负责人陪同，区网络心理战分队做汇报演示。

23–25日　第十届全国省会街道年会在逍遥津街道召开。来自北京、上海等11个全国省会街道办事处代表参加了会议。民政部基层政权司刘勇副司长、省民政厅副厅长孙邦平、市委组织部副部长罗平，区领导吴劲、安徽大学特邀教授吴宗友及区直相关部门、各乡镇街道负责人参加座谈。

26日　庐阳区现代服务业专场推介会在深圳举行，市委常委、副市长周善武，区委书记吴劲、区长邓真晓出席并见证项目签约。此次共推介41宗地块，总面积3500亩。珠三角地区100余名客商参会，合肥光谷联腾总部基地、安徽置地财富广场D座等6个项目签约，投资总额167亿元。

27–29日　原郑湾城中村改造项目447户喜迁新居。

12　月

7日　国家计生委流动司副司长苏荣掛调研庐阳区杏花街道流动人口均等化服务、网络办证等工作。

13日　区委书记吴劲、区长邓真晓等区领导及区招商局、逍遥津街道、三孝口街道主要负责人陪同副省长花建慧、副市长孙斌，接待香港珠宝制造业厂商会主席林志强，并陪同考察项目地块。

28日　最高人民法院作出《关于表彰全国

优秀法院、全国优秀法官的决定》,庐阳区法院获“全国优秀法院”荣誉称号。

2013年

1 月

9日　庐阳区举行区市政园林局揭牌仪式。去年9月,合肥市启动了园林绿化管养体制改革,将杏花公园、逍遥津公园、三国遗址公园等6个单位将下划给庐阳区管理。

是日　区完成紫桐新村、荣凤苑二期等8个项目4446户安置户房产证的办理,率先在全市各县区中完成拆迁安置房历史遗留办证工作。

12日　区非公企业党建工作现场推进会暨庐阳工业区(林店街道)非公企业党组织成立揭牌仪式在安徽省徽商钢材市场隆重举行。省委非公经济和社会组织工委专职副书记汪卫东、省委组织部城组处副处长吕国平、市委组织部常务副部长李学明、市委组织部城组处处长夏熙武、庐阳区委书记吴劲等出席活动现场。

14－16日　区委书记吴劲在副区长、工业区管委会主任姜鸿杰陪同下赴京拜访北京万荣达行投资顾问有限公司董事吴江峙、北京创毅讯联科技股份有限公司副总裁古文俊、中央人民政府驻澳门特别行政区联络办公室北京办事处周鑫、北京体育大学党委副书记、副校长池建等人,并介绍区经济社会发展情况,邀请客商到区考察。

25日　全区领导干部廉政警示教育暨新任职科级干部廉政谈话活动在安徽省反腐倡廉警示教育基地(蜀山监狱)开展。

是月　国家安监总局职业健康司司长高世民到庐阳工业园,对志邦橱饰有限公司开展职业病危害专项治理工作进行调研。省安监局副局长汪黎明,副区长朱涵,区安监局主要负责人等陪同调研。

2 月

7日　区委研究出台《庐阳区“一线为民工作法”驻点联系社区干部、助理员专项考核办法(试行)》。

16日　区委研究通过《关于改进工作作风密切联系群众的规定》和《庐阳区“责任建设年”活动实施方案》。

18日夜间至19日凌晨　合肥突降暴雪,在收到气象部门的降雪预警后,区市政园林局出动人员520余人、车辆30台,撒布融雪剂30余吨,快速完成了城区重要路段道路、桥梁的应急除雪,清除积雪树木约12000株,清扫游园广场积雪近4000平方米,处理险情15起,扶正倾斜树木54棵,清理断枝树木75车。

26日　庐阳国投集团深化改革,与子公司庐阳房地产开发公司进行内设机构整合,合署办公,形成两块牌子、一套机构。

28日　七桂塘片区综合改造、违建拆迁工作启动。位于搬门巷以东、七桂塘菜市场以西区域的7家商户率先开始自拆,拆除面积约150平方米,拉开了七桂塘片区拆违改造的序幕。

3 月

4日　省、市总工会,庐阳区四大班子领导、工会干部、区直机关单位工作人员近200人到三十岗乡开展营造“工会林”植树活动。

7日　区委、区政府召开了全区党建、经济工作总结表彰和纪念“三八”国际劳动妇女节103周年大会。会上表彰了庐阳区五好文明家庭140户、庐阳区平安家庭70户。

是日　区首场白内障筛查在大杨镇举行。大杨镇200余名疑似白内障患者接受眼科专家筛查。庐阳区是今年全省首个实施该民生工程项目的单位。

8日　区妇联、区人社局、逍遥津街道在淮河路百盛广场共同举办的妇女就业招聘会。活动吸引了包括区女企业家协会会员单位、淮河路步行街商贸企业等近30家，提供岗位近200个。

是日　区四大班子领导、区直各部门、各乡镇街道干部职工和辖区武警官兵共计1100多人参加合福铁路沿线义务植树活动。此次活动共栽植蜀桧、香樟、杨树等树苗4000株。

11日　庐阳区政务微博“庐阳发布”正式上线。

12日　庐阳区被合肥市人民政府评为“2011年至2012年度全市安全生产优秀单位”。

14日　中共合肥市庐阳区第三届纪律检查委员会第三次全体会议在区政务中心三楼1号会议室召开。区委常委、区纪委书记曹佑华同志作题为《改进工作作风，密切联系群众，开创党风廉政建设和反腐败斗争新局面》工作报告。会议审议通过工作报告和《中国共产党合肥市庐阳区第三届纪律检查委员会第三次全体会议决议》。

15日　三十岗乡董（铺）大（房郢）水库水源地保护区土地整治项目搬迁工作启动。

18日　原劳动村危旧房改造项目931户回迁户喜领房产证。

22日　区环卫综合服务基地基本建成并投入使用，它是安徽省最大的环卫综合服务基地。

26日　区工会召开各乡镇、街道、庐阳工业区工会主席专题会议，会议对省级职工书屋标准化创建工作进行具体布置，并要求各乡镇、街道、庐阳工业区要在规模以上非公企业打造一家省级职工书屋。

27日　区委研究通过《庐阳区街道“大工委制”、社区“大党委制”试点工作的实施方案》。

28日　庐阳区召开工会一届十一次全委（扩大），区委副书记陈华、副区长姜鸿杰和区政协副主席王家满以及全区各乡镇、街道、工业区、系统、机关分管工会工作的领导和工会主席以及三星级职工之家获表彰单位代表100多人参加会议。

4　月

2日　老旧小区整治项目首批实施的长城小区、撮造山巷、大众巷小区等10个小区主体工程全面竣工验收。

是日　区委、区政府召开2013年度全区政法综治工作会议。

4日　第五届合肥牡丹节在三国遗址公园开幕。

8日　轨道2号线庐阳段工程房屋征收工作正式启动。轨道交通2号线涉及庐阳段线路全长约2.3公里，规划建设金寨路站和宿州路站两个站点。按照征收红线图，涉及规划红线范围内的三孝口街道和逍遥津街道，征迁总量约155户16918平方米。

12日　水利部水利司处长鲁胜力、水利部淮委副主任肖幼、淮委水保站站长姚孝友率水利部相关部门负责人，在安徽省水利厅水保处处长葛贻华、副处长黄光谱，合肥市水务局副局长林冬生的陪同下，到三十岗乡实地考察水土保持工作。

21日　地税庐阳分局在合肥市45中学开展“爱生活 画税收”税收漫画活动。此次活动共收到学生漫画作品100多幅。

23日　区最大拆迁安置点——荣城花园北苑小区建成并交付使用，首批701户回迁户入住新居。

是日　第十八个“世界读书日”，为了满足残疾人日益增长的精神文化需求，激励广大残疾人自强不息、融入社会，区残联与合肥市图书馆联手，在市图书馆开展成立庐阳区读书会暨赠送数字图书馆卡仪式活动，并开展了“与书为伴，放飞梦想”主题读书系列活动。全区11个乡镇、街道40余名残疾人读书爱好者代表参加这一活动。

28日　原省政府招待所，有着合肥十景之一“花园艺韵”美誉的花园宾馆正式启动拆除。拆迁后，此处将建成180米高的五星级酒店。

5　月

10日　“一线为民工作法”在全区11个乡镇、街道的70个村（居）全面开展

是日　区残联将118.08万元的贫困残疾人生活特别救助金通过“一卡通”的方式全额发放到残疾人手中。

18日　区残联举办规模最大的一次残疾人趣味运动会，妙趣横生的比赛项目让残疾人挑战自我，重拾信心。

19日　团区委联合安徽卫视《每日新闻报》、合肥热线举办“今生今世，牵手逍遥”第二届5·20万人相亲会，区委书记吴劲亲临逍遥津公园现场感受火爆气氛。

25日　逍遥津街道在淮河路步行街举行集体婚礼，12对新人交换爱情信物、留下最美Pose，合肥幸福邮局还颁发了爱情护照，部分新人准备将节省下来的费用捐给地震灾区。

26日　庐阳区首家由政府和公益机构共同创办的流动儿童活动中心—“杏树花香”在汲桥新村社区正式落成。

6　月

4日　省人大常委会内司工委副主任张荣国，省民政厅副厅长谢兵，省民政厅民间组织管理局副局长高峰等在市人大常委会副主任宋家伟，市人大常委会内司工委主任方东屏、副主任朱江安，市委政法委副书记、市综治办主任许道和，市民政局副局长曹晓红等领导的陪同下，到区专题调研社会管理工作。

8日　全市首家市场工会联合会在华孚城隍庙商业广场成立，工会联合会由4个联合工会组成，目前拥有会员800多人。

9日　区部分驻点干部、助理员、联络员、群众代表走进安徽省委组织部电教演播室，参加“一线为民工作法”大型互动访谈节目。安徽卫视公共频道《共产党人》栏目连续3期予以专题报道。

10日　白水坝危旧房改造项目正式启动，涉及650户近5万平方米征迁。

13日　区“三助一保障”创业带动就业“庐阳模式”获首届合肥市政府工作创新奖。

是日　区委印发《关于全面开展河（段）长制管理工作的实施意见》。

15日　庐阳区在全市率先向400名贫困精神残疾人发放了48万元补助金，完成率达100%。

16日　区委宣传部、团区委、区环保局联合合肥论坛，组织开展“探访水源地，保护大水缸”徒步环保行活动。

25日　区委书记吴劲、区长邓真晓、市驻京办主任王庆斌、市科技局长朱策、市国土局副局长黄志宏，区委常委、常务副区长黄韡，区委常委、庐阳工业区管委会主任姜鸿杰陪同省委常委、市委书记吴存荣会见清华科技园党委书记李志强，并代表庐阳区与清华科技园签署项目合作协议。

30日　由区委宣传部、区文明办、区文化局共同组织策划的第三届“走进社区、走向文明”文艺巡演活动在海棠街道都市清华小区举行了首场演出。省委宣传部副巡视员、省文明办常务副主任朱训义，市委宣传部副部长、市文明办主任王浩，区委书记吴劲等省、市、区领导以及省、市、区文明办相关负责人及各乡镇街道文明

办主任，居民代表们共同观看了演出。

是日　自行车二厂生活区改造房屋征收工作启动，涉及住户394户，2.26万平方米征迁。

7　月

3日　市委常委、纪委书记张海林就纪检监察工作到区进行调研。区委书记吴劲，区委副书记、区长邓真晓，区人大常委会主任虞基浩，区委副书记陈华，区委常委、纪委书记曹佑华等陪同调研或参加座谈。

10日　2013年庐阳区民主评议政风行风工作动员大会在区政务中心大礼堂召开。

14日　《新华每日电讯》在第二版以题为“一线为民工作法倾心解民忧”对“一线为民工作法”开展情况进行宣传报道。

15日　区委书记吴劲接受人民网专访，详细介绍了庐阳区实行9个多月的“一线为民工作法”的做法和效果。

是日　区委办印发《庐阳区河段长制考核评分细则》。

17日　区举行大建设复建点暨2013年7月份项目集中开工仪式。四里河复建点、梅小店复建点、45中、固镇路（蒙城路－合瓦路）、龙潭桥路等13个开工项目涉及复建点建设、城市支路、民生工程等多个方面，预计总投资约30亿元。

31日　全市建设服务型基层党组织工作座谈会在庐阳区三孝口街道杏花社区召开。

是日　中央电视台《新闻联播》对庐阳区开展“一线为民工作法”践行群众路线活动进行报道，并采访了三孝口街道西平门社区驻点干部王前进。

8　月

1日　位于电厂支路与清源路交叉口的新中菜市正式营业。

8日　区举办“一线为民工作法”进楼宇、进企业驻点干部培训班，近200名即将进驻65家商务楼宇、4家特色街区和28家非公企业进行一线驻点服务的区直机关、乡镇街道及村居干部参加了培训。

是日　森林公园回迁安置房（二、三期）开始分房，2980户回迁户领到新房钥匙。

9日　市委办公厅建立基层联系点暨与庐阳区部分乡镇街道结对共建启动仪式在三孝口街道杏花社区举行。市委常委、秘书长杨思松出席仪式并致辞。

16日　团中央志愿者工作部副部长皮钧一行三人，深入庐阳区就新时期团员先进性、队员组织性工作进行调研。

是日　庐阳区第一张社区报《合肥晚报·老城新闻》创刊。

18日　区召开工会第二次代表大会。市总工会主席叶和章、区领导吴劲、邓真晓、虞基浩、谭峰、陈华、李安红、姚则邦、许华为、黄韦华、郭玉玺、姜鸿杰、刘芳出席会议。区工会代表、区工会一届委员会常委、工会战线的老同志、人民团体负责人以及兄弟县（市）区工会主席等参加会议。会议总结过去十年区工会主要工作和基本经验，明确今后五年工作的指导思想和主要目标，并就今后五年重点工作作安排部署。

20日　庐阳区四大班子领导邀请省政协副主席、省工商联主席李卫华，省政协副秘书长、省工商联副主席施广勇，市政协主席董昭礼，市委常委、统战部长韦弋，省工商联秘书长李俊波，省工商联副巡视员、省总商会副会长严安云，市工商联、市招商局领导及省内外客商共计约100人，参加庐阳区总部经济招商推介会。

27日　全区推进区域化党建工作暨街道实行“大工委制”启动大会召开。区委副书记陈华，区委常委、组织部长许华为，市委组织部城市组织处和市委组织部“两新”办负责人、区委组织部副部长，各乡镇、街道党（工）委负责人及街道党工委兼职委员等参加会议。

30日　杏花村街道作为全省首批促进家庭发展能力建设试点项目正式启动。

是月　区人武部圆满完成273人的新兵征集任务，其中征集大学生115人，占征集任务数的42.1%。

9　月

1日　由区市政园林局将合肥绿洲国际旅行社移交给国投集团管理，作为国投集团的一个全资子公司。

3日　全国人大常委会副委员长万鄂湘一行来到安徽，就侵权类案件审判实务中存在的问题进行调研，并召开研讨会。全国人大、全国政协、民革中央、最高法院、安徽省高院、合肥等四家中级法院部分领导及律师代表等参加了研讨会。合肥市庐阳区法院作为全省唯一一家基层法院代表，应邀参加研讨并做汇报。

是日　区建设服务型基层党组织工作暨“一线为民工作法”进楼宇、进企业动员大会在区政务中心大礼堂召开。

13日　为进一步规范全区各基层党组织“党员活动日”活动的开展，区委组织部率先垂范，第一时间组织开展了部机关“党员活动日”活动。区委副书记陈华，区委常委、组织部长许华为以普通党员身份参与了支部活动。

16日　以“保护生态环境，建设美丽庐阳”为主题的“全国科普日”主题活动在大杨镇明发商业广场举行。

27日　共青团省委城市部副部长曹隽一行，在共青团合肥市委副书记王旻、团市委城市部部长李锐的陪同下，到庐阳区法院检查指导该院司法警察大队争创全国“青年文明号”工作。

27日　区2013年2200套保障房目标任务，已开工3353套，超额完成52.41%，开工率位居全市第一。

30日　区国家安全领导小组办公室挂牌成立。

10　月

10日　全区纪检监察工作会议在区政务中心三楼1号会议室召开。区领导吴劲、曹佑华、黄韡参加。

12日　庐阳区国家级书法教育示范学校——钢铁新村小学举行以“书千古无言诗、育中华文化魂”为主题的第六届书法节开幕式。

15日–16日　区委书记吴劲率区招商局主要负责人赴昆山参加安徽省与台资企业经贸合作恳谈会，并与（萨摩亚）龙帝国投资股份有限公司签订大型体育场馆项目投资意向协议书。

23日　为期3天的2013第十一届中国（合肥）商业街行业年会在新开元大酒店拉开帷幕。来自全国各地的政府及商务主管部门领导和北京王府井、上海南京路等全国著名商业街区运营机构以及企业精英共200余人，齐聚庐阳区共同探讨商业街发展的新路径。

11　月

2日　崔岗艺术家村开村仪式在三十岗乡崔岗村举行。

13日　合肥市中菜市商业运营管理有限公司成立。公司系庐阳国投集团全资控股子公司，注册资本200万元，主要职能是对中菜市进行市场管理及市场运营。

14日　市政协主席董昭礼率领市政协调研组，来区杏林街道丽都社区残疾人文化活动中心，就做好残联民生工程工作等进行调研。

19日　副省长梁卫国到亳州路街道居家养老服务中心，专题调研社会养老服务工作。省民政厅厅长吴旭军、副市长程瀚、市民政局局长张炜、副局长沈思军、区委副书记陈华、副区长李仲生以及区民政局、亳州路街道主要负责人等参加调研。

12 月

2日　区举行庐阳讲坛2013第10讲暨党员志愿者服务队授旗仪式。此项活动旨在深入贯彻落实党的十八届三中全会精神，扎实践行党的群众路线，深化拓展“一线为民工作法”内涵，进一步加强服务型基层党组织建设。

3日　召开维稳信访工作例会暨房地产和工程建设领域涉稳突出问题排查化解专项行动工作会议。会议决定，区所有乡镇、街道和工业区将设立农民工维权二级“分窗口”。

5日　安徽省暨合肥市“国际志愿者日——江淮志愿者在行动”主题活动启动仪式在庐阳区老市府广场举行。省委宣传部副部长、省文明办主任贺懋燮，合肥市市长张庆军，省委宣传部副巡视员、省文明办常务副主任朱训义，合肥市委常委、宣传部长林存安，团省委副书记李国阳出席启动仪式并按动启动球。全省各市文明办主任、合肥市所辖12个市县区主要负责人及合肥市志愿者代表近1000人等出席启动仪式。

7日　逍遥津街道机关“情暖夕阳”党员志愿者服务队，全省首次试水“家庭组团”志愿服务，倡导党员志愿者携家人、朋友、同事与社区老人结亲交友。“祖孙团”、“夫妻团”、“母子团”、“朋友团”、“票友团”、“同事团”在社区悄然兴起。

16日　中共合肥市庐阳区委三届四次全体（扩大）会议在区政务中心大礼堂召开。会议学习贯彻党的十八大、十八届三中全会和省、市有关会议精神，总结2013年工作，研究布置2014年任务。

20日　区市政园林局组织牵头召开了庐阳区2013-2014年全区绿化大会战工作会议。全区投入3.1亿元实施12类城区绿化建设项目，加强对“三线三边”（铁路沿线、公路沿线、湖河沿线以及城市周边、城际周边、景区周边）的集中治理，新增绿化面积70万平方米以上、提升绿化面积30万平方米以上。

21日　区委书记吴劲，区委常委、组织部长朱涵陪同省委常委、市委书记吴存荣，省国资委主任许崇信，市领导张庆军、杨思松等出席合肥市与央企合作发展项目集中签约仪式，普天新能源有限责任公司与庐阳区签订合作意向协议。

是日　中菜市路道路建设114号楼房屋征收项目启动征收。此项目涉及38户2700平方米征迁。

23日　庐阳区工商界第二届慈善晚会在会宾楼举行。此次50位慈善联盟爱心企业负责人全部参与捐赠，每人拿出3000元进行一对一帮扶。现场的企业家们纷纷表示，此次捐赠只是他们爱心的开始，后期还将将长期关注受捐赠对象的生活，及时伸出援助之手。

25-27日　庐阳区三届人大三次会议在区政务中心大礼堂举行。

27日　区2013年实施的20个老旧小区环境综合整治项目主体工程完工，总占地614亩、总建筑面积69.67万平方米，投资约1.9亿元，惠及群众10211户。

是年　全区继续开展为期一年“乡镇街道安全监管规范化”创建活动。三十岗乡、亳州路街道被评为“乡镇街道安全监管规范化市级示范”。全区1乡1镇9个街道全部达到乡镇街道安全监管规范化市级示范标准。

是年　全区开展为期3个月“百日安全生产大检查”专项行动，排查隐患500处，已整改480处，整改率96%，限期整改企业155家。

附　录

□民生系列工程
□招商引资项目库
□媒体看庐阳

民生系列工程

一、省政府确定的20项民生工程

1. 义务教育经费保障。免除义务教育阶段学生学杂费并提高公用经费补助标准；免除义务教育阶段作业本费，免费提供国家课程教科书；补助义务教育阶段家庭经济困难寄宿生生活费。

2. 高校、中职和普通高中家庭经济困难学生资助。落实各项资助政策，加大统筹力度，完善资助工作机制；确保资助对象认定准确，资助资金及时足额发放。

3. 公共文化服务信息化建设。以文化信息资源共享工程网络设施为基础，依托公共图书馆、乡镇、街道文化站、社区文化活动室，完成2个社区公共电子阅览室建设工程，为广大群众提供丰富便捷的公共数字文化服务。

4. 公共文化场馆开放。免费开放1个文化馆、2个文化站。所有免费开放场馆实现服务内容明确，保障机制完善，设施利用率明显提高，形成一批具有特色的公共文化服务品牌。

5. 农村文化建设专项补助。以文化信息共享工程村基层服务点（与农村党员远程教育服务点共建）网络设施为基础，做好宽带接入、运行维护及开展文化宣传讲座等有关活动。组织开展各类演出活动，兼顾添置文艺活动器材，丰富农村文艺演出活动。结合本地农家书屋实际情况，对14个行政村的农家书屋进行维护管养，补充更新出版物、维持日常运行和开展读书活动，确保每周开放时间不少于5天。放映公益电影168场，覆盖14个行政村；每行政村每年6场体育活动，结合全省美好乡村建设，开展农民喜闻乐见的体育健身活动。

6. 就业技能培训。完成就业技能培训2680人，培训合格率达到90%以上；培训后取得职业资格证书或专项职业能力证书人数达到培训人数的60%以上。

7. 城乡居民养老保险。符合参保条件的城乡居民参保（续保）率达80%以上，对符合领取条件的人员养老金发放率达100%。参保人数达到3.44万人。

8. 城镇居民基本医疗保险。将本地区城镇非从业居民纳入城镇居民基本医疗保险制度覆盖范围。2013年，城镇居民参保率不低于96%。

9. 农村居民最低生活保障。进一步健全完善农村居民最低生活保障制度，将符合低保条件的农村居民全部纳入保障范围，按规定标准及时、准确、足额发放补助资金，2013年累计月人均补差水平不低于270元。

10. 城乡医疗救助。继续开展重特大疾病医疗救助试点工作，并认真做好与城镇居民医疗保障、大病保险等制度的衔接，扩大救助覆盖面、提高医疗救助水平，在全省建立起管理制度化、操作规范化的城乡医疗救助制度。加大医疗救助力度，对重型再生障碍性贫血、慢性肾功能衰竭尿毒症、艾滋病等特别困难家庭实施重点救助。进一步简化程序，规范操作，方便群众，增强医疗救助的及时性。年度“一站式”服务救助人次或金额不得低于总救助人次或总救助金额的38%。

11. 贫困重度残疾人生活特别救助。对符合政策规定的746名一、二级残疾人，328名三级残疾人，每人每年分别补助726元、360元。

12. 计划生育家庭奖励扶助。对符合政策规定的计划生育家庭给予奖励（特别）扶助，确保奖励（特别）扶助资金及时、准确、足额发放。

13. 城乡养老服务体系建设。2013 年农村五保供养标准每人每年不低于 2200 元，增长 10%；逐步建立居家养老为基础、社区养老为依托、机构养老为支撑的养老服务新格局。

14. 生活无着人员社会救助。基本建立起流浪乞讨人员救助管理工作体系，实现城镇街面基本无流浪未成年人；建立孤儿基本生活保障制度，保障标准为社会散居孤儿每人每月不低于 600 元。

15. 基本公共卫生服务。城乡居民健康档案规范化电子建档率达 65% 以上；适龄儿童免费接种第一类疫苗、儿童免疫规划疫苗接种率保持 90% 以上，建卡率达 95% 以上；孕产妇系统管理率、3 岁以下儿童系统管理率和 7 岁以下儿童保健覆盖率分别达 70%、75%、90% 以上；65 岁以上老年人、高血压患者、Ⅱ型糖尿病患者规范管理率分别达 50%、40%、40% 以上；发现的重性精神疾病患者规范管理率达 80% 以上；传染病疫情报告及时率、突发公共卫生事件信息报告率、卫生监督协管覆盖率达到 100%；健康教育完成规定的年度工作任务。

16. 重大传染病病人医疗救治。对艾滋病、结核病等重大传染病病人及时进行医疗救治，并对其医疗救治费用按规定标准给予减免。2013 年，救治艾滋病病人 10 人，贫困结核病病人 30 人。

17. 提高妇女儿童健康水平。婚前医学检查率达到 95% 以上；农村孕产妇住院分娩补助 100%；国家扩大免疫规划的各免疫规划疫苗接种率达 90% 以上、疫苗建卡率达 95% 以上。

18. 贫困残疾人康复工程。完成贫困白内障患者免费复明手术 100 例；向 400 名贫困精神残疾人每人每年提供 500 元基本精神药物治疗费用补助；为 56 名贫困残疾儿童提供医疗康复训练救助，或适配辅助器具。

19. 廉租房与公租房保障。继续扩大廉租住房保障范围，加大公共租赁住房建设力度，2013 年新增廉租住房 200 套；新增发放廉租住房租赁补贴 240 户，已竣工并达到入住条件的廉租住房和公共租赁住房要尽快配租到户，进一步提高分配率和入住率，并确保分配公开公平公正。

20. 一事一议财政奖补。支持和鼓励农民开展一事一议村级公益事业建设，区财政根据农业人口落实奖补资金人均 5 元以上。参与一事一议财政奖补的农业人口数达 1500 人，开展公益事业建设一事一议财政奖补的行政村达到 3 个。

二、市政府确定的 10 项民生工程

1. 惠民“菜篮子”工程。全市布点设立 120 家定点门店，配合市直部门做好相关工作

2. 政府购买居家养老服务。完成辖区内养老服务保障对象信息采集、审核及动态管理。按规定开展对服务实体的监管，参与服务提供方与服务对象间协调沟通，监督服务协议执行。适时开展服务质量满意度调查和评估。按比例落实政府购买居家养老服务配套资金，加强养老服务体系基础设施建设，对已建成居家养老服务中心（站）全面做好居家养老服务提供。

3. 五保对象长期医疗护理保障制度。应保尽保，完成本区所有五保老人护理保障。

4. 省级职工书屋标准化建设。创建省级职工标准化书屋 10 户。

5. 重性精神病患者医疗救助。对登记在册的易肇事、肇祸精神病人在享受正常医保报销后，进一步提高医疗保障水平。补助人员 285 人、住院指标 80 人。

6. 社区“老少活动家园”建设。2013年计划建设19个“老少活动家园”。

7. 社区“智能化便民服务亭”建设。2013年计划安置36个“智能化便民服务亭”。

8. 免收义务教育阶段学生书本费。继续全面免除农村和城市义务教育阶段学生作业本费、课本费。

9. 肉类蔬菜流通追溯体系建设。完成16个试点企业肉类蔬菜流通追溯体系建设工作。

10. 群众体育设施工程。2013年计划建成1个农民体育健身工程，11个全民健身苑工程，1个笼式多功能健身场。

三、区政府确定的13项民生工程

1. 老旧小区综合整治项目。完善老旧小区内道路、雨污水管道等基础设施。2013年完成不少于20个老旧小区综合整治。

2.D级危房改造工程。完成淮河路300#大院、原橡胶厂宿舍D级危房的征收，并实施项目改造。

3. 农贸市场升级改造。加快辖区农贸市场改造升级，完成三十岗乡、汲桥等菜市场标准化改造，提升杏花、阜阳北路菜市规范化管理水平。

4. 特色街区打造。按照“错位发展、彰显特色”的思路，设立专项资金，支持每一个乡镇、街道重点打造一条特色街。对淮河路步行街周边街巷进行改造（含中菜市原址区域的升级改造），实施城隍庙综合改造一期工程和七桂塘市场改造等项目。

5. 商业示范社区创建活动。开展商业示范社区创建活动，创成5个市级以上商业示范社区。

6. 2013年节会活动。通过举办一系列节会活动，扩大内需，拉动消费，经济快速发展，带动就业，致富百姓，进一步促进全区商贸旅游。

7. 绿化大会战。新建8条道路配套绿化；修复城区8条道路破损绿化；打造8个节点绿化；新建合福铁路沿线防护绿地；改造提升23个老旧小区及零星空地绿化；修复13条工业区道路缺损绿化；建设2条道路精品绿化；建设2个城区公园；建设1个湿地公园。

8. 优化社区生活环境。加大南淝河、板桥河、四里河等河道综合整治。完善城乡排水设施整治，实施勤劳巷、天王巷等一批街巷改造。

9. “城乡保”优待计生家庭项目。独生子女家庭，农村双女绝育户家庭参保补助由30元提高到60元；计生特扶家庭参保由政府按照最高缴费标准（2000元）为其代缴全部养老保险费。

10. 公办幼儿园办分园奖励机制。对公办优质幼儿园举办分园建立奖励机制，扩大优质学前教育资源。

11. 高血压、II型糖尿病患者免费药物治疗补助。针对辖区内高血压、糖尿病患者，在选择性药物范畴内开展免费药物治疗服务。

12. 贫困残疾人辅具适配项目。2013年，为200名残疾人免费提供辅具评估适配。

13. 残疾人“阳光e站”项目。加强残疾人文化体育建设，丰富残疾人文体生活，保障残疾人享受基本的均等的文化体育服务。2013年，建立3个社区残疾人“阳光e站”示范点。

（陈永良）

招商引资项目库

□推介地块
□商务楼宇
□都市工业——标准化厂房

森林公园A地块

地块简介

该地块东起怀宁路，西至西二环路，南临规划固镇路，北靠北二环路，总占地面积13.3公顷，生态环境优美，区位优势极佳。规划性质为商住。

地块基本情况一览表

位　置	面积（公顷）	土地利用现状
东起怀宁路，西至西二环路 南临规划固镇路，北靠北二环路	13.3	净　地

地块规划控制预条件一览表

用地性质	容积率	建筑密度	绿地率
商　住	≤2.5	≤25%	≥35%

地块示意图

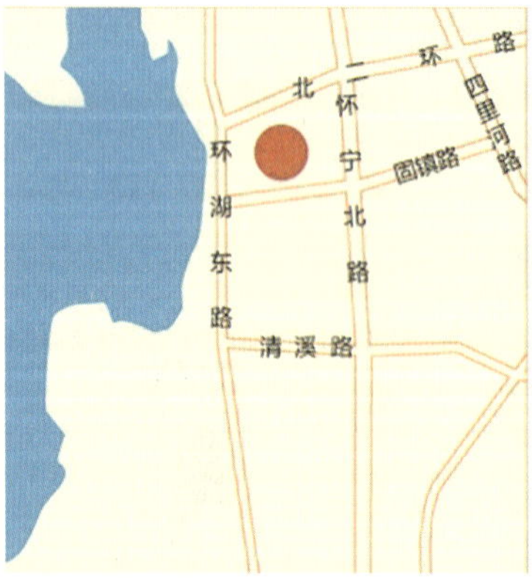

四里河口地块

地块简介

该地块位于四里河路与临泉路交口东北角，总占地面积5.3公顷，地理位置优越，升值潜力巨大。规划用地性质为商业。

地块基本情况一览表

位 置	面积（公顷）	土地利用现状
四里河路与临泉路交口东北角	5.3	住宅、办公

地块规划控制预条件一览表

用地性质	容积率	建筑密度	绿地率
商 业	≤3.5	≤32%	≥35%

地块示意图

四里河E地块

地块简介

该地块位于四里河路与北一环路交口东北角，总用地面积2公顷，此地块区位优势明显，升值潜力无限。规划用地性质为商住。

地块基本情况一览表

位 置	面积（公顷）	土地利用现状
四里河路与北一环路交口东北角	2	净 地

地块规划控制预条件一览表

用地性质	容积率	建筑密度	绿地率
商　住	≤3.2	≤30%	≥35%

地块示意图

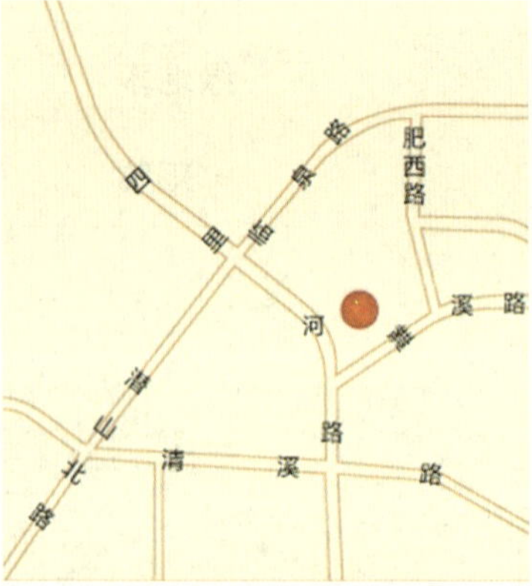

五金二厂地块

地块简介

该地块位于阜阳北路与固镇路交口西北角，总占地面积1.6公顷。周边配套完善，区位优势极佳。规划性质为商住。

地块基本情况一览表

位　置	面积（公顷）	土地利用现状
阜阳北路与固镇路交口西北角	1.6	净　地

地块规划控制预条件一览表

用地性质	容积率	建筑密度	绿地率
商　住	≤4.2	≤30%	≥35%

地块示意图

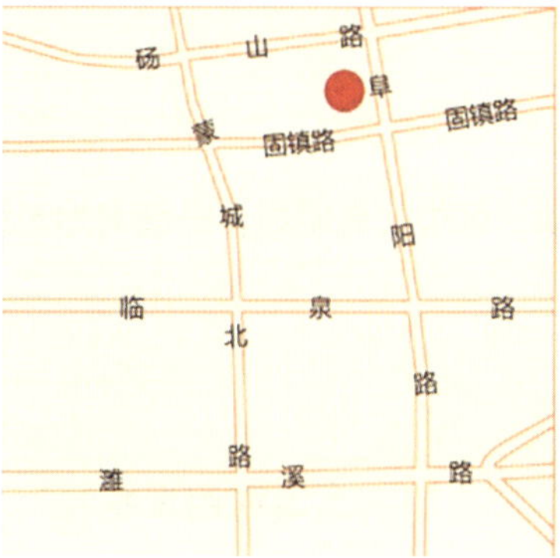

白水坝地块

地块简介

该地块位于蒙城北路与北一环路交口东南角，总占地面积3.2公顷。周边配套完善，区位优势极佳。规划性质为商住。

地块基本情况一览表

位　置	面积（公顷）	土地利用现状
蒙城北路与北一环路交口东南角	3.2	净　地

地块规划控制预条件一览表

用地性质	容积率	建筑密度	绿地率
商　住	≤6.6	≤50%	≥35%

地块示意图

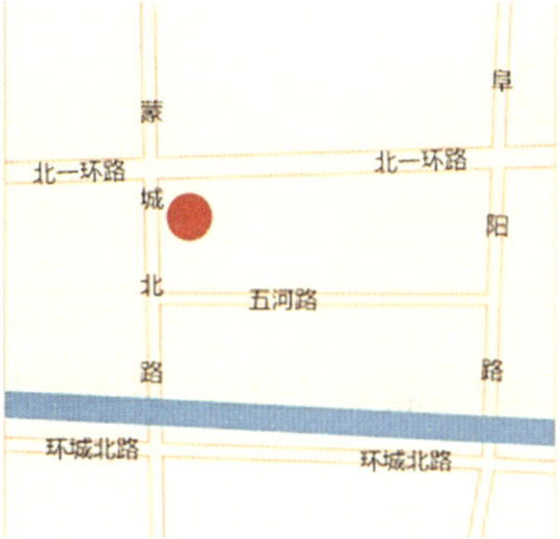

森林公园C地块

地块简介

该地块位于沿河路以西，合肥龙翔高复学校南北两侧，总用地面积9.3公顷。区位优势明显，升值潜力无限。规划用地性质为商住。

地块基本情况一览表

位　置	面积（公顷）	土地利用现状
沿河路以西， 合肥龙翔高复学校南北两侧	9.3	净　地

地块规划控制预条件一览表

用地性质	容积率	建筑密度	绿地率
商　住	≤2.5	≤25%	≥35%

地块示意图

森林公园D地块

地块简介

该地块东起四里河路，西至森景湖大道，南临合九铁路，北靠规划冬青路。总占地面积20公顷，环境幽美，发展空间巨大，极具升值潜力。规划性质为商住。

地块基本情况一览表

位　置	面积（公顷）	土地利用现状
东起四里河路，西至森景湖大道 南临合九铁路，北靠规划冬青路	20	净　地

地块规划控制预条件一览表

用地性质	容积率	建筑密度	绿地率
商　住	≤2.5	≤25%	≥35%

地块示意图

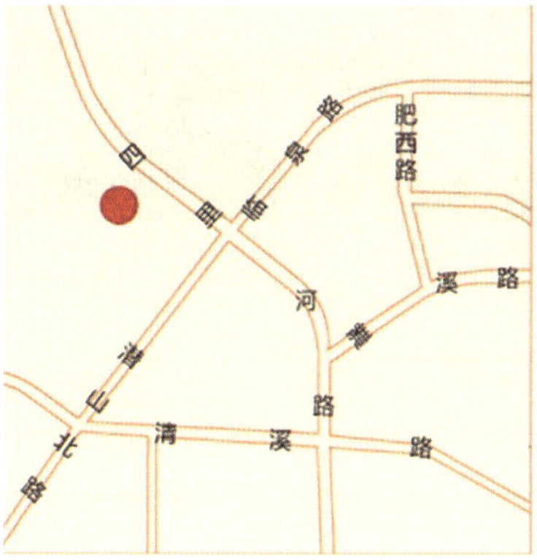

建工集团地块

地块简介

该地块东起飞凤街，西至金寨路，南临长江中路，北靠安庆路，总用地面积3.1公顷。此地块区位优势明显，升值潜力无限。规划用地性质为商住。

地块基本情况一览表

位　置	面积（公顷）	土地利用现状
东起飞凤街，西至金寨路 南临长江中路，北靠安庆路	3.1	净　地

地块规划控制预条件一览表

用地性质	容积率	建筑密度	绿地率
商　住	≤3.5	≤40%	≥35%

地块示意图

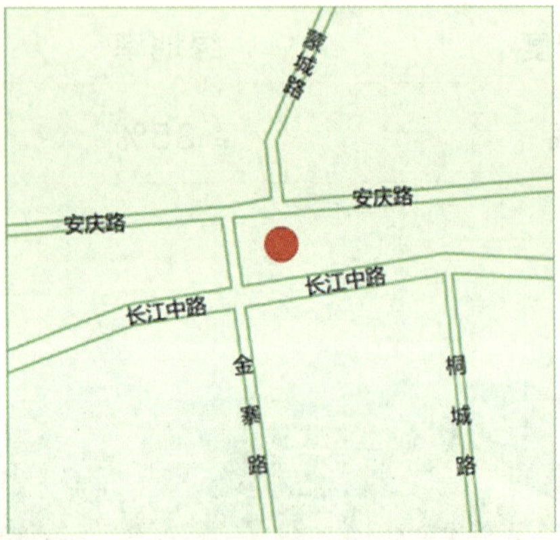

地名掌故

三　孝　口

据传，合肥古时有张梅、张柷、张松三兄弟侍奉母非常孝敬，一年四季，寒热冷暖问个不停；饥餐渴饮、辛辣咸淡供奉时鲜不停。母亲患病时，三个儿子衣不解带服侍在床前。一次母亲突然害臃肿，疼痛难忍，呻吟不绝。大儿子听人说：害肿毒，如人用舌尖舔吮，不仅减轻患者痛苦，可以促使早日破头（臃肿出头前最疼）。大儿子毫不犹豫用嘴舔吮，母亲顿感患处疼痛减轻，逐渐愈合。母丧，在家停棺守灵。忽一日邻舍失火殃及张家，三兄弟移柩不及，乃奋不顾身扑于上面泪如雨下。火熄，三人皆死，惟厝棺无损。《合肥县志》称“三孝子街”。因明朝此地附近住有张梅、张柷、张松事母至孝三孝子和东北角三孝子祠（其遗址在今三孝口东约百米处街北，祀张松、汤鼎、朱世藩）。旧时老人读变音将三孝口说成三巷口。《合肥县志·人物传》载：“张梅、柷、松兄弟三人亲丧殡于室，邻火卒起，棺不及移，三人号恸伏棺上，誓与俱焚。三人皆死，棺独完。初，母病痈甚重，梅吮之得愈。”为纪念这三个孝子，人们将金寨路至环城西路这一段长江路称为三孝子街，而把张家所住十字路口西街口被人们称为“三孝口”，现三孝口则指这一地区。

商务楼宇

【祥源广场】 该楼宇位于亳州路与北一环交口东北角，总建筑面积约33万平方米，该项目地上总建筑面积约24万平方米，涵括住宅约16万平方米，办公约6万平方米，商业约2万平方米，共25层，是一座集商业、住宅、娱乐为一体的城市高端生活综合体。该项目地址位于合肥市庐阳区濉溪路310号。

【财富广场】 该楼宇位于北一环商办新街区核心位置，地理位置极佳，总建筑面积约50万平方米，共29层。已入驻汇丰银行、华夏银行、中荷人寿、TESCO乐购、西门子等多家国内外知名企业。该项目地址位于合肥市庐阳区濉溪路278号。

【合作经济广场】 该楼宇位于桐城路与庐江路交口西南角，总建筑面积约10万平方米，住宅约3万平方米，商场、办公楼约6万平方米，共26层，配套设施齐全，是一座集商业、办公、休闲、娱乐为一体的城市综合体。该项目地址位于合肥市庐阳区桐城路127号。

【东怡金融广场】 该楼宇位于阜南路与蒙城路交口西南角，总建筑面积约20万平方米，其中办公16.6万平方米，商业3.5万平方米，A、B座各26层、49层，目前已有招商银行、新华保险区域总部等大型企业入驻。该项目地址位于合肥市庐阳区阜南路169号。

都市工业——标准化厂房

庐阳区都市标准化厂房项目，均位于省级开发区——庐阳工业区内。庐阳工业区位于合肥市北部，园区依“城”贴“区”、交通便捷，阜阳北路高架和蒙城北路两条快速通道贯穿园区，城市北外环高速公路擦园而过，铁路交通尤其便利，合肥铁路货运北站坐落园区。区位优势极佳，距中心市区仅10分钟车程，是距离中心市区最近的开发园区。众多标准化厂房项目，将是购买和租用办公用房、生产厂房的最佳选择。

都市工业（一）

【工投·兴庐科技产业园（一期）】 位于庐阳工业区时雨路与灵溪路交叉口东北角，总用地111亩，总投资约5亿元人民币，建筑面积约23万平方米，建设7栋标准化厂房和研发楼、公租房、综合服务用房等4栋配套服务用房。着力引进科技含量高、经济效益好、税收贡献大、资源消耗低、环境污染少的项目。

都市工业（二）

【工投·兴庐科技产业园（二期）】 创智天地位于庐阳工业区阜阳北路以西、东方大道两侧，总投资约15亿元，占地320亩，规划建筑面积约55万平方米，包括标准化厂房40万平方米，公租房5万平方米，地下建筑10万平方米。着力打造工业生产、科技研发、营销物流、商务服务、设施共享为一体的特色产业集聚区。

都市工业（三）

【合肥鑫翰光电科技园】 项目总占地面积268亩，建筑面积约43万平方米，总投资15亿元。项目定位为以电子元器件开发、数字智能技术为核心，以新能源、新材料为主导，集软件开发、能源电池、电子元器件等产品的研发、调试、生产、仓储、物流、电子原材料供应和配送于一体。

媒体看庐阳

合肥："一线为民工作法"倾心解民忧

稿件来源：新华每日电讯　国内新闻

据新华社合肥7月12日电（记者蔡敏　杨丁森）"想不到开个农家乐需要这么多手续，现在干部找到家门口替我解决了问题，这种工作很实在！"安徽省合肥市庐阳区东瞿村村民王广山拿着办好的卫生许可证格外高兴。

年逾60的王广山从单位食堂退休后，看着邻居家家户户都搞起了农家乐，也动了心思。但是各种健康证、卫生许可证、营业执照等证件涉及工商、环保、城管、卫生等很多部门，王老汉慌了神，不知道从何下手。

东瞿村的驻点干部工作组了解到这一情况，立即分头联系相关部门，帮助王老汉准备各种材料。两天后，庐阳区卫生防疫监督所的同志就把申请表格送上了门，并和老人约定好验收时间。

王老汉问题的解决只是庐阳区"一线为民工作法"见成效的一个缩影。去年10月以来，庐阳区为切实推动区机关干部联系群众，推行"定人、定点、定时、定责"的"一线为民工作法"，即在每个村(居)派驻1名区直机关正科级干部、1名副科级助理员及人大代表、政协委员、律师组成驻点工作组，每个月10号走访群众，发放便民联系卡，现场了解问题。驻点工作实行首问负责制，每月25日汇报上个月群众反映问题处理进展，驻点工作组处理起来有困难的问题，由区主要领导牵头研究解决。

"当前一些党员干部只知'向上看'，很少了解群众疾苦，对一线实际困难没有感受，严重影响党群关系。"庐阳区区委书记吴劲介绍，"一线为民工作法"目的就是让机关干部沉到基层一线了解情况、解决问题、融洽感情。

据了解，庐阳区开展"一线为民工作法"10个月来，共走访、接待群众1.32万人次，为群众办实事538件，帮扶慰问困难群体260个，排查信访隐患123起。

"工作干得好不好，要看帮助群众解决了多少问题，群众是否对你认可。"庐阳区组织部部长许华为说，驻点工作已成为评价干部绩效和提拔使用的重要依据。

【新华每日电讯】

2　国内新闻　新华每日电讯

上海：自贸区建设是"重中之重"

我国科学家研制出植物"抗旱调节剂"

济南慈善推新举措 捐1万元可"冠名"

着力加强医患沟通

合肥："一线为民工作法"倾心解民忧

都江堰山体滑坡 已确认43人死亡 118人失踪和失联

活跃营区特色文化 扮靓官兵业余生活

2分钟内控制嫌犯 成功处置海上劫船

【农民日报】

2 综合新闻

农民日报

群众动嘴 干部跑腿

——安徽合肥市庐阳区推行“一线为民工作法”纪实

农民日报——群众动嘴 干部跑腿

华丽变身 业态重整 合肥女人街如何承担复兴重任

（记者 刘群文）

核心提示 合肥市女人街是该市历史上引领女性时尚文化风靡一时的老街。光阴流转，随着市场经济浪潮的冲刷，女人街这块当年的商业富庶宝地，渐渐黯淡于业态低端与设施陈旧之中。2012年3月，合肥市对女人街开始进行全方位改造，重新布局业态。

合肥女人街位于合肥市庐阳区。作为合肥市的核心城区，庐阳区是安徽省政治、经济、文化、金融中心，目前正在创建“国家级中央商务区”。

日前，中国商报记者首次走进改造后的合肥女人街。从入口处放眼望去，改造后的女人街增添了绿化区域，绿化带空隙处放置了休闲座椅沿。女人街商铺整齐划一，原来的卷闸门已全部换成玻璃门，以大橱窗形式供货品展示。

繁华不再以“破”求“立” 上世纪80年代，在个体经济蓬勃发展的周边环境中，地处合肥市三孝口中心地带、女人街的“母体”七桂塘商业区域很快诞生。七桂塘市场于1986年“国庆节”开业，它为女人街的问世做好了充足的铺垫。1995年城隍庙二期建成开业，与此同时，经营了十年的七桂塘市场开始遭遇持续繁荣的瓶颈，之后一系列对七桂塘发展所采取的措施为女人街的登场提供了物质基础和商机。1996年年初，三孝口节约巷开始安排下岗女工再就业，这即为女人街的前身。1997年，节约巷开始正式叫响女人街。

记者了解到，作为三孝口经济商圈中形成较早且比较成熟的街区，女人街自粉墨登场的那天起，就在三孝口经济商圈中处于举足轻重的地位，该商业街对庐阳区乃至合肥市的经济贡献率发挥了重要作用，也成为合肥市一处标志性的商区。

然而，随着时间的推移，特别是2000年以后，周边商圈如淮河路步行街及商之都、鼓楼商厦、金鹰、银泰等商业体的兴起和现代服务业的迅猛发展，女人街的传统商业经营模式已显滞后。与此同时，建筑破旧、经营设施落后、功能不全、秩序混乱、业态低端，各种商业业态“摆放”在一起，缺少统一规划。与消费者对品牌、诚信、购物环境等方面的需求也显得格格不入，昔日的繁华渐渐淡去。

女人街在改造之前有49家店面，却有200多家经营户，其中100多家都是摊棚式、地摊式的，这种经营模式使得各类商户不处于同等平面，杂乱无章，极不利于经济规范运行，因此整条街巷的产业提升和环境治理迫在眉睫。

据介绍，合肥市政府自1997年以来就积极筹谋、合理规划、倾力实施，曾对女人街进行了多项改造，使女人街逐步成为广大女性市民最喜爱的集购物、文化、休闲、餐饮等功能为一体的现代文化商业步行街，也吸引了无数省内外知名人士和游客前来观光购物。然而，合肥市原来所实施的多项改造并没有使女人街在激烈的商业竞争中持续繁荣。

在2009年的合肥市庐阳区“两会”上，有代表就提出了大手笔重塑女人街形象的建议。2011年年底，庐阳区人大通过了《关于改造女人街经营环境彰显女人街特色的议案》2号议案。2012年3月，女人街正式启动改造工程。改造后的女人街将被纳入三孝口新商圈规划之中。此举也成为提升三孝口商圈吸引力、辐射力、影响力的重要契机。

2012年9月8日，改造后的女人街盛装登场。

【中国商报】

华丽变身　业态重整

合肥女人街如何承担复兴重任

中国商报——合肥女人街如何承担复兴重任

涅槃重生 以新业态重塑品牌 女人街管理办公室主任姜旭认为，如今的女人街在对合肥文化的传承、街区特色商业的弘扬，不断使改革发展的成果得以延续和升华等方面依然发挥着不可替代的作用。

据介绍，庐阳区是合肥市的政治、金融、商贸中心，从合肥市的发展趋势来看，文化中心将要转移到庐阳区，以传承合肥三千多年的历史。在对女人街全新的改造过程中，庐阳区抓住“改造提升”的主线，遵循充分挖掘街巷改造空间，激活内街休闲商业的思路，多次进行实地调研，到发达城市观摩取经，从打造精品意识、精细化管理入手，一手抓街区盘整、激活、提升，一手抓商务诚信、规范、守序。由此，女人街不仅旧貌换新颜，更是为七桂塘、城隍庙商圈的升级改造树立了新的标杆，同时也加强了女人街作为安徽省特色商业街的影响力和辐射力。作为安徽省女性时尚特色第一街区，新妆女人街也为三孝口商圈整体设计的提升确立了新模式。

商业地产业内人士认为，老商圈的改造要根据自身定位，引进新的业态或者业态组合，同时兼顾业态升级、业态组合和业态补位。在明晰定位的基础上，引入更多的业态，提升商圈的整体竞争力。

据了解，女人街是合肥市首个实施改造的老旧商业街。改造后的女人街全长达370米、均宽15米，北靠“安徽第一路”长江中路，南接商业先驱七桂塘商业区。据统计，女人街目前日均客流量达到3万人次以上，节假日期间逾6万人次。

女人街建筑面积约3万平方米，目前共有临街商业企业72户，营业面积约1.5万平方米，年销售额达6亿余元人民币，已成为三孝口商业经济圈不可或缺的一部分。

姜旭说，女人街只有300多米长，单纯设置购物的商店很难做到，这就需要功能和业态的多样化。只有将业态重新布局才能使女人街更具竞争优势。从女人街管理办公室所提供的最新女人街业态情况汇总表上记者看到，改造后的女人街业态的种类包括服饰鞋包、餐饮咖啡、日用百货、美容美妆、数码摄影、旅游服务等达14种之多，囊括了涉及女性时尚产品和服务等产业。

在采访中，女人街管理办公室业态科科长康汐键对中国商报记者说，目前女人街的商业业态要适时调整、拓展。管理部门和商户之间的互动非常重要。改造后的女人街无论从商品数量、业态类型，还是从业人员素质、规范执照等方面都有很大改观。总体来说，改造后的女人街已符合合肥市中心特色街区时尚名片的概念。商业街在饮食方面和其本身的业态是不发生冲突的，食品安全尤为重要。改造后的女人街对所有的餐饮店铺工作人员实行持证上岗制度，健康证、卫生许可证缺一不可，并对所有的店铺进行登记备案。

记者从女人街管理办公室了解到，女人街将按照打造文化特色街区的思路，寻找差异化，逐渐缩短与周边省市特色街区之间的差异。女人街和七桂塘周边将被改造成功能互补的街区。女人街北侧的小巷，改造后将主打文化旅游产品，南侧区域主打风味小吃，并且开辟了夜市。综合整治和改造女人街周边区域是下一步改造的重点，其中正在进行的七桂塘菜市场的改造，将考虑大的业态布局，使其和女人街业态互补，调整升级。

汇聚客源 以独特气质续芳华 新妆后的女人街将如何迎来“第二春”？

刘中兰是女人街原摊棚经营户，从1998就在女人街以摊点形式经营。记者见到她时，她正在女人街西入口处树荫下销售太阳伞、袜子等女性用品。她说，女人街原来街面的所有摊棚都被拆掉了。因为对女人街的依恋，刘中兰自女人街改造后就一直在街旁经营着临时性摊点，现在主要靠一部分老顾客支撑着生意。由于女人街改造后人气恢复慢，从女人街改造前每天收入几百元变成现在的几十元，甚至有时整天不开张，刘中兰的脸上写满了焦急和无奈。她建议，主管部门可以尝试性地让像她这样的小摊位分时间段进入街内经营，同时加强管理，这样也是带动人气的一种办法。

在女人街 Good Good 门店，老板沈光虎告诉记者，Good Good 门店在女人街已经有 13 年的经营历史了。女人街改造前他的门店平均每天收入为 1 万元，现在下降到每天的营业额最多只有四五千元，自重新开业以来就一直处于亏损状态。沈说，改造前的女人街虽然外观和环境不如现在，但商品种类齐全丰富，成为各类商品的集散地，这里集吃、喝、玩、乐于一体，顾客在这里各种档次的商品都能挑选到，客户群广泛。改造后的女人街虽然打造的是特色商业街，却没了特色。因为改造后的女人街在商品档次和价格定位上都有很大提升，和附近的淮河路步行街及几家商场的经营情况类似，顾客宁愿选择去比女人街规模大很多的淮河路步行街和购物环境更好的商场，因此客流量大幅减少在所难免。他希望相关部门能够加快七桂塘的改造步伐，增添女人街更加浓厚的商业氛围，吸引客源。

研磨时光是一家位于女人街东入口处的咖啡店。临近中午，店内乐声清幽。12 点 30 分，店堂内已经满座。负责人张文璐告诉记者，虽然女人街改造后客流量发生了很大变化，但她的店铺经营却没受太大影响，店内经过重新装璜，环境更加舒适，因此吸引了不少新顾客。她希望能够在女人街的店铺外多放置一些休闲设施，如遮阳伞之类，供顾客纳凉、休憩。只有为顾客的真实需求着想，才能带动人气，真正做活市场。

如何打造女人街的特色，吸引顾客？有关专家认为，必须要在“特色”二字上下工夫。店招的设计、街面的绿化都只是硬件上的提升，文化的打造才是核心内涵。他认为女人街可以根据自身特色打造“慢”特色，包括慢食、慢逛、慢享。

对于女人街的改造，有商业地产业内人士建议，老商圈改造后，要根据自身定位，引进新的业态或者业态组合，同时兼顾业态升级、业态组合和业态补位。在明晰定位的基础上，引入更多的业态，提升商圈的整体竞争力。

据悉，在女人街争创安徽省特色街区的申报活动中，女人街管理办公室发出了创安徽省“特色”商业街区活动倡议书，女人街广大商户们也积极响应，完成了创建安徽省“特色”商业街区活动承诺书。如今的女人街已完成“安徽省特色商业街”专业型的入选。

女人街管理办公室主任姜旭说，自女人街重新开街以来，已举办过 2013 年年货展、庐阳欢乐购物节、时尚购物节、3·8 商品大促销等大型活动。在双休日邀请非本街且具备实力的各类商家到女人街来进行商品展销、婚纱摄影、儿童用品宣传等。下一步将引进女人街过去有代表性的特色小吃，开办夜市在街面设置以女性用品为主的饰品小百货和饮品特色小凉亭，以此吸引顾客的眼球，拉动消费。

如何提升女人街的人气？女人街管理办公室业态科科长康汐键对记者说，通过采取一系列切实可行的措施，目前女人街的人气已恢复到改造前的 90%。今年年底前七桂塘改造结束后将会进一步提升女人街的人气。他认为，经营商户不要一味地对过去的女人街念念不忘，要从商品结构、种类、价格等方面进行一系列调整，去迎合消费者的心态。

合肥市庐阳区商务局局长胡宏标告诉记

者，女人街自改造完成以来，质疑声就一直不断。他认为改造后的女人街人气、环境已焕发生机，整体还将有所提升。

胡宏标说，女人街改造时成立了专家组，由国家商务部对接，既包括国家一流商圈改造专家，还有合肥本地的老人以及全国各地知名商业管理公司，请他们出谋划策。另外还成立了商务股份公司，以解决商圈改造过程中一些产权分散等改造难度大的问题。

胡宏标认为，女人街现在的遇到的问题是暂时的，要把女人街改造和七桂塘改造结合起来。女人街是七桂塘片区的一部分，七桂塘改造计划今年10月完成。七桂塘改造完成后将提升女人街的人气。目前合肥市已邀请上海豫园、南京1912等权威商业管理公司以及中国步行街商业委员会和省内的一些商圈改造专家出谋划策，力争打造出魅力四射的新商圈！

陶文政："板栗哥"助人团圆很快乐

（记者 叶 琦）

陶文政

冬日，合肥市庐阳区畅园小区门口，热腾腾的炒板栗刚刚出炉，小摊旁的简易商铺窗户上，一串字格外醒目"免费为不识字的农民工订票"。

小摊的主人叫陶文政，38岁，被人亲切地叫作"板栗哥"。"板栗哥"现在最忙的不是卖板栗，而是帮人在网络上订火车票。

只是帮人网络订票，实体票还要去火车站自取 "有2月6日从合肥到宣城的票吗？"来自宣城的大姐周菊香和几个姐妹上前询问。"稍等，我查查……有票！把乘车时间、名字和身份证号告诉我，我马上订。"接过周大姐递上的几张身份证，陶文政用自己的电脑、订票账户和网上银行熟练地完成了操作，认真核对后，给她们开了一张收据，上面密密麻麻附上了各种注意事项和自己的电话号码，"大姐，收据拿好，拿着身份证直接到进站口旁边的自动取票厅，在一台机器上刷一下身份证，票就出来了。这是我的电话号码，到时候有什么问题直接打电话。"

一转身，又是一张热切的脸。"8日去湖北荆州的票还有吗？""只有站票了。""要几个小时？"

小屋里，陶文政忙得热火朝天，询问、回答、下单、记录、开收据，加上不时刷新铁道部订票网络，无暇顾及板栗摊生意，抽空才能和记者搭几句话，"现在火车票太抢手了，一天能订上十几张，但咱这儿不能当场拿到实体票，很多人不了解网络订票，还是有点不放心，10个人里大概有七八个人最后决定去火车站买票。"

早年买票同样犯愁，想力所能及帮帮别人 陶文政家庭条件并不好，每个月两三千元的收入，仅可勉强维持家用。他帮人订票并不收费，

"纯属义务劳动！办网银、拉网线，都是花的自己的钱。"

费这么大力气，图什么呢？ "2009年以前，我带着老婆孩子在北京打了十几年的工。每年买火车票回家过年，我知道有多不容易！很多进城打工的兄弟文化水平不高，不懂电脑，更不会上网，他们经常是起早贪黑去排队还买不到票，或者是花了同样的价钱只能买到站票。我只是想力所能及地帮帮他们，看到人家能团圆，我也很开心。"

陶文政在网上发布了他的联系方式，一传十，十传百，这个简易的小屋越来越忙。在这里，农民工不仅可以免费订票，还同样能得到免费咨询、改签和退票服务，并可在退票的第一时间拿到钱。

"网上订票是听说过，但我们也没有电脑，每年这个时候都不知道该怎么办。"来自湖北的陈水才来合肥做建筑工人有几个年头了，提起"板栗哥"，他憨厚地笑了，"在他这儿买票很方便，咱花的钱跟在火车站是一样的，真是好人！"

其实，陶文政初中都没毕业，但他通过自身努力考取了会计证和保险从业资格。他常说，后天的勤奋，可以弥补很多东西。

首善庐阳 吹响"国家级中央商务区"集结号

【香港文汇报】 合肥市庐阳区作为安徽省会的核心城区，是安徽合肥政治、经济、文化、金融中心。"十二五"期间，在合肥市全力打造"大湖名城、创新高地"的进程中，庐阳区充分依托自身优势，重点发展现代服务业和新兴业态，着力打造商贸金融、工业物流和生态休闲三大功能板块，建设全省"首善之区"和辐射源。

首善廬陽
吹響「國家級中央商務區」集結號

坐拥城中怀四海，动行庐州领潮流。2013年，庐阳区吹响创建"国家级中央商务区"集结号，努力在产业高端化、街区特色化、楼宇总部化、项目品牌化上做深做实，为建设全省"首善之区"和辐射源奠定更加坚实的基础。

产业高端化筑高中央商务区"发展基石"

从安徽商之都、合肥鼓楼商厦、百大CBD等省内商贸龙头发展壮大，到百盛、金鹰、银泰百货等国内商业大腕纷纷加盟……如今的庐阳已成全省商贸服务业第一大区，但雄心壮志不止于此："要从大区跨越成为强区，从区域服务向全省辐射带动转变，产业转型升级，产业高端化是必由之路。"该区主要负责人表示。

随着商贸流通和住宿餐饮业等传统服务业逐步稳固、趋向高端，科技信息服务业、金融业、房地产业、商务服务等现代服务业繁荣也紧随其后。特别是在庐阳区几大商圈内聚集了以汇丰银行、东亚银行、民生银行、兴业银行、浦发银行、华夏银行、中信银行、交通银行、建设银行、招商银行、中国银行、国元证券、安徽信托、兴泰信托、中国人寿、新华人寿、中国长城资产管理

【农民日报】

专版——首善庐阳 "美好乡村"向幸福进发

公司、中国华融资产管理公司等为代表的金融机构、投资机构710余家，金融机构密集度居安徽全省城市城区首位，形成了银行、保险、证券、投资、信托、租赁、资产管理、财务管理等较为完备的金融服务产业链，金融机构集聚效应不断扩大，区域性金融中心地位日渐巩固。

今年，围绕创建国家级中央商务区，庐阳区将着力在中央商务区核心商圈提档升级、工业园区转型升级和北二环专业市场带建设上下功夫。以城市综合体为主要载体，促进商贸金融、科技研发、信息咨询、文化创意等业态集聚，提高生产性服务业比重，增强产业核心竞争力。按照"产城融合"思路，加大标准化厂房建设力度，尽快启动二期60万平方米标准化厂房建设，积极引进电子信息、节能环保等新兴产业，重点培育战略性新兴产业和新型都市工业。此外，充分利用资源优势，结合生态保护，围绕"人文游、生态游、体验游"，月月办节会，推介特色游，打响具有庐阳特色的文化旅游品牌。

楼宇总部化　集聚中央商务区"内生动力"

位于合肥庐阳区北一环的财富广场，作为目前安徽省最大的写字楼群，自首座交付使用以来，楼宇经济效应愈发凸显，仅2012年，预计创下税收收入4亿多元。

在庐阳区北一环，像财富广场这样的商务楼宇可谓鳞次栉比。新天地国际广场、置地汇丰广场、万豪广场、众城国际广场、国金大厦、金鼎国际广场、祥源广场、天庆大厦等25幢楼宇错落有致地依次排开，气势颇为壮观，吸引了西门子公司、中荷人寿、汇丰银行、民生银行、九江银行、华夏银行、中国移动、中国石油、中国远洋运输总公司、联想集团、中信银行、乐购等20余家世界500强和区域性总部，北一环已成为全省名副其实的"商务财富街"。目前，全区共有楼宇167幢。其中，亿元以上楼宇有百大CBD写字楼、仁和大厦、新天地广场写字楼、汇丰置地广场、金鼎广场等；超10亿元以上的楼宇包括盛安大厦、财富广场首座。

楼宇总部化带动了楼宇经济爆炸式增长，集聚了建设中央商务区源源不断的“内生动力”。近年来，庐阳区按照“建设规模化、楼宇品牌化、工作精细化”的思路，坚持向楼宇品质、特色和集群要效益。在盘活现有楼宇的基础上，加快推进在建楼宇的进度，提升扩大楼宇规模；通过打造楼宇品牌，积极引导楼宇形成特色，大力引进企业地区总部、研发中心和采购中心等机构，积极培育服务业高端业态，大力发展金融、信息服务、文化创意等现代服务业。

2013 年，庐阳区围绕创建国家级中央商务区，在进一步做实长江中路主轴，扩大四牌楼、三孝口核心商圈辐射影响的同时，进一步发展壮大北一环商办新街区，充分发挥财富广场等楼宇优势，重点培育电子商务、服务外包等新兴业态，加速形成总部经济带，着力打造区域性金融、总部经济中心。

项目品牌化迸发中央商务区“辐射效应

在做大做强现代服务业的过程中，庐阳区以品质发展为导向，从破解空间瓶颈入手，以品牌项目建设带动城市承载功能的扩展和产业业态的提升，迸发出中央商务区的辐射效应。

2012 年 9 月 7 日，万科以 33.06 亿元竞得庐阳区北二环四里河 775 亩超大连体地块，创下合肥新高，并于年底开工建设。万科入驻北二环四里河区域，极大提升了合肥北部城区整体形象和品质。去年，庐阳区全年实施新拆、续拆项目 24 个，完成拆迁总量 90 万平方米，成功上市土地 22 宗 1290 亩，项目拆迁量、土地上市量为“大建设”以来之最。

2013 年，将新启动白水坝地块、五金二厂、群力巷、科研所及周边地块、自行车二厂等项目拆迁，同时加快推进晶体管厂、神马小桥湾等北一环沿线危旧房改造，促进花园宾馆、合肥饭店等长江中路沿线地块改造项目……此外，围绕打造中环线城市商业副中心，将加快四呈河片区、城市森林公园西区等地块开发。围绕北二环专业市场带建设，将进一步提升华孚城隍庙市场、明发商业广场商业水平，启动五里片区综合改造，规划建设北部汽车贸易城。

与此同时，围绕项目品牌化建设，庐阳区今年还启动区域性商协会总部基地建设；加快推动城市综合体建设，力促香格里拉大酒店、四牌楼联合大厦等项目早日建成投入使用，以城市综合体为主要载体，促进商贸金融、科技研发、信息咨询、文化创意等业态集聚，提高生产性服务业比重，增强产业核心竞争力；瞄准世界 500 强和知名央企民企，大力实施“项目超市”招商，变项目招商为产业招商，变单体引进为集群引进，变单纯引资为引技引智，积极引领产业向高端化、总部化、品牌化方向迈进。

街区特色化 激活中央商务区“商业经络”

一个成熟的中央商务区，业态丰富、功能配套的特色街区必不可少。

农历蛇年春节刚过，庐阳区就启动了七桂塘片区综合改造工程，以期通过拆除违章建筑，改造基础设施，挖掘历史文化和丰富商业业态等措施，把七桂塘打造成和女人街商业融合配套的特色商业街区。

让七桂塘片区重现昔日繁华，是重振三孝口商圈雄风的重要一环，更是庐阳区打造特色商业街区，激活中央商务区商业“经络”的点睛之笔。

作为老城区，庐阳区立足传统优势，按照“高起点规划、精细化建设、专业化发展、规范化管理、优质化服务”的工作思路，对老旧商业街区进行资源整合、综合整治、提档升级。去年，继省市“打假维权满意街”“百城万店无假货”示范街、省“特色商业街”等头衔之后，合肥淮河路步行街又增添一张靓丽的“新名片”——“中国著名特色商业步行街”；女人街作为全市首个实施改造的老旧商业街，成功创建安徽著名商业街；合肥市首个创意“小资天地”——豆瓣汇步行街正式开街营业。

今年，除了正在如火如荼进行改造拆迁的七桂塘片区，备受市民关注的城隍庙改造升级、淮河路步行街区综合改造都在酝酿推进之中。作为合肥的“城市名片”，城隍庙改造将按照强化旅游功能、提升商贸服务功能、促进都市产业功能的思路，通过整治环境、整合用地、疏解功能等手段，逐步激活城隍庙的文化、旅游、民俗、文物、商业等多种业态，塑造合肥特色文化历史街区。而淮河路步行街也将在中菜市搬迁后启动实施18条小街巷改造。

庐阳区有关负责人表示，今年将设立专项资金，按照“一街一特色”的原则，支持每个乡镇、街道重点打造一条特色街，突出特色，实现差异化发展，力争年内创建两条“安徽特色商业街”。

合肥：环卫工走进大学课堂

记者　庄道龙

5月25日晚，在合肥工业大学管理学院的教室里，学生们在听环卫工老师讲课。这位老师是合肥庐阳区城管局环卫中心的环卫工人——合工大管理学院校外劳动实践指导老师陈恩燕。陈恩燕从没想到，只有职高学历的自己，竟能成为大学生的指导老师，还登上了大学讲台，给同学们讲解环卫事业。图为她把环卫保洁的工作图片与同学们分享。

【工人日报】

工人日报
WORKERS' DAILY
两国宣布将中斯关系提升为战略合作伙伴关系
即使1分钱的捐款，也要统计公布
北京：温暖基金“定向”关爱困难职工
浙江天津力推“河长制”
上海市工会第十三次代表大会召开
恩施“加油站拒为救护车加油”事件再追问
山东茌平经适房建在县城最好地段

返回版面导航
查看2008年9月25日前的工人日报【请点击】

合肥：环卫工走进大学课堂

《工人日报》（2013年05月29日 01版）

5月25日晚，在合肥工业大学管理学院的教室里，学生们在听环卫工老师讲课。这位老师是合肥庐阳区城管局环卫中心的环卫工人－－合工大管理学院校外劳动实践指导老师陈恩燕。陈恩燕从没想到，只有职高学历的自己，竟能成为大学生的指导老师，还登上了大学讲台，给同学们讲解环卫事业。图为她把环卫保洁的工作图片与同学们分享。庄道龙 摄

工人日报——环卫工走进大学课堂

【中国商报】

中国商报

优势凸显　合肥淮河路铸就全国商街典范

中国著名商业街
合肥淮河路

彰显商业魅力的一条金街

专版——优势凸显吹响合肥淮河路铸就全国商街典范

（董怀华）

索 引

说 明

本索引采用主题分析索引法，按索引词首字母汉语拼音字母顺序排列，同声母的字按声调、同音字按笔画顺序排列，若首字相同则按第二字音序排列，以此类推。索引词后的阿拉伯数字表示该词所在页码，数字后的英文字母a、b分别表示该页文字的左、右栏。

A

B

C

D

E

F

G

H

J

K

L

M

N

P

Q

R

S

T

W

X

Y

Z

明发商业广场